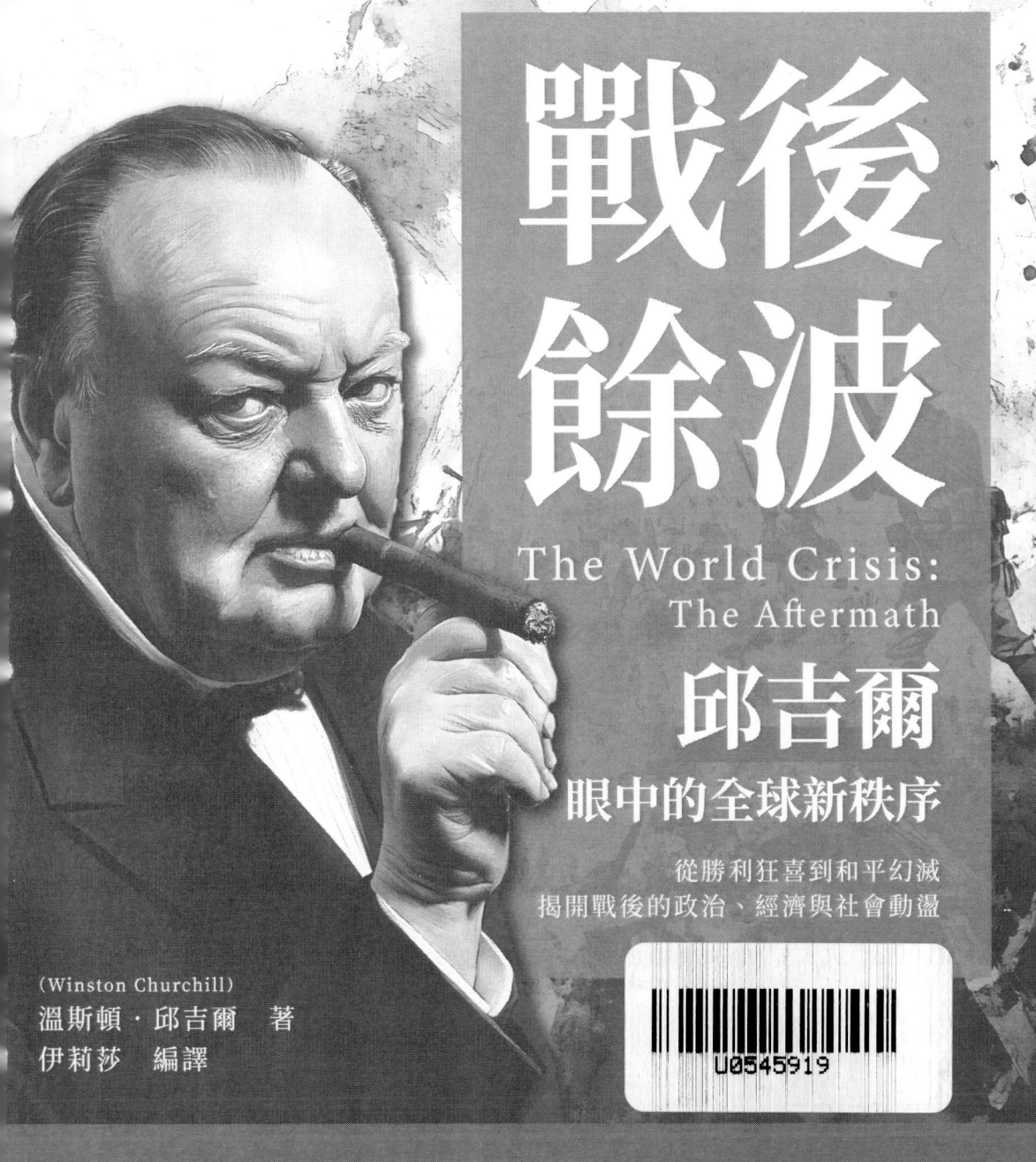

戰後餘波

The World Crisis:
The Aftermath

邱吉爾
眼中的全球新秩序

從勝利狂喜到和平幻滅
揭開戰後的政治、經濟與社會動盪

(Winston Churchill)
溫斯頓・邱吉爾　著
伊莉莎　編譯

身處歷史風暴中心的政治家邱吉爾
以其獨特視角記錄了戰後世界的重塑過程

忠實於原著精髓，刪減了冗長的細節和繁瑣的技術分析
改以更簡潔的方式呈現邱吉爾對大戰後世界的思考與記錄

目錄

前言…………………………………… 005

「戰時魔法的消逝」………………… 007

人民的境況…………………………… 019

復員階段……………………………… 035

可憐的俄國…………………………… 049

外國的干涉…………………………… 061

十四點原則…………………………… 075

和平會議……………………………… 087

國際聯盟……………………………… 103

未竟的任務…………………………… 119

「三頭聯盟」………………………… 137

簽訂和平條約………………………… 153

俄國內戰爆發………………………… 177

維斯圖拉河的奇蹟…………………… 201

愛爾蘭的幽靈………………………… 213

目錄

愛爾蘭協議……………………………………239

愛爾蘭自由邦的興起……………………………259

土耳其仍活著……………………………………281

希臘的悲劇………………………………………305

恰納卡危機………………………………………329

世界危機的落幕…………………………………355

附錄………………………………………………373

前言

　　這本書稿的完成，代表著我從近 10 年前開始撰寫戰爭史的任務圓滿結束。我以個人敘述的方式將世界著名事件的記錄與評論串聯起來。對於那些希望透過閱讀大量可信的事件描述以形成自己見解的讀者來說，這種方法被證實是有效的。然而，這種方法在選擇所謂「重要性的事件」上存在相當大的差異。因為我親自參與或直接了解的事件和相關事務上，自然在我的寫作中占據突出位置。凡有可能，我盡量使用事件發生時我記下的和自己說過的話來講述事情的經過。這種情況出現時，必須在隨後的正文中進行適當調整。我根據親眼所見的事態發展來講述，但不同的人從不同的角度觀察同一事件會有不同的看法，況且有許多事我並未親眼目睹。

　　在撰寫本書所涉及的諸多事件時，我驚訝地發現，許多我親身經歷的重要事件竟已被我徹底遺忘。這些年來，工作的負擔極其繁重；不斷發生的事物相互影響，同時整個世界也在不停地改變；一個印象逐漸沖淡另一個印象。唯有當我重讀當時的演講詞、文件和備忘錄時，那些緊張而激動人心的歲月才又再次浮現在我眼前。我深信，我不會再有任何時期比停戰後的 4 年之中寫得更多、遺忘得更多以及，理解得更少。因此，對局勢提出一個全面的看法 —— 即便是從個人角度 —— 以及更重要的是，透過對事件的梳理，去追溯無一例外的、原本意想不到的因果關係，可能是一項有意義的工作。

　　自從大戰結束後，多數著作都圍繞巴黎和會展開，相關的文獻作品已經相當豐富。近年來，我的寫作重心在於探討發生於巴黎及凡爾賽會堂之外的事件，以及各全權代表們對主要國家與數百萬民眾所做決策的影響（決策過程中不乏延宕）。因此，本書著重分析這些事件的外部反應。遺憾

前言

的是，這本書在相當程度上成為一部不幸與悲劇的編年史。至於書中所述的形勢發展是否不可避免，則有待讀者自行判斷。在我近四分之一世紀的政治生涯中，戰後這幾年的國家事務最為艱難。政治事件層出不窮，社會動盪，民眾感到疲憊和不滿。國家權力低落，經濟發展停滯，貨幣狀況愈加令人擔憂。因此，問題不僅艱鉅且堆積如山，而解決問題的方法卻日漸稀少。此外，人們難以調整心態來適應新環境。對勝利的過高期望與幻想只會導致更多的失望、不滿、派系鬥爭與挫折；這本身是一個重新建構的過程，實際上難以被理解。因此，我懷著特別的歉疚，希望能對在困難重重的首腦會議上那些人的缺點與錯誤作出公正評價。

或許我需要在序言中再次宣告：書中所表述觀點僅為我個人的看法，完全由我承擔責任。我還要感謝那些以建議和知識支持我，並允許我引用其口頭或書面機密意見的人士。

溫斯頓・邱吉爾

查特韋爾 1929 年 1 月 11 日

「戰時魔法的消逝」

　　第一次世界大戰的結束使英國的國際地位上升到了前所未有的最高點。在連續的四個世紀中，英國第四次領導並支持歐洲對抗軍事暴政；這是英國第四次為保護低地小國而宣戰，戰爭最終以他們的完全獨立而告終。西班牙、法蘭西王朝、法蘭西帝國和德意志帝國都曾試圖踐踏並控制這些地區。400年間，英國透過戰爭和政策阻止了這些國家的入侵，最終將他們擊敗並逐出。在這份列舉侵略的君主和最高軍事長官的名單上，已經包括腓力二世、路易十四和拿破崙，現在還要加上德國威廉二世的名字。在這四大系列事件之中，由於多數人堅定不移地為同一目標奮鬥，皆以成功告終，創造了在古代史或現代史上無可比擬，長久且輝煌的成就紀錄。

　　我們還獲得了其他一些顯著的利益。德國海軍的威脅已經消逝，德國過於自信的軍事力量肯定要退步許多年。曾經是我們盟友的俄羅斯帝國被革命政府取代，該政府已經宣布放棄對君士坦丁堡的所有要求，且由於其先天的不足和無能，更難以迅速成為對印度的重大軍事威脅。另一方面，英國與他最近的鄰邦和長期的敵人──法國──結成了聯盟，形成了一個有可能既堅固又持久的夥伴關係。英國和美國的軍隊首次並肩作戰，英語世界的兩大分支再次共同書寫他們的歷史。最後，在長期且可怕的全球動盪中，英國承受住了每一次衝擊與損失。反映宗主國及各自治領生命力的議會制度，證明其在戰爭和和平時期同樣有利於維持自由與進步。穿越全球所有水域、將整個英國聯結為一體的無形利益、情感和傳統紐帶，證明比最具約束力的正式保證更有效。由加拿大、澳洲和紐西蘭50萬人組成的軍隊被這些難以言喻且常常不易察覺的引力所吸引，跋涉比以往任何

「戰時魔法的消逝」

　　軍隊更遠的路途，為一個事業、一場爭鬥而戰鬥和犧牲，而這個事業與爭鬥僅僅遙遠地影響他們直接的物質安全。在危機發生的幾年間，印度各民族、各教派以其各自的方式自發地表達忠誠，並以空前的規模捐贈金錢、物資和武器支持戰爭。1914年的南非叛亂正是由南非戰爭中曾是我們最危險敵人的那些布林人將軍鎮壓的，他們當然與我們簽訂了弗里尼欣解放條約。只有愛爾蘭的一部分人拒絕支持我們，關於那裡的問題有很長的歷史可說。

　　勝利的慶典在不列顛民族面前展開。曾經與我們交戰的所有君主已被推翻，他們的精銳部隊全數潰敗。這些可怕的敵人曾以武力和計謀長期威脅我們的生存，摧毀不列顛的菁英，殲滅俄國，使協約國（美國除外）陷入困境，如今他們屈服於反抗者之下。苦難與考驗已成過去，危險被化解，流血犧牲終未白費；曾經緊張壓抑的人們得以解脫，渴望享受勝利的喜悅。宗教與政府聯合舉行隆重的感恩儀式，全國放假。繳獲的大炮在倫敦聖詹姆斯公園的林蔭大道上排列成行。每條街道擠滿了歡騰的群眾，社會各階層沉浸在普天同慶的氛圍中。宴會、音樂和燈火將戰時沉寂的夜晚點亮。人群中激動的情感難以言喻；在特拉法加廣場，倫敦狂歡者在納爾遜紀念柱的基座上留下了永恆的印記。

　　誰會指責或嘲諷這種無法抑制的狂喜呢？每個協約國都沉浸在這份喜悅之中。五大洲之中每個戰勝國的首都或城市都以各自的方式重現了倫敦的慶祝場面。這種時刻是短暫的，留在人們記憶中的印象轉瞬即逝；它們突然開始，也突然消逝。太多的鮮血已經流淌，太多的菁英已經逝去。每個家庭中失去的成員都太多，中堅的一代消失了。億萬人帶著微弱的喜悅，向他們所愛之人的成就致以敬意，隨後人們猛然清醒，感到幻滅。雖然仍然有安全保障的滿足，和平恢復的滿足，榮譽維護的滿足，辛勤工作帶來生活舒適的滿足和士兵歸來的滿足；然而這些情況只是背景；與這些滿足交織在一起的，是對那些永不再歸來者的思念之痛。

在法國和比利時的英軍戰區沿線，11 點的鐘聲響起，展現了人類神祕本性的心境。炮火停止，軍隊駐足不前。士兵們在寂靜中凝固，彼此以茫然的神情對望。人們不經意間感到失落，伴隨著某種畏懼、疑惑，甚至憂鬱的情緒，他們不久前還在追擊敵人。勝利者的腳下彷彿出現了深淵。

「將武器擱置！希臘愛神厄洛斯！冗長的戰爭終於結束。」

戰鬥部隊的緊繃神經一時之間似乎難以適應突然的放鬆。在勝利之夜，先頭部隊的軍營靜謐得讓人或許會誤以為他們是一群在激戰後最終落敗的勇敢士兵。這種心理上的壓抑如同英國那種奔放的心情，很快便消逝了；數日後，家成為了所有人渴望的歸宿。然而，理想的幻滅和希望的落空再次出現。

停戰之夜，我與首相在唐寧街共享晚餐。我們獨處於那間寬敞的房間，牆上懸掛著皮特、福克斯、納爾遜和威靈頓的畫像，或許略顯不合時宜。華盛頓的畫像也俯視著我們。勞合・喬治先生最值得讚美的特質之一是，即便在他權力、責任和運氣達到頂峰時，他也不顯露絲毫的自負或優越感。他總是那麼自然而坦誠，對熟識他的人一視同仁，隨時準備就任何議題展開辯論，樂於傾聽即便是以爭論形式提出的不悅事實。人們可以對他說任何話，但前提是他能夠回應。戰爭勝利的重大性與絕對性意義使他感受到一種被壓抑和孤立的心態。他並無大功告成的感覺，反而強烈的意識到，前方還有新的且更為艱難的任務。我自己則心懷對未來的擔憂以及想幫助已倒下敵人的願望。我們談及德國人的優良特質，談到他們如何面對四分之三世界的艱難戰鬥，並意識到若無他們的協助，歐洲的重建將無法實現。當時我們知道他們正面臨飢餓，在戰敗與饑荒的雙重壓力下，日耳曼民族——已經在分裂——可能滑入如同俄國被革命所吞噬的可怕深淵之中。我建議在更壞消息來臨之前，立即派遣 10 幾艘滿載食品和其他必需品的巨輪駛向漢堡。儘管停戰條件要求在和平條約簽訂前保持封鎖，但協約國已承諾提供必要物資，首相以贊同的目光考慮這個計劃。室外，

「戰時魔法的消逝」

從遠處傳來的人群歌聲和歡呼聲如同海浪拍岸。我們即將將見證，各種不同的觀點將被迅速傳播。

在那個 11 月的夜晚，英國、美國和法國的三位領袖彷彿成為了世界的主宰。其背後是一個組織完善的宏大社會，人民為勝利而喝采，對帶領他們取得勝利的領袖充滿感激與信任。在這三人的掌控之下擁有著無堅不摧的陸軍，以及在未經他們許可下任何船隻都不能從水面或水下穿越海洋的艦隊。任何明智、正確和必要的行動，他們都能共同決策。這三位領袖超越了不同的民族與利益，跨越了陸地與海洋的遙遠距離，因應對可怕敵人的戰鬥而結成的夥伴關係將他們凝聚在一起。他們共同實現了目標。絕對且無可匹敵的勝利掌握在他們手中。他們將如何利用這場勝利呢？

時光流逝，民眾與領袖們未曾察覺他們統治的魔力已經逐漸消退。其他形式的權力即將開始顯現。然而，為了完成至高無上的使命，現在正是擬定最佳方案和最有效政策的絕佳時刻。

這些人必須聚集在一起。無論地理或憲法上的障礙都無關緊要。他們需要面對面磋商，並在會後迅速解決因敵人徹底失敗而產生的最重要的實際問題。他們必須將戰爭所引發的所有憤怒情緒、他們所代表國內政黨的所有考量、以及對繼續掌權的個人願望都置於次要地位。為了追隨他們勇敢的民族、為了歷經受苦的歐洲、為了飽受驚恐的世界，戰後他們所追求的只能是做出最佳安排。

若他們能聯手，他們將面對現實，辨別並妥善處理事務的優先次序。必須長期壓制戰敗國——德意志、奧地利和土耳其三個帝國——及其所有強大的軍力，使其徹底地投降並解除武裝，但這一個任務尚未完成。戰場上仍有強大的武力部隊存在；還有其他力量持續挑戰戰勝國的權威，妨礙世界事務的公正解決。他們或許想到了羅馬的格言：「寬恕被征服者和妄自尊大者。」

讀者可能會在此刻願意透過想像來探討某些假設性的議題。因此，我

將暫時不討論已經發生的事實，而是談論那些「可能會發生的事情」。讓我們來想像眾多停戰美夢的其中一個。這僅僅是一個夢。

勝利對威爾遜總統產生了一種意想不到的影響。他的責任和榮譽將他從長期身處的和平時期黨派行為之中解脫出來。與此同時，勝利使他在國內外事務的判斷上更加清晰。到1918年11月底，他一收到勞合·喬治和克里蒙梭建議在懷特島（或許是澤西島）會晤的聯名電報，就意識到無論過去發生過什麼，他必須作為整個美國的代表前往。他自問，如果他在未經授權的情況下向他人承諾國家的保證，或者如果他以國家的名義做出的承諾結果不佳，他在歷史上將處於何種地位。因此，在勝利的光輝中，他呼籲美國參議院，以其最有力的議員組成代表團（特別是在參議院占有多數的共和黨）以增強他的代表性。他說：「我無法預見未來幾年當中黨派事務將如何發展，但任何事情的重要性都無法與我們在和平時期承擔的責任相比，與我們戰士在戰爭時期承擔的責任相比。我們已經違背原本的願望，違背我們的整個傳統，被捲入歐洲事務。我們沒有理由不參與，我們也不會不載譽而歸。」

克里蒙梭自語：「我必須著眼於法國的長期安全。這不僅依賴於我們自身的努力，也仰賴我們曾經累積的奇蹟。世界上最強大的國家曾協助過我們，我們已經擺脫了致命的危機。我們不能再指望可以得到如此的援助。即使再過千年，法國也難以再遇到這樣的幸運時刻。如今正是與德國修好的最佳時機，結束數百年的紛爭。我們不如他們強大，雖然戰勝了他們，但我們作為勝利者還需要幫助他們重新站起。」

至於勞合·喬治，他表示：「歷史將對我的一生進行評價，且不會認為我碌碌無為。為了贏得這場戰爭，我犧牲了我曾經依靠以取得地位的所有政治基礎。然而，生命終究短暫，所有關鍵措施都不會在關鍵時刻回復到處理一般事件的水準。英國人民的記憶力很好，我應該相信他們。」

因此，在停戰後的3週內，三人於懷特島（或澤西島？）會面，共同

「戰時魔法的消逝」

商討為了讓世界在持久和平下重新邁步所應採取的具體措施。

與此同時，美國參議院代表團直接飛往巴黎，探訪駐紮在前線的部隊。

當三人共同參加會議時，他們各自意識到一致同意，不應將國際聯盟塑造成一個超級國家，而應將其建立為在全球所有勇敢且健康的國家之上的一個具有超級職能的組織。然而，他們也了解，他們所能做的僅是種下一棵樹，任其隨著時光的流轉而茁壯成長。在他們的首次會議（約於1918年12月1日舉行）上，他們達成一致共識，國際聯盟必須包括全球所有具備重要地位的民族。這是他們的首項決議。威爾遜表示：「我可以代表美國發言，因為我得到了兩大政黨的支持，我自己所屬的民主黨以及共和黨。」勞合‧喬治說：「我代表不列顛帝國發言，並獲得了全體自治領總理的支持；此外，阿斯奎斯先生和博納‧勞先生一致同意支持我，直到所有問題得到解決，屆時我堅定的決心是退出（我不願說永遠退出）國家事務。」

克里蒙梭宣稱：「我已經75歲，我便是法國。」

他們皆言：「若不將俄國納入國際聯盟的架構中，則此聯盟難以成立，畢竟俄國不在我們的管轄範疇。布爾什維克並非俄國的代言人，他們所倡導的是一種與我們所認知的文明截然不同，甚至相悖的人類事務國際構想。然而，俄國人在戰爭最艱難之際與我們並肩作戰，單憑這一點，他們的國家理應獲得一個公平表達意見的機會。」

因此，他們在第二項決議中達成一致：應讓俄國人民有權選擇一個全國性的立法機構，以便將當前的問題提交給這個機構議決。

因此，他們派遣代表前去尋求福煦元帥的意見，詢問道：「如何解決俄國問題？」

福煦回應：「這並不困難，那裡不需要大規模作戰。數10萬渴望在戰後事態中發揮作用的美軍，加上一些從不列顛（我想他指的是『英國』）和法國軍中選出的志願者，利用現代鐵路，就能輕易控制莫斯科；無論如

何,我們已經控制了俄國三個地區。如果你們希望確保俄國人民能夠自由表達意願,並希望你們的管理權涵蓋最近解體的整個俄羅斯帝國,那就下達命令吧。對我、黑格和潘興而言,這不過是再來一次 1918 年 3 月 21 日的戰鬥或突破興登堡防線的行動。相比之下,這個任務要容易得多!」

然而,三位政治家表示:「這不僅僅是軍事問題,更是一個全球政治問題。進攻俄國,雖然毫無疑問可以實現,但如果僅由戰勝國執行,從道德角度來看,這個任務的代價過於高昂。要完成它,只有在德國的協助下才有可能。德國比任何其他國家都更了解俄國。他此刻作為文明生活的唯一保障,正占領著俄國最富裕且人口最多的地區。德國讓列寧自由返回俄國,難道不應該像其他國家一樣,在清理整個東部戰場中發揮自己的作用嗎?」三位政治家接著說:「這將是德國的機會。這將讓一個驕傲且忠誠的民族免於戰敗帶來的恥辱。他們將透過幾乎不知不覺的轉變,與我們共同從殘酷的衝突中悄然過渡到自然的合作。歐洲的事務,沒有德國參與一切都難以處理,有德國參與則一切都將會迎刃而解。」

因此,他們通過了第三項決議:應邀請德國協助攻下俄國並重建東歐。

然而,福煦詢問道:「你們如何保障法國的生存?」總統和勞合·喬治相繼答覆:「在十四點計劃的框架下,法國的生存將由全球講英語的民族及其盟友和相關國家予以擔保。」

在解決了所有關鍵問題後,三位領導人開始討論戰爭開支的補償問題。然而,這個問題相對簡單,因為只需遵循一個明顯的原則,即平等犧牲。他們考慮了三個因素 —— 生命損失、財富損失,以及從對方獲得的領土(被認為非常重要)。他們對於用金錢來衡量生命和用領土來彌補生命損失的想法略感滑稽。然而,他們指出:「雖然金錢確實不是一個理想的標準,但在我們當前的情況下,它是最簡單的選項。我們只需一個數學公式,專家們可以在計算德國和其他戰敗國賠償時提供出來。歐洲的大量財富已經被摧毀,無法恢復,但如果我們團結一致,即使是戰敗國的負擔也未必沉

「戰時魔法的消逝」

重。我們將擁有一種兼具勝利與和解安全感的世界貨幣。為了實現這個目標，我們都必須在承認勝負差異的基礎上做出貢獻。這可能最終成為世界貨幣的基礎。總之，只要我們同意這個原則，實施方案就能輕易制定。」

隨後，他們再次審視國際聯盟的計畫。毋庸置疑，一旦各大國皆成為聯盟的成員，其道德影響力將足以成為和平與正義的強大保障。對於幾乎是全球性的貿易與金融施行制裁及全面的海上禁運，對侵略者而言更是一種強而有力的威懾。信貸、食物和軍火對於被攻擊方提供了堅實的防禦能力。然而可以確信，聯盟的威嚴在必須動用武力時絕不退縮！

無法確定這三位領袖中，究竟是誰最初構思了這項宏偉計劃。根據此計劃，全球的和平現已得到妥善保障，各國對軍備的重視程度逐漸減少。然而，歷史紀錄顯示，首腦會談的次日便決議，維護世界秩序的新方法應配備最新的科學武器。不論國家的大小或強弱，只要願意，為了自身的安全感，各國都可以擁有戰艦、巡洋艦以及騎兵、步兵和炮兵，並且可以根據自身需求投入資金建造；但空中戰力及化學戰爭則必須由聯盟和國際權威機構來主導。

當科學已經開發出能夠威脅安全甚至摧毀整座城市及其居民的武器，當這些武器的影響不受國界限制，而艦隊與陸軍無法抵擋時，這將促使一種新的管理手段來運用這些武器。反過來說，當這種新手段出現時，所需的新式武器便可投入使用。然而，這三位富有經驗的政治家因其務實的精神，立刻宣布了這樣的原則及其逐步實施的方法。每個在國聯盟約上簽字的國家都必須首先將許多飛機中隊獻給聯盟，以籌組一支新的空軍。克里蒙梭表示：「事實上，我們正在復興像聖殿騎士團和馬爾他騎士團那樣的古老騎士團，以保衛文明對抗野蠻。」此時總統說了一句有些不合時宜的話，但紀錄者沒有記下來。他說：「建立騎士團所需的聲名不朽的騎士絕不缺乏。法國人、英國人、美國人、德國人、義大利人之中的傑出者創造了人類歷史上無與倫比的偉業。讓他們成為新的貴族吧！」勞合·喬治

說：「無論如何，他們比每天坐在我門階上的那些奸商要好。」

因此，眾人達成一致共識，為了抵制侵略行為及維護全球和平，原則上應將制空權賦予國際聯盟。首先，並非絕對禁止各國籌組空軍，但各主要國家的政策重點應集中於建立國際空軍。其目的在於，隨著彼此國家之間信任的增強，各國將專注於發展商業航空，而軍事方面則應僅由國際權威機構負責。

他們認為化學戰的問題過於複雜，目前只能下達命令，全面禁止任何國家進行化學戰。他們補充說，「但或許有一天，違反禁令的國家將被處罰以『打噴嚏』」，如果效果不佳，則再處罰以『嘔吐』。」

在第三晚的會議中，正當他們準備休息時，有人提問：「若是我們的人民不採納我們的建議，會有什麼後果？」此時，他們一致表示：「讓他們尋求他人協助。我們應該聲稱自己已經履行了責任。」

此刻，我們在戰爭中擁有的魔力消退了，對力量的幻想破滅。我從停戰的夢境中甦醒。我們全都意識到自己仍在洶湧、陰暗、散發酸味的冰冷水中掙扎。

對於剛從 52 個月的全球戰爭熔爐中掙脫出來的各民族及其政府（無論是戰勝國還是戰敗國的政府）的行為，必須予以充分理解。環境條件是前所未有的。戰爭爆發之際，存在著許多未知的和無法預測的可能性，戰爭危機的洪流沿著既定途徑奔流，經過一段時間之後，人們才開始有所防備。海陸軍將領及其參謀負責直接指揮；他們制定了計畫，雖有優劣，但無疑都是極為具體的。這些利用科學進行大規模破壞的計畫被付諸實施；隨之而來的是後續事件的陸續爆發。各國陸軍部和海軍部下達了簡潔的命令，後果幾乎立即顯現。長期累積的巨大破壞力被釋放出來。戰艦下水的過程簡短——幾個人發表演講；幾個人進行祈禱；打碎一瓶香檳酒；敲掉幾個繫纜繩的楔子；積聚了巨大力量的幾千噸鋼鐵不可逆轉地滑入水中。同一艘戰艦在戰鬥中受損，被魚雷擊中，傷痕累累，船艙進水過半，

「戰時魔法的消逝」

要想讓他逆風破浪,穿越濃霧,安全返回海港,問題就完全不同了。

確實,戰爭結束前一年多,已經有人開始為復員和重建制定詳細的計畫。一群人脫離了戰鬥指揮職位,專注於研究並細緻設計在和平實現後需採取的各種措施。然而,這些人並非都是在任何領域中擔任領導角色的核心人物。其他人的注意力仍緊緊鎖定在戰爭之上。國家的全部智慧及其所能動員的力量,都專注於追求勝利和自我保全。至於自我保全的 —— 假設的、不可預見的、遙遠的 —— 情況尚不明朗。在我們尚不確定是否會被摧毀的時候,我們與和平有何關聯?當整個世界仍在遭受猛烈炮火轟炸時,誰會考慮重建?當唯一的目標是將每個人和每發炮彈投入戰鬥時,誰會考慮復員?

此外,協約國的策略從未預見到戰爭會在 1918 年結束。軍隊雖在推進,但所有的思維和準備都集中於默茲河或萊茵河的春季攻勢。這將是所有戰役中規模最大的,屆時一週內將動員數百萬士兵、數千門大炮和數萬發炮彈;飛機將以 10 萬架的數量計算,坦克以萬輛為計算單位;大規模使用新式的致命機器、發明物和毒氣;所有參戰國尚具有戰鬥力的男女,在無盡的熱情驅使下不斷向前推進。堡壘在由菁英聯合組成之攻堅突擊隊的轟炸中接連倒塌,塵霧不斷升騰,協約國軍隊及其裝備在遮天蔽日的塵霧中前進,士兵則四肢分開躺下。此時,和平突然降臨!

英國除了海軍之外,其他軍種是逐步參戰的。陸軍部隊以師為單位進行擴充。戰線每次擴展數英里。軍事化工業的轉型歷經數年。國民義務兵役制和戰時所有苛刻的法規推行極為緩慢。事實上,我們的每個物質領域才剛剛達到最大生產潛能。我們戰爭所需的物資在數量和品質上的不足隨處可見。那些物資在持續戰鬥的狀態下能維持多久尚未知,因為在戰鬥過程中,各種支持力量可能會隨時消失。

那是迫切需求和崇高事業的願景將 27 個國家緊密聯結,並在不斷加深的友誼中吸引了這些國家的工作者和戰士們。然而,如今這些迫切需求

和崇高事業瞬間消逝。戰爭的鐮刀每年收割了無數的年輕生命，但如今，這鐮刀在新一代青年面前停下。那些準備承受苦難的人，麻木且茫然，對於自己能從戰爭的修羅場上生還並不心懷感激。突然間，人們的意志和命運的方向不僅停止，甚至逆轉。因此，我認為，對我們而言，和平的突然來臨所帶來的震撼無疑比進入戰爭時更加猛烈，走向和平將使我們的思想經歷更全面和更為普遍的變革。

　　戰勝國的領袖們正面臨最嚴峻的試煉。他們看似擁有無上權威，但此種權威正逐漸消逝。雖然權力在流失，表面上仍有餘地維持；或許透過重大舉措可予以挽回。然而，時間至關重要。每拖延一天，收穫勝利的果實便愈加困難。隨著時間推移，不僅政治家的權力，連同協約國的實力和團結亦必然衰退。他們的軍隊必須歸國，而選民勢必收回自身的主導權。長期被壓抑的嫉妒、派系利益和報復情緒正在各處蠢蠢欲動。每日仍充斥著重大且緊急的事務，並受到事件之間彼此的嚴重干擾，使人性難以應對繁重的任務。這些人會服從於權力的幻覺，沉溺於勝利的安慰，屈從於工作的壓力，但，這令人驚訝嗎？他們希望在展開新任務前稍作喘息，這也無可厚非；他們在一段時間內保持這種狀態：相同的嚴格管制將以其他形式延續，為克服新的挑戰，維持同等權力和實施控制將繼續有效。然而，實際上，居於領導地位者並未察覺，過半的指導原則已經被廢棄。

　　過去和平時期的社會結構被替換已有 4 年多，生活因戰爭的魔力而顯得異常緊張。在這神祕的環境中，男女們顯然到達了一種超越死亡、痛苦和苦難的境界，任何事物都不會因為過於艱難而無法承受，也不會因為過於珍貴而無法捨棄。人們、階級和民族之間展現出一派團結與志同道合的景象，在敵人壓力下，為了共同的目標，團結變得更加牢不可破。然而，如今戰時魔力已經瓦解，對某些目標而言瓦解得太晚，對另一些目標而言則瓦解得太快，但對我們所有人而言瓦解得過於突然！每個戰勝國都回到了原先的狀態，恢復了他們之前的安排；但是最近人們發現，這些國家陷

「戰時魔法的消逝」

入了貧困，他們的結構衰敗且分崩離析，組織顯得狹隘和過時。曾經足以激勵苦難中士兵和人民的無限希望迅速消失了。被人民勇敢解救的世界本應充滿陽光：那裡工作較輕鬆，報酬較高，正義與自由享有主導地位，能夠維持數個世紀的長久和平。這種想像中的景象曾在戰場上空閃現，在德軍和土耳其軍隊的戰壕後方招手，溫暖戰士們的心靈，增強他們的力量，但這種景象很快被冷酷、黯淡的現實取代。如何才能出現另一種情況呢？戰爭造成數千萬人死亡，耗費了世界上最強大國家三分之一的儲蓄，付出如此大的代價，又用什麼方法能夠引導人類進入黃金時代呢？對所有人而言，幻想在殘酷的現實面前破滅了。所有的男女、軍人和公民期望社會有某種巨大的進展，但呈現在他們面前的卻是嚴重的萎縮；對群眾而言是物質條件的萎縮，對那些——數以10萬計——才智卓越、身居要職的人而言，則是發揮才智的空間和指揮權的縮減。

隨著戰時魔力的消退，當新的困境達到高峰時，許多專門的領導和控制權力也隨之消逝。那些曾被群眾視為偶像、被讚譽為國家救星的戰勝國政治家，在戰爭中所獲得的成就光環正在減弱，依然受制於民主政治。他們的輝煌時期正在過去；他們的任務幾乎已經結束，威爾遜、克里蒙梭和勞合·喬治即將步入退隱或逆境，就像他們所推翻的敵國君主一樣。

在那些忠誠且勤奮工作的民眾眼中，勝利似乎已經如此完美，彷彿不再需要進一步的努力。德國已經崩潰，那個曾經擊敗他的世界聯盟即將與他結盟。權力被分散；世界得到解放；弱者成為強者；隱居者變得積極；勝者與敗者之間的差異逐漸縮小。極度的疲憊和厭倦主導了集體行動。儘管每個顛覆性因素都竭力展示自己的威勢，但革命的熱情如同其他形式的心理能量一樣，會逐漸消退。戲劇按其演出流程已經完成了全部五幕，歷史的燈光熄滅，世界舞臺變得黯淡無光，對此，演員們無能為力，合唱團的聲音微弱到幾乎聽不見。巨人之間的戰爭已經結束；而矮人的爭吵，剛剛開始。

人民的境況

首先，我們應依據個人所提供的線索來闡明自身的國內事務。

1918 年 11 月 11 日下午，我主持了一場軍需部會議，將與會者的關注引向英國軍需工業即將面臨的復員問題。這議題既複雜又令人感到困惑。幾乎整個英國的礦山和工廠都掌握在我們手中。我們不僅控制，實際上還管理著所有主要的工礦企業。我們負責這些企業的原材料供應，並組織產品的整體分配。大約有 500 萬人直接根據我們的命令工作，而我們負責生產的各個層面也與國民經濟的其他部分交織在一起。

當然，我們所設計的組織和機構都具備高度的效率和靈活性。我們的成員，其中一些人在特定工業領域已經工作了一年半，他們都是多個部門的領導者。他們已經適應了因戰爭局勢變化而出現的不可預見性變動。每個部門都有 4、5 個代表參與相關項目，他們之間合作無間，互相支持，共同解決問題；訂單的下達只需幾個小時，最多也不過幾天，然後透過眾多分支機構順利完成。此時，生產領域幾乎沒有什麼任務是無法完成的。例如，滿足 50 萬間住房的需求看來不比我們過去滿足 1 萬架飛機或 2 萬門大炮或 2 萬門美軍中型大炮或 200 萬噸炮彈的需求更加困難。然而，11 點鐘之後，一組新的條件開始主導。我們從未認為貨幣成本是限制軍隊補給的因素，但從戰爭結束的時刻起，人們主張應將貨幣成本優先考慮。過去，軍工生產工人幾乎每一項不滿，最終都透過提高薪資得到了滿足（提高他們的薪資，我們就能獲得炮彈），如今他們的薪資在英國達到了前所未有的高度。國家危機激發的工作強度遠超過人類的正常能力。人人都拚盡全力。一旦最大的刺激消失，大家便意識到自己已經精疲力竭。迫切需要全面放鬆並恢復日常生活標準。沒有一個社會能如此迅速地耗竭人力和

人民的境況

財力。大部分情況顯然發生在高級腦力勞動者身上。他們在心理刺激下依然奮不顧身。「我能工作到倒下為止」，這在大炮轟鳴、軍隊前進時是令人滿意的。但現在和平了；以前未曾感受到或注意到的精神或體力疲憊，如今顯而易見。

第一個問題是如何處理每週必須安排工作的 500 萬軍工生產工人並支付他們的薪資？顯然，大多數人需要迅速找到新的職業，數 10 萬人需遷移居住地。超過 150 萬的女性從事軍需工業，他們證明了自己能製造幾乎所有想像得到的商品，並按件計酬，收入遠超戰前最強壯的男性。如果從前線歸來的士兵在任何已知的工業中就業，那麼這些女性將在數月內離開工廠返回家庭。他們對這種生活和前景的變化會有何感受呢？目前，整體情勢仍不明朗。停戰不等於和平。德國的軍事力量仍給我們留下了強大的印象。復員命令尚未頒布，近期也不會下達，儘管大量士兵最多在數月內即可返家。龐大的戰爭物資計劃仍正常分階段執行。是否應該讓它們完全停下來？難道應立即報廢即將出廠的大炮、坦克或飛機？顯然不應再消耗原材料。供水的閥門可以關閉，但龐大系統已流出的巨大流量無法封堵，除非同時閒置 500 萬人。能讓他們無薪離開嗎？反之，如果支付他們因戰時抬高的薪資卻讓他們無所事事，而軍隊仍在海外服役只拿士兵的津貼，這樣能行嗎？讓這麼多人（無論是否支付薪資）在城市和兵工廠漫無目的地徘徊，而負責管理他們的機構卻不提供任何有意義的指導，這不會對社會秩序構成威脅嗎？

幸而已經進行了大量的準備工作。我的前任蒙塔古先生與艾迪生博士在 1916 年和 1917 年各自對此問題進行了研究。1917 年春，艾迪生博士受命成立一個戰後重建局，負責消息的收集工作。到 1917 年 7 月，該局擴展為重建部，由艾迪生博士擔任部長，主要任務是為復員制定計劃。為了解決戰時合約和轉入和平生產的特定問題，我於 1917 年 11 月任命了一個由詹姆斯·史蒂文森爵士領導的軍需會議常務委員會。儘管戰事使其難以

專心,該委員會及其多個下屬委員會仍積極履行職責,並於1918年10月初提交了一份詳細報告。該報告對整個復員問題進行了調查,了解了每個步驟,並知道如何貫徹執行,使我們能夠做出符合當前情勢的決策。

我們選擇了一種折衷的方案。我們沒有立即解散所有的軍需工人;對於那些不願意繼續從事軍需工業的工人,或者沒有特殊理由希望離開的工人,以及能被其他地方吸收的工人,我們立即讓他們離開。留下來的工人們得到了長假。槍炮、彈藥、飛機和炸藥的生產被削減,方法是取消加班、停止計件薪資制並將工時縮短到原先的一半。由於事先制定了縝密的失業補助計劃,工人因減薪而受到的損失得以減輕。當天下午我們就公告了這些指示。指示要求完成預訂戰爭物資的60%,其餘的物資連同產地的所有物資都要分散,透過海路或鐵路運輸,轉移到和平時期可能需要它們的地方。戰後過去了許多星期,我們仍然持續向需求不斷的世界各地輸送大量大炮和各種軍事物資。這樣的行為無疑會產生浪費,但或許是有必要的浪費。

這些安排進行得相當順利。儘管軍需部兩次接待了來自伍利奇和倫敦市內機關、企業的代表團,總人數達到1萬至1.2萬人,但並未造成嚴重困難或不滿。大量的戰時志願者如今被僱用為「非熟練工」,而相當比例的女工逐漸被分批遣散回家。我們每天都在持續進行軍需工業的轉型。許多商品的生產按計劃陸續取消管制,這安排對現代工業的執行是一個啟發性的總結。在2到3個月內,軍需部失去了大部分特別權力,但我耐心承受了。如此才能順利地開闢了通向和平時期工業的發展道路。榮譽屬於那些能幹的業務人員,他們的思想和行動確保了這次迅速的過渡。

戰爭最為核心的驅動力消逝,不僅令民眾感到身心俱疲,還讓他們了解到了黨派政治的現實。狂風已不再咆哮,潮水褪去,從海岸空曠處能清晰地看到岩石、淺灘、擱淺的船隻殘骸、捕龍蝦籠以及當地的汙水排放口。戰爭的爆發曾使不列顛群島陷入派系紛爭的泥淖,政治局勢荒謬且

人民的境況

危機四伏。在愛爾蘭，保守黨和自由黨的成員，在各自派別——奧林區會（橙色團）或綠色團——的煽動下，互相猛烈攻擊，愈發不顧國家的後果。雙方開始在愛爾蘭非法武裝並組織流血衝突；有人戲稱，即便流血衝突僅限於愛爾蘭的土地，雙方仍將從不列顛的各黨派當中獲得增援。右派與左派之間的黨派鬥爭將為愛爾蘭的激烈對抗提供精彩的伴奏。然而，在這種熱鬧的氛圍中，一場決戰降臨了。

在新興的戰時力量影響下，所有政治價值與關係迅速發生了本質上的轉變；我們島嶼生活中根深蒂固且恆久的事物成為了主要焦點；此時若能有時間討論道德與規範，我們便能指出，我們共同感知和珍愛的事物，其重要性遠超過我們的爭執。在短短幾天之內，黨派間的怨恨消失無蹤。保守黨領袖們急忙支持他們長期批評的內閣大臣。對立的政黨機構轉變為遍地的徵兵機構。除了少數在狀況明朗前仍堅持和平主義的倒楣政客外，所有戰爭反對者都銷聲匿跡。北愛爾蘭用走私進來的步槍武裝比利時人，曾經認為這些槍是自身生存依靠的北愛爾蘭都能如此行動。兩個雷德蒙派系和整個民族主義黨宣布愛爾蘭支持協約國事業；克利福德博士和自由教會領袖成為戰時集會演講的主講人；工會會員的絕大多數誠摯地支持國家的戰爭行動。

在整場戰爭的過程中，尤其在最艱難的時期，這些力量始終保持著絕對且牢不可破的一致性，堅持不懈地奮鬥。無論是大臣和政府的不足，還是軍事上的失誤與災難，抑或是多年戰鬥帶來的持久疲憊、失望、損失與艱辛，都未曾動搖那些宣誓忠誠者的信念。他們一同堅持到了最後。如今，隨著勝利的目標達成，人們普遍鬆了一口氣，環顧四周後看見了自我。

自 1915 年 5 月以來，聯合政府一直掌握政權，但 1916 年組成的第二屆聯合政府與前一屆有著顯著的不同。儘管保守黨在下議院中仍處於明顯劣勢，但卻獲得了明確而決定性的優勢。勞合·喬治先生得到了工黨代表的正式表態支持，後者成為了他政府的一部分；然而，自由黨的領袖及其

絕大多數成員仍受阿斯奎斯先生的影響。支持新首相的自由黨大臣及其閣員可以以選民的名義發言，但不能聲稱代表黨的整體。在戰爭期間，這一點並未引起太多關注。在下議院的任何分歧都不是由於黨派情感，而是由於個人忠誠度的差異，其他唯一關心的是如何確保勝利。然而，從停戰那一刻起，自由黨內的形勢對於首相來說成為了一個實際且緊迫的問題。他偏離了自由主義的正統路線太遠：眾所周知，他是徵兵法的主要推動者；他曾以明顯的敵意威脅忠誠的反對者；在國家需要時，他毫不猶豫地冒犯和踐踏自由黨的感情；他將他的前上司、自由黨內有影響力的領袖以及幾乎所有的前同事趕出了政府和所有戰爭指揮職位。他們自然會從不同於狂熱大眾的角度來看待他個人對勝利的貢獻。他們懷有敵意，並具備政治能力，消息靈通且掌握黨的機器。在戰時被用來反對勞合·喬治先生的一個重要部門揭露，自由黨成員中有 109 個頑固的反對者，而議會的支持者則有 73 個。此外，可以確定的是，在和平條約簽字之後，工黨將正式召回工黨代表，退出政府，進而留下忠實而堅定支持首相的保守黨。這是一個非常強大而完整的組織，但已與他已經沒有連繫。因此，從黨派政治再次超越政治意識界限的那一刻起，勞合·喬治先生在聲望達到頂點時，地位卻變得特別不穩定。

然而，目前所有的目光都集中在即將舉行的和平會議上，維也納大會的歷史畫面在政治家們的心中浮現。巴黎成為世界的焦點，各戰勝國的主要政治人物一旦能妥善處理好國內的緊迫事務，便計劃或急於前往巴黎。勞合·喬治先生面臨的選擇使他進退維谷。他的得力助手顯然必須是保守黨領袖博納·勞先生。巴恩斯先生必須代表工黨出席。為了便利，暫定的各國代表團人數限制為 3 人，這樣英國代表就已滿額。然而，還有兩位重要人物必須考慮，他們的性格和行事風格雖然截然不同，但都自信滿滿。第一位是諾思克利夫勳爵，他一手掌控《泰晤士報》，另一手掌控無處不在的《每日郵報》，此人自認至少不遜於任何政治領袖，似乎準備捍衛自

人民的境況

己的要求,或對他們那種少有直接表達的冷漠態度心生不滿。大選即將來臨,鑑於報紙必須遵循其所有者的指令,這些大報的影響力和對首相的幫助顯得至關重要。然而,任命諾思克利夫勳爵為和談代表,使其地位高於外交大臣貝爾福和整個不列顛帝國的首相,是不可能得到認可的。

另一位是自由黨的領袖。阿斯奎斯先生在辭去職位時,以及辭職後,堅決拒絕在勞合‧喬治先生的領導下工作,甚至不願意與他共事;勞合‧喬治和其支持者常將此視為極大的冒犯。然而,隨著勝利的來臨幾週後,有跡象顯示他並非不願作為黨的首腦參與締造全國和平的工作。這個態度的轉變在多方面有助於鞏固首相的地位。和談勢必持續數月,首相與自由黨領袖的密切合作或許不足以消除他們之間的分歧。阿斯奎斯先生的才能對和會將是一項非常寶貴的貢獻。然而,他的加入可能會進一步激怒諾思克利夫勳爵。權衡各種因素之後,勞合‧喬治先生決定不擴大代表團的規模,維持在各大國已經一致同意的限額之內。

從幫助他的視角來看,他的決策無疑是一個錯誤。他對保守黨的了解並不深入;他應該立刻意識到會失去工黨大臣的支持;此時他有機會改善與曾給予他大量支持的領導者之關係,並有機會重新團結自由黨當中有影響力的人物。僅憑與自由黨的團結,他在和平時期便能達到較順利的工作狀態。所有政黨在和平條約上的合作具有重大的國家意義,這遠超過任何個人或政治考量。若要充實協約國會議,沒有比阿斯奎斯先生更合適的人選。我們應該擁有更具威嚴的代表團、更優良的條約以及更和諧的國內氛圍。

在這些棘手問題仍懸而未決之時(或許首相心中已有計畫),他決定即刻進行全民公投。結果,他贏得了一場徹底的、無可爭議的、壓倒性的勝利;這場勝利超越了任何一個最熱情的支持者、最堅定的擁護者、最挑剔的批評者的想像。全國人民熱切地讚頌「這位成功駛過風暴的舵手」。然而,這位舵手竟選擇離開那些焦急等待和平時刻、準備向他提出質疑的

夥伴，以及那些因過去的委屈而心懷不滿的同僚，轉而面向以選票表達感激的廣大選民，這難道不令人驚訝嗎？

在此次選舉中，我充當了顧問和支持者的角色。我認為，我們必須竭盡所能地解決將軍隊遣返國內並解散的問題，當時國內外的軍隊總數接近400萬人。同時，我們還需要應對重建工業和簽訂和平條約的挑戰。此外，在戰爭緊張時期，我重新與保守黨以及我年輕時的幾位朋友建立了緊密連繫，這是在目睹了過去許多無法調和的黨派爭執被戰爭的巨浪沖散後，我才決定重新尋找他們的。試圖有序地恢復和重現戰前的黨派爭論，甚至在原本不存在的地方製造分歧，這種想法既荒謬又可惡。即使我採取相反的行動來阻止，結果也不會有絲毫不同。因此，我順應潮流。然而，坦率地說，應該採取更為負責任的措施。

依據憲法，黨派之間的對立是無法避免的。每一屆議會的任期應該是5年，但現已持續了8年。根據新通過的改革法案，選民數量已從800萬增至1,200萬。民眾和軍隊堅定地支持戰爭，並有權決定如何加速勝利的到來。然而，立即舉行大選將引發最基本的黨派問題。保守黨在下議院中是少數派的狀態已經持續了13年。在即將解散的議會中，他們僅占約100席的少數地位。另一方面，他們確信，他們的好日子已經來臨。他們相信，戰爭的經歷和政治的熱情對自由黨的原則和理想的影響正在減弱；他們認為，這些原則和理想已被現實證明為無效和空想；他們知道，勞合·喬治先生和阿斯奎斯先生之間的爭端已使自由黨徹底分裂；最後，他們知道，就首相的個人威信而言，自由黨人擁有絕對優勢。那麼，保守黨人怎能同意達成協定以保護所有的自由黨席位呢？這樣做不僅會迫使保守黨人在新議會中成為少數，還會使整個大選成為一場鬧劇。保守黨在所有選區都有候選人參加競選。顯然，必須在那些於可怕的戰爭年代當中，做出主要努力並承受苦難的人之間劃定強硬路線。決定舉行大選就不可避免地要畫出這條界線。那麼這條界線應該具體畫在哪裡呢？對現任議員的測試反

人民的境況

映在莫里斯將軍提出的選區中4月分的投票情況中。在那種情況下，阿斯奎斯先生的所有支持者都被視為反對派。用競選活動中的粗俗語言來說，一位自由黨議員或候選人，即使他曾在戰爭中參戰、受傷或失去了一個或兩個兒子或兄弟，或在各方面忠誠地支持國家事業，也絕不能讓他分享勝利的榮光，甚至可能被指控阻礙勝利的到來。信件是由勞合・喬治先生和博納・勞先生寫給公開支持聯合政府的人，後來有人用戰時配給制的語言稱這些信為「贈券」。這些人中包括當年追隨勞合・喬治先生、現在稱為國家自由黨人的158位自由黨議員和候選人，其餘的人受到了猛烈的攻擊。這一切後果在最初決定此刻舉行選舉時就是不可避免的。

然而，當大選來臨之際，英國的政治聲望不幸地受到了損害。首相及其主要同僚在各自選區面對選民的熱情，感到驚訝且有些不知所措。勇敢的人們面對困難時從不退縮，但所承受的苦難卻過於沉重。民眾的情感被流行報刊激發成憤怒，街頭被傷殘軍人所擠滿。歸國戰俘傾訴他們在囚禁中所遭受的困境與物資乏的經歷。每個村莊都有陣亡士兵的人家。對戰敗敵人的仇恨以及懲罰他們的渴望，迅速在數以百萬計受創的人們心中升騰。那些在戰爭中貢獻最少的人，反而在研究如何懲罰戰敗國方面成為最有發言權的人。此時，我突然看到一份警察報告指出：「各階層人士的情緒一致，甚至幾週前提倡和平的人現在也說，『德國人應賠償因其破壞所造成的每一便士損失，即使這需要1,000年』。」在我所在的鄧迪選區，尊敬且正統的終身自由黨人士要求對戰敗的敵人施以最嚴厲的懲罰。在全國範圍內，最激烈的情緒來自於首次參加投票的700萬女性。國家政策和民族尊嚴迅速淪陷於這場突如其來的騷動之中。

人群中立刻響起喧鬧聲，旋即提出三項要求：絞死德皇、取消徵兵制，並要求德國人支付賠償至最後一枚銅板。

在徵兵問題上，首相和戰時內閣起初試圖保持謹慎。他們意識到，沒有國家軍隊的教訓已經顯現，因此放棄以巨大代價所建立的武裝力量，並

重新樹立那些曾艱辛推翻的障礙來反對義務兵役制，是極其不明智的。政府確實考慮過保持類似瑞士制度的國民軍組織。然而，一旦與選民接觸，這個想法在討論之前便被拋棄。各地呼籲消除一切強制行為，候選人紛紛迎合民意。尚未明確表態的內閣成員急於掩蓋和忘卻他們曾經不太認真考量的放棄義務兵役制的危險信念。大選前一週，人們決定英國應恢復一小部分職業軍隊，他就是用這支軍隊進入戰爭的。

要求絞死德皇的呼聲在媒體中獲得了強烈支持，各位大臣一致贊同，這個提議最早是由寇松勳爵在官方圈子當中提出的。這種情境不禁讓人聯想到王爾德筆下那段獵狐故事，描述的是「追逐無法食用的動物時那種難以形容的心情」。然而，無可置疑的是，這個要求在民眾之中也迅速形成共識。4年來，德皇在各種宣傳中遭受譴責，其罪惡的野心和愚蠢的行為給世界帶來了如洪水般的災難。他應對所有的屠殺負責。為何他不應該因此受到懲罰？為何普通士兵因為在職位上疲勞至極而入睡，或因受傷和長期戰鬥而逃離前線便會被處死，而這位高高在上的惡棍卻能逃脫懲罰，過著奢華的生活，讓每個家庭籠罩在黑暗之中？我們擁有陸軍、海軍，還有協約國；英國的力量強大，無論德皇身在何處，都能找到他，處死這個人是憤怒的世界所需要的正義。工黨在戰時內閣的正式代表巴恩斯先生在公開演講中表示：「……提到德皇……我贊成絞死德皇。」

首相自始至終顯然受到輿論的影響。在帝國戰時內閣討論此議題時，他兩次發言皆措辭激烈。他不僅在競選演說中，還在和會上表示，必須努力不懈，務求敵人交出皇帝，將其審判並處死。就個人而言，我並不堅信國君對國家行為的責任可如此處理。然而，人們似乎認為絞死德皇是迅速恢復尊嚴與世界安定的最佳途徑。大眾的願望最初似乎並非期待一次審判。然而，顯然對於訴訟程序的合法性及被告的個人責任，律師必須發言。因此，這個議題的前景將漫長且容易失焦。

我注意到，當我的看法在1918年11月20日正式公布時，我極力倡

人民的境況

導應以謹慎和細膩的態度對待此事。「根據正義和法律的原則，很難斷言德皇的罪行比他的諸多顧問更為嚴重，或比那個支持他發起戰爭的國會更大。很有可能，對德皇的起訴最終將難以成立，反而導致嚴重的僵局」。

然而，鄧迪市的各個階層和黨派都強烈要求對德皇施以絞刑，因此我被迫支持對德皇進行審判的提議。我評論了英國司法的基本原則，即無論一個人的罪行多麼嚴重、過失多麼明顯，他都有權接受審判，當然這審判必須是公正的。我們絕不能忽視對罪行的定罪和懲罰，這是普遍的準則，否則我們將淪落到與他們相同的水準。這個論點被堅定地提出，儘管接受的態度不甚熱烈。自由黨人在懲罰德皇的問題上與聯合政府的支持者持不同見解。《每日新聞》發表意見稱，德皇應該「在與被判緩刑的殺人犯相同的條件下被監禁」。接著他們急忙解釋，這其實是「一種比處決更為嚴厲的懲罰」。這些歪曲的說法從任何角度來看都是站不住腳的。

然而，整個選舉的核心問題在於德國對戰勝國的賠款。「絞死德皇」只是情感的表達，而「要求賠償」則涉及實際的數字。首要的問題是——他們能支付多少？選舉結果、公眾的要求以及大臣的承諾均無法解決此問題。沒收德國在海外的資產和要求他們繳納所有黃金是相對簡單的。此外，一個國家對另一個國家的賠償只能透過貨物或勞務來結算。這些貨物或勞務可以直接交付給債權國，或者交給第三方，透過第三方以不同方式運送到最終目的地。然而，無論如何，這種處理方式的基本性質無法改變。德國生產的物品必須透過輪船、火車或馬車運出他們的國境，並直接或間接作為他們償還的債務被接收。目前，德國每年生產的貨物數量超過其運輸工具能夠完全運出的容量，而這些剩餘的貨物數量遠遠超過包括債權國在內的所有國家願意接受的數量。例如，德國人能夠並願意開始重建被潛艇擊沉的所有船舶，但如果這樣做，會對英國造船業產生什麼影響？他們無疑可以生產各種工業產品，但我們肯定不是為了讓我們的所有民族工業被國家大規模扶植的傾銷所摧毀才參與這場戰爭的！他們可以無償出

口煤炭，而且確實定期出口，但這對英國煤田毫無益處。他們可以向中立國出口，只要他們能夠用自己的貨物吸引這些國家，然後將因此獲得的貨款以其他形式逐步轉移給協約國。

以下討論的主題是勞務賠償法。譬如，所有商船可以配備德國船員，以德國人的費用成本運送所有人的貨物；或者德國人可以成千上萬地大批湧入法國和比利時，用他們的勞動力建造遭到毀壞的房屋並重新耕種荒蕪的地區。然而，由於德國人剛被對方以極大的代價從那些地方趕出去，而且留給人們的是一些不愉快的回憶，最後回到故鄉廢墟的這些地區居民，根本就不想這麼快再次見到德國人的面孔或聽到德國語言。在所有這些解決問題的方面是有一些事情可做，但是即使對經濟狀況最缺乏理解的人也都清楚，做這些事情很快會達到一個不能被超越的極限，一個無知和激情不能克服的極限。

數月之後，賠償金額縮減至 60 億至 70 億英鎊之間，這個數字在選舉期間未被揭露。若公開，必定會被視為荒唐而遭到拒絕。德國透過降低薪資、延長工時及限制資本收益，確實有能力支付如此巨額的賠款；但採用此法的同時，德國將成為市場上無利可圖的競爭者。即便如此，所得結果僅能彌補破壞的一小部分。在過去，征服者會以自身方式掠奪被侵略土地上的一切可移動財產，古代則將所有有用的男女驅趕為奴隸。有時會勒索長期或永久的貢品。然而，如今所期望獲得的，遠超過過去那種簡單的方法。即使是現代規模的賠償支付，也需恢復並維持德國最高的科學和商業活動水準。然而，那些高聲要求巨額賠償的人，卻是首先提議用各種手段嚴重損害德國商業和工業的人。

對於上述議論，有人認為其時機不當，並指出這些言論顯示出支持德國的立場，應該受到譴責，或者認為發言者至多是智力不足。這種看法不僅見於普通選民，也在各類財務和經濟專家、實業家和政治人物中普遍存在，這表明他們對無法否認的事實選擇性忽視，無論是有意還是無意。

人民的境況

　　首相對於這個問題的了解無人能及。他在1918年11月26日對同僚們的初次陳述，對於上述論點提供了有力的摘錄。財政部的委員會中，一些精通該部業務的官員提交報告，估計現值總計20億英鎊，分30年支付，可能是德國賠償的合理且務實的總額。這個不受歡迎的數字遭到尖銳批評，因此帝國戰時內閣成立一個新委員會審核該數字，我與其他內閣成員參加會議，各抒己見。當我面對鄧迪的選民時，我堅決支持財政部的估算。我盡量肯定這數字的合理性。「我們要求他們支付賠償，」（歡呼）。「我們要他們支付鉅額賠償。」（歡呼）。「他們在1870年向法國勒索了巨額賠款。我們要讓他們的賠款達到那數字的10倍」（持久的歡呼）。「（2億×10=20億）」。人人興高采烈。直到隔天，這個數字才開始被仔細檢視。此時，一個重要商會發來一份虛張聲勢的電報問道，「在你的索賠數字中，是否漏掉了一個零？」當地報紙各持己見，數值攀升。120億、150億，這些是昨天還對20億滿意的民眾如今四處喧嚷的數字，且無論如何，他們還不願接受這兩個數字。在壓力之下，賠償數字每天攀升，「如果我們能得到更多當然更好」；我則堅持我的20億，這數字尚未遭受責難，但全國上下卻主張用最不理性的數字。一位被指責為缺乏活力的大臣甚至說：「我們應當把德國檸檬榨到裡面的核都吱吱作響為止」，許多自由感較多而責任心較少的平民候選人則隨波逐流。

　　在日常對話中，我不能聲稱自己未受選舉風潮的影響。然而，為了證明我具備可信的資格來深入探討這些問題，現公布兩封我於大選期間寫給具影響力選民的信函。

1918年11月22日

　　我對你們的感情表示理解，我們絕不容許失去所有勝利的果實。然而，當你們提到應該將1871年德國施加於法國的條件同樣施加於德國時，你們確信這樣的想法是完全正確的嗎？無可否認，德國強行吞併亞爾薩斯－洛林，違逆了當地居民希望留在法國的意願，這一直是歐洲多年間

導致巨大災難的主要原因之一。如果我們現在割取那些希望留在德國的德國人居住的幾個省分,讓他們在外國政府的統治下生活,我們是否不就冒著重蹈 1871 年德國所犯相同錯誤的風險,而這不會引發一系列相似的不幸結果嗎?

關於戰爭賠償的問題,我堅持德國人應償還他們能夠支付的所有款項。然而,賠償只能透過以下三種方式之一實現:(A)黃金和有價證券,然而這些僅如九牛一毛;(B)強制勞動,即讓德國人以勞役形式為我們及協約國工作。這將迫使我們的人民節省麵包以供養他們,此外我們也不願意讓這些德國人留在我們身邊;(C)以貨物支付,這一點我們必須謹慎,因為德國人以貨物支付會損害我們自身的工商業。如此一來,我們便是在透過條約引發我國製造商採取敵對行動的傾銷。有些協約國要求德國賠償,即對其所造成的損害進行賠償。這個數字可能超過 20 億英鎊。他們並未要求德國支付戰爭費用,我知道這個數字計算出來是 400 億英鎊。他們之所以不要求後者,是因為相信德國人完全無法支付,此外,基於此基礎擬定的條約將被證明毫無價值。

總體而言,我相信那個帶領國家贏得輝煌勝利並迫使德國接受苛刻停戰條件的政府,值得獲得一定的信任。這些即將聚集的協約國政治家應被信任,他們擁有並非人人具備的卓越知識與經驗,應該竭盡全力為世界的共同未來而努力。我們必須謹慎且堅定地捍衛我們為之奮鬥並以其名義取勝的偉大原則。

另一封信則是:

1918 年 12 月 9 日

若我們如我所堅信地在歐洲推動和平,將促進被壓迫民族的解放,促進長期被任意分裂的同一族群的支系重新團結,促進邊界的劃定依據大批同族群聚居的原則,這將永遠消除大多數可能引發戰爭的原因。隨著戰爭原因的消除,軍備等戰爭的表象也將逐漸且自然地消失。

人民的境況

> 我只能推斷，我們對未來應心懷感激，更應寄予厚望。
>
> ……

勞合・喬治先生全神貫注於選舉的激烈競爭中，充分發揮了環境賦予他的角色。他身處一個無論在國內還是全歐洲都極具威望的職位，理應避免參加連夜的演講活動。此時，最嚴峻的挑戰是抵擋來自數百萬支持者的狂熱讚美。他應該對自己的能力和職位的優勢充滿信心。事實證明，他完全可以用克制而平和的語言表達自己的觀點。即便這樣的言論在當時可能不受歡迎，但對過高期望潑冷水和發表乏味的宣告，從長遠看是明智且值得珍視的。他竭盡全力。他的演講很快就未能滿足公眾的期望。有兩次（其中一次是在婦女大會上），他幾乎被要求下臺。在局勢迅速變化中，他努力使用符合主流觀點的語言來安撫公眾和媒體，但他的每段話中都包含某種預防性措辭，這些措辭後來顯示出他的政治家風範。

首相在賠償的具體金額方面表現出謹慎且含糊不清。帝國戰時內閣委員會於大選期間提交了一份關於德國支付能力的報告。這份報告主要依據英格蘭銀行總裁坎利夫收集的廣泛證據，建議「敵國」（不僅限於德國）應每年支付不少於 12 億英鎊的賠償，相當於 240 億英鎊資本的利息。勞合・喬治在布里斯托爾演講時收到這份驚人的報告。他未接受該數字；即便一方面有公眾的強烈情緒，另一方面有英格蘭銀行總裁的觀點，他仍發表了一篇克制且慎重的演說。德國必須支付每一便士，需成立委員會研究其實際支付能力，並徵收最低限額以上的部分。疲憊的首相向歡欣的群眾發出這樣一句話：「他們必須賠償最後一個銅板，我們將為此搜查他們的口袋。」這句話蓋過了他所說的所有限定條件。「搜查他們的口袋」一時成為口號。

首相從帝國戰時內閣獲得資料並向其建議的具體決策，將經得起時間的考驗。「在不損害不列顛帝國經濟穩定和全球和平的情況下，盡力從德國獲得其能支付的最大賠償，並避免因收款而派遣軍隊占領德國。」

除此之外，大選已然成為對勞合・喬治先生的一次壓倒性信任表決。凡是獲得他支持的候選人幾乎全數當選；而未曾尋求或獲得他支持的候選人則幾乎全數落敗。為了統計軍人選票，選舉結果推遲一個月才公布。當結果揭曉時，人們驚訝地發現，在自由黨和工黨中，只有 90 名反對者贏得下議院席位。同時，愛爾蘭的選舉結果也將民族主義議會黨逐出議會，由於新芬黨人抵制大選，帝國議會中不再有愛爾蘭代表。

　　首相意識到憲法賦予他 5 年的任期，選舉主要依賴於他的個人聲望及受民眾愛戴，並意識到自己是下院近五分之四席位的多數派領袖。然而，達成這個目標的代價是沉重的。自由黨遭受了致命打擊，反對者全被清除。支持他的 136 位自由黨議員與黨的基礎斷絕了連繫，幾乎在所有事務上依賴保守黨的支持。勞合・喬治先生僅靠短暫的個人聲望維持著。只要這種情況持續下去，他的地位和權威便無可挑戰，但這能持續多久呢？

　　此外，競選活動的喧囂在歐洲更大範圍內顯著削弱了不列顛的尊嚴。苦難年代所展現的完美無瑕的國民風度 —— 在恐怖和厄運中保持的忠誠、冷靜、自制和同情心 —— 受到了非常庸俗的玷汙。不列顛全權代表不是從威嚴的戰場，也不是從莊嚴的會議室，而是從議員候選人的競選活動喧囂中出發前往和平會議的。然而，從另一個角度看，我們也擁有牢靠的實質資產；我們擁有新的議會，其中絕大多數準備支持面對艱鉅任務和混亂局勢的新政府。

人民的境况

復員階段

「戰爭結束了，老戰士靜坐著，

整個世界忙於修復創傷；

整個世界，陰沉而可怕，

它以輕快的旋律嘲諷著征服者的凱歌。

—— 拉迪亞德·吉卜林

新政府在大選結果揭曉的翌日便隨即成立。我提前獲悉首相的承諾，即他將盡快恢復內閣體系的舊有模式。這個承諾並未立即兌現。戰時內閣的 5 名成員似乎不願縮減他們的權力，他們本是掌控所有決策權的國務大臣和其他大臣，理論上所有人都應服從他們的指揮。實際上，恢復正常憲法規定的程序是在將近一年之後才實現的，但這個原則從一開始便獲得了認可。

首相面不改色地迅速進行了政府改組。在一次針對主要議題的談話後，他對我說：「你是想去陸軍部還是海軍部，請做個決定，明天告訴我。無論你選擇哪個部門，你都可以將空軍帶上；我不打算將空軍設為獨立的部門。」

那晚我在布萊尼姆度過，接獲了來自海軍部和空軍部的任命。然而，當我次日下午抵達倫敦時，發現形勢已經發生變化。陸軍的不滿情緒和復員問題引發了日益增長的紛亂。我無法拒絕首相希望我前往陸軍部的請求。這個新職位於 1919 年 1 月 10 日被宣布，15 日我便離開軍需部，開始承擔陸軍部的職責。我立刻面臨著極其緊迫的局勢。

1917 年夏天，一項復員計劃草案被提出，部分依據陸軍部的思路，但

復員階段

主要依賴文官的建議制定。其核心目標顯然是重啟工業建設，而對軍隊的士氣與紀律問題並未予以充分關注。1917年6月，該計劃被提交至總司令部討論，然而，道格拉斯·黑格爵士立即批評此計劃「最不適合且對軍隊紀律有害」。然而，戰時內閣通常會支持文職部門的觀點。該計劃在戰爭危急期間被擱置，但一旦停戰了便迅速有效地實施。

按照這項計劃的邏輯，首批需要復員的是被稱為「關鍵人物」的人，即國內僱主為恢復各種工業生產所需的人才。因此，這些「關鍵人物」被迅速從各軍隊單位中大量挑選出來，並迅速遣返回國。然而，這些即將首批返國的「關鍵人物」通常也是最後才被派往海外的。他們在軍需工業中發揮的重要作用使他們留在國內，直到1918年3月21日之後，軍隊需求變得極其緊迫時才被派遣出去。實際上，這也是制度上不可避免的弊端。有幸能夠提供國內僱主發來的信件和電報，證明僱主需要他們填補職位的人，將立即解除兵役。有權勢的人不需花太多時間就能獲得這類證件。許多當時在國內休假的人實際上被准許不用再返回部隊。缺乏這種有利條件的普通士兵，眼看著後來軍隊的同伴迅速回國，在英國獲得了屬於他的職位或屬於某人的職位，而自己多年來領取士兵薪餉，屢次受傷，並屢次被送回戰場，卻仍需留下，歷經艱險，直到國內所有肥缺全被分光，空位全被占滿。戰士對公正感到失望，而觸犯公正是危險的。結果，我們所有戰場部隊的紀律迅速瓦解和敗壞。這個過程持續了將近兩個月，對戰鬥部隊而言是不能容忍的。

在我接受並正式開始新職位的5天間，我對此問題進行了深入研究，對於行動方向不再存疑。兩岸已經出現兵變及動亂。尤其是在1919年1月3日福克斯通發生了一起兵變。埃里斯·格迪斯爵士最近接替斯馬茨將軍負責工業重建事務。我進入陸軍部的幾天前，通往大樓的道路被幾輛載滿違抗命令的陸軍後勤部隊士兵的卡車堵塞，這些士兵強行駕駛卡車來到倫敦。每輛卡車上都畫著從《每日快報》的連載漫畫中借用的傳奇故事：

「不上車就滾開，格迪斯」。嚴重的違紀行為和極度的不耐煩與憤怒情緒在這支優秀部隊中蔓延，而這支部隊在最嚴峻的戰爭壓力下也從未退縮。

若原因簡單，解決方案亦將簡潔。唯一的挑戰在於，需要獲得他人的認可；唯一的擔憂則是，我們的行動是否已為時過晚。在我擔任新職位之前，我曾堅持，陸軍國務大臣應在影響軍隊紀律的事務上對所有文職部門擁有最終決策權。面對當前的形勢，這一點無庸置疑，且必須迅速得到承認。

我立即提出以下政策：

首先，士兵應根據服役年限和年齡逐步從前線退役。第一批退役者為在前線服役最久且受傷3次或以上者，所有人都應依此順序等待退役機會。

其次，必須立即將陸軍的薪資增加至戰時薪資的兩倍以上，以縮小軍人與平民之間的收入差距。

第三，為了在保留必要的戰場部隊同時，盡快復員那些經歷最多戰鬥的士兵，8萬名曾受過訓練但未曾離開國境的年輕士兵，必須被強制要求延長兩年服役期限並派遣至海外。

在得到我從法國召回的道格拉斯・黑格爵士的熱情支持下，隨著陸軍的持續復員，我獲得了戰時內閣授予的必要權力。然而，這項工作需要耗費一些時間，而首相此時身在法國。儘管博納・勞先生擁有廣泛的決策權，他仍將重大問題提交給首相處理。戰時內閣對於戰後向議會提出新徵兵法案的構想感到不安，並在大選後對此表示了強烈的反對。財政大臣對於增加軍隊薪資所帶來的龐大開支感到憂慮。在此情況下，繁文縟節無暇顧及，我與一位才華出眾的軍官、現任副官長的喬治・麥克多諾爵士商議，並決定與他連袂前往巴黎。1919年1月23日，我向首相申請批准已提交的計畫。隔日上午，我們與勞合・喬治先生共進早餐，隨後陪同麥克多諾前往法國外交部參加會議，接著返回共進午餐並討論整體局勢。我指示副官長起草兩份由首相決定的陸軍命令，並於當天下午6點交予我。首

復員階段

相批准了這些命令,我指示副官長乘午夜火車返回倫敦,盡量減少延誤,迅速公布陸軍命令,並在命令中增加可能需要的陸軍部意見和陸軍會議指示。他按照指示行事,於 1919 年 1 月 29 日頒布了 54 號陸軍令(關於繼續服兵役者的額外酬金)和 55 號陸軍令(關於占領軍)。第一份陸軍命令的標題即解釋了其內容。第二份命令則宣布在政府重建正規軍之前,維持占領軍的意圖,並制定條例,依據此條例,軍官和士兵可選擇留在部隊或復員回家,同時發放相應的皇家付款憑證。

我針對所有現役陸軍人員撰寫了一份他們能理解的解釋,並與陸軍命令同步正式公布。該文件涵蓋了 1919 年陸軍部關於軍隊各個方面的政策。此文件必須嚴格且完全地執行。

關於占領軍
陸軍國務大臣的說明

1. 在 1918 年 11 月 11 日簽署停戰協定時,英國陸軍中有大約 350 萬名不列顛帝國的軍官和士兵在接受薪資和定量供應。從那時起,已有超過 75 萬人於過去兩個月內復員或退伍。現行的復員制度目的在恢復國家的工業生產,並按照行業的緊迫性來安排人員的返回。這無疑是最為明智的策略,並在大多數情況下將繼續執行。然而,現在不僅應考量工業需求,還必須顧及軍人的需求,這樣的時刻已經來臨。

2. 除非我們將勝利成果淪為空談,忽視我們的盟國,放棄我們以巨大代價和艱難險阻所取得的一切成果,否則在未來的幾個月裡,我們必須為占領敵方領土提供軍隊。這些部隊需具備足夠的力量,以堅決迫使德國、土耳其及其他敵對勢力遵從協約國的公正條件。我們必須與法國、美國及義大利共同提供占領軍,履行我們應承擔的責任。這些軍隊的訓練和紀律越精良,所需投入的人力便越少。因此,為了圓滿結束這場戰爭,我們必須建立一支強大、精銳且嚴格遵守紀律的軍隊,以維持英國陸軍的崇高聲

譽，確保我們正當獲得的成果不會化為空談。這支部隊將遠小於我們目前的軍隊，實際上，它將僅為我們在戰爭中動員大軍的四分之一。

3. 了解福煦元帥計劃的我軍指揮官認為，不超過90萬人的各級官兵和武器足以在過渡時期保護我們的利益。因此，當新軍已經籌組並正在組織編派時，戰爭結束時正在服役的超過250萬人，將以最快速度透過火車和輪船遣返回家並前往工廠工作。換句話說，建議在350萬人中暫時保留90萬人，並迅速遣散其餘的人員。

4. 我們應如何從中挑選出90萬人來履行上述任務呢？已經決定解除職務的人，顯然應該盡快返回家園，重返我們的工作職位。因為如果不迅速遣返，他們將喪失軍隊生活的依據，並放棄他們所享有的給養和退役補助，這必將導致大量失業。然而，當需要留下部分人籌組占領軍時，選擇標準不能僅以職業為依據，而必須大體上符合公平和公正的原則。服役年限、年齡和受傷次數應成為判斷一個人是否有資格退役的主要考量因素。因此，新占領軍將首先由以下人員組成：1916年1月1日後入伍、年齡在37歲以下、受傷不超過兩次。如果某人必須留下，那麼此人必定不是年齡最大、最早到達前線或受傷次數最多的人。

5. 我們將這些明確的規則作為主要的指導方針。根據最精確的計算，復員人數約為130萬，此外，計劃用以籌組占領軍的人數為90萬人。如果，我們大機率可能會遇到的情況，我們發現各種類別之中留下的人數多於實際需求，那麼在照顧一些特別重要和值得同情的人員同時，我們應繼續削減到90萬這個數字。首先，留下者的年齡應降低至36歲或35歲，其次送返受過兩次傷的人，然後再降低年齡至34歲。

隨著時間發展，我們在戰場上不再需要維持90萬大軍，可能會繼續裁減，以遣送年齡較大者為優先原則。然而，當戰爭目標最終實現時，最後駐守的各師將作為整體回國，他們將進入與其相關的英國主要城市。

在符合資格的返國人員中，那些願意在占領軍中服役一年且身體健

復員階段

康、條件適合的志願者，將被接納；現役的年輕士兵將從國內調派至海外，如今輪到他們履行義務了。這些人將取代年長的士兵。如此一來，年齡限制將進一步降低，年長者將被遣返回家。特別是目前國內由 18 歲及稍大一些的年輕士兵組成的 69 個營，將立刻被派往協助防衛萊茵河橋頭堡。他們的到來將使同等數量的年長士兵得以返國，而這些年輕士兵也將有機會見證我們目前占領的德國省分以及英國軍隊在那裡贏得不朽聲譽的戰場。

6. 新占領軍的籌組將於 1919 年 2 月 1 日展開，預計在 3 個月內完成。屆時，會有兩類身穿卡其色軍裝的人：即占領軍的成員和即將復員的軍人。需遣返或遣散 250 萬不再需要的軍人，這項工作必須全面展開。然而，他們需耐心等待，並在等待期間以模範的態度履行職責。任何已被決定回國的人，如有不服從的行為，將被罰以將其名字列於回國名單的末尾。每個人都必須嚴格履行自己的職責，否則無法有效地遣返如此多數的人。應理解，占領軍的服務是國家對某些公民的特別要求，因此占領軍的薪酬並未實質增加，所有官兵自其被公告列入占領軍之日起將獲得獎金，並補發自 2 月 1 日起的應得數額。

……

9. 占領軍將被劃分如下：

基地軍 —— 遠北獨立分隊

萊茵軍 —— 直屬殖民地與印度衛戍部隊

中東軍 ——

……

12. 上述安排看來是 1919 年時所能設計的最佳方案。然而在這一年，我們必須重組不列顛正規軍，以便在志願基礎上為印度、埃及、地中海各要塞及其他海外基地提供警衛部隊。

據信，曾積極參與對德作戰的許多戰士在重返平民生活後，能夠審視多種問題，並預計正規陸軍的志願機制將迅速得到改善。印度的地區防衛營以及在偏遠戰場上的各類獨立分隊的換班，現今依賴於這支軍隊的重建。因此，將透過招募和重新聘用的方式，加倍努力以加速其籌組。

13. 當前階段，無需立即確定戰後本土防衛軍的組織條件。許多更緊迫的問題急待優先處理。

14. 陸軍部現已向陸軍和全國宣布一個全面計劃，以應對當前形勢中的諸多挑戰並捍衛英國利益；此計劃已獲得相關權威人士和部門的同意，若有需求，將迅速尋求議會批准。此計劃的成功實施，需依賴全體軍人及各界人士以極大的熱情和精力協助，以保障我們每個人的最大利益及我們事業的最終勝利。

然而，時間有限，為實施這些意義深遠的舉措並獲得眾多重要人物的同意或合作，僅有短短14天；軍隊需要更多時間來理解新的決策。這段時期充滿焦慮，注定會出現許多尷尬和危險的情況。不僅軍隊，許多平民也深受戰爭突然結束的影響。甚至英國社會的冷靜和穩定也受到擾動。在那些日子裡，俄國革命所揭示的，不僅僅是一個專政機構；俄國的事件，以及從莫斯科湧出的理論和口號，似乎為全球數百萬人提供了進入兄弟情誼、平等與科學的光明新世界的願景。他們發現各地都有人回應。發生了如此多的恐怖事件，包括社會結構的崩塌，各國在長期苦難後感到一陣顫慄，實際上是一種痙攣，動搖著每個國家的基礎。

在不列顛，我們對自己的國民瞭若指掌。數百萬人數代以來在政治舞臺上積極參與，在各自的領域和地位上塑造和引導國家的政策。各政黨及其所有組織、協會、聯盟和俱樂部為大眾提供了有效的意見表達途徑。此外，憲法自身已經演變為現代世界所設計最徹底且實用的機制，使得輿論能夠有力地影響政府的決策。憲法的優勢在於它「明確地以人民的意志為根基」，並在最近透過人民直接表達的方式得以實現。

復員階段

確實有許多無法預測的因素,這些因素以前從未發揮過作用。將近400萬軍人突然而且有意從戰爭的嚴格紀律中解放出來,擺脫了他們認為正義事業的無情約束。這些龐大的人群多年來被教導如何殺戮;如何用刺刀刺入生命的關鍵器官;如何用棍棒敲擊腦部;如何製造和投擲炸彈,就像它們只是雪球。他們都經歷了長期難以想像的苦難和許多令人痛苦的磨難。對他們而言,暴力死亡與毀壞的居所(無論是發生在他人身上,還是即將降臨自身並需面對的)是日常生活中習以為常的小事。如果這些軍隊形成統一的決心,一旦他們被煽動拋棄責任感和愛國心,任何力量都將無法阻擋他們。

如果曾有這樣一段時期,那便是對英國民主政治的著名洞察力和政治教育能力的考驗階段。

在短短一週內,根據多個軍事中心的報告,軍隊中發生了超過30起不服從命令的事件。這些事件幾乎全都在長官的警告下得以平息。然而,少數事件中有相當多的士兵數日處於完全失控狀態,主要鬧事者來自格羅夫帕克和肯普頓帕克的機械運輸兵站陸軍後勤部隊。部分兵站通知軍官,他們已經成立士兵委員會,計劃前往最近的市鎮與工人建立友好關係。通常,他們會被合理的辯論所制止。有時,軍官騎摩托車繞道攔截尚未抵達市鎮的士兵,勸導他們返回執勤。團營軍官的影響幾乎都取得了成功。雖然有多地的形勢頗具威脅,但真正出現嚴重暴亂的僅在盧頓,由於市政當局的軟弱,市政廳被暴徒焚毀。

在加來發生了一次正式的叛變。1919年1月27日至31日期間,軍隊中紀律最差的部分,即陸軍軍械庫的獨立分隊和機械運輸兵站拒絕服從命令,這兩個單位經歷過的戰鬥最少,且與工會有密切連繫。他們遇到國船隊,吸引大量回國士兵加入他們的行列。短短24小時內,幾名領袖成為3、4,000名武裝分子的首領,完全掌控了這座城市。所有戰鬥師已經前往或進入德國,無法立即用軍隊對付叛變者。總司令因此召回前進中的兩個

師，將其交給最受信任和尊敬的賓將軍親自指揮，命其進入混亂現場。這兩個師的士兵聽聞復員被未曾經歷過大戰的同志阻礙後大為憤慨，到第二天夜幕降臨時，這些不忠的軍人被刺刀和機槍包圍。至次日白天，包圍圈收縮。在前方不帶槍械的軍官呼籲他們回到原職，軍官後方是絕對優勢的軍隊。如此面對面對峙著，大多數士兵悄然退後，但數百人頑固不動。只需一聲槍響就可能爆發驚人戰鬥；然而，自我克制和良好情感占了上風。幾個首領被捕，其餘的人恢復服從，未流一滴血。

　　同時，格拉斯哥和貝爾法斯特傳出嚴重騷亂的消息。當局召集軍隊協助，派遣兩個旅進駐格拉斯哥。這兩個旅是二線部隊，由效率不高的士兵或年輕新兵組成。他們未曾在戰場上歷經磨練，也未嘗過勝利的滋味。然而，軍官和士兵都準確地執行了他們的任務。秩序得以恢復。生命的損失極少，雖有流血事件，但大多數是鼻血。

　　我所記錄的最後一個事件是我親身經歷的。1919年2月8日上午8點半，我被緊急召喚至陸軍部。當我乘車抵達時，我見到一營衛兵沿著倫敦聖詹姆斯公園的林蔭大道排列。我穿過海軍部拱門進入辦公室，並未意識到有任何異常。到達後，我收到一份令人不快的報告：大約有3,000名來自各兵種的士兵聚集在維多利亞車站，攔截早班火車，這些士兵是休假期滿將返回部隊的人員。排程處長未能妥善安排運輸，只能為來自北方的休假軍人提供食宿。許多士兵在月臺上等待了一整夜，無法獲得食物或茶水。他們認為戰鬥已結束，戰爭已勝利，正如有人告訴他們的那樣，許多同僚在英國迅速獲得優越的職位，返回法國變得難以忍受。受某種煽動影響，他們決定集體向英國政府求助。此刻，這些士兵持槍處於完全無秩序狀態，占據了近衛騎兵隊的檢閱場。我得知他們的領頭人正在近衛騎兵隊大廈內向倫敦司令部參謀提出條件。

　　倫敦地區司令部的威廉・羅伯遜爵士與菲爾丁將軍來到我這裡，詳述了目前的情況，並提到近衛步兵第一團的一個預備營和兩支王室騎兵

復員階段

部隊已在現場待命。我詢問他們應該如何行動，他們的回答是「相信軍官們會服從」。於是，我要求兩位將軍包圍這些不守紀律的士兵，並將他們逮捕。

我在房內被焦慮所困擾，國家的核心地區正面臨一個極其嚴峻的問題。緩慢的 10 分鐘過去。我從窗戶望去，看見近衛兵在白廳的拱門和通道附近站崗。忽然，幾名市民出現在近衛騎兵隊大樓的屋頂上，約有 2、30 人，形成一條黑色的長隊，顯然在觀察下面剛剛發生或即將發生的某件事。我無法得知這究竟是什麼，儘管我距離那裡僅百碼之遙。又過了緊張的 10 分鐘，幾位將軍回來，似乎心情比出發時愉快得多。一切都順利解決。近衛步兵第一團的士兵用刺刀逼近武裝人群；皇家騎兵隊從另一側進行包圍；全部 3,000 人被護送到威靈頓兵營，在那裡他們吃了早餐，然後重新啟程前往法國。無人受傷，僅有一兩人受到輕微懲罰。大部分責任落在行政機關上，因為自停戰以來，他們未改進部隊在火車站的舊有指示方式。士兵們多年來在危險和死亡面前準時忠誠地返回集合點，卻幾乎沒有軍官或組織的指導，讓士兵就像普通旅客一樣，但那些負責人未能理解，在和平時代需要更細緻的安排。

新的政策及其相關說明向軍隊宣布後，結果幾乎立刻顯現。短短數日便足以遏制已經興起的不良風氣。我們軍隊遭遇的不公正審查已經結束。復員制度現已建立，其公正性令軍人心服口服。服役年限、年齡和受傷次數的原則被優先考量，未受任何形式的影響，這些準則立即獲得各級軍人的認同。加薪，士兵們以愉快的心情接受。至於 8 萬名 18 歲的青年，他們渴望見到萊茵河，讓他們的父親、叔叔、兄長在經歷長時間的艱辛後復員回家。國王在他們出發前在海德公園檢閱了由這些優秀青年組成的 10 幾個營，他們的敏捷和自信舉止給每個人留下深刻印象。新的政策公布後兩週內，我們遍布全球龐大的（雖然在縮小中）軍隊紀律恢復到傳統水準。

隨著這些事件的發展，新的下議院召開了首次會議。會議中，成員們對復員細節提出了數以千計的問題，這促使議會決議將建立一個專門機構來應對這種異乎尋常的問題。然而，徵兵法案仍以壓倒性多數通過。在下議院，自由黨和工黨的反對派受到某種不負責任觀念的驅使，竭力阻撓徵兵法。所幸他們人數有限，否則這對國家至關重要的徵兵法在關鍵時刻可能會遇到重大阻礙。

同時，陸軍的復員程序仍在大規模推進。在將近半年的時間裡，我們每天平均讓 1 萬名士兵退役，回歸平民生活。這相當於和平時期一整個師團的人數，每天從各個戰場彙集，他們下船、下車、交還武器和裝備，辦理復員手續，領取復員費，經過一整天的忙碌後，終於獲准返鄉。我認為這是英國行政能力的偉大成就。過去，軍隊逐漸擴大，個人從四面八方應徵入伍；如今，他們成批地被遣散，起初有些茫然，但最終幾乎都回到了家，找到了工作。歷史上曾書寫讚美克倫威爾的 2、3 萬鐵甲軍脫去盔甲，回歸平民生活的行為。然而，這怎能與近 400 萬英國官兵的崇高行為相比？他們在得到應得的待遇後，毫不慌亂，不居功自傲地重新融入社會，重新連接起那些曾被切斷的生活樞紐。曾有人預料，經歷 5 年戰爭中組織化的屠殺和暴行後，殺人、搶劫、強暴和掠奪將在國內持續多年。然而，事實恰恰相反，當這 400 萬訓練有素的殺手，或說國家三分之一的成年男子恢復公民身分時，文明和教育的力量，以及人民的優秀素養，導致暴力犯罪實際上減少了，監獄不得不關閉和出售。

當時，協約國軍隊暫停推進一週，以便讓敵軍撤退，隨後協約國軍隊開始前進，進入德國。1914 年充斥著入侵者足跡的法國和比利時道路，如今被反方向行進的無數隊伍所占據。英國軍隊受到敵國民眾的熱情接待，雙方相處融洽，以至於必須不斷重申「不准占領軍與當地人民親善」的嚴格命令。到 1918 年 11 月底，道格拉斯·黑格爵士所率領的部隊已經抵達萊茵河，並在數日後完成對科隆橋頭堡的占領。代表不列顛帝國的近 25

復員階段

萬軍隊實際進入德國，在適當的地區和休息營地駐紮，憑藉其天生的友好性格和良好行為，很快贏得了當地居民的安心。

然而，必須坦言一件殘酷的事實，停戰條件規定對德國的封鎖仍須繼續。應德國的要求，增加了一項條款：「經協約國與美國的慎重考量，對德國糧食的供應應達到必要的水準。」然而，這項補充條款在 1919 年 1 月 16 日第二次補充停戰條件之前未被執行。實際上，對德國的封鎖擴展到了波羅的海的港口，比以前更加嚴厲。德國的糧食狀況極為嚴峻，母親與兒童的生活艱難，他們的悲慘故事廣為流傳。在這幾個月中，除了投機商人與農民之外，德國幾乎沒有人能吃飽。直到 1919 年 5 月，甚至德國凡爾賽代表團成員也面臨食物短缺的困境。在法國以及某種程度上在英國，存在故意忽視事實的情況。

自 1919 年 1 月起，關於德國進口糧食的條件展開了一系列冗長的談判。協約國內的輿論無情而冷酷。協約國領袖們整日忙於政務，政治家們因害怕被指責為「親德」而不敢表態。負責此事的官員認為，他們是在逐步完成一項艱難的談判。類似的糧食短缺情況也出現在其他戰敗國，為此，部分食物和必需品的供應工作正在進行，而全球亦普遍面臨糧食和船舶的不足。德國人則經歷了與被圍困時期相似的極端食物短缺。

值得一提的是，打破這場可憎僵局的突然行動源自萊茵河畔的英國部隊。1919 年 2 月間，抵達陸軍部的軍官報告顯示，占領區的糧食狀況日益令人憂慮。憤怒的聲音開始滲入官方冷漠的歷史紀錄。1919 年 3 月 3 日，我在下議院莊重地揭示了這個情況。「我們仍在嚴格實施封鎖，而德國已逼近飢餓的邊緣。我收到了陸軍部派遣至德國各地的軍官提交的證據，顯示出：首先，德國人民正在面臨嚴重的匱乏；其次，在飢餓和營養不良的壓力下，德國社會和國家結構面臨全面崩潰的危險」。1919 年 3 月初在斯帕的糧食談判似乎要在無果的辯論中告終。但英國占領德國的軍隊司令普盧默勳爵向陸軍部發送了一份電報，要求轉交最高會議，呼籲提供糧食給

受苦的人民,以防止混亂蔓延並實踐人道主義精神。他強調週遭的困境對英軍造成的不利影響。我們從他和其他管道得知,英軍士兵確實將口糧分給了周圍的婦女和兒童,影響了部隊的體力。在掌握普盧默爵士的緊急電報和這些細節後,勞合・喬治先生抓住了制衡最高會議的機會。他說:「沒有人能稱普盧默將軍為親德派。」談判的官員受到斥責,談判得以重啟。然而,世界的困難和混亂如此之大,以至於直到1919年5月才有大量糧食真正進入德國。儘管根據和約封鎖要持續到條約正式批准,但封鎖實際上在同年7月中旬已完全解除。然而,一個良機已經錯失。1918年11月11日,德國不僅在戰場上被擊敗,也被世界輿論所擊潰。這些痛苦的經驗揭示了德國征服者的錯誤認知,在他們眼中,除了武力,沒有其他可信的東西。

陸軍部還有一項未完成的任務是遣返在英國人手中的25萬名德國戰俘。為此,我們不得不等待數個月。法國人發現,想到這些俘虜所代表的戰爭暴行以及法國男性人口的減少,他們的內心很難接受要釋放這些人。對法國人而言,讓這數10萬不幸的人回家,就像交出繳獲的大炮一樣困難。然而,到了夏季結束,戰場已經完全清理完畢,所有指定給俘虜的繁重工作也都已完成,沒有理由再扣留他們。正如法老所言,自古以來「讓這些人走」都很困難。我決定採取直接行動來打破這種僵局。以下的電報說明了我的意圖。

邱吉爾先生致貝爾福先生的信

1919年8月21日

與阿塞將軍商討德國戰俘的情況後,我堅定地認為應立即展開遣返戰俘的行動。

讓戰俘們參與的工作已經結束,他們每天的費用超過3萬英鎊。遣返這些戰俘的最佳機會是利用從萊茵區將英軍送往法國港口的回程列車。他

復員階段

們也可以步行返回。因此，我已經下令為這兩種方式制定計劃。這項工作需要立即開始，最遲不得晚於9月1日。我懇請您迅速啟動您那邊的機制，確保德國能夠接收這些戰俘。80%的戰俘屬於德國未被占領的地區，只有不到20%屬於協約國軍隊控制的占領區。我建議開始遣返德國戰俘，並計算每天從萊茵區運送我們士兵的列車和回程的空車數量。

邱吉爾先生寫給亨利・威爾遜爵士的信件

請查看我關於德國戰俘的電報，並務必迅速推動此行動。有關俘虜部隊的整體經濟情況仰賴於此。我們應該不加遲疑地自主於法國展開行動。請直接連繫阿塞，在他處理此事時給予建議。從明日起，他可以讓返回萊茵區的列車滿載戰俘。例如，立即開始運送歐德呂克的1萬名戰俘。我預期在未來2、3天內就會獲得批准。

一切進展順利。法國人不再延遲遣返戰俘——那些因囚禁而憔悴的德國士兵——這項工作一旦啟動便不間斷地進行，直至戰爭的陰影從日常生活中消散。

可憐的俄國

「不願為了社會革命的成功而獻出他祖國的人不是社會主義者。」

—— 列寧

「我乃永遠否定一切的精靈。」

—— 梅菲斯托費勒斯在《浮士德》中的言語

全副武裝的戰勝國即將齊聚巴黎和會,唯其中有一國缺席。

戰爭伊始,法國與英國對俄羅斯寄予厚望。俄國的付出確實不遺餘力,無所畏懼。帝國陸軍提前動員,勇猛地進攻德國與奧地利,可以說幾乎是拯救了法國,在戰爭的頭兩個月中,對防止法國被摧毀發揮了不可或缺的作用。儘管之後遭遇了難以想像的巨大災難與殺戮,俄國仍然是忠誠而強大的盟友。在將近3年的期間,他的戰線吸引了超過一半的敵軍,他在戰爭中陣亡的官兵幾乎與其他盟國的總和相當。1916年布魯西洛夫的勝利,對法國,特別是對義大利,作出了重要貢獻;甚至直到1917年夏天,沙皇垮臺後,克倫斯基政府仍嘗試發動攻勢以支持共同的事業。在美國參戰之前,俄國作為主要參戰國的堅韌特質,對戰爭的最終轉捩點有著重要作用,可以說僅次於對德國潛艇的擊敗。

然而,俄國在戰爭過程中崩潰;他在崩潰時亦改變了自身。在曾經是盟國的地方,一個面目全非、地球上前所未見的全新「幽靈」矗立而生。我們見到一個沒有民族意識的國度、一支沒有國家歸屬的軍隊、一種新式信仰上帝的宗教。自稱新俄國的政府從革命中誕生。它否認俄國對他國的任何債務,同樣拒絕承認他國對他的欠款。就在戰爭最艱難的階段即將過去、勝利將要到來、因無數犧牲所換來應得的成果近在咫尺之時,原本的

可憐的俄國

俄國被擊垮。就這樣，在協約國會議上俄國未能出席。

這場災難究竟如何降臨於世？為了讓讀者明白其後果，有必要進行一番回顧。

1917年3月15日，沙皇宣布退位。由自由主義和激進派政治家組成的臨時政府幾乎立即獲得主要協約國的認可。沙皇遭到囚禁；波蘭的獨立得到承認；臨時政府向協約國表明支持民族自決和持久和平。海軍與陸軍的紀律被一項臭名昭彰的命令破壞，該命令同時廢除了士兵向軍官敬禮的規定及軍事犯罪的死刑。在革命中占據顯著地位的聖彼得堡士兵與工人代表會議，是俄國各地迅速出現的所有蘇維埃組織的源頭與典範，它保持獨立的存在和獨立的政策。它向全世界呼籲，倡導實現無吞併或賠款的和平；它不斷發展自身的力量和組織，幾乎不間斷地辯論和闡述基本原則。從一開始，這個機構與臨時政府間的目標分歧就十分明顯。聖彼得堡的目標是削弱所有權威和紀律；而臨時政府則致力於維持一種新的、可以接受的各種形式。兩者之間陷入了僵局。代表會議中的溫和派成員克倫斯基支持臨時政府，並擔任司法部長。此時，聖彼得堡的會議中出現了極端主義者，但最初未能掌控會議。他們的一切行動都與傳統的共產黨策略相符，目的是在推動所有製造混亂的運動，尤其是左派運動，推進運動直至有利於以武力推翻俄國新政府的時機到來。

臨時政府的部長們在辦公室和皇宮附近昂首闊步，心情愉悅地執行他們的行政職責。這些職責的性質極為嚴峻。所有的權威已經被徹底動搖；軍隊在後方迅速瓦解；火車車廂內外擠滿了尋找革命新中心的叛變士兵和試圖回家的逃兵。陸軍和海軍士兵會議對每一道命令都進行無休止的討論。整個龐大的國家陷入了混亂和激情之中。對軍隊和城市的補給供應系統日益混亂和脫節。所有工作都失去了效率，各種物資無論是軍用品還是糧食都極度匱乏。與此同時，德國以及南方的奧地利和土耳其之軍隊用所有已知的戰爭技術攻擊俄軍破碎且全面動搖的戰線。協約國的政治家自欺

欺人，相信一切都在朝著最好的方向發展，認為俄國革命為共同事業創造了顯著的有利條件。

　　1917年4月中旬，德國人做出了一個令所有人憂慮的決策。魯登道夫曾經焦慮地提及此事。德國的軍事領袖已經到了孤注一擲的地步。他們有意發起無限制的潛艇戰，這必然會促使美國參戰。在西線，從一開始，他們就自主地運用了最為可怕的攻擊手段，毫不留情地使用毒氣，並發明了「噴火器」。然而，出於某種恐懼，他們竟然對俄國使用了最令人厭惡的武器之一，即是將列寧像瘟疫患者般封閉在運貨車廂中，從瑞士運往俄國。列寧於1917年4月16日抵達聖彼得堡。這位頭腦中蘊藏著可怕潛力的人到底是怎樣的一個人？列寧與卡爾·馬克思的關係猶如歐瑪爾之於穆罕默德。他將信仰轉變為行動，設計出在他那個時代實施馬克思理論的可行方法，建立了共產黨的戰鬥計劃。他發號施令，制定口號標語，傳遞訊號，領導攻擊。

　　列寧的性格中充滿了復仇的元素。他出身於官僚家庭，自小便是貴族，並接受當地備受推崇的公立學校教育。由於同情，他的思想從而轉向反叛，致力於消除貧困。這種看似矛盾的思想轉變在當時並不罕見。列寧擁有一位無可指摘的父親和一位反叛的兄長。這位兄長與他關係深厚，但因涉嫌參與暗殺事件，於1894年被處決。而當時年僅16歲的列寧正處於情感豐富的年紀。他的頭腦如同非凡的工具，思想光芒四射，似乎能揭示整個世界的真相。列寧以同樣的智慧與個人魅力揭露世界焦點事件中的所有事實，無論結果是令人不快的還是鼓舞人心的。他的思想多元且在某些方面極為卓越，能夠達到一般人難以企及的理解深度。他兄長被處決的這個打擊，使得他那束明亮的思想光芒就似經過稜鏡折射，變成了赤色。

　　列寧的思想受到一種極為獨特的意志所驅動。他體格健壯，精力旺盛，即使有病，在中年之前仍能勝任這些卓越的事業。在他的精力耗盡之前，他已經完成了他的使命，即使千年後仍將被銘記。在這個時代，人類

的思想和制度持續向前發展。列寧為他們的困難所採取的解決方案已經不再符合當今的需求和知識。科學正以不可阻擋地速度快速前進。社會階級透過多元管道流動。最具膽識的實驗者所提出的改革方案也可能被貼上「過時」的標籤。未來生活更輕鬆的一代人會不以為然地翻過記錄著俄羅斯恐怖時期的這幾頁歷史。關心歷史的年輕人會問恐怖時期是發生在大戰之前還是之後；他們把熱情投入到無數可能發生的事情中。受過高等教育的民族則專注於實際事務的發展。

無情的復仇源自於一顆冷漠的同情心，而其披著寧靜、智慧、實際及輕鬆的外表！他的武器是理性；他的目標是拯救世界，他的方法則是摧毀舊有的世界。他所提出的原則是絕對的，不容隨意改變。他個人精於學習；既能對人作出判斷又能進行反思；既有激進的行為又擁抱博愛。但私底下他是一位好丈夫，一位文雅的男人，傳記作者慎重其事地告訴我們，他樂於洗碗或逗弄嬰兒。他對於悄悄接近捕捉一隻松雞和處決一位皇帝感到同樣愉快。列寧的復仇本質上與個人無關。當面臨需要處死任何人時，他總表現出不情願，甚至痛苦。

薩羅利亞教授指出：「俄國一項統計調查推測，革命期間造成 28 位主教、1,219 位神父、6,000 名教授與教師、9,000 名醫生、12,950 位地主、54,000 名軍官、70,000 名警察、193,290 名工人、260,000 名士兵、355,250 個知識分子及專業人士和 815,000 名農民的死亡。」在倫敦國王學院的赫恩肖先生於《社會主義概觀》的知名序言中認可了這些數字。當然，這些數字並未包括在饑荒中死去的眾多俄國人。

列寧是一位徹底的否定論者。他否定所有事物。他否定上帝、國王、國家、條約、債務、地租、利息、歷世以來的舊道德、法律與習俗、書面或口頭的契約，以及當前人類社會的整個社會結構……

列寧的腦中被一種神祕的酸性物質所侵蝕，最終導致他倒下。他的遺體以防腐液浸泡保存……

當列寧的大腦對世界的破壞力逐漸枯竭並透過全國之力尋求如何治療最高領導人的病痛時，他個人的精力也隨之消退。是他將俄國引入那個令人迷醉的泥沼；也是他找到使額國進入低窪之地的途徑。他觀察四周；他試圖回頭；然而，他卻辭世了。當他試圖做出決定性轉折時，那道指引他的強光卻熄滅了。俄國人民無奈地被留在泥沼中掙扎。列寧的死成為俄國人民的不幸。

列寧在1917年4月返回聖彼得堡時有季諾維也夫作伴。一個月後，托洛斯基加入了他們的行列。事實上，托洛斯基獲準離開新斯科細亞省的哈利法克斯，似乎是應臨時政府的要求，而他之前被加拿大當局巧妙地扣留在那裡。在這三位人物的推動下，蘇維埃政府與臨時政府的矛盾迅速升溫至危機階段。到了1917年5月和6月，這兩個政權以武裝對抗和激烈爭論面對面地對峙。然而，臨時政府還需要維持國民日常生活、秩序以及對德軍的軍事行動，而布爾什維克的唯一目標則是俄國統治者的全面崩潰。著名的自由派政治家古契科夫和米留科夫，雖出於善意卻無意中成為誘人的誘餌，並迅速地退出了政治舞臺。他們在這場不斷發展的驚人瓦解過程中扮演了關鍵的角色。他們出於良好的動機，動搖了舊俄國的基礎，並成為鼓勵俄國許多愛國知識分子努力工作的榜樣。如今，他們發現自己缺乏影響力或控制力。這些勇敢而受人尊敬的人士以自己的方式行事，離開了政壇，事後回顧，似乎是因為他們知道自己已經成為受折磨的犧牲品。古契科夫曾表示：「現在可以證明，我們是自由人的國家，還是一群進行反抗的奴隸的國家。」然而，在紛亂吵雜的環境之中，言詞已不再有任何分量。

然而，在極度痛苦之中的俄羅斯，仍然有一些最後的支持者。克倫斯基便是其中之一，他個人充滿自負與自欺。作為臨時政府中最為不成熟且業餘政治家的代表，他在革命時期成為一位危險的領袖，時常試圖在競爭中擊敗其他極端主義者以掌控局勢，並試圖讓忠誠的溫和派相信，只有他

們能處理最危險的情況。他不斷強制改變政策，將他的同僚一次又一次地推向更左的立場。克倫斯基不願使自己的行動超越某個自己認定限度，一旦達到該限度，他便改變策略，準備抵抗。然而，當他決定進行最終反擊時，這才發現自己既沒有武器也沒有盟友。

在 1917 年 5 月中旬，克倫斯基接任古契科夫成為陸軍部長，到了同年 8 月 6 日，他晉升為總理。夏季時，情勢使他從支持革命轉向鎮壓革命，這種局面因兩位著名人物的影響而加劇。其中一位是柯尼洛夫將軍，他是一位愛國者，個性堅毅且深得人心，擁有民主思想，隨時準備擁抱革命；他願意以原本獻給沙皇的忠誠來服務俄國的新政權。他贏得了軍隊的信任，並且與當時的政治家們相處融洽。他似乎具備許多優秀的特質，或者至少擁有許多有利條件，而這些正是希望維持秩序和作戰的革命政府對其司令官的要求。

然而，一位更具實力的幕後人物逐漸嶄露頭角，他便是鮑里斯・薩溫科夫。這位曾是民粹派成員的激進分子，在戰前策劃了暗殺 M. 德・普列維和謝爾蓋大公的事件。革命初期，他從流放地被召回，並被派往俄國第 4 集團軍擔任政治委員。憑藉個人充沛的精力，他竭力解決叛變和潰散的問題。這種能量讓人聯想到法國大革命時那種更為緊張的精神。在某些方面，他像是維克多・雨果小說《九三年》之中的西穆爾丹，又在某種程度上類似於法國大革命當中的聖茹斯特；然而，儘管他的方法無情且行為激進，他的理智卻追求著適度甚至平凡的目標。他是務實的典範，有人將他的敏銳個性以硝化甘油（炸彈）來形容。他並未被俄國悲劇的混亂所困擾，而是追求一個自由的俄羅斯——在戰爭中戰勝德國，與西方自由國家攜手共進，讓農民擁有土地的俄羅斯，一個公民權受法律保障，議會制度完善並與君主立憲制度相協調的俄羅斯。在短短兩個月內，這位行為極端但意見冷靜的人上升到主導俄國軍務的地位。作為克倫斯基的陸軍副部長並控制著聖彼得堡的衛戍部隊，薩溫科夫掌握了實權。他深諳各種力量

的運作，了解麻煩的根源，無所畏懼。現在俄國政府應考慮的問題是，能否允許他充分發揮手中的實權？還是這些實權會被他人奪走？這些實權會持續發揮作用，還是會逐漸被削弱？

薩溫科夫伸出援手來拉攏柯尼洛夫，並對克倫斯基施壓。1917年7月底，聖彼得堡蘇維埃最終因內鬥不斷，以多數票同意動用無限制的權力來恢復軍紀。同年8月1日，柯尼洛夫被任命為總司令；9月8日，死刑對破壞軍紀者重新實施。然而，德軍依然在前線猛烈進攻。克倫斯基全力推動的俄軍夏季攻勢慘遭失敗，俄軍最忠誠、最優秀的士兵傷亡慘重。

1917年7月中旬，德軍發起進攻，鋼鐵洪流滾滾向前。1917年7月24日，斯坦尼斯拉夫和塔爾諾波爾再次被德、奧聯軍占領。敵軍不斷推進。同年9月1日，德國艦隊配合陸軍進入里加灣。9月3日，里加陷落，苦難的民族不得不承受魯登道夫和列寧的雙重打擊。危機達到極致，所有連繫都被切斷，無論是肉體上還是精神上。柯尼洛夫反抗克倫斯基；克倫斯基逮捕柯尼洛夫；薩溫科夫試圖促成兩人合作，強化行政權力，但最終他反而被排擠在外。於是出現了短暫的巴別塔建設插曲，即鼓舞人心的杜馬決議和全俄民主大會的呼籲——維持國家穩定。俄羅斯議會中反布爾什維克的勢力具備極為強大的壓倒性。臨時政府發表宣言，倡導自由開明政策並忠於協約國事業。只要言詞和票數能夠發揮作用，沒有什麼不能實現。與此同時，德國的重錘擊碎了前線，而列寧正在破壞後方。

誰能夠評價這些不斷面臨挑戰的俄國自由與民主鬥士們的成敗呢？他們所承擔的任務是否已經超出常人的能力範圍？不管是誰或使用何種方法，是否真能同時抵擋四面八方的攻擊？戰勝國的政治家和作家不應輕易對這些承受巨大壓力的人居高臨下。即便是凱撒、克倫威爾或拿破崙也可能會在這裡窒息，就像韋布船長在尼亞加拉瀑布前窒息而亡一樣。在普遍的無稽之談和逐漸逼近的炮火中，一切都被摧毀了，一切都崩潰了，一切都瓦解了，然而從無政府狀態中出現了一個有凝聚力且可怕的實體，而這正是因

為布爾什維克的沉重一擊所致。

在 1917 年 11 月的首週，由列寧和托洛斯基所領導的軍事委員會積極推動蘇維埃掌握軍隊指揮權和逮捕部長的至高無上權力。叛變的軍艦沿涅瓦河逆流而上，軍隊轉而支持政變者；杜馬、全俄民主代表大會及全俄蘇維埃代表大會正在進行激烈辯論並以壓倒性多數表示抗議，卻最終被徹底掃蕩。臨時政府被圍困於冬宮。克倫斯基試圖前往前線調集忠誠部隊，卻被列寧的公告罷免，返回後在巷戰中遭叛軍擊敗。他的最後支持者包括婦女和兒童。婦女營和軍事學院學員毫不畏懼地堅守陣地；俄國新興的情報機構認為，必要時可對學員處以極刑，對婦女施以玷汙。英國上訴法院隨後基於國內需求，承認自 1917 年 11 月 14 日起，蘇維埃政府為俄國的事實當局。

彼得大帝所建立的帝國，以及長久以來對自由俄羅斯的嚮往、杜馬和已經召集的制憲會議，皆已化為永恆的過去。與沙皇的臣僚一同被驅逐的，還有自由派及激進派的政治家和改革者。社會革命黨人、孟什維克，以及眾多社會主義的小團體，尤其是那些與布爾什維克最為接近、最極端的派系，皆被標記為應予剷除的對象。意識形態的左翼被顛覆，各種已知的政治立場幾乎瞬間崩解。僅有一個派系暫時進行了抵抗——無政府主義者，沿襲巴枯寧留下的傳統，自視為極端主義中無可比擬的一支。如果布爾什維克試圖顛覆世界，他們則欲將世界由內而外的翻轉；如果布爾什維克目的是在消滅是非，他們則想消解左右。因此，他們言辭自信，氣勢昂揚。然而，新政權已對他們的情況進行了縝密的研究，並無意在辯論中浪費時間。無論是在聖彼得堡還是莫斯科，這些人要麼在其總部遭受炸彈襲擊，要麼被迅速追捕和槍決。

無論最高委員會是平庸還是卓越——這取決於你的評價——它都如同一條擁有統治理念的鱷魚，於 1917 年 11 月 8 日正式履行職責。它立即推行了一系列明確的政策——「終結戰爭」、「剝奪私有財產」以及「處死

所有國內反對派」。同時，請求與外國敵人迅速達成議和，對地主、資本家和反動派進行不妥協的鬥爭。這些標籤可以被最廣泛地、最有彈性的解釋。僅有些微積蓄或一間小屋的赤貧者發現自己被指責為「資產階級」。進步的社會主義者則被宣告為反動派。在進行更細緻的組織工作之前，列寧向群眾發出了「剝奪剝奪者」的總動員令，煽動農民殺死地主並奪取他們的土地；大規模和零星的殺戮與掠奪在全國廣泛的地區不斷上演。

國內政策迅速推進，速度之快令人驚訝。然而，國際局勢卻更加複雜。列寧與其親信展開行動，他們相信能夠透過無線電報技術，用來繞過各交戰國的政府領導人，直接向各國人民發出呼籲。因此，起初他們並未考慮單獨媾和。他們期望俄國首先退出戰爭能導致全面停戰，並希望協約國與敵國的政府將面臨城市和軍隊的叛變。他們在起草和平法案時充滿激情，訴諸崇高的人道主義、對暴力的恐懼以及對屠殺的擔憂，例如：「……各國勞動人民，我們的兄弟們屍橫遍野，我們無辜者的血流成河，城市與鄉村成為冒煙的廢墟，文化瑰寶淪為殘骸，我們以兄弟般的情誼伸出雙手，呼籲你們重建和加強國際團結。」然而，聖彼得堡的無線電波雖然震撼了以太，卻未見成效。他們專注傾聽回應，但無人回應。與此同時，新政權巧妙地利用權力，直接有效地控制沙皇的警察和祕密警察。

兩週過去後，布爾什維克放棄了「透過超越各國政府首腦的方式，與反對各國政府的國家實現和平」的計畫。1917 年 11 月 20 日，俄國最高指揮部接到命令，「向敵國軍事當局提議立即停戰並開始和平談判」。11 月 22 日，托洛斯基在聖彼得堡接見協約國大使，發出照會，建議「所有戰線立即停火，馬上開始和平談判」。但無論是大使還是他們的政府均無意作出任何回應。俄軍總司令、年邁的杜赫寧將軍拒絕與敵方接觸。他的職位立刻被一位下級軍官延申恩‧克里蘭科接替，杜赫寧被後者交給叛亂的士兵處置，立馬即被處死。隨後向中歐帝國請求停戰。中歐帝國也暫時保持沉默。然而，布爾什維克政府不惜一切代價兌現了「立即和平」的承諾，

可憐的俄國

並向前線部隊下令，要求「以連和班為單位與德軍強制性地建立友好與和平關係」。此後，對入侵者的任何軍事抵抗變得不可能。1917年11月28日，中歐帝國宣布它們準備考慮停戰建議。同年12月2日，俄國戰線全面停火。

在《布列斯特-立陶夫斯克條約》簽署之前，談判歷時3個月。布爾什維克的領導層在這段期間面臨了諸多令人沮喪的局面。他們要求停火6個月，但最終僅獲得了一週前通知的進攻延緩一個月的承諾。他們希望將談判地點轉移至如斯德哥爾摩這樣的中立國首都，但提議也被拒絕。他們試圖用慣用的辭令向冷酷無情的征服者闡述人類社會應遵循的政治原則。德國將軍霍夫曼反問：「可是請告訴我，親愛的先生們，我們為什麼要關心你們的原則呢？」由於對協約國的某種模糊且不合邏輯的信任，布爾什維克領導人要求在停戰期間，德軍或奧軍不得從東線調往西線。德國人口頭同意，但卻立即開始不斷地將部隊運往法國。到1917年12月底，布爾什維克對協約國的單方面信任終告破滅。他們發現自己面對的是武裝且堅決的軍事力量，並意識到俄國已失去抵抗的能力。

然而，當這些非凡的革命者深刻理解和平條款的意義時，一股微弱但強烈的反抗情緒在他們的祕密會議中激盪。粗魯者猛烈抨擊普魯士的帝國主義；狡猾者則透過報紙文章發洩不滿。托洛斯基和季諾維也夫恣意發表輕蔑的嘲諷和空洞的威脅。「時間遲早會到的，哈哈！」等等。托洛斯基聲稱：「偉大民族的命運不會受制於德國人的軍事條件」。德國人則保持冷漠。德國以平等的待遇接待了獨立的烏克蘭政府代表。布爾什維克徒勞地抗議，聲稱唯有他們才能代表全體俄羅斯人發言。德國人對此不予理會。中歐帝國在其他方面或許會出錯，但對於獲取烏克蘭和高加索等地的糧食與石油的決心絕不動搖，並確保他們能無償獲得所需的具體協定，這任務已經交給俄國人民的新部長們。

到1917年12月底，談判暫時中止，布爾什維克的代表返回國內與同伴進行商議。在這場於密室中展開的新爭論中，某些細節仍未被揭露。托

洛斯基在此扮演摩洛克戰神的角色，堅持重新開戰，似乎會議上的大多數人也與托洛斯基抱持相同的熱情。列寧則以冷靜而陰沉的語調發表了一篇包含有 18 個論點的演說，向他們提出了任務方針。

「我十分同意主張開戰，噢！同事們，仇恨未曾被我遺忘。」……

然而，他們如何抵抗？陸軍已經無法依賴，協約國漸行漸遠，艦隊叛變，俄羅斯陷入混亂！即便是在仍由他們掌控的廣大地區，空中優勢也難以持久。而在認知上是否存在比俄羅斯的危急命運更為珍貴的事物？那便是共產主義革命。若他們將剩餘力量耗費於抵禦外國入侵，是否還能有效打擊國內資產階級？對於追求世界革命的國際主義者而言，地理疆界和政治忠誠並非至關重要。他們致力於在俄羅斯領土上建立無可挑戰的至高地位，繼而以此為基地將社會革命擴展至全球。列寧的觀點占據上風。一名英國目擊者報導，他甚至不待反駁聲音響起，便淡然自若地坐在休息室，而其追隨者則在室內激動不已地喧嚷。托洛斯基最多僅能採取「不戰，不和」的老方法。蘇聯人可以投降，但拒絕簽字。1918 年 2 月 10 日，托洛斯基透過無線電宣告：「在拒絕簽署瓜分俄羅斯的和平條約的同時，俄國宣布與德國、奧地利、匈牙利、土耳其和保加利亞的戰爭狀態已經結束。俄軍各部隊在各戰線同時接到全面復員的命令」。

然而，這個宣告並未令德國人完全滿意；他們靜默地度過了一整個星期，直到 1918 年 2 月 17 日，才突然宣布停戰結束，德軍將於黎明時分全線展開攻勢。托洛斯基抗議「至少應提前一週通知」，但這聲音被炮火的轟鳴所掩蓋。從雷瓦爾至加拉茨，長達 1,000 英里的戰線上，德軍和奧軍勢如破竹。在這條紊亂的戰線上，所有部隊處於不同程度的瓦解狀態，還有一些軍官勉強保持忠誠。但此時，這些部隊全數被輕而易舉地掃除。整條戰線在一天內被擊潰，德軍推進約 20 英里，繳獲 1,350 門大炮，並奪取大量物資和俘虜。當晚，德軍的主要目標德文斯克城被攻陷，到了 1918 年 2 月 19 日，蘇聯人徹底投降。托洛斯基的外交部長職位由更為圓滑的

契切林接替，並於 3 月 3 日簽署和約。

《布列斯特－立陶夫斯克條約》讓俄國失去波蘭、立陶宛和庫爾蘭；芬蘭及奧蘭群島；愛沙尼亞、白俄羅斯和烏克蘭；以及高加索的卡爾斯、阿達漢與巴統。

蘇聯無線電廣播宣稱：「這種和平並非基於自由協定締結，而是以武力強加的⋯⋯俄羅斯被迫咬牙接受的和平⋯⋯蘇維埃政府無力單憑自身抵擋德國帝國主義的武裝攻勢，為了拯救革命中的俄羅斯，它不得不接受擺在眼前的條件。」數年後，列寧表示：「我們必須勇敢面對赤裸裸的痛苦現實，充分意識到我們已被推入戰敗、瓜分、奴役和屈辱的深淵底部。」對於列寧賜予俄羅斯民族的早期恩惠，這些描述已經無法更好地表達。用巴肯先生深思熟慮的話來說：「他們（布爾什維克）讓俄羅斯失去 26% 的人口，27% 的可耕地，32% 的一般農作物產量，26% 的鐵路系統，33% 的製造業，73% 的鐵產量，以及 75% 的煤田。這就是『沒有吞併』。他們必須承擔戰敗的賠償，支付鉅額但無法估價的賠款。他們被迫同意鉅額石油自由出口和一項特惠貿易條約。這就是『沒有賠償』。他們將 5,500 萬不情願的斯拉夫人置於德國統治之下。這就是『自決』。」

如果這些結果在當今有所緩解，若蘇維埃共和國能擺脫德國的控制和剝削，這是因為西方國家和大西洋彼岸的盟友並未因為俄國的退出而感到失望，仍然堅持共同的事業。正是由於這些國家的努力，重整旗鼓的德國最終才再瓦解。

外國的干涉

　　布爾什維克與中歐帝國達成的停戰協定及後續條約，在俄羅斯引起了深刻的影響。同一天（1917年12月20日），柯尼洛夫、阿列克謝耶夫和鄧尼金三位將軍在頓河畔升起反革命旗幟。他們歷經艱險來到這個哥薩克人的避難所，周圍是充滿原始而忠誠居民的廣袤草原。這些軍事領袖在此為舊俄羅斯的貴族建立了復興振作的中心。但他們的政治威信何在？帝國政體已失去各階層的信任，沙皇已退位，正逐步走向凱薩琳堡的刑場。布爾什維克主義聲稱民主進步，國內形勢壓力轉變為政治示威。國內「土地屬於農民」、「蘇維埃屬於全體人民」的口號響徹雲霄。然而，抵抗入侵者、保衛俄羅斯的安全與領土完整，並以俄羅斯的榮譽向協約國承諾，這些口號對一些人有吸引力，但他們分散在漫長的戰線和廣闊的國內地區。集合號聲隨風遍及草原，群山迴響；每個地方、每個階級、每個城市和鄉村都在傾聽。若說世界革命崛起，則世界文明仍取決於戰場。來自五大洲的20多個國家和民族正向將俄國推入深淵的中歐帝國進軍。世界各大洋載著不可阻擋的船艦駛向西部戰場。遠在大洋彼岸的美國上空迴盪著增援準備的聲音。雖然俄國已被擊倒、遭受炮擊，但抗爭事業仍在。專制君主政府應被摧毀，但不應由其他形式的專制政權所取代。對俄國的愛國者而言，俄國軍隊的榮譽和彼得大帝的遺產需要保衛，或在保衛中犧牲。

　　俄國志願軍的崛起與其成就，無疑應成為歷史專著的題材。不列顛帝國、法國、義大利、美國，以及那些在今日享有自由的小國盟友們，必然會懷著感激之情品讀這部專著。隨著俄羅斯祖國的瓦解及其捲入醜聞的消息逐漸傳遍整個龐大帝國，人們意識到這是一場令眾人震驚、少數人歡欣的浩劫。儘管面臨諸多困境，然而有20場不為人知的戰鬥可與加里波

外國的干涉

利、霍費爾或德拉羅什雅克的戰鬥相媲美，這顯示了一支絕望的流亡者隊伍成長為真正的軍事力量。志願軍的領導人接連倒下。柯尼洛夫於1918年3月底被殺。頓河哥薩克人的首領卡列金在一度失敗後自盡。最重大的損失是阿列克謝耶夫，他是一位如同福煦和魯登道夫般卓越的策略家，早早掌握了俄羅斯最重要的國務。他因為艱苦的帶領戰鬥，僅活至1918年9月，隨後由鄧尼金繼任，後者兼具堅韌、睿智、穩重及可敬軍人的美德與格局。在險惡的內戰中，俄國志願軍於1918年後期成功擴大其管轄範圍；然而，要更詳細地記述其冒險歷程與成就，卻缺乏充分的資料。儘管其他所有情況初始階段都充滿爭議與不確定性，但與外部世界保持連繫的意識是這些反革命領袖權力得以依賴的穩固基礎，這種連繫迅速展現出實際的作用。

在俄國革命期間，法國、英國和美國曾大規模地向俄羅斯輸送軍火。這些軍火是俄國（包括沙皇俄國和革命後的俄國）透過借款獲得的。超過60萬噸的軍事物資及同等數量的煤炭被運抵阿爾漢格爾斯克和莫曼斯克的港口。在沙皇時期，利用大量戰俘，經歷了前所未有的艱辛，修築了一條長達800英里的鐵路，通往聖彼得堡。現今軍火和其他物資無人管理地堆積在碼頭上。布爾什維克政府拒絕償還購買這些物品的所有借款。公正地說，這些物資屬於協約國。然而，一個更為重要的問題是「它們將落入誰之手？」在符拉迪沃斯托克（海參崴）也出現類似的情況，那裡的大量物資是從美國和日本進口的。難道要讓這些大量致命的物資充滿於中歐帝國的軍火庫，進而延長無止境的戰爭嗎？難道要讓屈服的政府、協約國的背叛者和文明制度的敵人利用這些軍火來鎮壓對其專制統治的各種反抗嗎？這些問題在1917年冬季浮現；甚至在《布列斯特-立陶夫斯克條約》簽署前已經變得極其重要。

從簽約條款中可以明顯看出，協約國在海軍上所投入的巨大努力對中歐帝國的封鎖在相當程度上已被破解。德國顯然已經將俄國置於掌控之

中。烏克蘭和西伯利亞的糧食、裏海的石油，以及廣袤大陸的各種資源，似乎未來都將用於支援和維持目前在西線遽增的德軍及其後方的全體德國人民。事實上，1918年初的德國已經獲得了一切，比兩年前所期望的更多，若非當時法金漢魯莽地選擇進攻凡爾登而遭遇挫敗。這些補給何時能夠發揮作用尚不確定，但在烏克蘭進行的戰略安排顯示出德國占領該地區並從中獲得最大供應量的明確意圖。當時，沒有人看到戰爭迅速結束的可能，似乎也沒有理由懷疑德軍與奧軍有時間和力量從龐大的俄羅斯帝國中汲取，甚至幾乎無限地獲取新的生命力。最終，德軍將著手將70多個師的100多萬人和3,000門大炮及彈藥從俄國戰線運往西線。奧軍也會以類似的方式增援義大利戰線，並將後續增援源源不斷地向西移動。法軍尚未完全從1917年的軍隊譁變中恢復，英軍則在不斷地從阿拉斯向帕斯尚德萊發動攻勢的過程中承受損失，力圖減輕法軍的壓力並確保他們有喘息的時間。這就是俄國崩潰後的嚴峻局勢，比之前的最大戰役爆發時更為險峻。

　　協約國必須重建東線以對抗德國，也必須扣留供應給俄國的物資，以防落入中歐帝國之手，從1917年底起這兩點似乎對爭取戰爭勝利至關重要。因此，最高軍事會議的軍方代表於1917年12月23日建議，凡在俄國境內決心繼續戰爭的各國部隊，都應給我們以力所能及的支持。有一個協約國，他在西伯利亞能以比其他國家更迅速地優勢力量行動。那就是日本，他鄰近西伯利亞，他生氣勃勃，力量強大，早有準備。反對的論點其實也有相當的分量。有人說如果讓日本進攻俄國，布爾什維克在俄國人民的支持下可能會與德國聯手對付協約國。日本人並未表明不願盡力。他們準備控制相當一部分的西伯利亞鐵路。但是他們說，美國參戰在日本不受歡迎。1917年12月31日，英國政府向威爾遜總統透露了這些可能的情況。美國表示，他們既反對日本單獨干涉也反對美日聯合干涉。日本人對這種態度很生氣，而英國政府開始時覺得日本人必定會同意美國參與的態

外國的干涉

度。日本人認為，日本理應接受委託在海參崴進行大家同意的干涉，因為德國勢力在太平洋海岸的發展情況將對日本有特殊的威脅。英國政府得到法國政府的支持，在1918年1月底決定提議邀請日本作為協約國的受託人採取行動。威爾遜總統依舊反對一切干涉，尤其反對日本單獨行動。另一方面，日本人提出的條件是，如果日本受各大國的委託行動，他必須得到美國黃金和鋼鐵的援助。

由於《布列斯特－立陶夫斯克條約》的影響，加上魯登道夫在西線的迅速攻勢，以及由此引發的緊張危機，兩個力竭的協約國被迫發出愈加迫切的求援。然而，威爾遜總統依然抱持懷疑態度。在這前後4個月的寶貴時間裡，日本和美國在天平的兩端搖擺；期間，日本或美國接連反對法國和英國提出的各種相似建議。然而，法國和比利時的慘烈戰鬥以及德國對俄國日益嚴重的掠奪，成為有力的證據。這些證據又得到了意想不到的支持。此時托洛斯基擔任國防部長，他以非凡的精力籌組了一支紅軍，用以捍衛革命和俄國。1918年3月28日，他通知我們在莫斯科的代表洛克哈特，表示如果其他協約國合作並提供某種保證，他不反對日本軍隊進入俄國以抵抗德國侵略。他要求派遣一個英國海軍委員會來重組俄國黑海艦隊，並派遣一名英國軍官來管理俄國鐵路。據稱，最終甚至列寧也不反對外國介入以對抗德國，但必須保證不干涉俄國內政。英國人做了多方努力終以獲得布爾什維克領導人的正式邀請。這對克服美國的抗拒情緒極為關鍵。然而，布爾什維克或許只是將此視為一種策略，目的在於幫助其政權獲得國際的承認，並削弱和分化對抗布爾什維克的俄國愛國武裝力量的抵抗。需要其他證據來確定這個問題，並使五大協約國達成切實可行的協定。此時，一個新的有力論證即將出現。

俄國突然迎來了一個獨特而異常的外國元素。戰爭爆發時，部分居住於俄國的捷克斯洛伐克人自願加入俄軍。一些捷克斯洛伐克戰俘加入了多布羅加的西伯利亞志願軍師。還有不少捷克斯洛伐克人逃離，並在1916

年勃魯西洛夫於斯特爾河取得勝利後,與俄軍中的同胞合流。這些人在馬薩里克教授的指導下行動,教授是自奧地利逃出的難民,曾在1914～1916年間居於倫敦,堅持著屬於波希米亞和捷克斯洛伐克人的觀點。他們之間的連繫是純粹的智力和情感,這種連繫證明了他們的崇高士氣能超越時代的所有困難。這些士兵因對奧地利政府的強烈憎恨而驅動,從遙遠的家園而來,對民族和國際事業有著清晰的理解,完全不受當地俄國人的影響。沙皇政府將捷克斯洛伐克人編入俄軍作為獨立的軍事單位,然而捷克斯洛伐克人心存疑慮地認為他們是在效忠於曾否定其合法君主權的外國人。然而,俄國革命後,馬薩里克教授前往俄國,將大量捷克斯洛伐克人組成的軍事單位合併為一支軍隊,置於波希米亞紅白旗的領導下,並在巴黎為他們取得協約國軍隊的地位。自《布列斯特-立陶夫斯克條約》簽訂起,他們認為自己是在協約國的部署下為共同的戰爭目的而全副武裝。在更大的規模上,並在必要的區別下,他們效仿路易十一的蘇格蘭弓箭隊、薩斯菲爾德的愛爾蘭旅或路易十六的瑞士警衛隊,遠離家園和家庭所意味的一切,周圍環繞著外國人,但他們的熱情不會被那些人所觸動,那些人的生活習慣不會吸引他們,他們過著獨立的生活。與祖先截然不同,他們與當前幾乎成為全球奮鬥目標的事物緊密相連,堅持不變。他們不斷集體研究戰爭過程,透過不懈的體能訓練和集體自覺訓練,昂首闊步地穿越所有混亂與喧囂。在俄羅斯帝國的崩潰聲中——

「在無數敵人中,不動搖、不顫抖、不被誘惑、不懼怕。」

當《布列斯特-立陶夫斯克條約》結束俄國對德國的抵抗後,捷克斯洛伐克軍隊要求被運送至西線,而布爾什維克亦渴望他們迅速離開俄羅斯。布爾什維克的總司令批准捷克斯洛伐克人自由撤離,這一點在協約國與蘇維埃政府於1918年3月26日於莫斯科簽署的正式協定中有明確規範。西伯利亞鐵路被認為是最安全的路線,捷克斯洛伐克軍隊隨即展開經過庫斯克、奔薩、車里雅賓斯克及薩馬拉的旅程。他們出發時人數為

外國的干涉

42,500 人，但在途中有捷克斯洛伐克戰俘加入，總人數增至 60,000 人。

德國人自然不願意見到這種安排。阻止這批具有相當戰力的軍隊勇士被運往西線，成為德國參謀部極為重要的目標。他們對蘇維埃當局施加了何種壓力尚不明朗。然而，這些壓力顯然奏效了，列寧與托洛斯基未能遵守對捷克軍的承諾。他們在德國人的命令下迅速採取措施，攔截並俘獲正在長途跋涉的捷克軍。在俄國人手中的數千名德國和奧地利戰俘被充分武裝，並在德國軍官的指導下開始編入軍隊。托洛斯基一方面與洛克哈特先生詳細商討捷克軍通過俄國的安全路徑，另一方面則調動赤衛隊至適當的位置。1918 年 5 月 26 日，捷克斯洛伐克炮兵第一梯隊抵達伊爾庫次克。根據與布爾什維克的協定，僅允許他們保留 30 支卡賓槍和一些手榴彈作為個人防衛。當火車駛入車站時，捷克軍發現自己面對武力優勢明顯的赤衛隊。他們被命令在 15 分鐘內放下僅有的武器。當時捷克軍幾乎沒有武器，他們在站臺上與對方討論商議時，車站建築中有一挺機槍向他們開火。捷克軍並不屈服。短短幾分鐘內，他們使用 30 支卡賓槍和一些手榴彈，不僅擊敗了卑鄙的攻擊者，還將其俘獲並要求繳械。他們用繳獲的武器重新武裝，幾天後戰勝了由當地蘇維埃派來的新部隊，並向司令部報告了所發生的一切。

此後，捷軍不再交出武器，無論駐紮何處皆採取積極自衛，而這種自衛行動迅速演變為強力反擊。捷克斯洛伐克人原本分散的形式如今反而奠定成為一支極為強大力量的基礎。11,000 人已抵達海參崴，其餘則分布於西伯利亞鐵路全線，從烏拉山脈以西 100 英里至太平洋的支線。至 1918 年 6 月 6 日，他們已經占領鄂木斯克與克拉斯諾雅斯克間的所有鐵路車站。在俄國歐洲部分的同伴也取得相似的成功。他們對重要交通線的掌控迅速向東擴展至奈尼——烏金斯克及以西的奔薩。6 月 28 日奪取海參崴；至 7 月 6 日，他們從尼科利斯克挺進哈爾濱和伯力。7 月 13 日接管伊爾庫次克。至 1918 年 7 月第 3 週，俄國數百英里寬、3,000 英里長的廣大區域，

包括從窩瓦河幾乎至貝加爾湖的主要連結地區，皆在這些最初試圖透過簽訂協定離開該國時，遭到卑鄙攻擊的外國軍隊之有效控制下。幾乎難以想起歷史上曾有如此浪漫且規模宏大的事件可與此媲美。

我們能猜想這次努力的結果是，那些已經在海參崴掌權的捷克斯洛伐克人決意向西返回以拯救被困於中部西伯利亞的同胞。大約在1918年9月中旬，整個橫貫西伯利亞的鐵路交通恢復。這樣，由於失信和背棄諾言，連同一系列無人預見的事件與機遇，從窩瓦河到太平洋的廣袤俄國領土，幾乎與非洲大陸面積相當的地區，如同被施法一般落入協約國的掌控。在1918年7月底，捷克軍隊向人在美國的馬薩里克教授發出電報，描述當地情勢——「我們認為，重建東方的俄德戰線是最值得期待且可能的。我們請求能得到你的建議；我們是否應離開這裡前往法國，或是應該留在這裡與協約國和俄國並肩作戰。我們軍隊的健康狀況與士氣非常好」。駐華盛頓的捷克斯洛伐克國民會議對此問題評論道：「自那時起，馬薩里克教授指示在西伯利亞的軍隊暫時駐留……捷克斯洛伐克軍是協約國的軍隊之一，與法軍或美軍一樣，服從凡爾賽軍事會議。在俄羅斯的捷克軍隊無疑希望能避免捲入俄國可能的內戰，但他們同時明白，留在當地能對俄國及其事業做出比前往法國更大的貢獻。他們遵從協約國最高會議的指令。」

這些驚人的成就對協約國的行動產生了決定性影響。1918年7月2日，最高軍事會議從凡爾賽向威爾遜總統進一步呼籲，要求同意支持捷克軍隊。總統遂提議派遣一支由英國、日本和美國組成的特遣部隊，公開恢復和維護捷克軍的交通線。次日，英國政府與其他協約國政府一致同意提供軍事援助。1918年7月5日，美國宣布決定將在西伯利亞進行有限干預，「目的是在保護捷克軍隊抵抗德軍，並協助其自治或自衛的努力，在這種情況下，俄國人民可能樂意接受幫助」。他們還建議派遣基督教青年會獨立小隊，為俄國人民提供道德指導。

外國的干涉

在強生上校和工黨議員約翰・沃德上校的領導下，7,000 名美軍與兩個英國營、3,000 名法國和義大利士兵，統一接受日本最高司令部的指揮，計劃在海參崴進行登陸，並沿鐵路向西推進。同時，一支由英軍主導的 7,000 至 8,000 人的國際部隊在 1918 年 6 月底及 7 月陸續於莫曼斯克和阿爾漢格爾斯克登陸，並協助籌組了非布爾什維克的地方政府。此政府與英軍司令部達成協定，承諾協助協約國軍隊擊退德國侵略者，而協約國政府則負責提供財政支持和糧食供應。

在西伯利亞，於捷克斯洛伐克軍隊廣泛的警戒區域內，反布爾什維克的俄國政府逐步在鄂木斯克建立起來。通常而言，西伯利亞與俄國的關係類似於加拿大與不列顛。捷軍的異常行動和突然取得的成功，以及在布爾什維克武裝人員面前的顯著優勢，使他們能夠在西伯利亞建立一個龐大的飛地。在這個飛地內，俄國政府和軍事組織得以大規模地開始行使其職權。

1918 年夏天，鄂木斯克的臨時政府成立，其主要目標是召開全俄制憲大會。在其存在期間，該政府經歷了多次變革，反映出俄國普遍的混亂局勢。當時，人人急於表達自身觀點，許多人甚至不惜訴諸暴力，而且沒有任何政治團體能在短時間內對各方所提出的主張達成一致。即使在停戰使得所有反布爾什維克運動受到嚴重削弱之前，西伯利亞的幸運已經開始消退。捷克軍隊在全盛時期已顯露出一些士氣低落的跡象。他們的困境不斷加劇，面臨的危險日益增加。他們的政治觀點本質上是進步的，然而與白俄羅斯人的意見相左，並且俄國的持續不穩定和管理不善讓他們感到失望。到 1918 年 10 月，他們分散駐守的南部防線在紅軍的正面和周邊壓力下，不得不進行收縮。

至 1918 年 9 月，鄂木斯克同時運作著兩個政府——一個是西伯利亞政府，另一個自稱全俄政府。此時，哥薩克與反布爾什維克的軍官正熱衷於籌組武裝力量。隨著這些部隊的規模和影響力逐漸擴大，它們的影響力

迅速超越了這兩個新成立的政權。形勢愈發明顯，所有人都即將為生存而奮戰，而在這個危急時刻，軍事力量迅速成為主流。原本的鄂木斯克政府願意向新壓力屈服；另一個政府則相反，進而成為社會主義陰謀的溫床。兩個對立的政府互相對抗。面對即將到來的屠殺，這種對立的做法毫無益處，最終導致軍事政變。1918年11月17日，在停戰後的一週，新軍領袖以武力攻下了一個政府，並逮捕了另一個政府的主要成員。他們決定將所有權力集中於一個人身上。在極端危急的情況下，這或許是明智之舉。他們選擇的人是前黑海艦隊司令海軍上將高爾察克。

同時，在南方遙遠的頓河省，鄧尼金領導的俄國志願軍已經掌控大片富饒土地，並在該年末的一場戰役後俘獲逾3萬名布爾什維克成員，預示著向克拉斯諾達爾進軍。

這正是《布列斯特 - 立陶夫斯克條約》簽訂後，俄國情勢驚人轉折的時刻。冬季戰役中降下的積雪使紅色俄國的五分之四變為白色，然而和平的春天對所有人都是一個喜訊，並迅速融化了所有的積雪。

這一系列事件的進展，使協約國在其關注的事務之中，又面臨了更多的挑戰。《布列斯特 - 立陶夫斯克條約》將俄羅斯帝國所有西部省分割讓出去。德國顯然打算建立一系列從俄羅斯所分離出來的緩衝國，以保護其向東擴張的成果。在距離德國東部500公里的地方，我們見證了20世紀版的萊茵同盟，這是拿破崙曾計劃建立的。芬蘭、愛沙尼亞、拉脫維亞、立陶宛、俄羅斯的波蘭、烏克蘭、比薩拉比亞和高加索地區，在戰敗的俄國無法反抗的情況下，在德國的指導下，行使自決權。這些國家獲得了自由（如果不說是獨立的話），這應該感激德國，而俄羅斯則被剝奪了彼得大帝和凱薩琳大帝所征服的土地，其領土在歐洲地圖上從赫爾辛基到巴統和巴庫被一刀劈開。列寧和托洛斯基對此表示同意。

德意志帝國如今已經不復存在；這個曾經強大的新體系中心被徹底摧毀。德國被迫投降，解除武裝，孤立無援，任由戰勝國擺布，暫時必須完

外國的干涉

全服從戰勝國的指令。因此，這些國家又迅速從他們過去的效忠對象，甚至是未來的效忠對象中解放出來。未來的光明前景在數月之間逐漸明朗。自1918年8月以來，中歐帝國的敗局已成定數；唯一的疑問在於其失敗的徹底程度和持續時間。各國政府都試圖遠離布爾什維克的俄國，除了期望民族或國家獨立，還決心逃避可怕的布爾什維克革命。這些國家的輿論情緒激昂且堅定。愛沙尼亞於1917年11月28日宣布獨立；芬蘭在12月6日宣布獨立；烏克蘭在12月18日宣布獨立；拉脫維亞在1918年1月12日宣布獨立；立陶宛在1918年2月16日宣布獨立。4月9日，比薩拉比亞與羅馬尼亞結成自治同盟；4月22日，外高加索議會宣布完全獨立於聯邦共和國之外，並宣告其領土不受《布列斯特-立陶夫斯克條約》管轄。5月底，外高加索聯邦政府解體，其成員單位宣布獨立；喬治亞建立了獨立的民族政府；亞美尼亞全國議會掌握了政權；韃靼全國議會宣布脫離亞塞拜然獨立。可以說，所有這些行動源於對德國成為歐洲最強力量的恐懼，如今他們更害怕布爾什維克革命，因為德國已無力相助。

因此，隨著德國勢力的減弱，當其迅速垮臺之際，這些國家的每位公民都將他們的希望與忠誠轉向了橫跨大西洋與英吉利海峽的民主國家聯盟。這個聯盟越過法國與義大利戰線，將無法抵擋的火焰與鋼鐵如雪崩般傾瀉在不斷後退的德奧戰線上。當最終抵抗在一聲驚人的巨響中瓦解時，所有這些民族和新興政府都充滿歡欣與信任地聚集在勝利的西方盟國周圍。

然而，這個轉變並未無聲無息地進行。1918年1月4日，布爾維什克與法國和瑞典政府共同承認芬蘭的獨立，但於1918年1月28日入侵芬蘭，占領赫爾辛基。這場戰爭並非典型的軍事衝突。蘇維埃赤衛隊以暴力推進，其前方伴隨著比實質武器更為可怕的當地共產主義宣傳隊伍。芬蘭歷史中這段歷程有清楚連貫的紀錄。1918年3月1日，芬蘭共和國與蘇維埃簽訂和平友好條約。隨後，芬蘭爆發紅色暴動。然而，德國此時以援助

者的身分介入。1918年3月3日，一支德國師團在馮·德·高爾茨將軍的指揮下於芬蘭登陸，眾多反共的芬蘭人在前俄羅斯帝國禁衛隊軍官曼納海姆將軍的率領下加入德軍。蘇維埃軍隊和當地共產黨人的暴動最終失敗，1918年4月13日，高爾茨和曼納海姆將軍收復赫爾辛基。

不到3個月的共產黨革命對輿論的影響無法在一代人內消退。共產主義者從芬蘭首都撤退時顯得倉促不堪；被處決的資產階級者屍體散落在政府辦公室的庭院和走廊中。這些堅韌的北方人怒火中燒，對共產黨的壓迫展開了無情的報復。他們決心給予一個不會被忘記的教訓，並希望該影響如同他們自身所受的痛苦一樣嚴重。於是，一場白色恐怖隨之而來，血腥程度可想而知。1918年5月7日被視為芬蘭內戰的結束日，但對加害者的懲罰遠未結束，受波及的不僅是芬蘭共產黨人，還有許多社會主義者和激進帳子，他們也在勝利者無差別的仇恨中遭殃。關於芬蘭就說這麼多。

緊鄰芬蘭南方的波羅的海三國——愛沙尼亞、拉脫維亞和立陶宛——發現自己處於一個特別不利的境地。他們的東側緊靠著聖彼得堡和喀琅施塔得（皇冠城），這是布爾什維克主義的發源地；而西側則是普魯士地主的發祥地，這些地主被視為德意志制度中最頑固且恐怖的階級之一。在1918年冬至1919年初夏期間，波羅的海諸國輪流受到普魯士和布爾什維克的嚴厲控制。停戰後，德國即將退役的士兵將軍事裝備移交給布爾什維克，後者迅速控制了愛沙尼亞和大部分的拉脫維亞及立陶宛。在芬蘭志願軍和美國軍事物資的協助下，愛沙尼亞於1919年2月初驅逐了布爾什維克，但拉脫維亞和立陶宛人並未如此幸運。期間，德國人在馮·德·高爾茨的領導下籌組了一支未經認可的游擊隊，最終人數達到2萬，這支隊伍目的在驅逐俄國軍隊，無視和平會議的決定，為東普魯士的貴族建立一個避難所。他們一度成功，像「未註冊公司」一樣運用激進和冒險的策略，直至1919年7月協約國軍事代表團抵達。在此背景下，愛沙尼亞、拉脫維亞和立陶宛的獨立只能暫時依賴於其居民的強烈願望及協約國和相關國家的

外國的干涉

同情。

現在讓我們談論波蘭。1917 年 3 月，俄國臨時政府宣布波蘭應成為「一個透過自由軍事聯盟與俄國結合的獨立國家」。在《布列斯特-立陶夫斯克條約》中，托洛斯基提議波蘭獨立，這是條約的一項規定。然而，俄軍中的波蘭部隊反對布爾什維克，駐紮在烏克蘭的波蘭軍團迅速抵抗俄國蘇維埃人民委員會對波蘭國家事務的監督，駐莫斯科的波蘭攝政會議代表也立即與蘇維埃政府全面衝突。一位強勢人物出現在政治舞臺上以拯救受難的人民，他便是約瑟夫·畢蘇斯基。

畢蘇斯基於 1867 年 10 月誕生於立陶宛。1863 年的農民起義遭到政府當局的暴力鎮壓，他在這些對該事件有直接親身經歷的農民群之中成長。22 歲時，他因與俄國革命家接觸而被判處流放西伯利亞 5 年。1892 年，他重返維爾納，4 年後因煽動罪再次被捕，但成功逃脫。在此期間，他與鮑里斯·薩溫科夫保持時斷時續的連繫，兩人締結了終生的友誼。畢蘇斯基在這些事件的影響下，將俄國視為其國家的頭號敵人。1914 年大戰爆發，他致力於籌組志願部隊以反抗俄國，並以加利西亞為其行動基地，未曾對德國和奧地利作戰。他對於同盟國若在戰鬥中勝利後波蘭的命運持懷疑態度。雖然在同盟國庇護下與俄國及其盟友作戰，他始終記住古希臘的警句：「愛它如同你將來會恨它，恨它如同你將來會愛它」。俄國革命改變了政治格局，沙皇帝國退位，畢蘇斯基與中歐帝國間的固有矛盾變得明顯。1917 年 7 月底，他拒絕向中歐帝國宣誓效忠，隨即被捕入獄於馬德堡。1918 年 1 月停戰後不久他重獲自由。畢蘇斯基深受群眾愛戴，不僅成為德軍占領時新成立的愛國軍事團體的領袖，並且被整個波蘭民族奉為領袖。他前往華沙，繳獲撤離德軍的武器，並在舉國支持下奪取了攝政會議的全部權力。1919 年 1 月底，實際握有獨裁權力的畢蘇斯基委託著名鋼琴家帕德雷夫斯基組織政府。波蘭民族重新崛起。被奧地利、普魯士和俄國分裂為三部分的古老國家從壓迫者的手中重獲自由，經歷了 150 年的奴役

和分隔後重新統一。

在烏克蘭，布爾什維克最初便面臨分裂運動的挑戰。德國勢力曾與以哈爾科夫為中心的烏克蘭政府締結單獨和約。然而，位於基輔的另一個烏克蘭政府則支持布爾什維克，並對抗拒革命的哈爾科夫政府和為尋求糧食與石油而來的德軍發起武裝抵抗。烏克蘭人民在反德與反共和外國侵略者及本地傳染病的雙重衝突中陷入困惑。這場激烈的紛爭蔓延至每個城市、街道、村莊和家庭，甚至個人常常難以分辨，在不斷變化的黨派偏見中，他們究竟最痛恨哪一方。

然而，德國軍隊以其卓越的效率和紀律，逐步將所有這些缺乏熱情的敵對政治勢力排擠在外。他們遣派精銳的小規模部隊，迅速占領了大部分必要的補給地區。1918 年 3 月 13 日，他們進駐敖得薩；3 月 17 日攻克尼古拉耶夫；4 月 8 日占領赫爾松。1918 年 4 月 28 日，他們在烏克蘭建立了軍事獨裁政權，任命當地的斯科羅帕茨基將軍為首領，1918 年 5 月 1 日占領塞凡堡，奪取了俄國黑海艦隊的一部分；5 月 8 日進入頓河上的羅斯托夫。在這些戰役之中，德軍僅用 5 個預備師就攻占了相當於一個中等國家的富饒地區。每個人都記得（並試圖忘記）德軍占領比利時的情形。同樣的德國士兵，作為侵略者來到烏克蘭，不僅被普通民眾，甚至被那些最痛恨俄國入侵者的愛國者視為救星。共產主義的「藥劑」激發了居民心中的希望，歡迎任何形式的 —— 即便是嚴酷的 —— 秩序。自從德國「鋼盔團」抵達後，生活再次變得可以忍受。只要服從命令，保持平和與順從，此後一切都會順利達成。外國士兵的鐵蹄勝過了兼具惡棍和狂熱教徒特徵的傳教士無休止迫害。

比薩拉比亞的局勢異常，痛苦的形式各異。羅馬尼亞軍隊的殘部及其領導者在本土淪陷後，於俄國境內尋得避難所，並受到沙皇的保護。革命和布列斯特 —— 立陶夫斯克的談判令他們的地位岌岌可危。羅馬尼亞與比薩拉比亞之間有著悠久的密切關係，自 1878 年俄土戰爭後，俄國與羅

外國的干涉

馬尼亞就為此省分不斷爭吵。同一日（1919年1月28日），赤衛隊在北方進入赫爾辛基，布爾什維克向羅馬尼亞宣戰。羅馬尼亞人在任何情況下都不進行抵抗，但德國當局介入，6週後簽訂和約。受控且受損的羅馬尼亞正陷於深淵，卻突然獲得巨大的安慰獎。1919年4月9日，比薩拉比亞公開宣告將以自治地位與羅馬尼亞聯合。德軍在南俄不斷推進，蘇維埃只得發出空洞的抗議。

停戰日的到來，西方戰勝國面臨著戰敗一方顯現出無政府和混亂的局面、爭吵與饑荒、責任的承擔以及國際新機遇的廣闊景象。

十四點原則

威爾遜總統在停戰期間達到了其權力與聲譽的巔峰。自美國參戰的第32個月起，他比任何人都更加熱情地讚美協約國事業的正義性，有時甚至更加激昂。他精神充沛、情緒冷靜地參與這場大戰，彷彿是一位不偏不倚的法官對可怕而瘋狂的紛爭作出最終裁決。他站在激烈衝突之上，言辭嚴肅而直率，他擁有深受大眾喜愛的藝術修養，身上似乎充滿了永不衰竭的力量，對於承受折磨和遭遇苦難的戰士來說，他就像是從另一個星球派來拯救人間自由與正義的使者。他的言辭為每一位協約國的人帶來安慰，對抑制破壞和平的各種宣傳最為有利。

在戰爭時期，各個協約國頻繁宣告其戰爭目標。1918年1月，局勢嚴峻，英國和美國抓住機會以最合理的語言重申其立場。特別是1月8日，威爾遜總統在國會發表了演講，提出了十四點原則，這些原則被視為指引美國人民達成其目標的指南。這「十四點」措辭精緻，但略顯模糊，主要由概括性原則組成，可隨戰爭過程進行不同程度的應用。然而，其中包含兩個明確條件，即重建一個獨立的波蘭以及將亞爾薩斯-洛林歸還法國。美國堅持這些重要的戰爭目標，並願意為此與德國奮戰到底，這與協約國的利益高度一致。協約國普遍支持這些目標，並不願對演講詞逐字推敲。同時，總統的宣言在促進西方民主國家團結一致，執行戰爭義務以及宣揚敵國人民的失敗主義和顛覆活動中發揮了重要作用。

當魯登道夫在1918年10月1日急切地要求德國政府立刻尋求停戰時，巴登的馬克斯親王在演講中提及威爾遜總統的十四點。威爾遜抓住了最好也是最關鍵的機會，直接掌控談判。他精神抖擻地利用他在敵人和協約國之中的優勢地位，將整個任務和責任集中於自己身上。他在對敵人談

十四點原則

判的誠意感到滿意之前，拒絕將他們的請求轉達給協約國。他以最嚴厲的態度面對哀求的德國人，巧妙地採取拖延戰術，宣稱，「為了維持美國及其盟友的軍事優勢，必須有絕對令人滿意的保護和保證措施」，否則停戰無法實現。停戰條件必須由協約國軍隊司令官來決定。在德國自行解除所有續戰能力前，和平不會被討論。德國是否完全解除防禦能力將由戰勝國來判斷。這些與敵方的談判耗時一個月，這段期間整個戰線還是持續地進行了大規模的連續戰鬥。美軍傷亡10萬人，法國、英國和義大利軍隊共傷亡約38萬人，他們的推進未曾停止。德軍在恐懼戰爭和渴望和平的雙重壓力下崩潰，最終屈服於總統的要求。

威爾遜在談判中展現了堅定的立場與高超的手腕，使得法國和英國雖然起初對他的獨斷專行感到驚訝，但隨後心甘情願地將談判事宜交由他來處理。即便在最嚴苛的對敵談判中，他依然辯才無礙。因此，在戰爭即將結束的階段，他實際上不僅代表美國，也成為協約國的代言人。他闡述了最高原則，促成了最艱難的交易。我們現在就來看看這筆交易，這是一次非常重要的國際談判。

當中歐帝國實際面臨崩潰且絕望地試圖依賴十四點計劃時，這些建議的實用性突然變得顯著。到1918年10月底，弄清楚十四點的具體內容以及盟友和敵人的解讀變得至關重要。若德國選擇透過談判尋求和平而非直接要求停戰，並同時繼續作戰，那麼對十四點的詮釋可能必須要在德國和協約國之間形成一種嚴謹具體的共識才能施行。然而，德國迅速崩潰，被迫要求停戰，並在簡潔的電報往返中完全瓦解，最終只能接受使其無法再起的條件。這個事態的發展遠遠超過協約國的最大期望：勝利者將獨自決定十四點的解釋，而戰敗者則只能從他們最希望和最寬容的角度去理解這些條款。

由於豪斯上校的洞察力，十四點的闡釋由美國駐巴黎代表撰寫，並經總統批准。如今，這份文件已由豪斯上校公布。這份闡釋是他在各種場合

演講的綜合內容，無疑是一份因應時勢的文件。

例如第三點的條款：「盡可能消除所有的經濟障礙，為各國之間建立平等貿易的條件。」美國方面謹慎地解釋為：這並非試圖要阻止關稅或特別的鐵路運費率或港口限制，而是希望這些規定在各國之間保持平等。第四點指出：「做出並遵守適當的保證，以使國家軍備降至符合國內安全的最低水準。」關於「國內安全」，解釋指出這不僅指國內警察，還包括保護領土免受入侵的武裝力量。第五點規定：「所有殖民地要求的自由、需要沒有偏見且以絕對公平的準則來調整，並應嚴格遵循以下的原則為基礎，即在決定所有此類主權問題時，有關全體人民的利益必須與政府的公平合理要求享有同等的對待，政府的權利有待進一步討論。」對此有明確的說明：德國殖民地不再歸還德國，無論哪個國家接手管理這些殖民地，都必須如同「當地人民的受託人」般行事，並接受國際聯盟的監督。第六點規定：「撤出全俄領土」和俄國具有「獨立決定其政治發展和國家政策的不受阻礙和不受限制的機會」。但解釋指出，「俄國領土並不指前俄羅斯帝國的全部領土。」如此等等。1918年10月29日下午，法國、英國、義大利和美國的代表在法國外交部會晤。主要人物包括克里蒙梭先生、勞合·喬治先生、貝爾福先生、巴隆·桑尼諾和豪斯上校。問題在於協約國應如何回應威爾遜總統的解釋。

勞合·喬治先生指出，存在兩個緊密相連的問題。其一是停戰的具體條件，另一個則是和平條件的議題。若仔細分析威爾遜總統與德國之間的通訊，便可發現，停戰的提議是基於威爾遜總統演講中所列條件的假設。德國人實際上是基於這些條件尋求停戰；因此，除非有明確的反對宣告，否則協約國勢必承認威爾遜總統的和平條件。因此，需首先考量的是這些條件是否可被接受。勞合·喬治直接詢問豪斯上校，德國政府是否期望和平基於威爾遜總統的十四點及其他演講內容。豪斯上校毫無疑問地確認了這一點。勞合·喬治先生表示，除非協約國明確表達其立場，否則將被迫

十四點原則

接受以這些條款為基礎的和平。

克里蒙梭詢問,威爾遜總統的條件是否曾與英國政府協商過。總統並未與法國協商過。如果從未與英國政府磋商過,他不知道如何承擔責任。他進一步詢問英國政府是否認為自己已經做出承諾。勞合·喬治先生回應,他們尚未做出承諾,但若接受停戰而未表達任何反對意見,總統無疑會認為英國政府接受了他的條件。貝爾福先生確認了這些話。隨後克里蒙梭表示:「我想聽聽十四點的內容。」

宣讀首要事項:

「公開達成的和平條約,不附帶任何形式的祕密國際協定,並且所有外交活動應始終在公眾的監督下進行」。

隨後,豪斯上校朗讀了威爾遜總統後來發表的一篇演說摘要,強調這不會阻止就重要和關鍵問題進行的祕密會談,只要求最終的結果能公開。貝爾福先生表示,這實際上是禁止祕密條約,而非祕密商談。

繼續宣讀第二項:

「無論是和平時期還是戰爭時期,在領海外公海的航行享有完全的自由,僅在執行國際條約的國際行動中,才可能封鎖部分或整片海域。」

這個議題牽涉所謂的「海洋自由」問題,自然引起英國的擔憂。這聽起來似乎立意良善,但其真正意圖為何?是否暗示著取消戰時封鎖海域的權利?我們剛剛從一場為自由的戰鬥之中解脫,而在這場鬥爭中,封鎖對於保護歐洲的自由和美國的權利至關重要。英國海軍剛剛粉碎了德國的潛艇戰術。英國的艦隊也剛剛才將大批美軍運送到歐洲。我們利用海上優勢保護自己免受入侵並確保全國民眾不至於挨餓。在我們的鼎力支持下,我們的盟友剛剛贏得共同的勝利,而此時告訴我們要將封鎖這個強大的防禦武器削弱、使其失效(甚至幾乎是要摧毀它),顯然難以接受。未來的情況未必沒有需要,未來的環境亦未必不能要求,或者說,對交戰國海洋權利的整體問題不一定需要全面檢討。此刻,敵方的防線正以法軍和英軍付

出生命與鮮血的巨大代價瓦解，此刻，英國在皇家海軍的庇護下正安然度過人類史上最大的災難，此刻，我們應否在接到通知後數日甚至數小時內，對這個生死攸關，可能意義重大，也可能毫無意義的問題表示同意？

勞合·喬治先生表示，他絕對無法接受這個條款。當前是戰爭時期，若接受此條款，我們將喪失實施封鎖的能力。德國的崩潰可以說是封鎖的結果，封鎖幾乎等同於軍事行動的效果⋯⋯他不願在第二條未經討論的情況下建立和參與國際聯盟。即使在國際聯盟成立後，他願意就此條款進行討論。但他不打算與德國商討此問題。

克里蒙梭與桑尼諾贊同勞合·喬治的觀點。

隨後，豪斯上校指出，當前所有的討論最終都可能歸結為一個結論，即之前美國與德國和奧地利的所有談判必須取消。總統別無選擇，只能告知敵人，他的條件不被協約國所接受。因此，問題在於美國是否必須直接與德國和奧地利處理這些問題。

克里蒙梭詢問，豪斯上校是否暗指美國可能與敵方達成單獨和談。豪斯上校表示，單獨和談是可能的，這取決於美國能否接受法國、英國和義大利所提出的條件。

如今，美國肩負著重大的責任。軍隊仍在全力作戰。即便美國付出了最大努力，每當一名美國士兵傷亡，就有四名英、法、義士兵倒下。美國在歐洲戰場的投入極為有限，但這裡卻面臨直接的威脅。如果英、法、義不完全接受十四點，無論他們可能如何或被要求如何，美國將從前線撤退，與德國和奧地利單獨談和，讓戰場陷入完全的混亂，並使世界不幸地進入至少再一年的戰爭。這是對勞合·喬治效力國家忠誠的一次考驗，他在這種無法辯解的壓力下沒有退縮。

首相答道，英國政府無法接受第二點。若美國決定單獨媾和，我們深感遺憾，但我們將繼續戰鬥。（此時克里蒙梭插話：「是的。」）「我們絕不能放棄將美國軍隊運輸至歐洲的能力。這是我們奮鬥不可放棄的目標。英

十四點原則

國並非真正的軍事國家；他的主要防禦力量在於艦隊。英國沒有一個人會同意放棄使用其艦隊的權利。此外，我們的海上力量從未被粗暴濫用⋯⋯除海上航行自由外，威爾遜總統的言論中未提及關於比利時和法國財產被肆意毀壞及船舶被擊沉的賠償問題。」他並不反對總統的十四點。他建議給總統一份答覆，指出十四點需包含賠償；我們相信總統演講中不會缺少對賠償問題的看法，但我們希望對此問題有徹底的了解，我們不能接受這一條，據我們理解德國被賦予海上自由的說明。

豪斯上校同意，協約國政府首先應合議討論並指出它們對威爾遜總統條件的異議所在。提及其他幾點後，他表示，總統條件的措辭具有相當廣泛的涵義。以亞爾薩斯-洛林為例，他並未明確指明這個地區應歸還給法國，只是暗示該地區必須歸還。克里蒙梭指出，德國人不會這樣解釋。豪斯上校接著說，總統在其他場合已經明確表達這一點。總統堅持德國必須接受他所有的演說內容，根據這些演說，任何人幾乎都可以對德國提出任何要求。對比利時和法國的賠償在第七和第八款中有所暗示，這兩款要求入侵這些國家的敵人撤離，並恢復其領土。對於在海上非法擊沉的船舶及中立國船舶，適用相同原則。

隨後，他們一致同意，協約國的保留意見應該以完整充分的方式提出。

將近一週的時間在緊繃的氛圍中度過。威爾遜總統以一份正式文件強化了豪斯上校的權力，而他代表的決定意向將在會議紀錄中保留以備不時之需。這份文件於 1918 年 10 月 30 日撰寫，其中指出：「我認為有責任授權給你，告訴他們，我認為如果和平協定不包括海洋自由，我無法同意參與和平談判，因為我們誓言要推翻的不僅僅是普魯士的軍國主義，而是所有地方的軍國主義。我也無法參加不包含國際聯盟的方案，因為這樣的和平在數年內將導致再度不被保障的局面，只能引發災難性的全球軍備競賽。我希望不會被迫公開這個立場。」

同時，英國也制定了其保留意見。

協約國政府已經仔細審視了美國總統與德國政府間的通訊內容。他們宣告，若滿足下述先決條件，它們願意基於美國總統在 1918 年 1 月 8 日向國會發表的演說中所提出的和平條件，以及後續演講中闡述的原則，與德國政府進行和談。然而，它們必須指出，對於通常被稱為「海上自由」的第二條款，存在多種解釋，其中某些解釋是他們無法接受的。因此，當他們參加和會時，必須就此問題保留完全的彈性空間。

在 1918 年 1 月 8 日，美國總統向國會發表的演講中所列的和平條件中，他宣稱被侵占的領土，除了必須撤除敵軍以恢復自由外，還需要進行修復。協約國政府認為，對於這一條款的隱含意義，任何懷疑都不應存在。他們理解為德國必須補償協約國平民所遭受的一切損害，以及德國部隊在陸地、海洋和空中對其財產的破壞。

義大利人持有其他異議，他們強調當前的談判僅針對德國，並未涵蓋奧匈帝國的處理方式。克里蒙梭贊同英國的提案，這是一份極為重要的文件。

1918 年 11 月 3 日，豪斯上校的住所成為第三次會議的舉辦地，會上豪斯宣讀了威爾遜總統的一封信，信中對「海上自由」的原則進行了撫慰性的解釋。

「總統指出，他坦率而完全理解海洋權力的重要性，無論是作為領海，還是作為連結整個帝國的水域，對於英國與其國際地位而言皆至關重要。他明白，有關海上自由的議題應該在最自由的環境中進行討論，並在最公正的基礎上交換意見。然而，總統尚不確定協約國是否明確接受海上自由的原則，或僅僅是限制這個主題的使用範圍及自由討論……總統堅持，第一、第二、第三和第十四條是十四點綱領中對美國最為重要的條款，他無法在這 4 點上妥協。只要協約國之間事先達成一致，海上自由的問題不需要與德國政府進行討論……封鎖是其中一個問題，這場戰爭的發

十四點原則

展過程已經改變了封鎖的性質，控制封鎖的法律當然也必須做出相應的改變。然而，並不存在取消封鎖的風險。」

勞合·喬治先生表示，協約國所採取的方案僅是為了開放討論（第二點），並非質疑美國的立場，美國享有完全的自由參加和會並提出自己的意見。

豪斯上校詢問勞合·喬治先生是否無法接受海上自由的理念。首相回應，他無法接受。「這最終涉及到放棄封鎖的概念。他不想限制美國政府在談判中的發言權，他只想確保英國政府的行動自由。」當豪斯上校再度詢問是否接受這個原則時，勞合·喬治先生再次拒絕。他表示：「即便他接受了，也只是意味著在一週內這裡將迎來一位新首相，而這位新首相肯定也會說他無法接受這個原則。英國人民不願意看到這個原則。在這個問題上，整個國家是完全一致的。因此，他表示接受是無意義的，因為他知道，接受的立場就顯示他並不代表不列顛發言。」根據豪斯上校的回憶，勞合·喬治先生又一次說（不確定是在這次會議上還是在其他場合）：「英國願意耗盡他最後一個畿尼（即英鎊）來維持其海軍優於美國或任何其他大國，任何持不同立場的內閣官員都無法繼續在英國政府中任職。」

豪斯上校隨即調整了他的立場；他所渴望的僅是「能夠討論該問題的原則」。這個原則無人能反駁。勞合·喬治先生迅速回應：「我們非常樂意從當前戰爭形勢所帶來的新條件下探討海上自由。」根據豪斯的回憶，實際會談內容如下：

豪斯表示：「我希望你能將意見撰寫下來，以便我轉交給總統。」

勞合·喬治回答：「他對這類話題感興趣嗎？我們非常樂意探討海上自由的原則及其實施方案。」下午，他在寫給豪斯上校的信中再次強調了這個立場。豪斯對此感到滿意，並相當天真地告訴我們，他將向總統報告這一個外交上的成功。

在這些問題得到解決後，威爾遜總統於 1918 年 11 月 5 日向德國遞交

了協約國的備忘錄，其中包含附帶保留意見的十四點，作為和談的基礎，並告知他們可從福煦元帥處獲知停戰條件。這使得德國人有權聲稱，他們是根據威爾遜總統的十四點及其他的演講內容（除因協約國的保留意見需修改的部分外）進行投降與解除武裝。然而，他們沒有獲得解釋的權利，也無權提出要求。這為勝利者留下了相當充足的空間，以防止未來出現誤解和指責。

在協約國會議中，激烈的意見交鋒不斷，由於十四點計劃之中有許多模糊之處，再加上總統的演講，因此迫切需要制定一份更為精確的文告。然而，這件事在幾週內無法順利實現。屠殺必須停止，陸海停戰條件正在擬定，德國的自衛軍大規模投降，德國及其他戰敗國內部動盪不安，而協約國境內正在全力慶祝勝利。當這些重大事件和勝利的激情消退後，面前有一項極其重要的任務，那就是議和，這個任務立即成為壓倒一切的焦點。

克里蒙梭一如既往地制定了明確的計畫。1918年11月29日，法國駐華盛頓大使將這些計畫寫成文件，並交給蘭辛先生。

威爾遜總統於12月中旬抵達巴黎後，便能使四大國在議和的初步條件上達成共識，無需與敵方進行任何談判，只需分別對敵方實施即可。

最初的實施將從德國和保加利亞展開……

在就和平談判的初步條件達成共識後，四大國的代表對參戰國、中立國及敵國在和平大會上代表權的原則達成一致意見……僅有戰勝的大國將參加所有會議，受邀的小國僅能參加為其特定事務召開的會議。至於中立國及其他關係不大的國家，則在涉及其利益的議題時邀請其參加。

大會的工作任務顯然應該劃分為兩個主要範疇：即解決戰爭問題以及建立國際組織。第二個範疇的審議無疑需要在第一個範疇解決之後進行。此外，具體問題的解決不應與一般公法條款的執行相混淆。必須明確以下事實：敵方無權討論條件，條件由戰勝國單方制定；中立國在特殊情況下

十四點原則

可能會被邀請參加會議；和平條件由戰勝國確定，而不論戰勝國、中立國或敵國都將被邀請參與並討論建立國際組織的原則。

大會計畫將於 12 月下旬的準備會議中確定……

最終，為了實現那些能夠推動正義、道德和自由的偉大原則，會議可以如過去某些場合一樣，在開幕時宣布，甚至在確定議程之前，提出以下原則（這樣可能獲得非正式的共識）：民族自決權；少數民族權利；為了讓大會能夠最充分地進行自由討論，過去僅由特定協約國達成的所有特殊協定應停止生效；協約國於 1914 年 8 月 1 日宣布的特有宗主國領土和殖民地的領土不應變動；莊重譴責一切違反國際法和人道原則的行為；取消在停戰協議簽署後犯有損壞器械罪或違反國際法或反人道主義罪的敵國代表的資格。

無庸置疑，法國的計畫兼具邏輯性、實用性和迅捷性的優勢。此計畫將所有主要問題及程序問題的解決權賦予在戰爭中做出重大貢獻的四大戰勝國。計畫在過去與未來之間劃分明確界線，最重要的是規定「過去由某些協約國達成的所有特殊協定應終止」，清除戰時緊張形勢下簽訂的所有祕密條款。計畫將四大國集合在一起，以確保它們擁有絕對自由的行動空間來單獨處理每一件事。

豪斯上校經過深思熟慮後認為，與德國儘早展開談判是邁向和平的第一步。初步的和平方案應建立在法國的建議之上，這應該是不困難的。過去的經驗顯示這是一種有效的方法。在初步的和平協定中，只有主要的關鍵問題需要在戰勝國之間達成解決，這樣這些國家就不必在戰爭期間頻繁會面，而可以從容地討論細節和實施問題。法國建議的方案不會妨礙威爾遜總統為戰敗國爭取最仁慈條件的努力（這是他一貫的傾向），或對被征服的領土進行他認為長遠最佳的安排。無論如何，意見上的衝突是不可避免的。但這些衝突將按其自然順序出現，每一個決定都將使下一個問題的處理更加容易。在「四大國」（後來的稱呼）之間達成一致，是實現順利而

快速和平的必要前奏。

然而，法國的計畫完全不被威爾遜先生所接受。這個計畫將威爾遜的理想和他對和平會議的想像擱置一旁。威爾遜不願意與歐洲協約國迅速達成協定；他不想在會議上面對協約國的領導人；長期以來，他認為自己處於全球的制高點，可以壓制協約國，斥責德國並制定人類行為的準則。他自信能直接向其他國家的人民和議會呼籲，這點從他曾經暗示想要嘗試的意圖中可以看出。毫無疑問，他認為法國的建議存在考慮不周之處；其中有不少地方顯得幾近冷酷。它似乎將崇高的理想視為僅僅是為了達成政策共識的裝飾。總統了解，疲憊不堪的歐洲協約國急於迅速解決問題；拖延的過程會增加他的談判籌碼。因此，他和蘭辛先生對法國 1918 年 11 月 29 日的照會未作回應；對法國掃除祕密條約的建議也不予理會。結果，所有舊世界的事務都懸而未決；不僅各國領導人無法以善意和信任聚集以制定最終的解決方案，反而使每個國家的權力更傾向於加強自身的立場。

法國人迅速適應了這種拖延局面。若威爾遜總統來歐洲不僅懲戒德國人且教訓他們，那麼法軍將穩固地控制萊茵河防線，無論和會何時召開都將面對既成事實，這或許不會令他們後悔。英國仍處於大選的激烈競爭中，選舉結果尚未揭曉。帝國戰時內閣幾乎每日開會，審視整個未來和平的前景。在此期間，1918 年 12 月 2 日和 3 日協約國內部討論會在倫敦舉行，參加者包括勞合·喬治、克里蒙梭和奧蘭多，而豪斯因病缺席。會議除討論由停戰所引發的各種問題外，僅決定應設立一個協約國委員會，以調查和報告敵國能支付的賠償總額；德皇及其同夥應由國際法庭審判；在和平會議預備程序簽字之前，應在巴黎或凡爾賽召開協約國內部會議，日期待威爾遜總統到達後確定。

在此情境中，儘管時間至關重要，但各種權力正逐漸從勝利者手中流失，我們已準備好接受延遲。毫無疑問，這些領導者過於輕易地被說服，他們相信世界將無限期地受他們支配，他們能夠在閒暇時決定世界的未來

十四點原則

命運。此種幻想在威爾遜總統身上尤為明顯。他渴望親自主持和會。當豪斯委婉地解釋，只有法國人能主持在巴黎舉行的會議時，總統表示願意以代表身分參加。總統在美國的朋友強烈建議他不要降低自己的政治地位。訪問歐洲，與歐洲政治家私下討論主要問題是被允許的，甚至是可取的；然而，放棄總統職位的崇高地位，參與漫長的和會及激烈的辯論，則是犧牲了穩固的形象優勢。美國人的這個建議最初得到三位歐洲國家領導人的支持。這些領導人認為，總統作為一國元首，與他們同席，名義上地位相等，但具有不可否認的優越身分，令他們略感不安。後來，他們因常常聽聞威爾遜的獨斷專行而感到驚訝。然而，總統的意願壓過了他的顧問，協約國領導人逐漸意識到，或許總統的失誤對他們有利。如果他選擇從高位走下，他們又有何損？豪斯向他們保證，總統在個人關係上是平易近人的。總統就是這樣的作風。

在那些討論中以及在局勢的巨大壓力下，1918 年的 11 月和 12 月迅速流逝，未到 1919 年 1 月中旬，27 個國家（有的曾參與戰爭，有的在最後階段加入勝利陣營）的代表便齊聚巴黎。和會曾經採取最為繁瑣的流程，這個特點或許曾帶來效果，但卻不知何故消失了。一切都取決於英、法、義、日和美國之間的正式對話，這些對話中確定了主要原則。在停戰後的最初兩個月裡，和平協定的系統性討論並未展開。到 1919 年 1 月初，世界充滿焦慮；人人都在追問和會究竟發生了什麼；小國的代表已經在巴黎集合，他們發現巴黎聚集了全世界的新聞記者。第二階段，即所有大國的全體會議，迅速超越並取代了第一階段。人們再也無法忍受進一步的延遲，就在那些有權決定一切的大國共同審查根本性問題之前，大會突然開始了。

和平會議

1919 年的和會情勢與 1814 年維也納會議的狀況對比鮮明。1814 年，獲勝的聯盟國實際上掌控了整個歐洲，他們具備強力推行其意志的實質力量。然而，1919 年，各種危機更加嚴重，而勝利者已經疲憊不堪，廣大地區及主要的資源不在其掌控之中。1814 年，受過一生政治與外交訓練的貴族扮演著主角，他們厭惡戰爭，反對變革，優雅地聚集商討重建與鞏固傳統社會制度，經過 20 年的爭鬥，這個制度已為人所熟悉。1919 年，雄辯家與群眾領袖在混亂中登上權力的巔峰，他們在不穩定的輿論基礎上維持平衡，自詡能引導人類邁向更光明的未來。儘管輿論在某種程度上由代表民意的議會匯集整合並逐漸穩定下來，但仍受新聞媒體影響而波動。1814 年，地位穩固的要人們舉行了平靜且深思熟慮的祕密會議；而 1919 年，則是各懷鬼胎的政客之間激烈對抗，這些政客同時也是精明的行動家，每個人都為個人及其政黨的勝利而奮鬥，公眾接受到的消息是無論有無根據的恐懼與熱情。

關於和平會議的文獻相當豐富，幾乎涵蓋了所有廣為人知的語言，涉及和平的文獻更是數不勝數。重要的著作首先要提到的是坦珀利博士的經典之作。儘管坦珀利博士並不打算隨意公開他所有的資訊和文件，但他的六卷鉅著具有獨特的重要性，能為任何研究者提供指導。在法語文獻中，M. 塔迪厄的《關於條約的真相》尤為重要，緣由是因為他直接參與了巴黎和會，部分原因是他披露了許多未曾公開的文件。M. 梅爾梅的《第三次戰爭》也記錄了從最高級會議和四國會議的祕密會議中獲得的重要資訊。義大利的作品主要來自西尼奧爾‧尼蒂的三卷著作。史坦納德‧貝克先生的《伍德羅‧威爾遜與世界的和解》最早表達了美國的觀點，不久後，這種觀

和平會議

點又出現在由西摩先生編輯的第二部豪斯上校的論文集中；第三部書是蘭辛先生的《和平談判》。此外，還有由戴維·亨特·米爾先生編纂，值得欽佩且博學的作品《公約的起草》；關於俄國方面的有丹尼斯的《蘇俄的外交政策》以及卡明先生與佩蒂特先生編撰的《俄美關係》。

史坦納德·貝克先生的著作在同類作品中獨樹一幟，這主要得益於他掌握的大量祕密資料及其獨特的編撰方式。1920 年底，威爾遜總統在巴黎將裝有所有和會紀錄的兩個大旅行箱和 3 個鐵箱交予這位前新聞處主任處理。總統表示：「我在巴黎將這些文件打包入箱，後來甚至無暇對其進行分類或整理。」貝克先生迅速將這些珍貴資料公諸於世，展現了總統的言行和政策的影響力，以期在協約國中獲得同情與支持；然而，當中不乏尖銳的批評，顯然並非出於上述目的。眾人皆認同，威爾遜先生行動的高尚動機、卓越的能力、廣泛的善意及解決問題的靈活性。他不僅是協約國的朋友，也是歐洲的盟友。他面對現實，不僅以崇高的理想主義，還以同情心和常識逐步理解現實。他在條約制定中扮演的角色，彰顯了極高的忠誠和善意；他將晚年的生命和精力，無私地奉獻給了他的職責和國家。他值得歐洲長期的懷念與敬重。

然而，貝克先生選擇呈現的荒誕角度，反而妨礙了對總統英雄形象的維護。威爾遜在和會中的角色、他的期望、他的錯誤、他的成就、他的妥協以及他的失敗，都具備一定價值，但不應被誤用作為好萊塢電影的背景故事。在傳統的電影風格中，光明處的光線特別強烈，而陰暗處則被刻意加深，過度運用了鮮明的對比手法。貝克選擇迎合大眾低俗趣味的情節；生硬地要求對事實、事件和人物的處理要符合事先的構想。為達到此目的，他將總統描繪成無瑕的捍衛美國人民崇高理想的聖潔騎士，後者因接觸歐洲及其政治家的可怕腐敗而陷入無限痛苦。總之，貝克先生的電影故事是最老掉牙的敘述方式。它不多不少，正是善良與邪惡、精神理想與物質欲望、慷慨與貪婪、道德誠信與可恥陰謀、人類同情與冷漠自私的

對立。

這種情節無疑會引發強烈的情感共鳴，但幾乎不反映現實情況。難以想像，定居美洲的歐洲移民會將所有的美德攜帶至新大陸，卻將祖上的一切邪惡留在歐洲；或者認為，僅僅在大西洋彼岸生活幾代，就能使一個族群在道德、文化及人性方面顯著優於歐洲祖先。我們希望，美國人的幽默感能自然而然地對這些疑問進行必要的修正。看起來，大西洋兩岸的人們都容易對那些沒有直接影響的問題缺乏興趣；他們常常會要求對方遵循高尚的原則；並且能夠嚴格抵制外來的誘惑。

無論如何，讓我們傾聽史坦納特先生以其獨特的方式述說他理解的故事：

在阿戈訥的美國步兵於最後一場勝利大炮鳴放後的3週又3天，美國的和平巨輪「喬治・華盛頓」號，伴隨著戰艦，從裝飾華麗且彩旗飛舞的紐約港啟航，宛如一艘新的「聖瑪麗亞」號，展開尋找未知大陸的非凡航程。當這艘巨輪宏偉地駛離紐約港時，飛機在空中翱翔，兩岸炮臺齊鳴著前所未有的21響禮炮。此前，從未有美國總統乘船出訪他國。

隨著現代技術的進步，媒體對公眾的影響力已達空前的廣泛，與過去相比，前者的影響力令後者相形見絀。似乎從未有人獲得像威爾遜總統登上「美國和平巨輪」時那樣的崇高威信。然而，榮譽的背後卻隱藏著罪惡的烙印。貝克先生曾經描繪過歐洲正面臨等待總統協助處理的各種困難，並描述了他的高尚理念與歐洲腐敗的舊外交手法之間的悲劇性對比。他並未詳盡描述總統離開後美國所面臨的困難。這些問題，我們仍需求助於其他權威著作。

霍利斯先生以明白的措辭闡述了共和黨的立場，儘管他的個人偏見存在不公，但無疑反映了許多美國人的觀點。

在他的眼中，這個世界彷彿是一個班級，而班級的成績使得領頭的教師成為領袖。1918年11月，國會舉行選舉。隨著夏季即將結束，全國民

和平會議

主黨的候選人開始彙整他們的要求,期望總統以書面形式保證,並明確表態。對總統而言,最佳的策略是在如印第安納波利斯這樣的中西部城市發表演講,呼籲全國民眾不偏袒任何一個黨派,並支持一個能夠在戰爭中領導國家的國會。郵政管理局局長伯利森提出這個計劃後,便前往德克薩斯州休養10天。到1918年9月底,他已確信自己的意見將被採納。然而,回來後他發現黨內政客在他不知情的情況下向威爾遜施壓,要求總統取消在印第安納波利斯的演講,改為書面呼籲支持民主黨占多數的國會。伯利森發現這封信已經被交給了媒體。正如他所預料,這封信被描述成對共和黨人忠誠的惡意中傷;信件的公開顯然會導致民主黨的徹底失敗。根據懷特先生的描述,威爾遜此時「正處於理想主義的高峰」,因此未能糾正公眾對信件是由伯利森主導發出的印象。

歐洲對這個事件的看法無關緊要,但其後果卻極為嚴重。一直大力支持總統戰爭政策的共和黨,感到自己受到了「不公正且無法容忍的侮辱」。1918年11月的選舉讓共和黨在眾議院獲得了多數席位,而他們早已在參議院擁有足夠的多數。根據美國憲法,所有條約必須獲得參議院批准。在英、法兩國眼中,這種情況似乎頗為罕見:威爾遜總統在戰爭危機中並未抓住機會成為全國的領袖,而僅僅是某一政黨的領袖。更令人驚訝的是,面對參議院中反對黨多數的現狀,他依然未能竭力將參議院團結起來參與條約談判。如果總統強硬要求,共和黨參議員原本不太可能拒絕成為和會參議院代表團的一部分;相反,他們可能樂於參加;如此一來,威爾遜就能確保其承諾的條件不會被否決。由於他的黨派立場和個人優越感,他拒絕了這一個至關重要的預防措施。「美國和平巨輪」正載著這樣的一個人,此人不僅將面對歐洲的道德危機,還試圖以其最近才深深冒犯過的政敵不願接受的方式解決世界問題。全世界的希望都集中在他身上。在他面前是巴黎的任性混亂;在他身後是參議院隱藏的否決風險。

然而,總統在審視其職責時並不摻雜個人偏見。

「喬治・華盛頓」號在榮耀的光輝中駛入布列斯特港口前3日，總統召集了一批代表開會。船上有和平委員會的兩位成員——國務卿蘭辛和懷特先生（豪斯上校及布利斯將軍已在歐洲），而代表團的龐大組織由地理學家、歷史學家、經濟學家等專家組成，總統依賴他們提供未來討論中所需的基本事實。

　　記錄此次會議的艾賽亞・鮑曼博士提到：「總統在開場白中表示很高興見到我們……接著說，在和會上，我們是唯一公正無私的人，而我們所面對的人不代表他們的人民。」

　　第一個說法的正確性可以從最終結果中獲得最佳的評判。第二個說法顯示了明顯的誤解。威爾遜總統即將會見的歐洲領袖，恰恰在國家權利的維護和對戰敗者的嚴懲方面，展現了他們人民的觀點與願望。唯有在他們偏離這些嚴厲標準，試圖以經驗為指引，並懷著寬容與超然的精神來減輕戰敗國的不幸時，或未能滿足他們國民的期望時，他們才失去代表性的地位。奧蘭多在提出極端要求時，偏離了義大利人民的期望。克里蒙梭即便是今日法國的支柱、鐵腕人物，仍被法國人民指責在捍衛國家的態度上過於軟弱。至於勞合・喬治，他不僅獲得絕大多數人的支持，實際上還因大眾要求嚴懲罪惡而感到困擾。這些國家的領袖不會因對戰敗者的嚴苛要求而受責，反而存在被指責為態度不夠激進的風險。每個國家的議會和媒體都警惕地監視其代表是否顯露出絲毫的憐憫或不計較的樂觀。即使是絕對勝利帶來的威望，也無法保護他們免受無時無刻的監視和懷疑。每個戰勝國都在高呼：「我們的戰士贏得了戰爭；讓我們確保我們的政治家不丟掉和平。」這些歐洲領導人能最好地代表他們的民主政治，在這方面，他們與威爾遜總統有顯著差異。

　　那麼總統的立場是什麼呢？他承諾並準備再次讓美國承擔為全人類服務的重任。「我們沒有私利可圖。我們不尋求征服，也不尋求統治。我們不渴望為自己取得賠償，也不希望為我們自願的犧牲獲得物質上的回報。

和平會議

我們只是眾多捍衛人類權利的國家之一。若各國的信念和自由能夠保障人類權利的實現，我們便心滿意足。」在「喬治‧華盛頓」號上，他再次向克里爾先生表示：「當今世界不僅帶著錯誤，也懷著希望和委屈求助於美國。飢餓者期望我們提供食物，無家可歸者期待我們提供住所，身心俱疲者指望我們提供醫療。他們的期望非常迫切。必須立即行動⋯⋯然而你我都明白，這些長久的錯誤和當前的困境，並非一朝一夕或輕而易舉就能糾正。我隱約預見的未來——我真心希望我錯了——卻是一場令人失望的悲劇。」

人們的憂慮被證實了。美國公民在全球無私捐助方面，遠未達到其領袖的期望，而協約國的民眾對敵人的嚴酷程度，則大大超過了他們自身領導人的要求。總統本人在參議院及新一屆國會中都未獲得多數支持。前總統羅斯福坦率地表示，「我們的盟友、敵人以及威爾遜先生本人都應該明白，威爾遜先生目前已無權代表美國人民發言。」在大西洋兩岸，羅斯福的言論被廣泛傳播，無論在哪裡，都沒有比他的話更直接、更低調的了。協約國注定要自行解決自己的問題。威爾遜總統為美國設想的協定，要求協約國在多個重大議題上讓步，很快被美國參議院和選民否決。經過長期的拖延和虛假的希望——這只會加重困難程度，歐洲唯有努力自我擺脫這場全球災難；而在整場戰爭中僅損失12.5萬條生命的美國，計劃在接受賠償的基礎上解決問題，即德國透過不同管道支付賠償的五分之四給那些被其踐踏或殺害過無數男子的國家。

這樣的表述並非對其國民或領袖的指責。我們只是意識到，在人類發展的當前階段，若要在這樣的補償水準下維持龐大社會的互動，這個水準相對較低。民眾如何能了解呢？他們能透過哪些途徑獲得指引呢？他們如何能建立完整的信仰呢？他們又如何能表達自己的信仰呢？模糊不清且普通的思想——有些刺耳，有些高尚——每日都在吸引他們。然而，總體而言，他們對戰爭的終結感到欣慰，每個家庭最渴望的是家庭的團聚以及重建家園、恢復事業和回歸正常生活。威爾遜的理想是建立世界民

主體系。然而，事實上，他所談論的「普通老百姓」，即便在戰爭中展現了堅定與頑強，卻不知如何實現公正且持久的和平。他們要求「懲罰德國人」、「不再有戰爭」和「為我們的國家謀取利益」，但最重要的是「回家」，這些才是當時大眾最普遍的想法。

倘若威爾遜僅僅是一位純粹的理想主義者或專注於黨派事務的政治家，他或許會取得成功。然而，他試圖兼具這兩者的立場，而這正是導致其失敗的原因。他在歐洲展現出慷慨的承諾，但一旦回到美國便突然沉默。他在國內做出的每個重大決策顯示出他是一位精於計算且厚顏無恥的黨派政治家。對歐洲，他廣施美好願望和無私的同情，若在1918年他能將這些的十分之一施予美國的共和黨對手，他本可成為真正的國家領袖。他的價值觀僅能應用於分隔的水密艙。在歐洲，法、德之間的分歧在他眼中微不足道，只需一點理智和慈善即可輕易調解。但美國民主黨與共和黨之間的分歧呢？這裡存在著真正的激烈爭執。他不理解為何法國人對戰敗的敵人不更寬容，也不理解為何美國共和黨人不期望從民主黨政府獲得無用的安慰。他以同等的認真關注人類的命運和他黨派候選人的運氣。他寧可與海外所有國家保持和睦與友好，卻拒絕與國內的共和黨接觸。這既是他的政見，也是他的禍根，以及其他許多人的麻煩。若一個人企圖同時擁抱世界的慈善光輝和激烈的黨派鬥爭，實際上是難以達成的。

據悉，總統及其隨行人員首先感受到的震驚來自於協約國在戰時簽訂的祕密條約。貝克先生在其出色的文章中，對這些條約的不道德性質表現出幸災樂禍的態度。文章的章節題目包括「由舊外交手段維護的」、「祕密條約」、「土耳其帝國是贈品」、「理想主義的衰落」。這篇文章揭示了歐洲的卑鄙行為，並反映了美國公眾的高尚品格。然而，我們應該看看實際發生的事情。當美國加入戰爭時，他們的主張是，德國人代表著歷史上最殘暴的軍事侵略形式。自1914年8月4日起，英國與法國一直在與這個惡魔交戰。到1915年春季，義大利顯示出願意支持這個惡魔的意向。若德

和平會議

國能得到一個擁有 3,500 萬人口且能動員 150 萬軍隊的國家，將是一件極其嚴重的事情。然而，義大利似乎猶豫不決；德國人熱切地向義大利展示自己作為三國同盟的真正角色，對義大利有利。義大利人不必向奧地利尋求特倫提諾，而可以從法國獲得薩瓦，這有何不可？於是展開了討價還價。我們可以批評義大利人，認為他們的決定基於物質利益，但誰能責怪協約國的政治家們強調義大利能獲得以犧牲奧地利與土耳其為代價的優厚條件呢？義大利基於《倫敦條約》加入協約國參戰，這展現了這樣的信念：對英國和法國來說，義大利的支持可能帶來快速的勝利，而倘若他加入敵方，則可能意味著英、法的完全失敗。

羅馬尼亞的情況也是如此，無論支持哪個聯盟，他都可以獲得同樣豐厚的獎賞。他的選擇能夠決定勝負，因此在 1916 年，成為各國以威脅或利誘爭取的焦點。這正是協約國在疲憊不堪、危機四伏時，為尋求支援而簽署祕密條約的背景。

協約國內部簽訂了一系列祕密協定，目的在確保各國之間的和諧。1914 年、1915 年和 1916 年期間，俄羅斯的支持至關重要。法國幾近力竭；而英國陸軍才剛剛在戰場上嶄露頭角。維持那個在戰鬥中俄國巨人的良好情緒，避免任何分裂的藉口，成為英、法外交的首要任務。土耳其曾獲得英、法、俄三國的領土完整保證，但他卻聯合德國，無故攻擊俄國。對於土耳其帝國的瓦解及其對基督教民族和阿拉伯人統治的終結，無人會流露同情。協約國立即劃分土耳其非突厥族省分的利益範圍，對他們來說是必要且有利可圖的。英國放棄長久以來的政策，允許俄羅斯未來占有君士坦丁堡，同時強調自身在波斯和美索不達米亞的利益。法國則宣稱他對敘利亞擁有歷史權利。義大利獲得保證，他的盟國不會阻止他對阿達利亞的野心，實際上還包括阿爾卑斯山脈和亞得里亞海。多年的波斯關係諒解一直是英、俄良好關係的基石。這些安排假設在總勝利來臨時土耳其帝國將不復存在，因此必須重新調整。貝克先生聲稱，這些協約國間的協定代表舊

世界外交固有的無情與現實主義。事實上，這些協定基本上是自保的即興之舉。

這些祕密協定大多符合威爾遜總統在其十四點計劃中所設定的原則，並在最終決議中獲得他的同意。每份密約都有其獨特之處，這些特點唯有在被迫的情境下才能得到合理解釋與寬恕；然而，貝克先生和美國代表團並無理由以高高在上的審視角度來看待這些協定。如果美國在 1914 年 8 月 4 日即參戰 —— 這場戰爭後來被稱為對抗錯誤與暴政的正義之戰 —— 世界原本不會陷入這樣的災難。美國政治家不妨站在英、法、俄三國當事人的立場來審視自己，思考能提出哪些適切條件以獲得義大利的支持。如果美國在「盧西塔尼亞」號沉沒事件後參戰，他們本可以自行判斷，並努力阻止羅馬尼亞被納入中歐帝國的集團有多麼重要。甚至如果美國在戰爭爆發兩年後加入協約國，他們本可以自由地協商日本在中國山東的利益及其他對中國的安排。人們有權選擇袖手旁觀；但若在艱難漫長的時期中行使這個權利，甚至不向在激流中掙扎的人丟擲救生圈，對於那個奄奄一息、勉力抓住各種機會的溺水者，人們應該提供某種形式的援助，給予拯救，那麼，對於岸上的冷眼旁觀者，即便他後來成為忠誠而熱情的夥伴和勇敢的救援者，他仍然沒有資格自詡為整件事情的公正評判者，因為如果他及時伸出援手，後來的事情本可避免。

貝克先生首次創作的感人電影場景，發生在熱情且真誠的美國代表團抵達時，他突如其來地丟擲祕密條約這個「迷宮」難題。總統從未聽聞過這些祕密條約的存在。即便擁有國務院所有資料的蘭辛先生，也從未對其有所察覺。然而，這些條約赤裸裸地且可怕地存在著，當下在和會的會議桌上玷汙著十四點的公正設計。美國人民的道德觀因此感到厭惡，我們能感到驚訝嗎？自從法蒂瑪揭開藍鬍子的祕密房間以來，沒有什麼事物能產生如此巨大的影響。

然而，實際上，美國政府（未指明具體人員）始終掌握著每一份祕密

條約的核心內容。他們參加戰爭後，隨時只需提出查詢，便能獲得所有細節。尤其值得注意的是，正如我們所見，法國政府於1918年11月29日以一封引人注目的急件，正式建議美國國務院在和平談判開始之前立即廢除所有祕密協定。蘭辛先生對此通知未作回應。以下是貝克先生代表自身所言，他的表述極為公允：

在美國，公眾對於這些歐洲的祕密條約知之甚少，也缺乏興趣。我們的國家利益未受到它們的任何影響。實際上，當義大利加入協約國參戰時，他曾設法達成非常實際的協定。這是戰爭，而在戰爭中，任何事情都有可能成為必要。即便是專門負責外國事務情報的美國國務院，似乎對這些祕密條約也不甚關心，許多人相信蘭辛國務卿對此知之甚少，甚至毫不知情。儘管通常情況下，總統應該知曉這些祕密協定，因為他經常嚴厲批評「祕密外交」的做法，但他顯然不願了解任何至關重要或全面的情況。

……1917年，貝爾福先生作為英國特使抵達華盛頓，他向豪斯上校闡述了幾個此類條約。然而，豪斯上校表示並無太大興趣，因為在他看來，將所有資源用於贏得戰爭顯得更加重要；他最終告訴貝爾福先生，他們是在「未殺熊先分皮」。這位總統顧問如此低估了整件事的重要性，認為這些條約的討論會妨礙戰爭的全面推進，他們堅信戰爭是當時最優先的考量。他們深信，整個國家也相信，當我們最終「打敗德皇」時，一切問題都會迎刃而解……

……若我們的外交機構對祕密條約的意義缺乏洞察，那麼對於大眾輿論又能作何評價呢？在戰爭熱情的盲目驅動下，輕率地闖入全然陌生的局面，風中飄蕩的幾頁祕密協定，對公眾意見毫無實際意義……

然而，可以確定的是，上述所有言論無疑是出自男子漢氣概的準確判斷。如果那些因「不小心」或「不關心」而尋找的藉口，能讓美國政府與人民產生預期的諒解效果，那麼他們又能如何為協約國提供保護？若美國因「盲目地受一陣戰爭熱情的驅使」而低估或忽視這類祕密協定的意義，能

獲得英國政府與人民的原諒，那麼在血流成河、飽受戰火摧殘、摯愛之人陣亡、國家存亡岌岌可危的情況下，英國與法國在同樣不明朗的情勢中簽署這些祕密協定，必然也能得到他們的諒解。

聲稱協約國的戰鬥與瓜分戰果有直接連繫，既愚蠢又不公正。戰爭一經開始，許多事態超越了最初爭端的起因，並產生了意料之外的結果，這些在戰爭開始時未曾被預見或關注。美國在1898年對西班牙宣戰時，並未預料到會占領菲律賓群島或征服其居民；然而，勝利後這些事不可避免地或附帶地發生了。若說法國和英國是「為了土耳其這份戰利品」而戰，無異於指控美國是為了併吞和征服菲律賓而與西班牙產生爭端，這同樣是不實的誣陷。澄清這些不實之詞，或許有助於端正視聽，即便這樣做可能會削弱史坦納德·貝克所喜愛的戲劇性效果。無論如何，祕密條約確實存在，大國的承諾予以保證，並附有其簽名，這些祕密條約在某些重要方面偏離了十四點的寬容與簡單的原則。

勞合·喬治先生及其英國和平代表團於1919年1月10日橫渡英吉利海峽。同行的還有海軍和陸軍的專家。在他們之前，已有一批精心挑選的專家和官員抵達，他們住滿了巴黎一家最大的酒店，甚至還不夠容納。這些人員的能力，以及他們所擁有的豐富歷史、法律和經濟學知識，令盟國及敵國的觀察家們刮目相看。一位德國作家表示，「英國專家撰寫的眾多白色小冊子，涵蓋比利時中立、萊茵問題、小國盧森堡的未來可能性，以及其他不知名的議題。在所有對手中，英國在指導重建飽受災難的世界和解決複雜事務方面的集體力量最為強大，人們普遍認為他們的工作比美國人和法國人更有條理和精確。甚至美國和法國的代表團成員在被要求對模糊的議題發表意見或做預測時，常常在調查或尋找靈感時參考這些小冊子。」

這個龐大的集體事務由一個較小的機構——戰時內閣祕書處進行指導，該祕書處在最初4年間，由於莫里斯·漢基的深刻洞察力及驚人的勤奮而更為完善。這位海軍軍官在1912年擔任帝國國防委員會的祕書時，

和平會議

仍是一名年輕的上尉。他曾負責編輯戰爭叢書，這套叢書是記錄 1914 年英國從和平走向戰爭的關鍵指導資料。他掌管並整理了最初由內閣軍事委員會處理，後來在戰爭和停戰期間由戰時內閣處理的所有重大事件的紀錄。他對所有事務瞭如指掌，能夠應對一切，認識所有人，從不發表個人意見，並贏得所有人的信任。最終，透過總統、克里蒙梭和勞合·喬治先生之間的自然交流，他成為了他們為解決和平問題進行的關鍵 6 週商談的唯一紀錄者。

英國的全權代表資格在英國代表團的要求下得到了提升，該代表團的成員包括各自治領的總理、印度代表及幾位掌管重要部門的部長，而我自然也是其中之一。這個代表團的性質主要是諮詢，僅在首相需要時於巴黎集合，其成員通常分散於其他任務中。相較於威爾遜總統被參議院孤立，勞合·喬治的政策在關鍵時刻經過英國領導層的協商並獲得認可，進而鞏固了他的地位。這是他的參議院，在巴黎的混亂與黑暗中，他始終被璀璨的星辰環繞。與他共事的有經驗豐富、冷靜沉著的亞瑟·貝爾福和路易斯·博塔（我們不必多言，對吧？）。當勞資問題出現時，巴恩斯這位資深工會成員能以工人的身分發聲；當首相在國際事務中需要自由主義主張的解釋時，斯馬茨將軍和羅伯特·塞西爾勳爵能與威爾遜總統會面，他們的背景使總統驚訝且滿意。當需要年輕的先鋒國家按照其堅定本性發表意見時，澳洲的休斯先生和紐西蘭的梅西先生就在身旁，而加拿大的羅伯特·博登爵士也不遠。若要闡述東方或中東的全貌，歷史悠久的印度土幫主和埃米爾們會在莊重的氣氛中現身。首相本人完全沒有那種狂妄自大的官僚感，他巧妙地在同僚及他希望影響或調解的人之間分配重大任務和活動；他在好運中保持謙遜，維持良好的控制力。如此，他完全適應即將面臨的嚴峻環境，並具備應對的良策。

另一方面，當他抵達大會時，最近選舉中的喧囂和粗鄙行為令他略感不安。緊隨其後的標語寫著：「絞死德皇」、「搜他們的口袋」、「要他們付

出代價」；這樣的情形明顯地削弱了他進入會場時的尊嚴感。

演員已經聚集，舞臺搭建完成，觀眾熱切呼喊著要求揭開帷幕。然而，演出的細節和方法尚未確定。我們看到威爾遜總統拒絕了1918年11月29日初次提出的法國方案。總統主張由4到5個主要戰爭夥伴國對基本要點進行初步決策，同時強烈希望由他主持召開勝利國大會，以便在會議前制定出更佳的國際治理方案。他並沒有明確反對法國的建議，而是盡量延遲協約國之間的任何先前商討。然而，如今大家已經面對面相聚，必須立即做出實際可行的決定。總統立刻與那些實力和經驗與他相當的大人物接觸，他們在漫長而艱苦的戰爭中竭盡所能，孤注一擲地獲得勝利，以保護大國的重大利益。總統關於改善舊大陸生活方式的慷慨言辭，以及他對各國輿論的支持——必要時甚至超越各國的領袖——這些熾熱而略顯模糊的理念，此刻必須暫時收起，取而代之的是與克里蒙梭和勞合·喬治之間時而順利、時而僵持的磋商。

自1919年1月12日起，五個主要大國召開會議，每國派遣兩名代表出席。這些會議的初衷僅僅是確定議程及全體大會的開幕儀式；然而，隨著會議日益深入，其本身給予人們不同的印象，故幾乎立刻被稱為「十國會議」。

在十國會議的開端，議題集中於和平大會的章程及其管理條例。威爾遜倡議所有27個國家平等參與討論。克里蒙梭則持反對意見：

> 對於威爾遜總統的言論，我是否應該理解為任何問題，不論其對法國、英國、義大利或美國的重要性如何，都必須邀請宏都拉斯或古巴的代表發表意見？迄今為止，我一直堅持這樣的觀點，即我們已經同意由五大國先就重大問題做出決策，然後在大會上討論如何維護和平。如果新的戰爭爆發，德國不會將全部力量施加在古巴或宏都拉斯，而是集中在法國；過去也是如此。因此，我要求我們應堅持已提出的建議，其核心是由上述五大國的代表參加會議，針對重大問題做出決定，而次要問題的研究則在

和平會議

　　大會召開前交由各委員會處理。

　　他得到勞合・喬治先生的支持，顯然也獲得了義大利和日本的同意。蘭辛認為威爾遜應該堅持。顯然，他打算讓總統組織小國聯盟，以投票方式擊敗大國。威爾遜固有的良好判斷力救了他，沒做出這種蠢事。他提議的折衷方案是：在大國之間進行非正式磋商，同時與所有國家召開全體會議。這根本不是折衷。這是公認的事實：十國會議是交談，不是協商。然而，十國會議能因此繼續進行下去。這個方案順利地通過了。

　　接下來的話題是新聞界。在巴黎，聚集了超過 500 位特派記者。他們是各國最具才華和最具專業能力的作家，代表著最有影響力的報紙和最大的通訊社。他們都擁有強烈的歷史意識，並了解到快速獲取新聞的重要性。每天數萬字的有線和無線電報被發送到全球的印刷廠，描繪著偉大的和平計劃如何被締造。除了法國報紙受到當局的密切監控外，戰時的新聞審查對言論的所有限制已被解除。所有 500 名記者在最真摯的同行友誼和最激烈的媒體競爭中團結在一起；他們一致談論著似乎專為他們利益制定的「十四點」的第一點，即「公開制定公開的和平協定」。威爾遜先生對這種應用他的理論感到嚴重不安。他不斷宣告，他並不打算讓每個敏感問題在每個階段都在世界報紙上被討論。顯然，人們必須在某個地方設下一條界限，但這樣的宣告並未產生效果。美國人每天需要獲得新聞，至少要有印刷品可讀；英國人和法國人不希望僅能透過美國的管道才可獲得消息。史坦納德・貝克先生指出，重要的問題是「民主政治與外交策略之間的關係是什麼？」一方面是超過一億人的年輕美國民主；另一方面是神祕而頑固，甚至好鬥的舊歐洲外交。這裡有數以百萬計的年輕、健康、充滿熱情的人懷著希望前進，改變世界。那裡有狡猾、奸詐、擅長陰謀的外交家，身著高領金邊服裝，在聚光燈、相機和攝影機前卻步，擠作一團。多麼引人注目的場面！帷幕升起！緩慢的音樂響起！舞臺上傳來啜泣，隨後巧克力糖被端上！

「公開制定公開的和平公約！」這句話若有其意義，無疑指向解決戰爭問題需進行全球性的大討論；普羅大眾，無論黑人或白人，必須自覺且智慧地參與這一個重大議題的解決。然而，如何實現呢？普通民眾忙於日常生計，無暇聆聽所有熱切的呼籲和抗議。他們可能接收到的資訊，未必真實，且往往難以理解。這時，代表普通人的報刊便顯得尤為重要；此處討論的是十四點中的首點，其目的是在於和平公約需「公開制定」。

　　然而令人不解的是，媒體從業者在和平時期往往比戰爭時期犯下更多錯誤。事實上，他們的運勢發生了意想不到的轉變。戰爭爆發後，將軍們輕蔑地將他們排除在外，不允許進入戰區，並受到嚴格的新聞審查。不久之後，他們運用媒體的力量迫使將軍和政治家退居次位。在戰爭結束時，他們達到了權力與影響力的巔峰。他們仍然抱持著削弱政府和左右政策的心態。然而，戰爭的背景已經消失；隨著議會和論壇的重建，報紙及其出版商逐漸對自身角色有了更理性的認知。和會給他們的初期挫折使他們明白：十四點中沒有一點適用於他們；十國會議將祕密進行。

　　當時多次激烈辯論的焦點是選擇哪種語言作為官方語言。法國堅持認為法語長期以來在外交上具有官方地位，且作為大會的主辦國，法國的損失比其他任何國家都大。英國與其自治領以及美國聯合表示，此事顯而易見，他們代表著 1.6 億英語使用者，占據多數。雙方均不願撤回其主張，最終決定兩種語言均為官方語言。義大利試圖讓義大利語成為第三種官方語言，但未能成功。此時，談判的方向已經明朗；1919 年 1 月 18 日，和平大會首次全體會議正式開幕。

　　此時 ……

　　然而，在這些困頓場景的背後，一種嶄新的希望與雄心正在悄然崛起。波羅的海諸國追求獨立，各國奮力爭取建立某種有序的政府。德國正經歷一場真正的革命。慕尼黑的一次共產黨起義最終在血腥中被鎮壓，這一個教訓應被銘記於心。匈牙利在貝拉·庫恩的壓迫下迅速崩潰，一支源

和平會議

自莫斯科的勢力在布達佩斯獨立地萌芽。奧地利帝國徹底瓦解。波蘭在三大帝國的崩解廢墟中重新崛起，150 年前他曾被這三個帝國瓜分。波希米亞在馬薩里克和貝奈斯的庇護下被勝利者接納為盟友。經歷了《布加勒斯特條約》的屈辱後，羅馬尼亞的社會與軍隊殘部零散地返回他們飽受蹂躪的家園，並迅速侵占外西凡尼亞。義大利軍隊大量進入提洛邦，越過波羅的海，迅速與自稱為南斯拉夫的堅韌不屈的塞爾維亞人相遇。費薩爾領導下的阿拉伯人，沿著經激烈爭論劃定的勞倫斯邊界，為共同的事業結成兄弟情誼，他們在大馬士革定居，夢想建立一個從哈太省（舊稱：亞歷山大勒塔）到亞丁、從耶路撒冷到巴格達的大阿拉伯國家。表達野心的不僅僅有戰勝國，還包括戰敗國，不僅有不同的民族，還有各種政黨與階級。欲望、激情、希望、復仇、飢餓和無政府主義盛行；處於幾乎普遍動亂中的人們，將所有目光都投向巴黎。凝視著這座不朽的城市——既有歡樂也有哀愁，既有憔悴與創傷，也有得意與榮耀——此刻有超過一半的人在尋求安慰或救助。

國際聯盟

和會的流程自然而然地劃分為三個明確的階段，讀者在閱讀本文時，記住這一點將大有裨益。

首個階段被稱為威爾遜時期，亦即委員會時期或十國會議時期。此階段持續 1 個月，自 1919 年 1 月 14 日十國會議首次召開至 2 月 16 日威爾遜總統首次返回美國為止。第二階段稱為貝爾福階段，當時威爾遜總統回到華盛頓，勞合·喬治先生歸返倫敦，克里蒙梭遭遇刺客襲擊而受傷。在此期間，貝爾福先生全權依據勞合·喬治先生的意見，促使委員會壓縮工作進度，直至 1919 年 3 月 8 日結束，集中精力推進和平締造的實務工作。第三階段稱為三人領導時期，主要問題由勞合·喬治、克里蒙梭和威爾遜在四國會議中透過協商解決，最終由三人單獨會議決定。這三人領導的局面持續了兩個多月，期間每天進行繁忙的討論，最終制定出和平的初步方案，該方案得到所有協約國的支持，隨後以《凡爾賽和約》、《聖日耳曼條約》、《特里亞農條約》和《納伊條約》的形式提交給敵國。

要理解和掌握的是，讀者必須緊扣其程序及其生成過程。1918 年 11 月 29 日法國倡議的合理提案未獲威爾遜總統認可。然而，普遍默認的共識是，第一步應是戰勝國單獨集會。接著，由他們草擬初步和平條件，經過深入研究後，再將草擬條約遞交給敵國。法國曾建議，英、義、日也期望，由戰勝國中的五大國領袖先行私下商議，由他們決定最重大的問題和原則，然後才允許小國參與討論。然而，除了程序問題外，這個至關重要且被證明是必不可少的階段，從未得到妥善實施。因為主要大會與這種關鍵準備性討論同時進行，導致前者壓倒了後者。1919 年 1 月 18 日的首次全體會議，全體共有 27 國代表出席，五個主要協約國事先未在任何主要

問題上達成一致。

　　無疑，五大國自始至終都隨心所欲地掌控著每一件事；沒有任何力量能阻止他們這樣做。然而，這些基本事實只有在經過長時間的變化和混亂後才變得明顯和重要。所做的決議並非系統研究和討論的結果，而是在問題到了不得不解決的時候才做出的決定。從始至終沒有經過深思熟慮的程序，也沒有縝密思考的、從一般到具體的漸進計劃。各種棘手的小問題由尚未就基本原則達成一致的國家領導人來討論和爭論。五大國之間互不信任，未能達成共識。經過兩個月的討論後，當時所有極為緊迫的問題，仍然深藏在主要全權代表的心中。事實上，我可以肯定，直到1919年3月底，擔負最終決策權的勞合·喬治、克里蒙梭和威爾遜總統三人之間，也從未進行過坦誠和深入的對話。這是威爾遜階段和貝爾福階段的中心事實。

　　然而，這些領袖繼續保持正式的連繫。他們不僅經常召開十國會議進行商討，而且其中的幾位常常參加最高級別的軍事會議。此類會議在戰爭結束後的幾個月內取得了顯著進展。最高軍事會議的召開與和平條件無關。每週都有許多緊急的實際事務發生，增加了會議的負擔。例如，整個經濟局勢的問題；停戰條件的進一步商討；以及與俄國的關係。當時歐洲的混亂局勢時常達到臨爆點。新成立的波蘭共和國與東加利西亞人民處於戰爭狀態；最高級軍事會議必須進行干預。他們派遣了一個特別委員會前往波蘭，我們見證了一列國際列車冒險出行的壯觀場面，列車由五節嚴密防衛的車廂所組成，每節車廂載有來自不同國家的代表。儘管旅途危險，國際委員會代表還是抵達了華沙，進行了緊急調停，達成了波蘭人和烏克蘭人之間的某種休戰協定。不久，類似的困難在泰申地區出現。協約國必須進行干預，以防止波蘭人與捷克斯洛伐克人之間爆發戰爭。1919年4月，他們必須再次干預匈牙利發生的具有極大危險的庫恩·貝拉布爾什維克革命。局勢的困難和危險的確到了極點。

　　整個大陸可能面臨無政府狀態的重大危機。人們紛紛尋求主要協約國

的援助，但在許多情況下，協約國無法提供協助。所有國家都需要糧食，而協約國自身也面臨糧食短缺。這些國家需要軍事占領，但英國人迫切需要軍隊來維持秩序，無法調派大量兵力，也不敢冒險派遣小規模特遣隊到遠離海岸的偏遠地區。這些戰爭措施在戰後初期的幾個月裡耗費了主要大國大量的時間和精力。

這種雙重關係對於和平的締造施加了不可抗拒的影響。五大國不斷聯手解決各種爭端。上午，他們參加十國會議，進行有關和平問題的討論；下午，他們出席最高級別軍事會議，制定重要的實施決議。其餘的27國，依據最初難以落實的決定，享有平等地位，定期在全體會議中聚集，那裡完全公開，所以相對任何重要事項都難以推動。威爾遜總統無可避免地且幾乎麻木地接受這種事態的發展。他明白這種情況並非歐洲外交的邪惡本質所致，而是出於實際和自然的原因，反對也是徒勞。影響大小國家主要利益的緊迫問題如何能由27國進行公開有益的辯論呢？如果僅限於空話和阿諛奉承，會議將淪為鬧劇；若無節制地直言不諱，則會議將變成混亂。即便是完全由主要國家組成的祕密十國會議，也因人數過多而難以操作。連同隨從的專家，十國會議的出席者很少低於50位，他們的身分等級和地位差異顯著。即便不算故意洩漏，會議的機密性也相當可疑。我們將看到，總統基於常識與事實，很快與克里蒙梭和勞合·喬治緊密合作，解決每一個極其重要的問題，討論由莫里斯·漢基一人記錄，並將決議整理成確切、清晰的文字。如果在1918年12月甚至隔年1月就能舉行這樣的會議，那麼和會的全過程本來會更為順利而協調，但威爾遜總統起初拒絕採取顯而易見的辦法。當這個辦法在許多天後，以後補商討形式回到他身邊時，他表示熱烈歡迎。

威爾遜總統迎來了實施其核心政策的關鍵時刻。他表示，國際聯盟必須成為和約不可或缺的一部分，並優先於任何領土或經濟問題的解決。和約的基礎應建立在聯盟的架構上，所有解決方案必須與聯盟的原則一致。

如果各國領導人在主要問題上達成初步共識,並對彼此在基本問題上的立場有清晰的了解,且未預見到重大衝突,那將是值得稱讚的。然而,目前看來,和會將全力投入制定人類新憲章的工作,所有實際且緊迫的問題因無休止的理論討論而被迫擱置。

經全體會議一致通過,特別委員會被指派負責起草國聯章程。這個程序中十國會議的討論紀錄為啟發性作品。威爾遜總統作為小國利益的擁護者,已意識到若讓大量小國參加聯盟委員會,將無法推進任何議題。因此,他力求以最少的國家組成一個承擔最高責任的委員會。另一方面,克里蒙梭和勞合·喬治對小國的權利訴求略帶諷刺地評論。國聯將成為他們的保護者和庇護所。他們不應該參加會議嗎?這不是為他們提供一個有用的活動領域,也不是讓他們憂鬱地在巴黎等待十國會議的決策嗎?除了美國,所有大國對於遲遲未能取得進展的狀況感到深切不安,他們的代表不得不面對國內日益上升的不耐煩情緒。在主要問題尚未解決的情況下,國際聯盟章程的每一個方面都必須謹慎細緻地審查。代表們絕望地意識到有可能會延誤數週甚至數月。

最終選出了一個優秀的委員會,其中涵蓋了幾個小國,成員數量還算可控。英國的政策制定高手羅伯特·塞西爾和斯馬茨將軍被任命為代表。威爾遜親自決定主持這次會議,他以充沛的精力承擔了這項艱鉅的任務。

由坦珀利博士主編並由外交學院贊助的《和會歷史》將國際聯盟的起源歸因於三個因素。第一,對已建立的國際會議在維護和平方面的需求;第二,提供更全面的小國安全保障的需求,如以比利時的命運來證明;第三,對經濟合作需求的日益增長。此外,還有一個觀點是,超過 2,000 萬人在超過 4 年的戰鬥中喪生,這場殘酷的衝突現在已經結束,大多數人希望戰爭不會重演。

不少人常認為,國際聯盟是美國的構想,強加於歐洲以抑制其敵對性。然而,這並不正確。在戰後的 3 年間,建立聯盟的觀念在各大文明國

家內逐漸興起，並在美國和英國成立了多個組織來推廣此概念。羅伯特‧塞西爾是首位將其書面化的英國人，他於1916年底撰寫了一篇相關論文。儘管他的論證尚不完善，僅相當於現今盟約第十五和十六條的初稿，但它成為了菲利莫爾主持的委員會於1917年工作的基礎。該委員會起草了一份聯盟法規，並於1918年初在美國及其他國家之間流傳。1918年夏，威爾遜總統委託豪斯上校對菲利莫爾的草案進行修訂，豪斯於1918年7月16日將修正案提交總統。豪斯的主要改動是增加了對聯盟成員國領土完整與獨立的明確保證，而菲利莫爾的草案僅限於保證仲裁協定的執行。威爾遜在修改草案時，刪除了建立國際法庭的條款，但增添了羅伯特‧塞西爾早前草稿中倡議的大量措辭，即破壞行為應受到毀滅性力量的懲罰。

同時，斯馬茨將軍於1918年12月16日獨立撰寫了他的聯盟草案，該草案詳細建議建立一個組織，設定大會和委員會，並包含取消徵兵和限制軍備的條款，還提議對落後地區或國家實施委任管理制度。

談及威爾遜對國聯的建立之貢獻，編年史作者貝克先生指出，「事實上，盟約中的觀念無一源自總統本人。他在盟約中的角色主要是作為編輯或彙編者，從不同來源中選擇、刪除或編排各種計劃或建議。」

這並未減損威爾遜貢獻的重大意義。他在草案中整合了所有實用的修訂意見，並新增了一條目的是在保障公平工作時間和條件的條款，以及另一條要求新建立的國家賦予少數民族平等權利的條款。這就是1919年1月10日，美國代表在和平會議上提交的草案。10天後，英國代表團也針對這個主題提出了英國的最新方案。英、美兩國草案在所有基本要點上「意見一致」，並由代表英國的塞西爾‧赫斯特爵士和代表美國的亨特‧米爾先生合併。這兩份草案於1919年1月下旬和2月初經由聯盟委員會審議和修正，最終在2月14日提交至和會全體會議。國際聯盟是由大西洋兩岸具相似特點的，公正誠摯的盎格魯撒克遜人所構想的。

威爾遜總統將這個偉大理念視為自己的創舉，當所有的困擾和錯誤被

遺忘，人們對他的記憶將因這個新國際機構的建立及其優勢而被珍藏。英國始終是威爾遜的主要支持者。在我們的島國，所有自由和開明的人士都支持這個理想計劃。其他所有正直的思想者明白，這樣的聯盟可能對英國的多元社會有利。只有懷疑論者對此提出批評。難道這不是好得令人難以置信嗎？它不是國家軍備的替代品嗎？它不會在關鍵時刻被證明是幻想嗎？它不會在未來某些災難中使依賴它的人遭受毀滅嗎？在一些批評者看來，當新的安全保障正在形成時，保留舊的、被證明有效的安全保障更為謹慎。然而，英國對威爾遜總統的國際聯盟計劃的支持是全心全意的、積極的，尤其是實質性的。沒有這種支持，總統將難以成功。很自然，世界上較小和較弱的國家會歡迎法律保護他們免受大國統治或侵略。法國、義大利以及地球另一邊的日本善意地接受了這一個新福音；但他們更傾向於相信殘酷的現實，以更頑固的態度模仿英國懷疑論者的疑慮。真正的反對來自美國。美國人民的傳統一直是遠離和敵對舊大陸。大西洋提供了 3,000 個理由，太平洋提供了 7,000 個理由來反對參與這些遙遠的事務。從華盛頓到門羅，美國的歷代領袖都重申不干涉政策。科學可能需要再進步 50 年，才能使大洋之間的隔閡在政治上無關緊要。50 年在人類歷史中不是長時間，但它遠超過了 1919 年巴黎和會的壽命。

此外，人們已經觀察到，威爾遜總統無法調解或消除其國民根深蒂固且自然的厭惡情緒。他僅僅作為一名黨派領袖，而非國家領袖來治理美國並指導歐洲。他在國內的基礎在他腳下崩解。雖然他揮舞手臂指責舊大陸那些困惑而可敬的政府，但在國內卻被強大的反對黨粗暴地拉下講臺。我曾遇見一些美國最具才華的個人——那些光芒四射的領導者，據稱他們曾表示：「歐洲的政治家應該了解美國的憲法。你們應該明白，沒有參議院的支持，總統什麼也做不了。如果你們寄望於他個人的決定或承諾，因而遭受損失，那只能責怪你們自己。這些決定或承諾是無效的。」

國際聯盟自成立之初便對威爾遜總統的提案效力持有深刻懷疑。聯盟

的最大效能依賴於美國的參與，美國的加入引入了一個重要的外部平衡因素。國際聯盟是否會受威爾遜總統的掌控？若非如此，各國的自由主義思潮便無法興起，聯盟的作用將無法發揮。然而，對總統提案的措辭進行仔細審查卻顯得極其草率。假使勞合・喬治和克里蒙梭對總統說：「您知道我們代表著本國的絕大多數民眾發言。請您以任何您願意的方式加以查證。除了任期屆滿，其他事物無法剝奪您的權力，真是如此嗎？您的憲法賦予給您的權力並不完整。美國參議院的看法如何？有人告訴我們，您已失去對參議院和眾議院的控制。您不過是一位渴望改變他人的好心哲學家，難道您同時肩負著美國人民的信任並懷有他們的意願嗎？」這番話或許會激怒美國人。他們可能會回答：「你們曾欣然接受威爾遜總統批准的軍隊和資金。如今你們擺脫困境，卻輕視我們合眾國的最高行政長官。無論我們屬於哪個黨派，我們都厭惡這種質疑。認為我們不會履行所有承諾，這是一種侮辱；面對這種侮辱，我們將立刻離開。」因此，沒有人懷疑總統的資格。此外，儘管有許多不滿與擔憂，英、法兩國心中仍深信，他是大西洋彼岸迄今最願意支持歐洲的朋友。

　　1919 年 1 月 22 日的十國會議與 1 月 25 日的和會全體會議共同決議成立國際聯盟委員會。2 月 2 日，委員會正式啟動。然而，英國與其自治領之間，圍繞領土占領的委任管理原則，出現了嚴重的緊張。該原則最初是由斯馬茨將軍提出的。其應用範圍現在已經擴展到將軍未曾預見的程度。此原則規定：戰勝國可以接管被征服的德國殖民地或土耳其部分領土，但不是作為其自身的領土，而是由國際聯盟代表全人類進行管理，並需在對待當地居民是否符合所有要求的問題上，接受正式的國聯監督。這個原則得到了威爾遜總統的高度讚賞。

　　然而，斯馬茨將軍僅計劃將此方法施行於前俄國、前土耳其或前奧匈帝國的領土。他從未考慮過該政策適用於英國各自治領在戰爭中占領的地區，尤其是德國西南非洲，該地區曾被聯合王國政府占領並有意併吞。這

種做法將合理的原則推向極端。各自治領一致認為，委任管理原則不應適用於它們所占領的地區。

英國政府對於獲取新領土自然抱有濃厚興趣。該國急需為其巨大的損失找到某種形式的補償。經過長期且代價高昂的戰鬥，英軍成功占領了巴勒斯坦、美索不達米亞、喀麥隆和德屬東非。委任管理制度未在整個不列顛殖民帝國範圍內被嚴格執行多年。在各大國的所有殖民地中，英王的廣大熱帶自治領是唯一對所有國家貿易開放的殖民地。所有國家的船隻均可如同使用自家港口般利用英殖民地港口，從未出現過偏袒英國國民的情況。關於我們對土著的待遇，我們毫不畏懼公正的國際檢查。相反，我們樂於解釋和展示我們的制度。

因此，勞合·喬治先生立即宣布，英國毫無保留地接受從土耳其或德國手中奪得的所有領土上實施委任管理的原則。然而，我們無法代表自治領發言。澳洲、紐西蘭和南非對我們而言是珍貴的實體，我們不能與他們分離，但也無法控制他們。國王當然是至高無上的。決定領土的割讓或併吞如同決定戰爭與和平一樣，權力屬於國王。然而，除非犯下難以形容的錯誤，否則哪位首相會對親愛的家庭成員行使這種抽象且幾乎神祕的職能呢？澳洲占領了新幾內亞；紐西蘭占領了薩摩亞；南非占領了德屬西南非洲。這三個國家無意放棄這些地區，也不應被迫放棄。將這些情況描述為「如同外交遊戲中的棋子般推來推去」，是一種語言的濫用。這些稀疏居住著原始人種的地區，是不值得羨慕的新殖民地一部分，19 世紀的英國樂見它們歸屬於日益強大的德國。每一處對於遙遠的自治領來說，都是對其門羅主義的損害；而且它們被視為威脅，是不久前衝突中流血的原因。這三國已經占領了這些地區，他們不願放棄。然而，他們的所有權證書並非基於武力征服。他們在共同事業中的犧牲彰顯了他們的正當性。這三個自治領的人口總和甚至不到美國白人的十二分之一，但在歐洲戰場上，距離他們家鄉分別為 6,000 英里、11,000 英里和 12,000 英里，他們為美國的事

業，也為他們自己的事業，付出了幾乎與美國相等的生命代價。我們無論如何都不能與他們發生爭執。

因此，1919年1月23日，勞合・喬治先生將加拿大、澳洲、紐西蘭和南非的總理引介給十國會議。他們站在那裡，披覆著民主政治的裝甲，展示對戰爭的奉獻與新興民族主義的力量。博登背後有著廣袤的加拿大（法語與英語區域）；紐西蘭的梅西，面對所有與共同事業相關的問題，既無畏懼又完美無缺；充滿活力的澳洲工黨總理休斯；著名且魁梧的博塔；以及具哲學家風範、令人信服的天才斯馬茨。他們站立於此，不僅代表現代，也代表未來。這些人物及其所代表的力量不容輕視。他們不是英格蘭的喬治三世；不是能言善辯的歐洲外交家；也不是無知的舊世界貴族！他們是清教徒的先驅移民，擁有清晰的口才與無垠的可耕地。威爾遜對他們的特質感到震撼。無論如何，這不是他橫渡大西洋來責備的對象。然而，他有他的事業要捍衛，而這個事業是偉大的。

隨後爆發了一場斷斷續續的爭論。澳洲、紐西蘭和南非表示希望保留從德國人手中獲得的殖民地，而加拿大則表示支持他們的要求。總統問道：「休斯先生，您是說澳洲在某些情況下願意與整個文明世界的意見背道而馳嗎？」休斯先生耳背，桌上放著一個機關槍般的裝置，讓他能聽到他想聽的話。他對此挑釁的問題冷冷地回應道：「大概是這樣，總統先生。」在幕後，博登和博塔的政治智慧最終引導自治領領導人同意，以委任管理的名義掩飾他們對這些地區的主權，威爾遜先生欣然接受了這一個方案。

這場辯論令克里蒙梭感到非常滿意；這是他首次聽到有人用毫不掩飾的直率來表達他心中的想法。他對休斯先生露出笑容，以無法隱藏的喜悅來強調他的每一句話。總統曾對勞合・喬治先生說過：「你身邊帶著一個野蠻人。」對澳洲人則說：「休斯先生，我聽說你早年曾是個食人者。」英國聯邦總理回應：「總統先生，這是極大的誇張，請相信我。」當天的會議

是十國會議程中重要的一環。

十國會議如今進入了委員會階段，這是不可或缺的，然而其會議長度卻難以預測。這裡存在關鍵的議題和真正的分歧。我們首先需要釐清事實。和會依需求指派了多個委員會。截至目前為止，共成立了58個委員會，以確定每一事項的真相；使得世界的決策者——若還有此稱謂——能夠明智、公平且合理地決定如何重新劃分世界版圖以及如何分配已大幅減少的全球資源。在這方面，或許最為有效的措施是設立最高經濟會議的執行部門，後來負責將糧食運往奧地利及處理所有相關事務。這樣避免了維也納及其他地區即將出現的大規模饑荒。然而，除了這個重要的執行機構，每個領域都成立了委員會，以準備和平條約的建議。這些委員會包括：財政籌備委員會；經濟條款委員會；賠償委員會；懲處戰犯及絞死德皇委員會；領土問題委員會；波蘭、羅馬尼亞、捷克斯洛伐克、南斯拉夫的委員會；土耳其和阿拉伯半島未來委員會；非洲和亞洲以及太平洋群島委員會。總計58個各具目標的委員會，不論其決策是否明智。

即便這可能會令部分人士感到失望，但在當前階段，我選擇略過這些主題中較為次要的部分以便行文。

我們已經了解到，勞合·喬治先生在報紙和公眾對「讓德國人付出代價」的強烈要求上，已經作出了何種程度的妥協；並且他如何在使用「如果」和「但是」的語言中，盡量為自己留下迴旋餘地。例如，他實際上表示，「他們應該支付到最後一個銅板——如果這樣做不會延緩世界經濟的復甦。」或者說，「他們應該支付盡可能多的數額——但這個數額的上限必須由財政專家來確定。」大選結束後，我曾詢問首相，如何滿足公眾期望，讓德國對戰爭造成的所有損失作出賠償。當時他回答：「一切問題必須由協約國成員國委員會來解決。我們將任命所能找到最有能力的人進入此委員會，這些人不應與政治或競選有任何關聯；由他們冷靜而科學地審視問題，並向我們報告可行的解決方案。」現在時機已至，首相選擇了澳

洲總理休斯先生；英格蘭銀行董事坎利夫勳爵；以及一位極具能力的司法權威薩姆納勳爵；還有我們能派出的幾位法律界英才。

可以預期協約國成員國的委員會，連同其強而有力的美國代表，將會壓低選舉的喧囂和大眾媒體的誇張言辭，專注於務實的舉措。然而，賠償委員會始終未能達成共識。坎利夫勳爵負責的評估敵國支付能力的專家小組在 1919 年 4 月分的報告中指出，變數過多，難以預測。然而，巨大的數字依然在權威圈子裡占據主流。美國代表拉蒙特先生在一篇文章中表示，根據某些重要文件，他推測總額高達 750 億，法國要求 1,000 億，而英國要求不少於 1,200 億。首相任何時候都不想得到這個龐大數字，只是想得到經最高權威證明的合理數字，這個數字他認為國家是急需的。他幾次與英國代表進行半正式的談話，結果使他覺得煩惱。他們一直極端樂觀地談論德國的支付能力；沒有一次提到低於 80 億英鎊的數字。1919 年 3 月 6 日他正式徵求他們的意見，要他們提出「假設即使和平談判破裂也要堅持」的一個數字，他們答應於 3 月 17 日分別報告。但是關於這個報告沒有紀錄保存下來。神諭不可獲得；困惑的首相只能自己來挑選擔子了，要麼提出還不能得到權威論證的低數字，進而激怒公眾，要麼提出他的直覺與理性使他深信絕不可能得到的高額數字。於是，協約國和其鄰近夥伴國未能確定德國的賠償數字。

各委員會專注於和約的經濟條款，整個條約充斥著保證協約國商業優先於敵國恢復的規定，其中多為臨時性。這項獨立的工作從未與財政條款有關聯。因此，在對德國施加條約的同時，它成了一個未具體明確的無限責任，而設想中的支付方式則困難重重。凱因斯先生是個具高度洞察力和智力、且沒有過度愛國偏見的人，他是英國派往巴黎和會的團隊成員之一。他擁有實際工作知識，反對許多人提出的荒謬目標，更反對實現這些目標的惡劣方法。尤其是在一本使美國大出風頭的書中，他揭露並譴責了「迦太基式和平條約」。凱因斯用多個章節無可辯駁且判斷準確的文字指出

國際聯盟

了財政和經濟條款的不公正性。在所有這些問題上，他的見解都正確。他憤慨地譴責了經濟條款的不公正性及和平條約的整體結構。他在經濟上的論斷無可辯駁；但在其他方面，在問題的更深層次，他的判斷並不比其他人高明。事實證明，凱因斯對《凡爾賽和約》的看法在他熟悉的領域中是有道理的，並對英國和美國的全面解決方案的判斷產生了重大影響。然而，對於希望理解實際情況的人來說，《凡爾賽和約》的經濟部分與整體應被分開考量。

當勞合·喬治在和會期間因經濟和財政條款遭受批評和嘲諷時，他常用以下方式回應：「期望那些經歷了如此巨大痛苦的人民此刻恢復理智，還為時過早。和約中註明德國的賠款額又有何妨？如果無法支付，只能說是一場空想。我們必須重視廣大民眾的觀點，因為他們承受了如此可怕的損害。然而，我們會在和約中加入一些條款，規定若干年後進行修改。現在為此擔憂無濟於事；我們必須讓他們冷靜下來。我目前的努力是將修改機制納入和約正文中。」

這樣的做法或許不夠光明磊落，但它幾乎就是即將採取的策略。「迦太基式和平條約」中的主要經濟條款，不是被廢除就是依據和約中的機制進行調整；實際上，道威斯協定要求德國的賠款不超過 20 至 25 億。這個數字正是英國財政部在最初徵求他的意見時所提出的一個合理建議。

另一個委員會已著手處理戰犯的懲治工作。在戰爭期間，恐怖行為頻繁發生，當戰爭激烈進行之時，數百萬人的戰鬥意志因這些事件的傳聞而更加高漲。如今，勝利者有機會藉由其優勢地位，將對這些恐怖事件的看法記錄下來。當然，對敵方軍人的處決和有組織的「暴行」，與戰爭中自發或無法控制的暴行有明顯差異，但情勢對德國人不利。他們在整個戰爭中一直侵占別國的土地，而協約國則艱難地保護自己遭受入侵的領土。德國統治這些受難的人民已有 4 年之久。英國人認為，處決伊迪絲·卡維爾，尤其是處決弗里埃特船長，是犯罪，必須有人為此承擔嚴格的責任。

然而，法國和比利時也有冗長且駭人聽聞的指控要提出。敵軍的士兵、軍士、上尉犯下了無數暴行，有些是將軍下令的，背後有大量證人作證。海上也有恐怖故事——雖非完全單方面的，還有德國的潛艇戰——將他們發現的商船擊沉；「盧西塔尼亞」號客輪上有一些軍火，但也有40個嬰兒；醫院派出的船隻搭載無助的、神經崩潰的傷員和忠誠的護士，卻沉沒在冰冷的海中。某些對海員施加的殘酷行為，在任何報復行為中都難以找到可與之相比的例子。

保加利亞人在塞爾維亞的行徑激起了調查人員極大的憤怒。至於土耳其人的暴行：他們命令庫特軍備部隊不停行軍，直到大部分人力竭而亡；殘殺無數手無寸鐵的亞美尼亞人，無論男女老幼，透過一項精心策劃的屠殺徹底摧毀整個地區的生靈——這些都是人類無法抹去的恥辱。

比利時、法國和英國提出強烈的要求，針對違反人類所努力制定和維護的戰爭法的特定行為，必須追究個人的責任。沒有人能否認這樣做是公正的。然而，如何實施呢？潛艇指揮官可能會辯稱他是在執行上級命令；他必須以生命服從這些命令。醫療船是否應該被擊沉是政府的決策，海軍上尉只能遵從指令。交戰國的軍事法庭所下達的任何懲罰都必須立即執行。至於駐軍地區的暴行，可能會指出低階軍員犯下惡行；但他們聲稱自己沒有做，或者表示是軍官命令他們這麼做的。許多軍官則否認下達此類命令。或者他們只有在被揭發時才會承認。另外，他們可能將這些行為與他們所目睹的敵方行為相比較，而對於那些行為，他們也掌握了不少證據。

和會成立了一個委員會來調查這些問題。證據充足，但責任應由誰來承擔？上尉下令排炮齊發。他接受了軍事長官的命令。而軍事長官則是根據當局交給他的任務行動。某軍的司令可以說他遵循集團軍的命令，然而集團軍僅僅是大本營的執行者。最初是受到德國人民支持的德國政府，頂端是皇帝。按照邏輯，委員會應該追查這個權力階梯。他們怎能將應由將

國際聯盟

軍承擔的行動責怪上士或上尉呢？他們又怎能譴責將軍呢？因為將軍的行動是經過政府和議會的批准或至少是默許的。因此，如果要懲罰某人，那麼一定不是小人物而是大人物。經過幾個月艱辛的討論後，草擬了一份包含所有德國最高層人員的名單：所有的陸軍司令；所有最著名的將軍；大部分王子、親王、公爵；首先是德皇。和約中的一個條款迫使德國人聲稱他們所有的最高層和權貴是戰犯。只需將這些人的名字寫入戰犯名單，就足以使整個事情變得毫無意義。

一個實際可行的方案是處決德皇，作為「最高元首」，憲法規定他對軍隊的所有行為負責。許多人仍期待對德皇的審判。勞合・喬治對此持堅定立場。他不僅承諾致力於此目標，還熱情地推動。美國人對此不感興趣；法國人對德皇表示中度憤怒，但經過考慮後表示同意。司法官員仔細研究起訴程序，然而德皇不在協約國的司法管轄範圍內。他被驅逐出法國，後來從德國逃往荷蘭尋求庇護。戰勝國正式向荷蘭提出引渡或交出德皇的請求。勞合・喬治先生在《凡爾賽和約》簽署後達到他勝利的巔峰，他告知議會，德皇將在倫敦由國際法庭審判。接下來的事態發展是可以預料的。陸軍元帥馮・興登堡宣布，他對自 1916 年起德軍的所有行動承擔全部個人責任，並願意出庭受審。德皇的所有兒子由艾特爾・佛里茲執筆寫信，願意集體代父受罰。在荷蘭多倫的德國流亡者看到在他們面前的是一位受苦的國王，但卻幾乎沒有任何的身體不適。歷史上幾乎沒有一個時刻，一個受磨難者能獲得如此高的待遇。

然而，荷蘭人是一個頑固的民族，更重要的是，荷蘭是一個小國。在和會期間，小國家成為時尚。「英勇的比利時王國」驅逐了敵人，獲得賠償並受到讚譽。剛剛結束的戰爭目的是在確保小國家有反對大國的合法權利，這一點也許在未來幾代中將成為持久的事實。荷蘭拒絕交出德皇。當然荷蘭不會受到所有戰勝國武力的攻擊，是不是舊世界祕密外交的隱蔽陰謀曾給荷蘭政府某種保證呢？人們永遠無法查明真相。勞合・喬治先生真

正地惱怒了，但此時在英國的政府人士中，他是孤立的。因此，戰勝國屈服於荷蘭的拒絕引渡，德皇一直居住在荷蘭。

至此，我們已經討論了許多在和會中廣泛談論的議題。然而，除了建立國際聯盟和處理德國殖民地之外，並沒有任何議題真正觸及核心問題，而其餘問題則在相對較短的時間內自行消退。許多人回憶起他們曾經對這些問題有多麼強烈的情感，並對此感到驚訝。美國的理想主義顯然是在與英國和歐洲的邪惡意圖互動。關於德國人應承擔多少責任的荒謬想法現在被納入了條款中，而這些條款將永遠不會實施，實際上，其他條款確保了這些條款不會被執行。戰犯在德國最著名的戰士保護下找到了庇護，而荷蘭並未因勞合·喬治的要求而放棄德皇，讓其面臨絞刑。如此便清理了「堆滿累贅瑣物的場所」，我們可以自由地處理民族與領土、歐洲力量均衡和世界國家基礎這些核心問題了。這些問題將支配未來，現在住在小屋或茅屋中的白、棕、紅、黑或黃種人家庭，終有一天會發現自己直接且不愉快地受到這些問題的影響。

同時，各國的怒火正在蔓延。英國民眾急切想知道和平協定何時簽署，德國何時能支付賠款，以及對於德皇將有什麼處置。美國共和黨藉機嘲諷總統的全球改善計畫，激烈要求撤回美軍和收回貸款。義大利人則高聲要求解決他們的領土和殖民地訴求。法國的憤怒與焦慮不斷升溫，憂心未來的安全。此外，戰敗國麻木地等待著，懷著焦急和猶豫的心情猜測自己的命運。

人們一直期望英國自治領接受委任管理的原則，並希望與威爾遜總統達成共識，以便推進邊界和管轄區域的實際決定。然而，總統堅持應首先制定並通過國聯盟約，以解決所有領土問題。十國會議因各國內部的不安和逐漸增長的不耐煩情緒而急於行動；1919 年 2 月初，會議面臨首個危機。勞合·喬治表達了各國的共同意見，要求不再推遲實際問題的解決。在所有人都等待關鍵問題的答案時，如何可能建立新的國際架構？他們面

國際聯盟

前有一項艱鉅的任務：制定和約，這正是他們聚集的目的。如果不能迅速公布和約，則意味著任務未完成。眾所周知，總統將於 1919 年 2 月 14 日返回美國履行緊迫的憲法義務。在此之前如何能決定國聯的盟約？然而，總統向原本心存疑慮但已釋然的聽眾保證，屆時一切將解決。事實上，公眾的要求已經得到滿足。委員會被驅策，以極快的速度推進。由於委員會的非凡努力，特別是英國代表團的關鍵作用，國聯盟約草案終於完成，並於 1919 年 2 月 14 日提交全體大會。自戰爭結束以來已經過去 3 個月，任何對當前歐洲和平與復興至關重要的具體問題尚未達成共識。在許多地區，戰勝國強制執行決定的力量明顯減弱。經歷了不可抗拒的、精神困惑的民族付出了巨大代價，這場和平卻被長期拖延。然而，協約國最終給予了暫時但慎重的同意。

許多智者對聯盟盟約的制定貢獻良多。菲利莫爾、羅伯特·塞西爾、斯馬茨和赫斯特是將英國與國聯永久連繫起來的名字。由於制定盟約的時間緊迫且受外界壓力影響，難免存在一些錯誤和不完善之處。然而，這個新建築的基礎堅實如穩定踏實的岩石。這塊由全球仁慈之人精心雕琢的巨大奠基石，經由英國工匠巧妙運至正確位置，上面永遠刻著：「由美國總統伍德羅·威爾遜妥善而精確地放置。」誰會懷疑在這塊花崗石上方和周圍，最終會興建起居所和宮殿呢？「所有國家的所有人們」將滿懷信心，遲早會成群結隊地頻繁造訪那裡。

未竟的任務

布爾什維克主義威脅要以武力強行統治那些反對過它的人，這些人應我們的要求而組織起來。如果在他們為我們的目標服務，且承擔所有風險時，我們卻說，「謝謝你們，我們深表感激，你們已經為了我們的目標效勞。現在我們不再需要你們了，就讓布爾什維克來割斷你們的喉嚨吧」，那麼我們等於是在宣告：我們徹底毫無價值……（1919年4月16日勞合‧喬治在下議院的演講）。

要拯救俄國，正如我所期望的那樣，他的救贖必須由俄國人民自身來完成。唯有俄國人的勇氣、堅韌和美德，才能夠挽救這個曾經強盛的國家，並讓他在歐洲的大家庭中復興。我們所能提供給這些俄國軍隊的援助——我們不會忘記他們在對德戰爭中，因響應我們的號召而率先參戰，如今他們正與布爾什維克政權抗衡——只能是志願組成的軍隊、武器、裝備和技術支援。然而，俄國必須依靠俄國人自己的努力來拯救，這必須源自俄國人民的內心，並依賴他們有力的臂膀。反對俄國布爾什維克政權的武裝鬥爭必須如火如荼地展開。

威爾遜總統的離去以及隨後在巴黎發生的事件，為讀者提供了一個契機，再次接觸到巴黎之外那冷清的現實。

停戰及德國的崩潰徹底改變了俄國的整個價值觀和關係網絡。協約國僅僅因為作戰需要才勉強介入俄國。然而，戰爭已經結束。協約國軍隊曾竭力阻止德軍獲取供應給俄國的大量物資，但如今德軍已不復存在。他們原本是要拯救捷克軍，但捷克軍已經自行解困。於是，所有能讓協約國軍隊進行干預的理由都不復存在。

另一方面，協約國在物質和精神層面上皆曾深入俄國的多個地區。英

未竟的任務

國的承諾尤其堅定，派遣 12,000 名英軍和 11,000 名協約國軍隊，實際上被困在俄國北部的莫曼斯克和阿爾漢格爾斯克。無論作何決定，他們都必須待到來年春天。這些部隊可能遭到布爾什維克大規模進攻，處境讓人不免擔憂。憲兵上校約翰·沃德率領兩個英軍營及巡洋艦薩福克郡號的水兵，在西伯利亞核心地區以武力和顧問支持鄂木斯克政府，發揮了重要作用。新西伯利亞軍正在快速籌組，並從英國獲得 10 萬支步槍和 200 門火炮。許多軍人穿著英軍制服。由英國指導的軍校在海參崴成立，正在訓練能力不高的 3,000 名俄國軍官。在南方地區，鄧尼金在阿列克謝耶夫去世後接任司令，期待早日得到協約國的支援。在達達尼爾海峽開放及英國艦隊進入黑海後，我們才得以派出英國軍事使團前往新羅斯斯克。

根據使團報告，戰時內閣於 1918 年 11 月 14 日決議提供武器彈藥支援鄧尼金；增派軍官及軍事裝備至西伯利亞；並事實上承認鄂木斯克政府。在 1918 年 11 月 29 日的備忘錄中，貝爾福勛爵以外交大臣身分向內閣建議應實施的政策。

他提到，經歷了 4 年多的艱苦戰鬥後，這個國家絕不會容忍其軍隊被派往俄國遼闊的土地，僅僅是為了在不再支持協約國的盟國中推行政治改革。

我們一貫支持俄國人選擇自己的政府形式，不願干涉其內部事務。在主要針對中歐帝國的戰鬥中，為了協約國的利益，我們必須與俄國的政治和軍事機構合作，但這並不意味著我們自認有任何使命去在俄國人民中建立或改變任何特定的政治制度。

陛下的政府始終堅持這個立場，其在俄國的軍事策略亦受到此觀點的指導。然而，這並不意味著我們對俄國的事務完全漠不關心。最近的事件賦予我們道義上的責任，這責任將持續至產生該責任的根源消失為止。捷克斯洛伐克是我們的協約國，我們必須竭盡所能的協助他。在俄國的東南部、歐洲、西伯利亞、外高加索和裏海沿岸，以及白海與北冰洋接壤的地

區，新成立的反布爾什維克政權在協約國部隊的庇護下出現。我們有責任確保它們的存在，並必須竭力支持它們。我們能支持這一個新國家支撐多久，這個政策最終會如何演變，目前尚無法斷定。這主要取決於與我們共同行動的國家所採取的政策路線，這些國家在資源上遠勝於我們。對我們而言，當前唯一可行的方法是最有效地利用現有的軍隊；在無軍隊的地方，則提供武器和資金；至於波羅的海各省，我們應竭力利用海軍保護剛剛誕生的獨立國家。這樣的政策對於那些仍在當地抵抗激進布爾什維克入侵的人們來說，可能顯得不夠充分和完善，但這是我們在現有條件下能夠做到的全部。

1918年11月30日，我們在阿爾漢格爾斯克和海參崴的代表接獲通知，政府建議遵循以下對俄政策的主要方向：

維持對莫曼斯克及阿爾漢格爾斯克的控制；持續推進西伯利亞遠征；設法勸說捷克軍隊駐紮於西西伯利亞；（聯同5個英軍旅）掌控巴庫至巴統的鐵路；用軍需物資盡力支援駐紮在新羅斯斯克的鄧尼金將軍；向波羅的海國家提供軍事物資。

這項計畫具有深遠的意義。不僅涵蓋當前的承諾，還拓展至高加索和南俄的新專案。關於此事需進一步說明。

一年前，即1917年12月23日，英、法兩國同意在巴黎召開會議。法國方面由克里蒙梭、皮雄及福煦出席，英國則由米爾納勳爵、羅伯特·塞西爾勳爵及若干英國軍事代表參加。此會議制定了兩國在俄國南部的未來軍事行動計畫。會議考慮到對新切爾卡斯克的阿列克謝耶夫的支持，地理上劃分了兩國的作戰範圍，以便在任何情況下作戰。法國的軍事行動將在黑海以北進行，針對德軍及敵對的俄國人；英國的行動範圍則在黑海以東，主要打擊土耳其軍。會議第三條規定，法國的作戰區域包括比薩拉比亞、烏克蘭和克里米亞，而英國的作戰區域則涵蓋哥薩克領土、高加索、亞美尼亞、喬治亞及庫德斯坦。1918年11月13日，戰時內閣重申他們將

未竟的任務

堅守這些計畫。

隨後，英軍在巴統成功登陸，迅速掌控了由黑海到裏海巴庫的高加索鐵路。在這裡，我們的部隊遇見了友好且總體上歡迎我們的民眾，他們略帶不安。我們的軍隊沿著 400 英里的鐵路線駐紮，對居民及其各級不穩定的政府如同「大哥哥」般關懷，並籌建了一支小型艦隊，以確保對裏海的快速有效控制。裏海的面積比不列顛群島還大。到 1919 年 1 月底，約 2 萬名英軍掌握了一條全球最長的策略鐵路線，由兩支在內陸海域中占優勢的海軍力量保障沿線的安全。英國政府從未明確計劃如何利用這條鐵路。在英軍的保護下，喬治亞人、亞美尼亞人和亞塞拜然人獲得了發展他們獨立存在的自由；同時也防止了布爾什維克對土耳其（此時他完全聽命）、庫德斯坦或波斯的入侵。未曾爆發戰鬥，沒有生命損失；然而，由於我方兵力不斷減少，我們克服了極大的困難，才使這條受保護的線路在大約一年的時間內保持完好無損。

當法國軍隊進入指定的區域後，遭遇了毀滅性的命運。停戰條款要求德軍立即撤離烏克蘭。這在因與同盟國交戰而滿懷怒火的法軍眼中，顯得完全合理，而德軍則感到無奈，只能服從命令返回家園。然而，實際上，撤走德軍意味著從南俄撤去維持數千萬人民日常生活的唯一穩定而有效的基礎。隨著曾經讓人畏懼的「鋼盔」迅速撤出南俄的城市和鎮區，赤衛隊緊隨其後，激起了當地居民中反對資產階級、反對所有對德國入侵者表示友好及同情同盟國事業的人，以無盡的剝奪來慶祝他們的權力奪取。

當這些悲劇事件發生之際，法國軍隊在 1918 年 12 月 20 日於強大艦隊的支援下，派遣約兩個師在敖德薩登陸。應協約國最高會議的要求，韋尼澤洛斯率領另外兩個希臘師加入，進一步壯大法軍的力量。這象徵著戰勝國與布爾什維克之間的首次真正衝突。這場戰爭的成敗並非由傳統的軍事裝備決定。外國的占領激怒了當地居民；布爾什維克受益於當地對外國軍隊的不滿情緒。他們宣揚愛國主義和共產主義，其影響波及整個烏克

蘭。1919 年 2 月 6 日，赤衛隊重新奪回基輔，周邊地區的人民群起反抗外國勢力和富豪。法軍本身也受到共產主義宣傳的影響，整個艦隊幾乎全面反叛。戰爭已經過去，他們為何而戰？他們為何干涉俄國內政？他們為何不回家？既然這些運動試圖摧毀國家的所有舊有的權力並建立由陸軍士兵、水兵和工人組成的普遍政權，他們為何不支持？在過去所有重大會戰中，火藥燃燒的武器幾乎從不失靈，然而此刻在執行新任務時，卻突然崩潰。法國艦隊的叛變被鎮壓，叛變的首領被判長期監禁；但震驚在巴黎持續不斷，當局迅速終止整個冒險行動。1919 年 4 月 6 日，法軍撤出敖德薩。因事故未能行動的兩個希臘師同時撤回本國。法國一撤出，布爾什維克立即進入該市，開始第二次報復。

對於這突如其來的插曲，簡述自然難以全面。每當布爾什維克與反布爾什維克的武裝勢力交鋒時，無論發生於何地，總會不斷地、突然地出現各具特色但本質相同的混亂狀態，蔓延於白海至黑海的廣闊區域。

回到 1919 年 1 月 12 日，福煦元帥向最高軍事會議闡述了俄國與波蘭的局勢。他提議在停戰條件中加入一項條款，要求德國人管理格但斯克——托倫鐵路及格但斯克港，以維持秩序良好。他進而要求鐵路恢復運輸功能，以便協約國軍隊的調動更加順利。他計劃籌組一支由美軍為主的陸軍，輔以波蘭軍隊和願意參加的俄國戰俘，以保護波蘭並對抗布爾什維克。然而，美國軍隊不願將力量投入這種不切實際的目標。可以肯定的是，無法指望英國軍隊的參與。因此，這位元帥只能依賴次要的權宜之計，而政治家們則訴諸陳詞濫調以脫困。

1919 年 1 月 14 日，我進入陸軍部擔任國務大臣，成為在前述情勢下作出承諾和承擔所有悲劇及國內挑戰的接班人。到此時，我尚未涉足任何俄國事務，也不對任何承諾負責。我發現自己在幾乎所有問題上與帝國參謀長亨利·威爾遜爵士的觀點一致。我們所倡導且只要我有能力就會堅持的政策，無論如何都具有簡單明瞭的優勢。我們的軍隊正在迅速縮減。英

國人不願在萊茵地區以外為其他軍事設施提供人力和資金。英國人是否同意在任何情況下使用為抗德戰爭徵募的軍隊與其他人作戰，或甚至在占領區長期駐守，都是個問題。因此，我們一致主張：縮小你的承諾；選擇你的責任；把你能夠堅持的事情做成功。

因此，我們堅決主張以下行動：首先，終止在高加索地區的巴統——巴庫計劃，立即將我們的大批軍隊撤離這些我們原本協議負責的危險地區；其次，與土耳其締結和平關係，表明英國是他的友邦；再次，真誠且全面地履行我們的承諾，利用大量剩餘軍火武裝和裝備反布爾什維克軍隊，並派遣具專業技能的軍官與教練員訓練他們的高效軍隊。自然而然，我們將致力於聯合所有與布爾什維克敵對的鄰國，形成一個戰爭及外交體系，使各方竭盡所能地貢獻力量。這便是我們堅持推行的政策，也是我們政策的界限。

然而，另有一政策可供選擇，受到權勢者的支持，與前述概念是競爭且相互矛盾的。早在 1918 年 12 月，英國政府曾向其盟國及與俄國接壤的夥伴國詢問，是否能對俄國提出某種有利的和平建議。儘管法國人不支持該計劃，但有關其方案的傳聞在英國引發強烈抗議，勞合・喬治先生於 1919 年 1 月 16 日再次提出此問題，建議召集莫斯科代表和各個與莫斯科作戰的團體之將軍代表至巴黎，「如同羅馬帝國召集邊遠附庸國的將軍以解釋其行動理由的方式」進行協商。

威爾遜總統接受了勞合・喬治先生的提議，於 1919 年 1 月 21 日決定由美國起草邀請函。然而，會議地點發生了變更，從原定的巴黎轉移到位於馬爾馬拉海的普林基波島。該島附近有另一個島，戰前青年土耳其黨人曾將君士坦丁堡街頭的大批流浪野犬集中送往這個地方。數萬隻野犬被船運至此地，最終互相殘殺至全部餓死。我在 1909 年乘坐朋友的遊艇造訪土耳其時，親眼見到牠們成群結隊聚集在岩石海岸上。這些野犬的白色骸骨仍舊散布在這荒涼的小島上，令人厭惡的記憶充斥著周圍地區。對於布

爾什維克的擁護者而言，選擇此地召開和平會議顯得有些奇特，而對於反對者來說，這裡似乎並非完全不合適。

1919年2月4日，布爾什維克以模稜兩可的措辭接受了邀請。西伯利亞和阿爾漢格爾斯克的白色政府，以及納博可夫、薩佐諾夫和其他反布爾什維克團體的代表則輕蔑地拒絕了邀請。與布爾什維克談判的整體構想對英國和法國的主流輿論來說是令人反感的。

在此階段，我首度於巴黎參加有關俄國的議題討論。鑑於我負責處理對阿爾漢格爾斯克、高爾察克及鄧尼金的承諾，我多次敦促首相制定明確政策。在漫長而焦慮的會談中，他對同事的急切表現出一貫的耐心和關懷。最終，他建議我前往巴黎，評估我們在有限行動範圍內的可能作為。

1919年2月14日，我依照指示穿越英吉利海峽以期能完成這項任務。坐在和會的會議席上，我目睹了報紙上常描繪的和會場景：克里蒙梭擔任主席，神情嚴肅，滿臉皺紋，白髮蒼蒼，頭戴黑色無邊便帽；面對他的是福煦元帥，謹慎而自制，莊重而卓越，令人敬佩。兩側的華麗椅子上坐著戰勝國的代表。周圍是由哥白林工廠製作的壁毯和鏡子，金光閃閃！這是我唯一一次正式與威爾遜總統接觸的場合。我將重述當時發生的事情。

那天的會議將會持續很久。當討論到議程中的俄國問題時，時間已經過了下午7點。威爾遜總統計劃當晚離開巴黎，踏上第一次回美國的旅程。他只有很少的時間用餐並趕上前往瑟堡的火車。實際上，他已經從座位上站起來準備離開會場，根本沒有足夠的時間來提出一個額外的、意見分歧的和令人困惑的議題。然而，由於我對俄國各條戰線的直接責任，以及對當前各種殘酷現實的深切關注，我站起來發表了我的呼籲。「我們能否對俄國問題作出某種決議？戰鬥已經在進行。許多人被殺和受傷。我們的政策是什麼？是和平還是戰爭？我們是要停戰還是繼續戰鬥？總統就這樣前往美國，讓這個問題懸而未決嗎？在他離開期間會發生什麼情況呢？在他回來之前，除了那邊無目的、無控制的流血外，什麼都不做嗎？當然

應該給一個答案。」

出乎我的意料，總統顯得相當友善。他轉身回到會議桌前，把手肘靠在克里蒙梭的椅背上，站著聆聽我不得不說的話。隨後，他以坦率而樸實的方式回應我，內容大致如下：「俄國對他來說是一個尚未找到解決方案的難題。任何一種政策都會遭到強烈的反對，但最終還是要選擇一種路線。他迫切想徹底了解俄國的問題。如有必要，他願意在普林基波島單獨會見布爾什維克代表（即不包括俄國民族主義者）。然而，如果在普林基波島未能取得成果，他願意與其他協約國合作，對於仍在戰場上的俄國軍隊提供他們認為必要且切實可行的軍事支援。」隨後他便離開了我們。

在我看來，無論協約國對俄羅斯的政策為何，或採取何種措施，設立一個中央機構以研究並協商此問題顯然是必要的。在現有的 58 個委員會之外，還應增設第 59 個，專門處理俄國問題的委員會。

次日，在法國外交部召開的關於俄國局勢的特別會議中，我在貝爾福先生的同意下，提出了一項建議：設立協約國俄國事務委員會。該委員會將分為政治、經濟和軍事三個部門，並在各協約國政府確定的政策範圍內擁有執行權；在軍事方面，應立即展開調查，以確定可以獲得哪些資源以及如何最有效地協調這些資源。

我已向首相詳述了討論的程序，並表示：

若普林基波島會談不成，應立即向最高軍事會議提交一份詳細的軍事計劃及一份最高軍事當局的意見書，以評估在現有資源範圍內是否具備合理的成功機會。隨後，最高軍事會議可做出明確決策，是全面放棄該計劃還是予以實施。

以下是具體的建議：

無線電報稿

1919 年 2 月 15 日

自協約國提出普林基波島建議已逾一個月。布爾什維克於2月6日透過無線電回應，緊急提議滿足協約國的要求，如償還貸款，同意礦產森林的開採特許，並接受協約大國審查俄國周邊領土的最終併吞權。

協約國對此提議予以拒絕，認為其意圖在於干擾協約國對俄國的干預行動。協約國最渴望的是俄國能夠重獲和平，並在符合俄國廣大民眾願望的基礎上建立政府。

為達成這個目的，我們提出普林基波島方案。此方案的核心並非召集會議或要求俄軍交戰各方的代表圍桌會談。當務之急是應立即停止戰事。儘管布爾什維克政府口頭上接受了前往普林基波島的邀請，但至今不僅未遵守停戰，反而在多地發動攻勢，目前正在多條戰線上展開攻擊。此外，他們還在徵召新兵，加速擴充軍備。

因此，必須確定一個具體的期限，在此期限內普林基波島建議必須徹底實施。若布爾什維克在2月15日起的10天內未能在所有戰線停止進攻，且未從對方前哨線現有陣地後撤至少5英里，則普林基波島建議將被視為無效。無論如何，若在5天內收到布爾什維克政府的無線電報，確認他們已依照建議停止進攻、停火並撤退，且此通知被不同戰線的報告證實，協約國將對其對抗的軍隊提出同樣要求。

唯有在此情境下，普林基波島的討論方能進行。

審查協約國是否可能對俄國進行軍事干預。

致毗鄰夥伴國委員會的建議

我們預測蘇維埃政府將拒絕協約國的條件並持續作戰，因此建議立即設立合適的機構，評估由鄰近盟國、接壤獨立國，以及俄國境內親協約國政府合作組成聯合軍事行動的可行性。

提議設立的機構可由美國、英國、法國、義大利和日本政府的軍事代表組成一個委員會。該委員會除了其他職責外，將執行以下任務：與俄羅

斯、芬蘭、愛沙尼亞、波蘭及其他鄰國的法定代表接觸，以評估這些國家和政府可提供的實際軍事支援力量，並制定整合資源的計畫。

我們已經考慮到，凡爾賽現有的組織在經過某些必要的調整後，可以用於達成這個目標。然而，在這種情況下，應該理解這些軍事代表將作為各自國家參謀長的發言人。

這個委員會應致力於在10天內，或者在某個指定的期限內，以最後通牒的形式，提交報告，亦即向俄國國內交戰政府呈遞的建議文書。

在下述電報中，勞合·喬治先生的見解得到了充分的闡述：

首相致菲利普·克勒費爾先生的信

1919年2月16日

去見邱吉爾，告訴他我對那份給布爾什維克的電報建議表示欣賞。至於其他計畫，我信任邱吉爾，他不會讓我們承諾任何會導致大量人力或財政支出的昂貴行動。從他發給我的電報中看來，似乎有這種可能性。從他與我的交談中，我了解到他的計畫完全是派遣自願前往俄國的專家，並使用我們能夠節省下來的任何裝備。我還明白，我們尚未為此目的徵集志願陸軍，並且獲得志願人員的規模不宜過大，否則會引起國內反對，增加的志願軍將使我們承擔沉重的財政負擔。

在達成協定之前，所有這些情況必須向所有其他國家清楚地說明。否則，他們可能會過分依賴我們，或事後責備我們未能履行承諾。關鍵目標應是讓俄國有自救的機會，若他願意這樣做。如果他不利用這個機會，那麼要麼他不想從布爾什維克政權中獲救，要麼他已無藥可救。對俄國進行干預的唯一正當理由是俄國自身希望被干預。若他希望如此，那麼高爾察克、克拉斯諾夫和鄧尼金應該能夠動員比布爾什維克更強大的軍力。我們可以為這支軍隊提供裝備，一支裝備精良的志願軍將迅速擊敗布爾什維克的軍隊，尤其是在全體民眾反對後者的情況下。

相反地，若俄國不支援克拉斯諾夫及其同夥，而我們卻依靠外國軍隊的力量在俄國設立一個令其人民厭惡的政權，那將是對英國自由主義原則的冒犯。

我回應道，他的觀點是明確指出我們支持的有限性。然而，這樣做無法在大國之間取得共識。若威爾遜總統與勞合‧喬治先生都在場，也許能在某種程度上達成某種結論。

邱吉爾先生致首相的信

今日午後，我提出設立一個軍事委員會，研究如何有效支援我們在對德戰爭中籌組的俄軍，並維護鄰國的獨立。

人們擔憂，即便設立調查軍事狀況的委員會，亦可能導致機密洩露及引發恐慌。

因此，貝爾福先生提議不成立正式委員會，但允許各國軍事當局進行非正式會談；不需向整個和平大會提交報告，而可以向各國代表提供一份非正式且非官方的會談結果紀錄。

克里蒙梭對此異常情況提出批評，戰勝國在大戰期間，竟然對把被公認為對歐洲至關重要的問題交由自己在凡爾賽的軍事顧問進行研究表示恐懼，但最終這個計劃獲得了批准。

因此，你必然會在不遠的未來某日收到一份涉及俄羅斯軍事看法的非正式文件。你不會承擔其他任何責任……

在我留在巴黎已無意義的情況下，我將於2月18日返回倫敦。我堅信我所建議的方法既合理又可行。民族主義的俄國人成功的機會，取決於協約國的一致支持及其行動的有效協調。協約國雖然資源有限，但至少可以以某種可能發揮作用的方式協助他們。

普林基波島的建議和與軍事及外交相關的可能性研究已被宣告無效後，在勞合‧喬治先生的同意下，美國於1919年2月22日派遣布利特先

未竟的任務

生前往俄國。一、兩週後，他返回巴黎，帶回蘇維埃政府的和談建議。此時，時機不佳。高爾察克的軍隊剛剛在西伯利亞取得顯著的勝利，貝拉·庫恩在匈牙利揚起了他叛變共產主義的旗幟。法國和英國對屈從布爾什維克政權的憤怒情緒達到頂點。蘇維埃對布利特先生的建議當然帶有欺騙性，普遍遭到藐視；布利特本人因其派遣者不認可其行動而面臨困境。

因此，我們再次面臨一無所獲的局面。

首相因陸軍部不斷要求制定政策而感到不滿，於是報復性地要求我們精確預測各種可行選項的財務開支。

邱吉爾先生致首相的信

1919 年 2 月 27 日

隨信附上英國對俄援助清單，你將會發現其中的數字相當可觀。可能面臨的批評是，它與國際協調政策脫節，且在嚴重消耗我們資源的同時，沒有強大力量支撐以產生任何明顯結果。這些冒險行動背後缺乏「爭取勝利的意志」。我們在任何時刻都缺乏取得真正成功所需的要素。缺少「爭取勝利的意志」這件事實，如果被我們的軍隊知曉，將會影響他們的士氣；如果被俄國盟友知曉，將阻礙他們的組織；如果被敵人知曉，則會激勵他們的努力。

關於您對陸軍部未能向您提供情報的抱怨，我必須解釋，戰時內閣早已習慣直接與參謀長及其他軍事當局連繫，他們與我一樣清楚，針對俄國問題制定詳細計劃和預測成本極其困難。原因在於所有因素均不確定，且軍事考量始終與未來政策決策交織在一起。例如，從基本問題出發，協約國在巴黎尚未決定他們是否希望與布爾什維克作戰或與之和談。協約國在這兩條路線之間徘徊，對兩者皆無好感……

兩星期後

邱吉爾先生致首相的信

1919 年 3 月 14 日

自停戰協定簽署以來,已經過去 4 個月,反布爾什維克的軍隊遭遇了嚴重損失,且幾乎無法挽回。這並非因為布爾什維克的兵力顯著增強,儘管他們確實有所增長。主要原因在於協約國缺乏明確的政策,或是未能向俄國各地的反布爾什維克戰役提供實質的或有效的支援。

普林基波的提議在普遍的疲倦和鬆懈開始顯現時造成了作用。當命令德軍撤出烏克蘭時,沒有採取任何措施來阻止布爾什維克軍的推進,結果這片富饒的糧食產地大部分被占領,布爾什維克軍現在已接近黑海的赫爾松。在高爾察克的軍隊中,出現了多種不穩定的跡象,正如你所注意到的,在西伯利亞戰線後面有許多布爾什維克的活動,其中一處日本軍已捲入激烈的戰鬥。

亞歷山大‧高爾察克,年逾 40,精力充沛,與海軍中的柯尼洛夫有諸多相似之處。革命爆發時,他的艦隊叛變,然而他在這場動亂中展現了個人勇氣和旺盛的體力。臨時政府曾建議他前往日本避難,因為未來或許會需要他的協助。臨時政府垮臺後,他從東方進入西伯利亞,並在鄂木斯克政府中擔任海軍部長一職,這個政府所在地距海洋至少千里。高爾察克誠實、忠誠且廉潔。他的觀點和性情偏向專制,但他努力追求開明與進步,以符合他所認為的時代精神。他缺乏政治經驗,沒有能讓同樣美德與性格的人安全度過革命風暴的直覺能力。他是一位具備才智且受人尊敬的愛國海軍將領。他並未參與推翻政權的運動或陰謀,但當形勢所迫,並在他人推動下,他接受了獨裁的職責。他自封為「最高統治者」及西伯利亞哥薩克領土與奧倫堡的總司令。他表示其首要目標是「恢復軍隊的戰鬥力,擊敗布爾什維克主義,重建法律與秩序,使俄國人民能夠自主選擇政府形式」。毫無疑問,這個計畫切合當時的需求。事實上,任何有力的政策都意味著將反布爾什維克的社會主義者排除在西伯利亞政府之外。這些助力

者在會議中只會造成阻礙，無法提供實質幫助，最終成為明確的反對者。另一方面，主要的工商界、信用社團、市政機關，特別是必不可少的軍事力量，迅速重新集結以支持高爾察克。俄國民眾以一種漠不關心和宿命論的態度對待外界，精神頹喪。高爾察克是他們能找到的最佳人選；他的計畫是正確的，但他既不擁有帝國獨裁的權威，也不具備革命的權威，他將希望寄託在文明社會中那些普通的中間分子上，注定要失敗。

在他的指揮下，統率約10萬名西伯利亞士兵的蓋達將軍正在快速推進，重整捷克軍撤退後的整個戰線。到1919年1月底，他們重新奪回了一個寬達150英里的地區。受到這些成就的激勵，他們於3月1日再次發起攻勢，目標是在窩瓦河中部與南部取得進展，北部則希望通過維亞特卡和科特拉斯，在阿爾漢格爾斯克與俄軍和協約國軍隊會合。僅憑10萬兵力，要在700英里的戰線上推進，若遇到強烈抵抗則難以成功。然而，到1919年5月1日，西伯利亞軍在他們的廣闊戰線上北部推進了125英里，中部推進了250英里，南部也取得了顯著的進展。同時，在黑海地區，俄國志願軍在鄧尼金的指揮下與克拉斯諾夫的第10哥薩克軍會合，形成了頗具規模的軍事力量，與西伯利亞軍相比，雖不如其勢力宏大，但在團結一致方面更勝一籌。這個戰場出現了更多真正的戰鬥，雙方經常進行實力的較量。

這些便是1919年5月協約國最高會議最終決策時的局勢。克里蒙梭、勞合·喬治、威爾遜總統、奧蘭多以及日本代表西園寺公望於1919年3月26日向海軍上將高爾察克發出的一份照會中表達了立場。該文件極為重要，故必須照原文記錄。

致海軍上將高爾察克的最高會議通知

1919年5月26日

協約國與鄰近的盟國認為，重申其對俄羅斯政策意圖的時機已經成熟。

協約國及其鄰近盟國的基本立場始終是避免涉入俄羅斯的內政事務。

這些國家最初的介入目的僅是在支持俄國境內那些希望繼續抵抗德國暴政並從德國控制下解放自身國家的勢力，還有拯救捷克斯洛伐克人免於布爾什維克軍隊的傷害。

自 1918 年 11 月 11 日停戰協定簽署以後，捷克軍隊在俄羅斯各地持續駐紮。與捷克人有連繫的群體獲得了大量的軍火和補給品。只要和平大會能邀請俄羅斯境內各個交戰政府的代表進行會談，並致力於為俄羅斯帶來和平與穩定，進而讓這些政府找到長久解決俄羅斯問題的方法，和平大會便能召開。

這項建議，以及隨後提出的援助數百萬俄國難民的提案——即在救援談判期間暫停敵對行動，因為蘇維埃政府的拒絕而未能實施。

某些協約國與鄰近夥伴國政府現在決定撤回軍隊，並不再對俄國進行更多的資金投入，此舉實屬無奈，因為沒有證據顯示持續干預能加速問題的解決。然而這些國家，若相信他們的協助能切實促進俄國人民獲得自由、自治與和平，他們仍願意依此政策繼續提供援助。

協約國及其鄰近的盟國政府現在鄭重宣告，其政策目標在於重建俄國內部的和平及其邊界的安定。前者將透過自由選舉的制憲會議，使俄羅斯人民重新掌握自身事務；後者則希望透過國際聯盟的和平調解，妥善解決俄國邊界及其與鄰國關係的爭端。

根據過去一年的經驗，協約國與鄰近夥伴國深信，僅與莫斯科的蘇維埃政府交涉無法實現這些目標，因此他們計劃透過軍火、補給品和糧食來支持海軍上將高爾察克及其夥伴的政權，使其被認可為全俄政府。協約國與鄰近夥伴國需要得到他們的明確保證，因為他們的政策與協約和鄰近夥伴國的目標一致。

為達此目的，協約國及其鄰近盟友希望詢問海軍上將高爾察克及其同僚，是否願意接受以下原則作為條件，若遵守這些條件，他們將繼續獲得協約國及盟友的支持。

未竟的任務

首先，他們抵達莫斯科後，便立即召開由自由、保密和民主選舉選出的立憲會議，作為俄羅斯的最高立法機構，政府必須對其負責。若當時秩序尚未完全恢復，則召集1917年選出的制憲會議，並行使職能直至能舉行新的選舉為止。

其次，在其現有管轄的整個區域內，他們準備透過正規程序，自由選舉所有合法成立的自治機構，包括自治政府和地方自治組織等。

第三，他們絕不支持在俄國恢復任何等級特權的企圖。協約國與鄰國夥伴欣慰地注意到海軍上將高爾察克及其同盟的莊重宣告，表明他們無意恢復舊有土地制度。他們認為，解決各種國內問題的原則應由俄國立憲會議自由制定。然而，協約國與鄰國夥伴希望獲得保證，準備接受其協助的人必須支持所有俄國公民的公民及宗教自由，並不打算重新引入被革命推翻的政治制度。

第四，承認芬蘭與波蘭的獨立地位，若其與俄國之間出現邊界或其他關係問題且無法透過協商解決，則應將此類問題提交國際聯盟仲裁。

第五，如果愛沙尼亞、拉脫維亞、立陶宛及高加索與外裏海地區未能迅速透過協定解決與俄國的關係，則應在國際聯盟的協商與合作下確定解決方案。在方案確定之前，俄國政府同意承認這些地區為自治地區，並確認它們事實上的政府與協約國及鄰近夥伴國政府可能存在的關係。

第六，承認和平會議擁有權力決定比薩拉比亞地區歸屬羅馬尼亞部分的未來。

第七，俄國一旦在民主基礎上建立其政府，便應立即加入國際聯盟，並與其他成員國共同致力於全球的軍備和軍事組織限制。

最終，針對俄羅斯國債，他們依循1918年11月27日海軍上將高爾察克所發表的宣告。

協約國及鄰近盟友急於了解，海軍上將高爾察克及其政府是否願意接

受這些條件,並在接受後,是否同意在軍事情勢允許的情況下,採取統一的政府和軍隊指揮結構。

G. 克里蒙梭
勞合・喬治
奧蘭多
伍德羅・威爾遜
西園寺公望

高爾察克毫不拖延地作出回應:「我不會比國家利益所需的時間多保留一天權力;⋯⋯我首先想到的就是確定立憲會議的選舉日期⋯⋯屆時我將把全部權力交給它,以便讓它自由確定政體;此外,我已向俄國最高法庭這個合法性監護人宣誓這樣做。我所有的努力都在於迅速結束內戰,讓俄國人民能夠表達他們的自由意志。」隨後,高爾察克滿意地回答了五國會議提出的各種具體問題。

此答覆標示日期為 1919 年 6 月 4 日。6 月 12 日,勞合・喬治、威爾遜、克里蒙梭及日本代表對此答覆的語氣表示歡迎,因為在他們眼中,這似乎「完全同意他們的提議,並提供了對俄國人民及其鄰國人民自由和自治的令人滿意的保證。」因此,他們「願意為海軍上將高爾察克及其同夥在信中所宣示的支持做出表態。」

若這項意義深遠且公開的決策在 1919 年 6 月被視為明智,那麼在 1 月實施豈不是更加明智?1 月時已具備的理由,到 6 月時更加顯而易見。然而,到了 7 月,1 月可利用的力量已經消逝了一半。半年的猶豫不決令西伯利亞的部隊士氣低落,並耗損了鄂木斯克政府的有限威信。這 6 個月的時間賦予了布爾什維克徵集軍隊、鞏固政權的機會,甚至在某種程度上讓他們等同於俄國。時間本可以削弱他們力量的泉源,但它卻不足以真正遏制他們。最高會議選擇宣布決定的時機,幾乎就是這項宣布被認為過遲的時刻。

未竟的任務

「三頭聯盟」

「致你們全體三人，這個卓越世界的元老院議員。」

——《安東尼與克莉奧佩特拉》，第二幕，第六場。

在俄國的幾日大雪中度過之後，重返巴黎的愉悅無以言表。然而，我們仍需再度提及總統的新聞處主任史坦納德・貝克先生。1919 年 2 月 12 日，就在威爾遜總統啟程之前，補充停戰協定的議題直接引出了預備和約的制定問題。我們究竟打算在官方允許的範圍內對德國人懷恨多久？實際上，封鎖依然持續，我們想讓他們挨餓嗎？何時能將世界復興和重建日常經濟生活的計畫置於泛談良知和人道之前呢？和平必須實現，軍隊需要復員，駐外部隊應該返鄉。因此，有必要在剩餘時間內確定對德國軍事控制的最後期限。大家一致認為，包含陸、海、空條款的預備和約應由專家委員會立即起草。會議紀錄顯示，威爾遜曾表示，他不願因為自己的離開而讓如此重要、必要且緊迫的預備和約準備工作中斷。他希望在 1919 年 3 月 13 日或 15 日返回巴黎，在美國僅停留一個月；但他不希望在不得不離開的期間，領土問題和賠償問題等議題停滯不前。豪斯上校將在他不在時遵從其指示繼續工作。這個宣告讓史坦納德・貝克感到尷尬。他的第二次電影效果可能受到損害，他說：

總統在 1919 年 2 月 15 日剛從巴黎離開後，反對和不滿的勢力便開始行動。2 月 24 日，十國會議通過了一項決議，若該決議徹底執行，將不可避免地破壞整個美國的和平計畫。

這是那些精明外交家所採取的一種極為狡詐的策略。他們不贊成提議的國際聯盟，也不希望在條約中納入盟約，然而他們並未直接攻擊這兩個

「三頭聯盟」

提案。直到總統即將返回的前夕，會議才提及聯盟。

他們的策略既靈活又簡單。他們無視總統強力支持的決定，迅速制定了一份僅涵蓋陸軍、海軍和空軍條款的預備協定。還有什麼比將預備協定普遍化更容易和顯而易見的呢？他們將他們認為真正重要的所有其他條款——如邊界、賠償、殖民地——塞入這份預備協定中，總之，他們將整個和平約納入其中，卻不提及國際聯盟……如果聯盟在這個制定過程中被排擠出去，或者被留到所有問題都已解決後的無關緊要的會議上討論，那麼還會有誰去關心聯盟呢？

因此，雖然聲稱在威爾遜離開期間，有意圖直接阻撓國際聯盟或將其排除在和約之外過於誇張，但可以確定的是，存在一個反對總統的陸軍和海軍預備和約的陰謀，因為此預備和約會間接導致相同的結果。

當威爾遜離開之際，各種軍國主義與民族主義的力量迅速崛起。勞合・喬治雖已返回英國，但他並未留下那些受國際聯盟目標深刻影響的開明領袖。塞西爾、斯馬茨和巴恩斯等人確實是勞合・喬治的英國和平委員會的成員，然而，他卻派遣了英國領導人中最支持軍國主義的溫斯頓・邱吉爾。邱吉爾並非和平代表團的成員，之前也未與和會有密切連繫。此外，他極力反對國際聯盟。

他接著表示，「開始覺得自己在聯盟事務上走得過頭了」的勞合・喬治，命令貝爾福先生趁威爾遜總統短暫缺席時，破壞國際聯盟政策。為了推動這個不道德的目標，他特地派遣了道德敗壞的本書作者前往巴黎。

這個指控廣泛流傳，德國作家諾瓦克如是轉述。

實際上，貝爾福勛爵事先阻止了威爾遜總統提出在不增加德國新責任的情況下修改停戰條款的建議。然而，那已是7天前的事情。自那時起，溫斯頓・邱吉爾來到了巴黎，這位厭惡布爾什維克的邱吉爾仍然充滿戰爭思維，與福煦元帥持相同觀點，倡導在東線發起一場充滿希望的戰役；他也對國際聯盟持輕蔑態度，令人信服地表示，聯盟對他的國家毫無用處，

海軍是無可替代的……隨後，溫斯頓・邱吉爾與福煦元帥交換了看法，而現在貝爾福勳爵提議：在和平準備計劃中立即納入和平條件的基本要素會更加合適。

在上一章節中的信件中，已經向讀者闡明了派遣我前往巴黎的原因，這是唯一的理由。我出席了最高會議的三次會議，與我相關的唯一事項是尋求對俄國現況的一些政策。我專注於自己的任務，甚至不知道其他更廣泛的問題。我因俄國事務而赴巴黎，當確定無事可為時，我便返回了國內。

史坦納德・貝克先生的能力最好從他自己的言辭中評估。在他眼中，威爾遜總統的離開歐洲應被描繪成一種自信的行動：領土和賠償問題不會在他缺席時被討論，這樣的討論會損害信任。然而，1919年2月12日的會議紀錄顯示威爾遜總統不當的言論，「他不希望在他必須離開期間讓領土和賠償問題停滯。」這是什麼？可以輕易刪除嗎？但這與事實不符。崇高的理想需要不惜代價的支持。因此，那位被威爾遜總統託付所有機密文件並同意發表的人，違背了各方之間的承諾。首先是改動紀錄，刪去了關鍵句子，最後是扭曲紀錄，將「包括陸軍、海軍和空軍條款」插入「預備和約」之前。美國的《豪斯上校文集》用一些尖銳的語句概括了這種損害信譽的行為。

豪斯上校的文章如同英國外交部的備忘錄般明晰，揭示貝克先生在指控陰謀時，乃是在無任何證據下提出的假設與暗示。豪斯的文章顯示，威爾遜曾與豪斯探討那些貝克先生聲稱「將使美國的整個和平破裂」的計畫。豪斯的文章指出，豪斯曾致電威爾遜，告知他貝爾福決議通過那些計畫的情況，在他1919年2月27日和3月4日的電報中（如前所述）解釋了他希望如何推進國際聯盟的未來。文章還表明，為了維持他對英國人指控中可能的事實外觀，貝克先生不得不從正式紀錄中刪除一些關鍵段落。

第二次乘坐「喬治・華盛頓」號橫渡大西洋的威爾遜總統已經變得不同。他在美國經歷了許多艱辛。在白宮招待參議院對外關係委員會的宴會

「三頭聯盟」

上，他意識到自己引發的那股持續不斷的黨派敵意。參議員諾克斯和洛奇完全保持沉默，拒絕提出任何問題，他們的行為與宴會的初衷背道而馳。共和黨人宣揚門羅主義，反對國際聯盟。如果西班牙與巴西或英國與委內瑞拉發生爭執，而國際聯盟認為巴西或委內瑞拉有錯，美國是否會因為公正無私而被迫支持歐洲國家？這是一個沉重的打擊，令總統感到沮喪。他感覺自己像斯馬茨將軍一樣，後者清楚地意識到殖民地的委任管理制度是普遍適用的，唯獨德屬西南非是例外。

在紐約歌劇院，總統面對他預料中的強烈反對而感到憤怒，並幾乎採取了明顯的威脅手段。他提出的國際聯盟盟約與和約緊密相連，兩者不可分割。美國對此表現出明顯的敵意。這次「喬治·華盛頓」號抵達歐洲時，載著一位經歷豐富且充滿智慧的人。他現在明白，舊世界的政治家獲得了的是衰敗舊世界國家的支持，而美國的理想主義者卻被自己的理想主義者否定了。「教訓世界」這個話題已不再流行；當前的需求是有尊嚴地擺脫這些特別棘手的責任。第一次航行時，他所有的憤怒集中在舊世界；第二次航行時，至少三分之二的憤怒轉向了新世界。先前他的目的是讓歐洲的政策符合他的觀點；現在需要訓誨的是美國參議院。事實上，此刻他幾乎同情歐洲的政治家和外交家，因為他們和他一樣，努力應對不公和棘手的力量。現在正是他們應該互相支持的時候。若是讓群眾、參議院和500位傑出的新聞記者干涉，如何能找到世界事務的解決辦法？在絕對平等的基礎上，幾個人靜靜地交談，如能迅速進展，就能避免崩潰和混亂。勞合·喬治和克里蒙梭這兩位受議會和民主政體廣泛信任和愛戴的領袖，畢竟是有價值的同事。現在他與他們站在一起，了解了他們的品格和力量的來源。他羨慕他們擁有全國的信任。他們擅長調解，能理解他人，真誠地希望獲得他的善意，但在涉及他們國家的問題上卻堅定不移。他不一定能給世界帶來正義，甚至用正式的言辭肯定正義，但是三人的合力能為世界帶來和平。

無法確定這是否為總統此行的反思，僅是揣測；眾所周知，他抵達後對豪斯上校頗為不悅。豪斯已經完全融入了歐洲那種令人懶散的氛圍。迄今為止，各種毫無根據的想法，如「我們必須解決某某問題」、「我們必須面對現實」、「各方必須做出許多妥協」等等，在上校那平靜、慈悲且極具現實感的內心中，不知已經反覆思索了多少次。當威爾遜第二次抵達布雷斯特時，他不希望見到豪斯指引他一條他可能已經決定要走的路。因此，他對豪斯說：「參加參議院對外關係委員會的宴會（即豪斯建議的宴會），在非正式會談方面，是一次失敗。」

在他不在的時候，發生了什麼事情？勞合·喬治先生已經返回國內。克里蒙梭於1919年2月19日遭到一名無政府主義者的襲擊而受傷，數週內無法履行職務。

在1919年2月分，根據威爾遜總統的提議，成立了一個委員會，目的是在起草德國陸、海、空軍的準備條款，原本期望該委員會能在「48小時內」提交報告。然而，委員會成員發現這項任務遠比總統預想的要複雜得多。整整一個月過去了，委員會中的海、陸軍將軍們仍在緊張地工作。同時，貝爾福先生在三位政府首腦不在場的情況下，自然而然地成為會議的主要人物，他做出了極大的努力，加速並完成了委員會尚未完成的和約部分。1919年2月22日，他向最高會議表示，「由於在實現最終和平方面大會進展明顯過於緩慢，各國普遍出現了不耐煩的情緒。」在獲得蘭辛和豪斯的支持以及仍臥病在床的克里蒙梭的同意後，貝爾福促使大會通過了一項決議，該決議的第一條指出：

在不影響最高軍事會議關於儘早提出對德和約中海、陸、空軍條款決議的前提下，大會認為，及時開始考慮對德的其他和平條款並推動必要的研究是可取的。

貝爾福亦提議，領土委員會須於1919年3月8日之前完成其工作並呈交大會審核。

「三頭聯盟」

　　由於上層的督促與推動，大會的實際工作開始以驚人的速度進展。此前，各委員會因缺乏穩定的控制，只能緩慢地進行無休止的調查與討論，現在則重新組織，準確指揮並迅速得出結論。1919年3月初，來自各方的報告開始湧現。到3月13日威爾遜回來時，大多數主要領土問題的研究進展已達到可以做出最終決定的階段。然而，原本計劃快速處理的軍事條款仍然滯後，因此需要再次仔細考慮如何使整個條約工作同步進行並同時完成。在貝爾福先生主持工作的3週裡，無疑使局勢獲得了顯著的改變。儘管在1919年2月中旬，大會的工作幾乎無法控制地陷入困境，但現在一切又有序地恢復正常。準備工作已經就緒，期待已久的意志較量終於再次展開。

　　威爾遜總統對於他不在場時大會的決策，從未表達過任何不滿。相反，他熱情讚美「貝爾福時期」的成就；他深知貝爾福先生主持大會期間，如何以冷靜而巧妙的方式無懈可擊地維護了他的觀點。他明白，所有的主要議題現在都已無可爭議地完整呈現，是時候對這些議題進行決策了。

　　然而，10人會議（或擴大至50人的會議）並非大國解決或討論重大問題的方式，因此必須交由更精簡、更隱祕、更具內部性的組織來處理，現實問題的壓力已經迫使所有領導人考慮到這一點。未來波蘭與德國邊界委員會的報告引發了實際危機。該委員會將整個上西利西亞以及格但斯克和波蘭走廊劃入波蘭。勞合·喬治先生立即指責這份報告「不公正」，因為根據委員會自身的資料，劃入波蘭主權的德國人數過多。因此，他提議將報告退回委員會。委員會重新審視了報告，但拒絕修改建議。法國方面支持委員會。緊張局勢由此而生，隨後消息洩露。諾思克利夫勳爵在巴黎《每日郵報》上猛烈抨擊首相，指責他無權推翻委員會專家的意見，並揭示了他在10人會議祕密討論中的部分發言。從今天的觀點來看，勞合·喬治先生顯然是完全正確的。委員會的建議站不住腳。委員會成員在實際意義上稱不上專家；但無論是否專家，所有問題都是由專家提出建議，然後由

大臣和政府首腦做出決定。首相被消息洩露和諾思克利夫勳爵的攻擊所激怒，成功地解散了 10 人會議。從 3 月 20 日起，威爾遜總統、勞合・喬治先生、克里蒙梭和維托里奧・奧蘭多開始定期舉行祕密會談，甚至祕書都不參加。這是自停戰協定簽訂以來首次進行徹底而坦率的討論，此類會談本應在 3 個月前進行。10 人會議（或 50 人會議）現今的出席者減至 5 位外交部長，仍持續了一段時間，但不再討論重要問題，排除了原本有權參加的人，最終不了了之。

在回顧和平大會的程序中，有一個事件可以恰如其分地被稱為「集體退會」。在集體最終同意接受嚴酷現實之前，來自「四大國」的每一位代表都曾威脅要退出會議。勞合・喬治先生是第一位表達此意識者，他的方式頗為優雅。他並未提出具體的異議，而是對條約進展的緩慢感到不滿。他擔心自己在巴黎只是在浪費時間，而此時在英國，他有直接且緊迫的責任需要處理。內閣、下議院、以及工業情勢都需要他親自關注。由於在巴黎似乎無法取得進展，他決定返回英國處理這些事務。若之後有跡象顯示條約方面有實質進展，他將重返巴黎。他將 1919 年 3 月 18 日定為離開的日期。這個決定，再加上他暗示在倫敦有比在巴黎更重要的工作，令他的同僚驚訝不已。他們深知，若他不在場，會議將無法推進，而他的理由無懈可擊。他們竭力勸說他留下。直到 3 月 17 日，他收到一封由威爾遜、克里蒙梭和奧蘭多聯名的信（後由豪斯上校發表），請求他再多留兩週，他才愉快地妥協。他同意留下，並因此增強了自己的地位。

克里蒙梭與威爾遜早已蓄勢待發，準備一較高下。豪斯告知我們，1919 年 3 月 28 日圍繞薩爾河谷煤田的討論引發了劇烈的對抗。總統表示：「如果法國無法獲得他所追求的利益，他將拒絕與我們合作。若出現這種情況，你希望我回國嗎？」克里蒙梭回應：「我不希望你回國，但我自己會考慮回國。」隨後，他便離開了房間。老虎總是以這種直接的方式對待他的對手，雖然他只是在附近徘徊。然而，威爾遜的立場卻截然不同，再

「三頭聯盟」

次橫渡大西洋是無可改變的決定。然而，面對克里蒙梭不斷威脅撤回法國代表團，加上因流感而導致的情緒低落，總統於 1919 年 4 月 7 日指示「喬治·華盛頓」號返回法國。他忠誠的祕書圖馬爾蒂先生，留在國內，直言不諱地警告總統，他的離開將被美國的朋友和敵人視為「急躁而無禮的行動……無法在此地得到真誠的接受……是最不明智且潛藏最危險可能性……的一種逃避。」這成為關鍵。他無法退出，必須堅持到底。與此同時，克里蒙梭也不再提及撤出，繼續每日參加大會。

最終，奧多蘭選擇退出。在討論里耶卡問題時，威爾遜總統威脅要繞過奧蘭多，直接向義大利人民發出呼籲，並聲稱因為他曾經在義大利短暫停留 3 天，「我對義大利人民的理解比你更透澈。」奧蘭多憤然前往火車站，實際上是怒氣沖沖地回到了羅馬。他至少進行了威脅。然而，這反而促使其他人的關係得到修復，三大強國找到了共同對抗他的理由。經過兩週冷靜思考而未取得任何進展後，奧蘭多主動回來了，及時參與和約的簽署。

勞合·喬治先生留在法國，當 10 人會議逐漸消散，四大國會議逐漸具有正式性質時，他對楓丹白露進行了一次短暫的訪問。在那裡，他撰寫了著名的 1919 年 3 月 25 日備忘錄。這份文件已經公開，但由於它更為完整和清晰地闡述了勞合·喬治先生對於和平解決爭端的觀點，而且這些觀點與公眾的想法相符，他因此以人民的名義發言，因此這裡摘錄一些典型的句子是適當的：

「在最終敲定和會條款之前，對和會的若干思考。」

戰爭已經消耗了各國的資源，逼使他們竭盡所能。各國精疲力竭，鮮血染遍大地，殘垣斷壁隨處可見。此時，要制定一份和平條約，並使其效力維持到經歷過這場戰爭恐怖的這代人逐漸凋零，並非難事。那些描繪英雄主義與勝利的影片，只會吸引那些對戰爭的苦難與恐怖一無所知的人。因此，制定一個能維持 30 年的和平條約相對不容易。

挑戰在於設計一份和平條約,即便那些曾親歷戰爭的人已不在人世,也不會導致新戰爭的爆發⋯⋯

為了實現雪恥與賠償,我們的條件可能會顯得嚴苛,甚至殘酷,然而這些要求仍然可以是公正的,接受條件的國家可能會心服口服地接受,無從抱怨。然而,勝利之際流露出的不公與傲慢,將永遠無法被遺忘或寬恕。

因此出於這些理由,我反對將大量德國人從德國的統治下轉移到其他國家,置於其他國家的管轄中,尤其是當這樣的人數超過該國能夠提供幫助的人數時。我可以想像,未來的戰爭起因不會比以下更為顯著:德國人,這個已毫無疑問證明自己是全球最具活力和影響力的民族,被許多小國包圍,這些小國中有許多是由從未能穩定建立政府的民族所組成的,並且每個國家內都有大量希望與其原籍合併的德國人。波蘭委員會建議我們將 210 萬的德國人置於另一個民族的統治下,這民族有著不同的宗教信仰,並且在歷史上從未證明過其能夠建立穩定的自治政府,若這樣實行,東歐遲早會爆發新的戰爭。我對德國人的看法同樣適用於馬扎爾人。如果東南歐現在出現的每個小國在其邊界內擁有多個民族,那麼東南歐各國將無法獲得和平。因此,我認為,和約的制定應該將「以人為本」為指導原則,各個民族應盡可能生活在他們自己的祖國中,這一個以人為中心的標準應優先於策略、經濟或交通等需要考慮的問題,因為策略、經濟或交通的問題通常可以透過其他手段調整。其次,我想說,賠款的支付期限,如有可能,應該隨著這一個戰爭世代的消亡而結束⋯⋯

當前局勢之下,我認為德國面臨的最大危險是,或許會如同布爾什維克主義那般,將其資源、智力以及強大的組織能力交付給革命信徒。他們的夢想是透過武力讓布爾什維克主義征服全球。這種危險並非只是幻想。德國政府顯得無能且無威信,其權威受到挑戰;之所以能夠繼續存在,僅僅是因為除了斯巴達克斯同盟成員外別無其他選擇,而德國目前尚未準備

「三頭聯盟」

推行斯巴達克斯主義。然而，斯巴達克斯同盟成員此刻所有效運用的論點是，唯有他們能將德國從戰爭施加的無法忍受之條件中解救出來。他們承諾免除德國人民對協約國及國內富裕階級的債務，並向人民宣稱，將能完全掌控自身事務並獲得一個嶄新的未來。誠然，這需要付出巨大的代價。或將經歷2、3年的無政府狀態，甚至可能流血，但最終土地、人民、大部分房屋和工廠、鐵路與公路依然存在，德國卸下重擔後，將迎來重生之機。

倘若德國加入斯巴達克斯同盟，則勢必與俄國布爾什維克共享命運。若此情況成真，整個東歐將迅速捲入布爾什維克革命的洪流，短短一年內，近3億人將組成龐大的紅軍，由德國教官與將軍指揮，配備德國製造的大炮和機槍，蓄勢待發重新進攻西歐。這個前景無人能夠淡然面對。然而，來自匈牙利的消息無比明確地顯示，這種威脅並非虛構。這個判斷的主要原因在於，當地人們相信大量馬扎爾人將被置於他人統治之下。若我們足夠明智，應該向德國提出一項公正的和約，使其在大眾眼中比布爾什維克主義更具吸引力。因此，我希望在和約的顯著位置上，明確寫上：若德國接受我們的條件，尤其是賠償要求，我們將在與自身相同的條件下，向其開放全球的原料和市場，並願意做一切可能的事情以協助德國重新崛起。我們不能一方面削弱他，另一方面又要求賠償。

最終，我們需制定出德國負責任政府可望執行的條件。

倘若我們對德國提出的條件不公平或過於嚴苛，任何負責任的政府都不會同意簽署。然而，當前德國的疲弱政府或許不會如此考慮。

因此，從不同的視角來看，我認為我們應該竭力制定和平解決方案。我們似乎已經忘卻了自己作為戰爭苦難的公正仲裁者之角色。這樣的解決方案應該考慮3個目標。首先，它必須公正地對待協約國，並考慮到德國應對戰爭的發起及其手段負責。其次，這樣的解決方案應讓一個負責任的德國政府相信，它能夠償還自身招致的債務，並因此同意簽署。第三，該

解決方案本身必須不含有誘發未來戰爭的因素,並能取代布爾什維克主義,因為它將給所有公正的輿論留下良好的印象——這能促進歐洲問題的公正解決⋯⋯

依我之見,若單方面試圖對德國施加永久性的軍備限制,而不對自身施加相同的限制,那將是無用的⋯⋯

我想詢問,若德國接受了我們視為公正與公平的條件,為何不允許他在建立穩定且民主的政府後加入國際聯盟?允許他加入該組織,豈不正好能誘使他簽署條約,並與布爾什維克主義對抗嗎?將他留在聯盟內難道不比將他排除在外更為安全?

最終,我認為英國和美國應該向法國提供保證,確保法國不會再面臨來自德國的新侵略威脅,這樣國際聯盟的權威和效力將得到驗證。法國有其特別的理由要求這樣的保證。在過去50年間,他已經兩次遭到德國的攻擊和入侵。他多次成為攻擊目標,因為他是抵禦中歐專制暴政、維護歐洲大陸自由、民主和文明的主要力量。其他西方民主大國應該承擔責任並提供保證,如果德國再度膽敢發出威脅,或者國際聯盟尚未能展現其維護世界和平與自由的能力,那麼這些國家將站在法國一邊,及時保護他免受侵略。

然而,若要讓和會真正地實現和平,並且向全球證明其為解決戰爭遺留問題的全面方案,使所有理智的人都認同它比無政府狀態更為優越,那麼它必須面對俄國的局勢。布爾什維克主義不僅對俄國的鄰國構成威脅,且距離美國與法國同樣接近。若在俄國問題上採取放任的態度,則無論德國和約安排得多周全,和會都形同虛設,因為它將毫無用處。然而,我無意將俄國問題引入討論,以免複雜化德國和約的問題。我提及俄國問題僅是為了提醒我們注意及時處理此事的重要性。

克里蒙梭以激烈的語調作出了書面回應。他認為勞合·喬治所謂的慷慨大度,完全是以犧牲法國及其他歐洲國家為代價,而英國則獲取了一切

「三頭聯盟」

對其有利的利益和安全：

然而，若按照1919年3月26日備忘錄的建議操作，會導致何種結果呢？法國將獲得來自未受入侵影響的海洋國家的某種程度的、明確的保證。德國的殖民地將被無條件且明確地交出。德國的海軍將被無條件且明確地交出。德國的大部分商船將被無條件且明確地交出。德國將被排除在國際市場之外，這種狀況將是絕對且持續一段時間的。另一方面，對於大陸國家，可以保留區域性和暫時性的解決方案，即為那些深受戰爭摧殘的國家提供區域性和暫時性的解決方案。為波蘭和波希米亞設立無武力威脅的邊界，是區域性的解決方案。向法國提出簽訂防禦協定以保護其領土的建議，是暫時性的解決方案。關於薩爾煤田的政權設定建議也是暫時性的。在此，我們創造了一種不平等的情況，這種情況可能會對協約國之間的戰後關係留下不良印象，而這一點甚至比德國與協約國之間的戰後關係更為重要。

史坦納德・貝克在撰寫其歷史作品時，已獲得勞合・喬治的備忘錄。貝克對此文件極為推崇。他認為「基於軍事壓迫的和平對全球而言只會帶來災難」。他提到，「1919年3月25日塔斯克・布利斯將軍在提交給威爾遜總統的備忘錄中，對這種感受及真實情況做出了最具遠見的準確描述。」這份備忘錄題為《在最終擬定和會條款前，對和會的幾點考慮》。以下是幾句具有深遠意義的摘錄……他進一步寫道，「布利斯將軍是參加和會的少數成員之一，他們始終保持著清晰的理智，並了解如果和會產生一個德國輿論會立即反對的條約，將有可能摧毀整個和平工作的巨大風險。」

這或許是一位自稱要撰寫一部權威歷史，並為此目的收集了大量獨家官方和可靠資訊的人所犯下的最驚人的錯誤之一。貝克先生在撰寫對布利斯將軍的頌辭時，完全沒有意識到這些話應該送往另一個地方。當他發現這些讚美之詞並非針對那位受人敬仰的美國傑出軍人，而是針對一位毫無

悔意的舊世界政客時，他的懊悔必定是深刻且痛苦的。

這乃是貝克先生對真實追求之忠誠的最終例證，這可能會令讀者感到不安。我曾經專注於研讀他的作品，因為威爾遜總統委託他的任務極其嚴肅，並提供了源源不斷的寶貴資料，讓他負責保管。想到有如此多認真的美國公民可能從他那被汙染的源頭飲水，確實令人憂心。幸運的是，此書尚未讓英國作家損害貝克先生的聲譽。亨特·米勒博士的著作，以及由豪斯上校所辦的報紙之編輯所撰的書籍，皆向美國社會之中具有警覺性和鑑別力的讀者揭示了貝克的錯誤，甚至罪行，以滿足他們對真理和公正的執著追求。

撰寫這幾章的目的不在於重述會議過程，而是向讀者揭示某些顯著特徵。然而，我們還是概述了整體舞臺及其參與者。自戰爭結束以來已經過去近5個月，直至此時才開始真正締造和平。四位領袖（期間縮減至三位，每位皆為一個勝利大國的主要負責人）是唯一留在那裡的人。500名才華橫溢的新聞記者、27個迫不及待的國家、10國（或50人）會議、58個委員會，真是名流薈萃，但智慧卻集中於這三個人之中。未來，他們將並肩而立。他們學會了互相尊重和信賴；在充滿危機和困難重重的冒險中，他們已成為同事與夥伴。人人皆知，必須認真做出讓步以實現共識。人人皆明白，必須達成一致意見；所有人都決心迅速促成世界和平與團結，並竭盡所能地及時解決提出的數百個問題。

在接下來的一章中，我們將探討這些問題的具體內容以及確定的解決方案。在為期一個月的時間裡（從1919年3月20日至4月19日），他們進行了辯論和討論，並且交流的語言是英語。已經達成了許多共識，但並非每個晚上都能取得一致。有時甚至無法實現四人會晤。一人造訪克里蒙梭的房間，另一人則去到威爾遜總統的房間。現在需要考慮的是如何組織這一切。因此，他們選擇莫里斯·漢基擔任祕書。他負責聆聽所有的討論，並進行記錄，每日結束時向他們報告所做出的決定。從那時起，他們

「三頭聯盟」

　　的決策如同湍流般迅速傳遞至法學家和官員，1919年5月7日，《凡爾賽和約》完成印刷，1919年5月9日，和會全會以服從或憤怒的情緒接受了這個既成事實。

　　此刻正是召喚對手的時機。1919年5月初，德國代表抵達凡爾賽宮，接收了預備和約條款的文字；6月底，這些條款的和約如期簽署。

　　同時，德國正在迅速變革。德國的作家們總是強調，在這段時期，他們的人民在戰勝國的手中承受屈辱，堅信自己的國家一直是重大事件的發生地，對自己和文明的貢獻最大。這些作家僅以一些文章簡述俄國革命。德國革命則顯得模糊不清，它是極度強烈且讓人神經緊繃的突發事件。這場革命打破了我們的焦慮、厭倦和疲憊，我們本來只關注那些剛從戰後撤回休整的倖存軍隊，如今卻又受到遠方炮火的震撼。要詳細描述這段經歷需要撰寫一本書。與俄國的情況相比，德國的情況更具吸引力。許多情況、插曲及其後果，兩者幾乎如出一轍。德國在戰爭中遭遇失敗，海軍和陸軍叛變並瓦解，皇帝被廢黜，當局倒臺，受到普遍譴責。工人和士兵委員會成立，一個社會主義政府匆忙上臺；在饑荒肆虐的祖國，數百萬長期受苦和戰敗痛苦折磨的士兵歸來。警察消失，工業停產，群眾飢餓，正值冬季。摧毀俄國的所有因素在德國也存在。人們被組織起來；每個人都知道自己的任務，對共產主義革命的整個過程已經了解，並準備妥當。俄國的經驗成為一個模式。卡爾·李卜克內西、羅莎·盧森堡、迪特曼、考茨基等20餘人就是未來日耳曼革命中的列寧與托洛斯基。革命嘗試了各種事情，發生了各種事情；但並未出現與俄國相同的情況。

　　共產黨人已經控制了首都的大部分地區，但政府所在地的防禦依然堅固。未來的制憲會議遭到攻擊，然而進攻者最終被擊退。一些忠誠的軍官——效忠於德國——偽裝成士兵，攜帶大量手榴彈和機關槍，用生命捍衛市政府的脆弱核心。他們人數極少，卻取得了勝利。一支受到布爾什維克主義影響的海軍師團占領了皇宮，但在激烈的戰鬥後被忠誠的軍隊擊

退。在叛亂中，幾乎每個團的領導者都被推翻，這使得軍官失去了肩章和佩劍，但沒有一人喪命。

在眾多人物之中，我們辨識出一位健壯而樸實的人物。他是名叫諾斯克的社會主義工人與工會活動家。由社會民主黨政府指派為國防部長，叛亂者賦予他獨裁權力，他未曾辜負德國人民。外國人對這位德國英雄的評價必定是客觀且公正的，但在表達時卻顯得信心不足。在從腓特烈到興登堡的國王、政治家與軍人的行列中，應該承認諾斯克有其地位 —— 人民的兒子，在混亂中無畏地為國家的事業奮鬥。

「所有日耳曼民族」的特質與才智使得臨時政府能夠掌控選舉。讀者在這些章節中總會見到同樣的勢力運用相似的策略。這些勢力的目的是阻止人民選擇議會。在俄國他們成功了；在德國他們失敗了。接下來我們將看到他們在愛爾蘭也遭逢失敗。

代議制政府依然充滿活力。在槍彈、鐵絲網、機關槍、迫擊炮與噴火器的威懾下，3,000 萬德國男女，占選民的 90%，完成了投票。自此，自由選舉產生的最高權力議會成為德國人生活中的重要事件。

因此，在災難時刻不被失望打擊的德國，以統一國家的姿態來到了凡爾賽。

「三頭聯盟」

簽訂和平條約

「即便和平已經實現，全面解決問題仍需時日。即使風暴已過，海洋的波動仍會持續許久。」

——塞爾登《席間談話》(*Table Talk*)

不論熱帶殖民地的分配是否恰當，現金與實物賠償的分配是否合理，懲罰是否公正，這些引發的強烈情感如何，無論對國際聯盟的期望多高，1919年和1920年的條約最終還是取決於歐洲領土問題的解決。這裡我們面對的是重大而持久的事實，這些事實將不同民族鑄成一體，並確定他們在世界上的身分和地位。在這裡我們撥動過去的餘燼，點亮未來的指路明燈。舊的旗幟再次升起；消逝幾代人的激情再次覺醒；被20世紀炮火摧毀而埋在地下的戰士與受害者的白骨重見天日，失敗事業的哀號在風中迴響。

我們當前需要討論的系列條約，包括西發里亞條約、烏得勒支條約和維也納條約，是一個龐大的連鎖體系之中的一部分。這些條約既是歐洲歷史長河中最晚的環節，也是規模最大的環節。它們因三大重要事件而備受矚目：奧匈帝國的解體、波蘭的重生和德國的統一。自巴黎和會以來，儘管時間短暫，但已經足以揭示這些巔峰君主國的宏大氣勢，以及它們如何像是從高聳的山脈，俯瞰連綿起伏的丘陵地帶。在清晰的空氣中，我們能辨識出廣袤大地的每一個景觀及其單純的質地。查理五世的帝國以及與之相伴的哈布斯堡君主國，這些屢經動盪的倖存者，作為中歐和南歐的主要政治結構，如今展現於人們眼前的僅是一道巨大的裂縫。波蘭被分割為三個部分，如今重新統一為一個擁有3,000萬人口的獨立主權共和國；而在戰場上被擊敗和解除武裝的德國，在憤怒的戰勝者面前屈服，但未來將重

簽訂和平條約

新崛起,成為歐洲最大的、無與倫比的、最強大的民族國家。

歐洲的這些重大事件並非單純或主要由激烈的戰爭暴力所引發,而是源於某一原則的有計畫應用。如果說 1814 年維也納條約的締造者是受合法性原則支配,那麼 1919 年巴黎條約的制定者則是受到自決原則的指導。儘管「自決」這個詞彙無疑將永遠與威爾遜總統的名字連繫在一起,但這一個理念既非首創,也非固有。該詞最初源自費希特的「自決」(Selbst Bestimmung)。而馬志尼是最早對這個概念做出有說服力表述的人。在整個英國,這個概念早已為人所知,並被廣泛實施,儘管稱謂較為溫和,被稱為「自治」和「自我管理」。19 世紀民族主義的崛起,使各大帝國越來越清楚地意識到,如果想在現代世界中始終團結而充滿活力地存在,必須認真對待並遵循這個原則。在政治領域幾乎完全排除各種信仰形式後,民族主義已經成為人類在世俗事務中最強而有力用於塑造世界的工具。

十四點綱領彰顯並讚頌了自決原則。總統在其演講中宣示:「必須尊重民族的渴望,今日唯有經由人民的同意才能對其進行治理與管理。自決不僅僅是一個詞彙。」他強調,「在主權國家之間,人民與領土不應被視為交易品……每一個領土問題的解決方案都必須以符合相關人民利益為依據……所有明確的民族願望應盡力滿足,不能引入新的混亂或對抗。」協約國認真地將此視為戰爭目標之一。德國則將停戰要求與以威爾遜總統十四點及其他演說為基礎的和平解決條件相結合,甚至聲稱他們是基於此條件才投降和繳械。因此,自決原則既是戰勝國的奮鬥目標,也是戰敗國聲稱應得的權利。

這裡有一條明確的指導原則,依據這條原則,所有被殘忍地分隔的民族,所有因創傷與仇恨而心碎的民族將聯合起來,所有民族因信仰與愛好而遵循此原則。和會的主要和緊急任務,以及促成交戰國締結和約的所有事務,皆在於執行這個原則;或者引用我勇於摘引的權威之言,以此原則「解放被奴役的各民族,使長期被武斷分隔的同一民族之分支重新聚合,

以大體上符合民族集聚為準則劃分疆界」。

既然已經在此基本原則上達成共識，那麼該原則理應得到執行。這個原則雖然簡明且廣受認可，但要實施卻充滿挑戰和爭議。如何檢驗民族特性？「民族要素」的期望如何表達與實現？在多民族混居地區，如何按民族劃分疆界？主要原則應在何種程度上優先於其他考量——即基於歷史、地理、經濟或策略的考慮，活躍於各地的武裝和激進勢力，對根據原則所作的決策能接受到什麼程度？這些問題正擺在和會，尤其是三大國面前。

基本上可以斷定，語言應被視作民族的象徵，但語言並不總是民族身分的表現形式。一些最具民族意識的族群幾乎不講自己的語言，或在使用時遇到極大困難。一些受壓迫的民族使用壓迫者的語言，心中卻對其充滿憎恨；而某些統治民族在管理被統治者時使用被統治者的語言。某些問題需要以合理且迅速的方法來解決。在爭論出現時，沒有比語言更好的工具來指導民族原則的決定；或者可以舉行公民投票作為最終的解決辦法。

在現實中，依據語言界定的民族或根據當地居民願望來劃分邊界的方式，若未經調整，往往難以在實際中實施。某些新興國家缺乏直接通往海洋的出海口，這對其經濟發展至關重要。某些解放民族數百年來一直渴望恢復他們古代已消失的主權國界。某些戰勝國根據條約有權要求其他戰勝國提供由阿爾卑斯山確定的邊界，而這並非根據語言或居民願望確定的。某些已形成的經濟社會跨越種族邊界；在許多地區，對立且敵視的族群混雜在一起，這種對立不僅存在於個人之間，還涉及整個村莊、城鎮和鄉村地區。所有這些爭議地區，必須由多個強大且極易激動的國家逐英里、逐英里地進行詳細研究和艱苦的討論。

然而，所有這些對基本原則的異議和衝擊僅觸及許多民族和國家的邊緣。所有有爭議的地區加起來也僅占歐洲的一小部分。這些地區僅證明了該原則的例外情況。這些敏感且懷有疑慮的民族在邊界被草率地重新劃定

簽訂和平條約

後，某些地區的激情雖然高漲，但並未損害條約的核心。或許只有不到3%的歐洲人口目前居住在與其國籍不同的政府管轄下；歐洲的地圖繪製首次與其人民的願望大致吻合。

現在，我們來審視《凡爾賽和約》所界定的德國實際邊界，以驗證前述主張的準確性。讓我們從西部和北部邊界著手。

第八點指出，「普魯士自1871年在亞爾薩斯-洛林問題上對法國的錯誤已近半個世紀，導致世界和平的不穩定，如今應予以糾正。」這成為戰爭後協約國的主要目標之一。德國在十四點基礎上要求和平並簽署停戰協定，顯示其承認此點，因此亞爾薩斯-洛林問題無爭議。這兩省在屬於法國近兩世紀後，於1871年被德國違背當地意願奪取。條約中提及，這兩省是「被從其國家分離出去，儘管其代表在波爾多會議上嚴正抗議」。歸還亞爾薩斯-洛林是對破壞自決原則的記憶中進行補償。

除了奧伊彭和馬爾默迪附近的比利時邊界有輕微調整外，德國西部邊界並未改變。法國強烈要求除了亞爾薩斯-洛林之外，還要併吞薩爾地區及其豐富的煤田，法國人認為他們的要求有歷史依據。然而，威爾遜總統拒絕支持這個與當地居民普遍願望相悖的要求，進而引發了三大國討論中的一次顯著危機。法國隨後要求暫時使用薩爾河谷煤田，以補償法國朗斯和瓦隆先礦區受到的破壞。他們建議薩爾河谷的最終歸屬應於1935年透過公民投票決定。這樣一來，和會達成的共識便沒有可供攻擊的原則性理由了。

在北方與丹麥鄰接的邊界上，德國被要求進行另一種形式的領土讓渡。當1864年丹麥被普魯士擊敗後，丹麥在將什列斯威和霍爾斯坦割讓給普魯士和奧地利時，應拿破崙第三之請在條約中加入了一個條款，要求徵詢北什列斯威居民的意見，看他們願意成為丹麥人還是德國人。這是唯一符合正義的方式。霍爾斯坦公爵領地的居民一直是純粹的德國人。什列斯威南部逐漸德意志化，但北部一直講丹麥語，居民的情感也偏向丹麥。

條約的條款從未被執行，北什列斯威的居民從未被詢問過，普魯士不久後就自行免除了條約的法律義務。顯然現在是補償這個不公正情況及其造成的丹麥與德國間持久隔閡的時候了。有些人最初希望將什列斯威從德國分離出來，這樣重新劃定邊界後，基爾運河就不再完全穿過德國領土。謹慎的丹麥政府把這些設想全部擱置一旁。他們只希望將那些自認為丹麥人的地區納入丹麥版圖。他們反對所有將不願意的德語人口併入丹麥的提議。因此，大家同意未來的邊界應根據全體居民自由的公民投票來確定。

現在我們來觀察德國的東部邊界。在這裡，我們面對一個令人驚奇的重大事實。唯有奇蹟才能為波蘭帶來復興。波蘭的復興，必須滿足以下條件，即瓜分波蘭的三個軍事大國在戰爭中同時且決定性地被一一擊敗或遭受重創。如果吞併波蘭的這三個大國聯合形成三國同盟，世上將無任何力量能夠挑戰他們。如果他們在戰爭中分立於兩方，至少有一國會站在勝利者那一邊，結果則無法剝奪勝者那一方的領土。然而，驚人的事情發生了，三方無一倖免於難：俄國摧毀了奧地利；布爾什維克在德國的幫助下打敗了俄國；德國則被法國和英語世界所擊敗。因此，分割波蘭的三方同時放手；所有的鎖鏈——俄國的、德國的和奧地利的——在重重一擊後同時粉碎並跌落地面。第十三點宣告：「應建立一個獨立的波蘭國，他應包括由無可爭議的波蘭人民居住的領土，應保證他有一個自由和安全的出海口。」德國接受這一點。事實上，他自己要求的民族完整正是建立在重建古老波蘭國這個原則之上。

即便懷著最大的善意，確定德國與波蘭之間的邊界仍難以避免不規則和不公正的問題。從華沙延伸至柏林的廣闊平原上，沒有天然地形上的阻礙。在這片 400 英里的地區之中，德國和波蘭的人口以不同比例交錯分布。德國曾經推行以德國殖民者來殖民波蘭的政策。德國的資本、科學和技術能力在此區域建立了強大的工業。德國文化以武裝軍事帝國的力量向前推進，並在被征服和被瓜分的群眾心上留下了深刻的印記。德國人主

簽訂和平條約

張,他們的統治給普魯士的波蘭帶來了顯著的利益;波蘭人則認為,這僅僅是對被奪取的遺產收益的分配。劃定德國與波蘭的邊界成為和會、波蘭委員會以及最終三大國的責任。

此問題可分為三個部分:中段、北段及南段。波蘭委員會的任務在於確定哪些地區主要由不容置疑的波蘭人居住。對於邊界清晰的地區,舉行公民投票是可行的;然而,在界線不明的大範圍地帶,公民投票則不可實施。要進行公民投票,必須由公正的英、法、美軍隊占領整個地區。然而,美軍正計劃撤回;英軍的復員速度極快,幾乎無法調派出5、6個營;而法軍則公開宣稱支持波蘭。模糊地區大致位於普魯士波森省,其唯一的資料依據來自德國的統計資料。毫無疑問,戰勝國懷有自然的反德偏見,因此不會完全信任這些資料。然而,整體而言,劃定邊界時的願景是將盡可能少的波蘭人納入德國版圖,並將盡可能少的德國人納入波蘭版圖。

北段所面臨的挑戰尤為嚴峻。儘管東普魯士省最初帶有德國殖民征服的色彩,現今已成為純粹的德國領土,其居民的民族主義情感比德國其他地區更為強烈。該省與德國其他地區被一條直通海岸的走廊隔開,而在這條走廊中,各種觀點的猜測似乎都指向波蘭語使用者占據了多數。波蘭方面要求從德國取得東普魯士的大部分領土,並提議將剩餘部分設立為一個以柯尼希山為首都的共和國。這個要求遭到了拒絕。然而,說波蘭語的走廊被併入波蘭,這不僅是因為語言因素,而且作為提供波蘭出海口的明顯手段,這一點作為十四點之一已得到各方認可。

毗鄰該走廊的是格但斯克這座大城市,居住著20萬德國人,作為維斯圖拉河流域貿易的天然出海口。波蘭委員會原計劃將格但斯克市完全納入波蘭主權範圍,令格但斯克居民受波蘭法律管轄並在波蘭軍隊服役。經由勞合·喬治先生的努力,找到了一個解決方案,即恢復格但斯克500年來的古老地位,成為自治城邦,與波蘭緊密連繫,但擁有內部行政管理的獨立自主權。雖然格但斯克成為自由市,並未加入波蘭海關體系,但波蘭

人將管理其巨大的海港。這一個巧妙而複雜的權宜之計未使雙方完全滿意，但也難以找到更好的方案。

在這條邊界的北部，需指出兩個小問題。東普魯士仍屬於德國，但該省南部邊界的某些地區存在大量講波蘭語的居民，波蘭因此對該地提出主權要求。結果決定在阿倫施泰因和克維曾地區舉行公投。大多數居民選擇留在德國，他們的選擇成為法律。最後，位於尼曼河對岸的克萊佩達小港及其地區是立陶宛通往海洋的唯一通道，沒有它，立陶宛將無法作為獨立國家存在。人們希望立陶宛人會自願再次加入波蘭，但他們拒絕了這個提議，當然不能強迫他們。因此，這個約有 3 萬居民、周圍由主要講立陶宛語的鄉村包圍的德國市鎮，在地方自治和精心設計的安全保障下被劃給立陶宛。

我們必須仔細觀察德國與波蘭邊界南段的情況；在上西利西亞問題上，這裡曾是和會中另一場激烈爭論的焦點。向德國人提出的和約草案明確要求將上西利西亞這片僅次於魯爾、富含鐵礦和煤礦的地區完全割讓給波蘭。這是對德和約草案最具爭議的部分。除了這一點，十四點的其他部分都被無異議地接受了；但強迫割讓整個上西利西亞引起了德國人的強烈憤怒，實際上，這個決定令德國全國上下感到震驚。

義大利現已加入三大國的紛爭之中，這場紛爭發生在準備和約條款的制定期間，且即使這些條款提交給德國後，衝突也不會停止。德國人以各種可能的方式反對財政和經濟條款，並抗議那些強迫他們承認戰爭罪行和引渡戰爭罪犯的條款。在領土問題上，他們主要對割讓上西利西亞表示不滿。似乎他們可能會拒絕在條約上簽字，進而迫使協約國進行軍事占領柏林及其他關鍵城市，或是延長封鎖，或兩者同時進行。這樣的情勢雖不會引發直接的軍事困難，但將導致極為嚴重的政治危機。沒有人能預測占領會持續多久。占領結束前，大量部隊必須保持武裝，進一步的復員將被無限期擱置。

簽訂和平條約

為了在爭取更寬鬆的和平條款過程中增強自身的影響力,首相於1919年6月1日召集了英國代表團在巴黎會議。整個帝國的代表與英國主要政府部門的部長們一同參加。斯穆馬茨將軍強烈地呼籲寬容。輪到我發言時,我用不同的理由支持他的請求。作為陸軍部大臣,我擁有獨特的視角。

我道:

重新在德國境內實施封鎖或控制,並承擔當地政治問題的責任,將面臨極大的挑戰。外國駐軍無法促使德國人和諧高效地合作。封鎖和占領是相互矛盾的策略。若占領該國,必須為占領區的居民提供糧食,而這在封鎖狀態下是不可能的。如果協約國軍隊進入德國並加以占領,就需要無限期地徵召兵力。英國若不維持義務兵役,便無法掌控德國的內政。要求從軍隊中復員的壓力已經無法形容。那些最強烈要求對德國施加嚴厲條件的人,也是最迫切希望從軍隊中獲得復員者的人。

因此,我強烈倡議進行更深入的協商,並「懇請代表團一致支持,賦予他們的全權代表最大程度的自由,以達成一項『妥協性』的和約」(針對未解決的突出問題)。財政大臣張伯倫先生及大法官伯肯黑德勳爵等人的發言目的與我一致。

雖然意見有所分歧,但代表團的意願仍然達成一致。會議決定,首相在談判中應盡力促成和約中對敵方的讓步。具體而言:修訂對德國東部邊界的提案,將德國人占多數的地區劃歸德國,難以確定的地區則舉行公民投票;儘早賦予德國加入國際聯盟的權利;減少駐軍數量;修訂賠償條款並確定德國債務的具體總額。

代表團懷著堅定的信念,進一步授權首相,在四大國會議上若有與會者抵制首相的意見時,便「運用整個不列顛帝國的所有影響力,直至英國陸軍拒絕進入德國執行任務,或英國海軍拒絕執行封鎖德國的指令」。

這彷彿是一個令人銘刻於心的瞬間。

勞合‧喬治先生已經做好充分準備，以應對未來的所有討論；倘若不是他承擔了確保德國賠償的責任，他或許能在改善和約方面取得更顯著的成效。然而，選舉的極端反響對首相及整個英國而言是一種恥辱。克里蒙梭、威爾遜和奧蘭多完全理解這個局勢。當威爾遜以玩笑的方式提到將德國人交由波蘭、捷克斯洛伐克或義大利統治時，當克里蒙梭因過於報復而受到指責時，或奧蘭多因過度的領土野心而遭到批評時，每次都會遭到首相的反駁。然而，一個苦澀的微笑、一次懷疑的聳肩，及提及民主選舉活動的艱難，足以使四大國保持在較低層次上的平等地位。

奇特的現象一直存在，不論德國支付多少賠償金，英國所獲得的份額始終微不足道，僅為法國要求的一半不到，甚至不及比利時。兩年剛過，英國便宣布恢復昔日貴族的智慧原則，所有戰爭債務應該根據各國對賠償的反應，經過普遍同意後一同取消。

隨後，圍繞西利西亞問題爆發了持久的衝突。威爾遜總統與法國方面支持波蘭的要求，而英國則捍衛德國的權利，並接受民族自決的原則。總統對波蘭的偏袒與他對義大利的偏見同樣顯而易見。好挖苦的人指出，義大利人在美國的移民通常難以獲得選舉權，然而波蘭人的選票在美國國內政治中卻是一個強大的因素。或許正因如此，威爾遜先生決意讓波蘭取得上西利西亞，並對所有反對者心懷不滿。儘管勞合‧喬治先生在此問題上不受英國選舉活動的影響，且諾思克利夫報業不斷發起攻勢，他的努力與信念終究占了上風。最終，條約規定採取公民投票的原則，使條約在此問題上無可指摘。

在這裡有必要花些時間來簡要闡述結果。

1920年，公民投票終於在英、法軍隊的許可下得以舉行。儘管這些軍隊占領了爭議地區並作好了投票準備，波蘭人在前德國國會波蘭議員柯爾凡蒂的領導下，組織了目的是為了阻止投票的暴力襲擊。德國人迅速以類似的襲擊回擊。可以稱之為內戰的衝突爆發，期間英軍同情德國人，而法

簽訂和平條約

軍則支持波蘭人。事態發展到危險且荒謬的地步。然而，法律與理智終究占據上風。公民投票如期進行，結果顯示德國人以6比4的比例占優。當這個結果呈交至最高會議時，會議上無法達成一致意見。美國代表已經返國，而英國和法國僵持不下。這個僵局在雙方同意將問題提交國際聯盟會議後才得以解決。這是兩個大國首次將問題提交給這一個新機構。由於英法之間的分歧，會議將此案交給由較小國家代表所組成的委員會，由其裁定，該委員會隸屬於聯盟會議，但從未參與協約國最高會議的討論。這個微妙且棘手的問題交由一位比利時人、一位西班牙人、一位巴西人和一位英國人處理。在各方壓力下，該委員會只能求助於妥協方案。他們的決定引發了德國的極大憤怒，但英、法兩國接受了該決定以作為妥協。難以想像還有其他可行的解決方法。

　　根據格拉德斯通標準來看，德國從戰爭與和平中獲得了許多積極的成果。他實際上實現了維多利亞時代英國自由黨政策的所有主要目標。戰敗賦予德國人民掌控自身事務的權利。帝國主義體制已被徹底清除。國內獲得了自決權。在普選基礎上建立的議會制度，對於失去的22個國王和親王來說，或許是一種安慰。取消義務兵役在英國人眼中一直被視為收益而非損失。和約要求德國限制軍備，今天被讚譽為所有國家應追求的最高目標。《凡爾賽和約》中不合理且不公正的經濟和財政章節幾乎全被拋棄；它們有的已被廢止，有的則根據逐漸顯現的事實，被一系列明智且互相理解的安排取代。德國的資產階級和食利者階級、貧困的領養老金者、節儉的領年金者、退休的工人、年老的教授、勇敢的軍官等的苦難令人同情，這種苦難主要是由於德國政府發行的馬克崩潰導致拒絕清償債務所造成的結果。他們可以公開侮辱德國國家的公正原則，但未能削弱德國心臟的脈搏，也未能削弱德國工業的生產活力，甚至未能削弱德國人民的信貸和儲蓄能力。德國失去了殖民地，但他在殖民領域本來就是後來者。他沒有擁有德國民族能繁衍生息的海外領地。熱帶地區的「外國種植園」可能讓你

自豪與感興趣,但代價肯定高昂。海外殖民地無論如何都只能是海上強國的抵押品。殖民地的失去絕不會削弱德國的力量,殖民地的新得主能否改善其命運,大可懷疑。

我們將當前德國的處境與假如德國潛艇成功擊敗皇家海軍的可能情形進行對比:我們4,000萬人民面臨的選擇是,不是無條件投降就得忍受飢餓,而英國及不列顛群島能期望的只有厄運。如果《凡爾賽和約》的制裁有一半施加於英國,不僅會使我們緩慢建立起來的古老世界結構在財政上破產,還會導致英國人口迅速減少至少1,000萬,而剩下的人將陷入普遍的貧困和絕望。這場可怕戰爭的賭注超越人類的承受能力,對於英國及其人民而言,最終將是滅亡。當我們考慮到奧匈帝國、奧地利自身以及過度擁擠的維也納之命運時,我們可以在較小範圍內評估我們被迫需要承擔的風險。

在這幾段坦率的言辭中,有一個對德國知識分子的呼籲。

法國的局勢如何?德國與法國之間的國力差距,歷來都是締結條約時的主要難題。在這片地球上最為平坦的土地上,居住著4,000萬人,人口密度相對較低,而在千里之外的邊界另一側,則是日益壯大的日耳曼民族,擁有著6,000萬至7,000萬的人口。這種對比構成了一個本質上具有潛在爆炸性危機的現實。儘管經常討論和平並努力維持和平是有益的,但更為重要的是理解導致戰爭的根本原因。在未來的世代中,如何保護4,000萬法國人不受6,000萬、7,000萬甚至8,000萬德國人的入侵和蹂躪?這構成了一個根本性問題。我們不必深入分析詳細的統計資料,只需指出在1940年後,德國的適齡服役人口將是法國的兩倍即可。面對這種情況,法國如何尋求安全保障?法國雖然戰勝,德國徹底失敗了,但每位有識之士都明白,這種局面或許能維持20年或30年,但並非最終解答。沒有俄國的協助,法國原本無法戰勝德國;然而,俄國已經戰敗,無人能預測俄國何時或以何種形式重新崛起。在和會召開期間,我們似乎認為復興

簽訂和平條約

的俄國可能會站在德國一邊。其他國家也面臨類似問題，但英國有英吉利海峽，美國有大西洋作為屏障。法國人常說，「從長遠來看，除了刺刀和我們士兵的胸膛之外，在我們與入侵者之間別無他物。」

這正是恐懼與災厄的寫照。如今，整個歐洲都因此遭受影響。即便在我撰寫此書稿之時，法國人正以他們辛苦累積的 5,000 萬法郎修築一條鋼筋水泥的防禦工事，以保護他們的國土，防止 1870 年 8 月及 1914 年 8 月的悲劇重演。這便是和會的核心問題所在：法國懼怕遭德國摧毀，在關乎生死的問題上，法國顯示出絕不輕率犯錯的堅定決心。

然而，有人主張，人類日益增強的道德意識將防止此類文明崩潰在未來重演。國際聯盟的盟約將確保各成員國的獨立和領土完整。對此，法國人質疑：「條約保護過比利時嗎？」但有人強調，世界已經吸取了教訓；德國人也已從中學到教訓。沒有人願意再發動戰爭。對此，法國人回應：「我們已經受夠了。」最後有人斷言，經歷了 4 年的屠殺和貧困後，人們變得更加聰明、高尚和仁慈；只需環顧四周，便能理解一切都比他們的父輩好得多：信任民主、信任大眾智慧、信任議會制度、信任舊創的痛苦。然而，法國人依然悲傷地重申：「我們需要安全。」對此，完全安全的美國和相對安全的英國帶著哲學意味地表示：「絕對安全是不存在的。」法國人則說：「如果是這樣，我們要獲得我們能得到的最佳保障。」

福煦元帥頭戴的桂冠，光芒四射，永不褪色。他在考量了自己最近的親身經歷後，宣布：「我們必須掌控萊茵河左岸。如此一來，即便沒有來自英國或美國的強大且及時的支援以阻止北部平原的災難，法國仍能保證不會失敗；或者，如果法國希望其軍隊免遭失敗，就不需要將軍隊撤至索姆河、塞納河或盧瓦爾河等待協約國的援助，法國必須掌控萊茵河左岸。萊茵河迄今仍是西歐安全，進一步說也是文明安全不可或缺的屏障。」

英國人與美國人隨後詢問：「然而，德國人居住在萊茵河兩岸，你將如何治理他們？」福煦元帥便回顧了拿破崙時期的萊茵河聯盟。1919 年 3

月31日,他表示:「穩定萊茵河左岸的政治局勢,並向該地區灌輸各民族自由和平共處的理念,這是我們的責任。實際上,這些地區從未完全屬於任何一個國家,只能算是德意志中部諸邦的鬆散部分。」爭論非常激烈。勞合·喬治提出兩個問題:「若德國人知道英、美將毫無疑問地支持法國,他們還會進攻嗎?」福煦元帥回應,如果他們認為來自俄國的威脅不存在,他們將毫不猶豫地進攻。另一個問題是:「若德國陸軍縮小至與英國陸軍相同的規模,他們還會進攻嗎?」福煦回答他們仍會進攻,因為實際上,德國陸軍不會縮減。他還補充,即便有英吉利海峽隧道,情況也不會有太大改變。

同時,顯而易見,居住在萊茵河畔的居民寧願屬於戰敗的德國,也不願隸屬於戰勝的法國。他們也不希望成為緩衝國的國民。因此,這個問題在大會伊始就陷入了僵局。

威爾遜總統與勞合·喬治都深刻了解到法國所面臨的威脅及其恐懼。威爾遜曾希望國際聯盟能與其他國家一起保障法國的安全,使其免於被侵略。雖然法國人渴望國際聯盟提供最大程度的保護,但他們對於國聯的能力抱持懷疑態度。當軍事制裁被從盟約草案中刪除,只剩下對侵略者的財政和經濟制裁時,法國的懷疑幾乎是情有可原的。威爾遜總統返回美國後,因為美國輿論的壓力而不得不作出的保留意見,進一步削弱了國際聯盟的預期效力。從那時起,形勢變得明顯,如果要說服法國從萊茵河撤軍,必須為他找到其他安全保證。勞合·喬治早已預見到這一個必然性。他甚至比威爾遜更清楚地意識到德國人被外國勢力統治可能帶來的危險。他與威爾遜都拒絕考慮將德國限制在萊茵河後方的方案;兩人愈發覺得有義務尋找其他安全保障措施。

首要且顯而易見的防範措施是解除德國的武裝。然而,福煦元帥和法國軍事界對此卻顯得異常冷漠。停戰協定中,元帥僅要求繳交大量火炮,並未提出德國陸軍的復員或解除武裝的具體條款。有人曾代表他宣稱,他

簽訂和平條約

不相信任何全面解除武裝的政策能長期執行，不願將自己的名字與無法保證落實的條款連繫在一起。他對德國的保證毫不信任，認為無論作出何種承諾，一旦德國恢復行動自由，便會以某種方式建立並武裝新的軍事力量。

在首相的積極推動下，英國代表在裁軍委員會中全力促成最激進的提案。勞合·喬治先生堅持德國陸軍不可強於英國陸軍；其兵員不應強制徵募，且服役期不應過短，應為志願的職業軍隊，並要求每名士兵的最短服役期為12年。如此一來，德國便無法培養大量訓練有素的後備軍。整體服役人數，包括各級軍官在內，不得超過20萬人。勞合·喬治對於德國海軍亦提出相同建議。儘管法國人心存疑慮，但仍接受了這個強硬的提案。此方案與歐洲大陸的傳統思維完全相悖，似乎在質疑「全國武裝」的原則，而這個原則是法蘭西共和國的革命遺產及生活與自由的最高保障。儘管如此，他們也意識到此方案在對抗德國方面的優勢，並確定若德國陸軍實現如此高度的職業化，其兵力不應超過10萬人。勞合·喬治對此不持異議。

最終達成的軍事條款令人驚訝。一個擁有6,000萬人口、曾是全球首屈一指的軍事強國，現在被限制在任何時候都不得擁有超過10萬人的軍隊。德意志國家曾經依賴的軍事結構基礎被徹底摧毀。那個曾經強勢影響德意志政策的總參謀部被廢除。步槍、機關槍和野戰炮的數量受到嚴格控制；禁止製造裝甲車、坦克或毒氣。禁止製造或擁有軍用飛機和飛船，武器、彈藥及其他戰爭物資僅限於幾家指定工廠生產。首相以非凡的精力推動銷毀剩餘軍火的任務。我在陸軍部多次接到他的指令，要求加速完成這項任務。全部4萬門大炮被炸毀，其他軍用物資也被相應地銷毀。主要由於英國的努力，德國幾乎完全解除武裝；這個曾是民族美德象徵且吸引人們廣泛關注的軍事等級制度，長期以來是德國力量的持久泉源，但如今必須在一代人的時間內從德國人的生活中消失。日耳曼人種那取之不竭的青

春、愛國主義、勇武和強大能力的泉源，今後將沿著新的途徑流動，如同英國和美國，以其他形式為國家和社會服務。這一點在過去和現在都是最重要的事實。

然而，法國人民充滿了懷疑和沮喪。這種情緒究竟會持續多久呢？20年、30年甚至40年後會有什麼變化？沒有人希望這一代曾經歷戰爭恐怖與苦難的人再次面臨戰爭。這些解除武裝的條款在和平時期或許有效，但在其需要發揮作用的緊急時刻卻往往失靈。法國人一再強調，占領萊茵河左岸是唯一可持久的防禦方法。

英國和美國提出且受到法國支持的第二項保證措施是在法國和德國之間設立一個廣闊的非軍事區。因此，條約規定，位於德國領土西部萊茵河以東50公里範圍內的所有防禦工事、堡壘和武器必須拆除和銷毀。禁止在該區域新建防禦工事。該地區的居民不可以擁有武器、接受軍事訓練以及參加任何自願或強制的軍事組織。該區域內不得存在用於軍事目的的供應站、機構、鐵路或任何建築物。這些條件的永久執行將由協約國和相鄰夥伴國設立的機構和制定的方法進行監督。

和約起草委員會中的英國成員深刻地了解到，若任由波蘭自由擴張軍力，而俄國又完全置身於和會及國際聯盟之外，解除德國武裝將會面臨困難。因此，從多方面跡象來看，英國代表團似乎認為，這些和約條款中應加入一個導言，闡明永久解除德國武裝應與全球普遍裁軍計畫相連結。這個觀點由威爾遜總統正式提出，並在會議上輕易獲得通過。日內瓦裁軍委員會那頗具挑戰性且已被證明令人困擾的漫長工作便從此正式展開。

法國人堅持認為，這些安全措施在理論上或許非常完美，在和平時期可能有效，但當出現危機而真正需要它們發揮保護作用時，這些措施將會失效。因此，需要尋求一個永久的安全對策，於是產生了由英國和美國保障法國免受未來德國入侵的構想，這一個想法後來逐漸明確。從人力擴展的角度看，這無疑是一個可靠的預防措施。如果入侵法國勢必引發與英國

簽訂和平條約

和美國的戰爭，難以想像德國政府會冒此風險。英語世界的聯合力量是無法抵擋的，戰爭經驗已經證實，這種聯合力量能夠在歐洲，甚至在任何地方以任何必要的形式使用陸軍、海軍或經濟制裁，儘管行動可能需要經過一段不確定的時間。

然而，福煦依然堅持反對，而克里蒙梭面臨著艱難的選擇。法國在戰爭中失去大量人口，成年男性數量銳減甚至停滯，如何能在無視德國和英語世界的情況下，僅憑自身軍力獨自鎮守萊茵河？法國人民怎能拒絕來自兩個海外強國慷慨提供且令人滿意的保障？然而，他也深知放棄萊茵河將永遠無法獲得法國最強硬派的原諒，即便他在法國危急時刻的貢獻也無法挽救。但他的勇氣和智慧承受住了考驗，他接受了英國和美國的保證。條約基於德國萊茵河不可侵犯的原則制定，該地區將被軍事占領一段時間，而現在占領期即將結束。

我們如今清楚地了解了這一個承諾的結局。英國議會及時批准了英國和美國的保證條約，而美國參議院卻否決了總統威爾遜的簽名。因此，聯合擔保成為一紙空文。英國的義務因美國的拒絕而同時失效。這樣一來，受條約約束而放棄萊茵河的法國，被剝奪了其補償性安全的保證。法國陷入孤立，聲稱遭到欺騙，感到被拋棄，於是轉而依賴自身的軍事力量、技術裝備、非洲後備軍、防禦設施，以及與波蘭及其他歐洲新國家的軍事協定。在我們稍後討論羅加諾公約時，對這個總體問題將有更多的探討。然而，那些對此事態發展表示遺憾並批評其有不良影響的人，應當仔細研究其原因和結果。

為了解決德國的和平條約，激烈的爭論使三大國筋疲力盡。他們對此表現出一定的畏懼，因此並未立即投入到相對容易但同樣重要、甚至更為複雜的奧匈帝國及其命運問題的討論，這是可以理解的。某種程度上的疲憊是無法避免且或許是情有可原的。各個委員會長期以來一直在各方面忙碌。此時，似乎給這些委員會一個整體的指導方針，讓起草條約的法律專

家依據對德條約的原則來制定其他戰敗國的條約已經足夠。

然而，德國作為歐洲家族最大支系的自決原則對哈布斯堡帝國而言至關重要。此外，這個龐大舞臺上的關鍵事件已然發生。在戰爭的最後兩週，奧匈帝國事實上已經在動盪中分崩離析。1918 年 10 月 28 日，捷克斯洛伐克公開宣告成為獨立的主權國家，並獲得協約國及鄰近國家的承認。人們仍然記得捷克斯洛伐克軍隊以及馬薩里克和貝奈斯結盟的影響，捷克斯洛伐克成功地在和會上亮相，不再是協約國擊敗的敵對帝國之一部分，而是作為一個新國家，準備與德、奧締結和約。類似的情況隨著 1918 年 12 月 1 日南斯拉夫的成立而再次出現，南斯拉夫由勝利的塞爾維亞人和戰敗的克羅埃西亞人及斯洛維尼亞人組成，稱為南斯拉夫王國，人口約 1,300 萬。這個新國家迅速得到英、法、美等國的承認，但義大利對此猶豫不決。義大利人控訴克羅埃西亞人在整個戰爭中與其激烈對抗。無論對波希米亞和捷克斯洛伐克如何評價，但克羅埃西亞人無權在戰敗時變身，利用機會站在戰勝國陣營。然而，形勢不可阻擋，克羅埃西亞人尋求庇護，塞爾維亞人則以友好對待，稱他們是在一個已消亡的、有罪的帝國強迫下違背意志參戰。1919 年 4 月，義大利承認了他們的權利要求。

匈牙利宣布脫離帝國，宣稱自己為一個獨立的君主制國家。古老的文化中心維也納，與奧地利一同被孤立，奧地利亦試圖效仿，宣布成為共和國，並聲稱作為一個新生國家，從未與協約國交戰，懇求其人民不應因為已經滅亡的政權之罪行而被指責。

這些變化為重新召開的四國會議帶來了新的挑戰。捷克斯洛伐克和南斯拉夫的代表，作為友邦和某種程度上的盟友，被安排在令人嚮往的戰勝國區域就座。同樣地，奧地利和匈牙利的代表，雖曾在同一戰線和同一軍隊之中作戰，卻在戰敗和戰爭罪的陰影下被排除在外。即便奧地利與匈牙利的統治階層承擔了特殊責任，但認為這四個國家中的任何一國人民大部分無辜或有罪，都是荒謬的。所有人都被同樣不可抗拒的潮流捲入了戰爭

簽訂和平條約

的漩渦。然而，一半的人成為座上嘉賓，另一半則淪為階下囚。

兩位士兵攜手奮戰，為了同一個目標，分擔戰爭中的危險與艱辛。戰爭結束後，他們回到了自己的村莊，卻被一條邊界分隔開來：一位成了命運不幸的罪人，僅憑運氣才得以逃過勝利者的報復；另一位似乎成為了勝利者之中的一員。啊，這些被命運女神操控的傀儡！在中歐地區出生的人真是命途多舛。

在如此異常且喧鬧的情境中，力圖將自決原則應用於德國和約的簽署，成為重新繪製中歐地圖的關鍵。對於英國人而言，「捷克斯洛伐克」這一個名稱顯得陌生；然而，波希米亞和摩拉維亞這些古老的王國，居住著捷克人，喚起了民間傳說中的諸多故事：如史蒂芬宴會上的瓦茨拉夫國王、克雷西戰役中的波希米亞瞎眼國王約翰、以及威爾士王子旗上的德語格言「Ich Dien」（我盡力），或許還有布拉格的約翰·胡斯。這些故事久負盛名。波希米亞已經消逝了數個世紀。16世紀奧地利與波希米亞的君主透過個人聯姻，哈布斯堡的領袖因此成為奧地利皇帝和波希米亞國王。30年戰爭的創傷在兩國的歷史中留下了長久的印記。波希米亞因其新教信仰遭到迫害，部分被迫轉信天主教。自1618年懷特山戰役的徹底失敗後，波希米亞成為哈布斯堡王朝專制統治下被征服的王國。但波希米亞人民從未屈服。18世紀時，他們的民族意識陷入停滯；但記憶深遠，傳統強烈。19世紀下半葉，波希米亞民族主義的覺醒以捷克運動的形式出現。在那裡以及其他地方，社會教育喚醒了長久被遺忘的民族語言。學校成為捷克人民與帝國政府鬥爭的焦點。語言意識與民族情感一同增強。法蘭茲·約瑟夫皇帝在布達佩斯加冕為匈牙利國王，但捷克人要求他到布拉格加冕為波希米亞國王，這個願望遭到頑固且如今看來無情的拒絕。

在戰爭期間，捷克的運動從要求自治轉向了追求獨立。捷克人一向習慣於向俄國尋求支持，但在俄國革命後，他們在馬薩里克的指導下轉向了美國和其他西方國家。他們的獨立已獲得承認，然而邊界問題仍需解決。

然而，這裡存在著錯綜複雜的難題。波希米亞和摩拉維亞地區至少有 300 萬德語人口，他們的社群通常集中且享有優勢地位，是一個強大的群體，類似於愛爾蘭的厄爾斯特人，始終保持著緊密的團結。若排除德語人口，可能會嚴重甚至致命地削弱這個新生國家；而接納他們又違背了自決原則。和會在此問題上進退維谷，最終決定維持波希米亞由山脈明確界定且被 500 年傳統尊重的古代邊界。除了在通往奧地利的邊界上做了一些令人費解但微小的調整外，這個決定被付諸實施。

波希米亞的捷克人與斯洛伐克人攜手合作。後者居住在匈牙利北部山區的南側，其中一些地區延伸至多瑙河平原。斯洛伐克人長期受馬扎爾人的統治，視其為壓迫。他們是與捷克人有血緣關係的南斯拉夫民族，使用相同語言的不同方言。他們渴望脫離匈牙利，加入這個新國家。在大戰接近尾聲時，威爾遜總統向馬薩里克教授保證，美國將支持斯洛伐克併入新的波希米亞。正如我們所見，捷克斯洛伐克因此宣布成為一個主權國家。劃定斯洛伐克人和馬扎爾人之間的邊界極具挑戰性。任何劃分都會遭遇合理反對。委員會自然偏向斯洛伐克人，結果約有 100 萬的馬扎爾人發現自己被不情願地劃入捷克斯洛伐克的國界之內。

南斯拉夫王國是由原塞爾維亞王國聯合克羅埃西亞人和斯洛維尼亞人，再加上波士尼亞與赫塞哥維納兩省組成。克羅埃西亞人數世紀以來受匈牙利國王統治。他們不像斯洛伐克人那樣遭受嚴重壓迫，並在戰前利用憲法及合法方法推動自治運動。居住在威尼斯與的里雅斯特北部及西北部山區的達爾馬提亞人與斯洛維尼亞人則為奧地利國王的臣民。這兩個族群正在尋找新的效忠對象；此時，以 S.H.S. 為名的新塞爾維亞──克羅埃西亞──斯洛維尼亞王國正處於艱難的誕生階段。

這個新國家的邊界急需確定。南斯拉夫與匈牙利的邊界劃定相對簡單；然而，他與奧地利的邊界劃分則更具挑戰性，至少需要進行一次公民投票以緩解決策時的緊張氛圍。至於他與義大利的邊界，問題最為棘手；

簽訂和平條約

這兩個協約國政府在此處都面臨彼此的軍事威脅。義大利與南斯拉夫的邊界最終由兩國自行談判解決。

與塞爾維亞相似，羅馬尼亞獲得了大量的人口和領土。原本呈新月形的羅馬尼亞版圖在合併外西凡尼亞後變得如滿月般圓滿。外西凡尼亞問題無法透過自決原則來解決。問題的核心在於相當多的匈牙利人被孤立在羅馬尼亞的邊界地區。羅馬尼亞地區的居民希望加入羅馬尼亞；而在馬扎爾核心地區的民眾則希望與匈牙利同胞團聚。最終的決定與自決原則相悖，這一個原則問題被人為地忽視，外西凡尼亞的完整性成為關鍵因素，和會將整個地區劃歸羅馬尼亞，進而使至少100萬馬扎爾人脫離了匈牙利。

匈牙利與奧地利的新邊界乃是上述決議的產物。匈牙利的斯洛伐克被劃給波希米亞，克羅埃西亞則歸於塞爾維亞，他的外西凡尼亞則割讓給羅馬尼亞。和會還要求他將維也納附近一片相當大的德語區域割讓給奧地利，這片地區基本上是那座可憐首都的糧食來源。這個變故對馬扎爾人極為不利，因為他們在巴黎會議的關鍵時期失去了對本國政府的掌控。布達佩斯爆發了共產主義革命。列寧的追隨者兼莫斯科的代理人貝拉・庫恩奪取了政權，施行暴政和專制。最高會議只能給予勸告，而他們也確實這麼做了。然而，羅馬尼亞軍隊駐紮在外西凡尼亞。這支部隊在遭受攻擊後發動反擊，進入匈牙利，起初偽裝成解放者，受到匈牙利人民的歡迎，但隨後卻無情地掠奪他們。於是，匈牙利人民在決定自身未來的關鍵時刻正處於最為虛弱的境地。匈牙利長期以來併吞的多個附庸民族紛紛脫離其統治，而至今仍有250多萬，占總人口四分之一的馬扎爾人生活在外國統治之下。

奧地利是最棘手的問題之一。他與匈牙利共同承擔了昔日哈布斯堡龐大帝國的所有罪責與重擔。奧地利縮小，僅剩下圍繞維也納和阿爾卑斯山區域的600萬人口，中央是擁有200萬居民的帝國首都。奧地利的狀況確實悲慘。奧地利與義大利的邊界尚未確定。根據倫敦祕密條約，義大利的

邊境應設於阿爾卑斯山脈。然而，在南提洛邦的霍費爾德地區，有 40 萬講德語的阿迪傑河谷上游居民居住在阿爾卑斯山以南。義大利要求履行條約賦予的權利，英國和法國因條約而無法反對。威爾遜總統不受此約束，但他的立場艱難。一方面他支持民族自決原則；另一方面則是阿爾卑斯山、條約及義大利的策略安全。1919 年 4 月分，總統放棄了此前一直堅持的反對立場，將南提洛邦納入義大利主權範圍。

應在制定新國家邊界的所有條約中，加入保護少數民族、保障其待遇和在法律面前享有平等權利的具體條款。義大利作為戰勝國之一，並未被要求承擔保護少數民族的條約責任。他主動宣布自己的嚴正決定，對這些條款給予應有的重視和公正對待。因此，南提洛邦居民只能依賴自身的感受，將其生存基礎建立在對義大利國家的忠誠和尊重之上。

在極端困境中，奧地利轉向德國，期望與偉大的日耳曼民族聯合，進而獲得生命力和生存手段。奧地利被仇視他的鄰國包圍，失去了一切。新成立的奧地利政府立即呼籲賦予自決的民族權利，要求成為德意志共和國的一部分。理論上，根據威爾遜的原則，這個要求——即所謂的合併——難以拒絕。然而，實際上它充滿了風險。這意味著新德國在領土和人口上將超過舊德國，而舊德國已經證明其力量足以與全球對抗 4 年。這將使德國勢力的邊界延伸至阿爾卑斯山的巔峰，成為東西歐之間的絕對屏障。瑞士的未來和捷克斯洛伐克的長久存在似乎也會受到影響。因此，在對德國和奧地利的和約中加入了一條條款，禁止這樣的合併行為。除非得到國際聯盟大會的一致同意，否則據推測，這是無法實現的。

由於歐洲和平的最嚴肅理由排除了這種自決的選擇，因此改善新奧地利的情況變得更加必要。這需要迅速承認奧地利共和國，並盡可能關注如何減輕其財政負擔。儘管駐維也納的英國人提出了重要的意見，但整個奧地利問題幾個月來完全被忽視。在最終開始起草奧地利和約時，各個委員會試圖借用德國條約的條款。這導致整個財政負擔落在小小的奧地利共和

簽訂和平條約

國和匈牙利身上。賠償條款將前奧匈帝國支付賠償的全部責任，強硬地加在這兩個破敗的小國頭上。這種不合理的要求顯然行不通。然而，事情被不必要且危險地因素所延誤。隨後奧地利的財政和社會體系全面崩潰，直到在主要由貝爾福先生的敦促下，國際聯盟介入才得以逐漸恢復。

保加利亞獲得了相對優待的條件。他成功避開了《凡爾賽和約》之後的裂痕與慣性，並從聖日耳曼條約的決策中獲益。他的人口幾乎未見減少；他的經濟與地理疆界值得探討；他獲得了使用愛琴海進行貿易的保障。然而，保加利亞對協約國的傷害卻不容忽視。他無情地投入戰爭；他這種行為對解放他的俄國和友好的英國而言，是忘恩負義的歷史紀錄；他對奮戰中的塞爾維亞背後捅了一刀，由此給協約國的事業帶來了可怕的損害；在塞爾維亞土地上犯下的戰爭罪行，這些都構成了一長串的黑歷史。坦珀利博士在《和平會議歷史》中指出，保加利亞代表團抵達巴黎時非常震驚，因為沒有人願意和他們握手，一條重要的註腳列舉了對這種冷漠態度的種種寒意解釋。然而，在起草保加利亞條約時，參與者比在確定奧地利與匈牙利命運時更為明智和謹慎。此時的專家已經成為制定條約的行家；最優秀和最有能力的官員要求大家控制情緒。這個條約不涉及大國的激情與利益；大國實際上持有善意的冷漠態度。保加利亞人最嚴重的抱怨是，他們被禁止保有由應徵新兵組成的軍隊，且他們的人民不能成為職業軍人。在其他方面，他們是勇敢而勤奮的民族，善於耕種和保衛自己的土地或征服他人的土地。他們處於生存的底層，沒有進一步下滑的巨大風險。他們被斐迪南國王驅入戰爭，這個事實無可置疑，隨著他離去過上奢侈的流亡生活後，協約國的憤怒明顯減退。

本章節主要描述了中歐各國領土問題的解決概況及其遵循的原則。我們與土耳其的條約以及色佛爾和洛桑條約需要另行討論。至於南斯拉夫和羅馬尼亞在蒂米什瓦拉的巴納特地區的爭端，波蘭和捷克之間關於特申公國的爭執，喀爾巴阡山脈的魯塞尼亞人問題，以及東加利西亞的更大難

題，這些複雜問題無法在此簡短敘述中詳細說明。顯而易見，仍有許多摩擦點尚未化解，這些都會引起受影響人群的不滿，並成為歐洲的憂慮。然而，整體解決方案是公正的，簡單地解釋解決方案的形成過程，不會使歐洲新地圖的製作者遭受嚴重批評。各國人民的意願仍占主導地位。戰勝國制定的基本原則在那些國力衰弱的國家中得到了切實貫徹。沒有一個問題的解決能夠不遇到困難或異常現象。對有爭議地區較為正確的解決方案，只有在以下的條件提出後才能找到，即英國、法國和美國願意長期派出相當規模的軍隊，確保進行組織周全的公民投票，並實施後來在土耳其進行的那種人口遷移，同時還必須為那些命運未決地區提供糧食和信貸。由於戰爭耗盡了資源，這種費時費力的干預並不被允許，但也不應該總是憂慮地認為干預就是冒險。中歐與南歐問題的解決模式被迅速且部分粗糙地模仿，但這些模式適合所有具有實際用途，且與總體設計非常契合；從20世紀的視角看，這一系列的設計似乎是正確的。

簽訂和平條約

俄國內戰爆發

1919年，俄國經歷了一場奇特的戰爭：在如此廣闊的領土上，數10萬人的龐大軍隊被擊潰、分散、瓦解，甚至消失；沒有真正的戰鬥，只有襲擊、騷亂和屠殺，結果是如同英國或法國大小的地區易主；這是一場地圖上小旗移動的戰爭，一場改變警戒線的戰爭，一場騎兵部隊掩護前進或撤退數百英里的戰爭，既無明確原因，也無持久後果；這既不是勇猛也不是仁慈的戰爭。任何人都能前進，並覺得輕而易舉地持續前進；任何人都可能被迫撤退並感到難以停止。從表面上看，它似乎與西線和東線的大戰相似。事實上，這僅僅是一場幽靈般的大戰：一場在冥國國土上缺乏實質、冷酷而虛幻的戰爭。首先是高爾察克，然後是鄧尼金，他們透過發動所謂的攻勢，在廣大地區推進。隨著他們的推進，他們的軍隊越來越分散，看來作戰範圍似乎只追求不斷展開，直到一英里不到一個人。處於中心的布爾什維克雖然同樣虛弱，但當機會來臨時，無論願意與否，總是要不斷施壓，在這裡擊一掌，那裡打一拳。於是所有小旗後退，城市易手，但無援的人們遭遇可怕的報復行為，隨後對這些報復行為進行幾個月的瑣碎調查。巨大的自然或策略障礙，如漫長的窩瓦河和烏拉爾山脈不再是停靠之地；獲得或失去它們不再有策略後果。這是一場極少傷亡，但有數不清死刑的戰爭！記述俄國城市、王室和無數卑微家庭的這些悲劇，可能會使圖書館充滿令人憂鬱的書冊。

然而，俄國的人口主要由農村居民構成。數以千萬計的農民分散居住在數10萬個村莊中。土地永續存在，大自然始終會孕育成果。那麼，在這段時期，這些村莊的生活狀況如何呢？有一天，我們與勞合·喬治共進午餐時，薩溫科夫向我們闡述了一番關於那裡的情況，讓人感到信服。在

俄國內戰爆發

某些方面，這些村莊頗似印第安村落，昔日征服者的浪潮已被驅逐。他們占有了土地，消滅或驅逐了以往的地主。村莊社會展現出新的耕作田野。他們終於擁有了長期夢寐以求的地產。不再有地主存在；不再有地租。他們擁有土地及其全部收益。然而，他們尚未意識到在共產主義制度下，他們將面對新的地主——蘇維埃政府，而這個新地主將徵收更高的地租以供養飢餓的城市。

他們過著完全自給自足的生活，與外界隔絕，沒有現代裝置，只能維持簡陋的生存條件。他們用動物皮毛製作衣物和鞋靴，依賴蜜蜂提供的蜂蜜作為糖的替代品，並用蜂蠟在日落後照明。他們有麵包、肉類和塊根作物，進餐時蹲坐在地上。人類的征伐事業與他們無關，無論是共產主義還是沙皇統治，世界革命或神聖俄國，帝國或無產階級，文明或野蠻，專政或自由，這些在理論上對他們來說毫無區別，事實上也無關緊要。他們生於斯，長於斯，為了每日的麵包而辛勤勞作。某日清晨，一隊哥薩克巡邏隊來到，宣稱「基督出現了；協約國軍在前進；俄國獲救了；你們自由了」。「蘇維埃不再來了」。農民們低聲說了幾句，適時選出他們的長老會議。哥薩克巡邏隊騎馬離去，帶走了他們所需及能攜帶的一切。幾星期或僅僅幾天後的某個午後，一名布爾什維克帶著10幾名持槍者乘著破舊汽車來到，同樣宣稱，「你們自由了；你們的鎖鏈已被打破；基督是虛假的；宗教是民主的麻醉劑；兄弟們，同志們，為新時代的到來歡呼吧」。農民們再次低聲說了幾句。布爾什維克說，「把長老會議趕走，這些剝削窮人的反動工具。選出村蘇維埃來取而代之，從此鐮刀與斧頭象徵你們的無產階級權力」。於是農民們驅逐了長老會議，重新選舉村蘇維埃，但選出的仍是原來長老會議的成員，土地依舊在他們手中。布爾什維克和他的持槍者很快登上汽車，伴隨著引擎的聲音遠去，也許是去找哥薩克巡邏隊。

莫斯科掌控著俄國；當協約國的事業在勝利中逐漸失色時，俄國沒有其他的治理機構，只有如《魯賓遜漂流記》中克魯索般的辛勤、獨白與殺

戮。這座古老的首都位於向四面輻射的鐵路網中心。在中央盤踞著一隻蜘蛛！四方的蒼蠅列隊前進，懷著粉碎蜘蛛的徒勞希望！我一直認為，只需要2、3萬堅定、理解局勢、裝備精良的歐洲士兵，便能迅速沿著通往莫斯科的道路前進，不會遇到重大困難或損失；能重創迎擊他們的任何武裝力量。然而，這樣的2、3萬堅定軍人並不存在，或無法將他們聚集。鄧尼金的軍隊在廣袤地區尋找糧秣。他們自稱具有廣泛的政治影響力。他們依靠鄉村供養，但因徵集而迅速疏遠了農民，這些農民起初曾歡迎他們。若鄧尼金本人在南方某地集結必要的物資，為直攻莫斯科做準備，若他掌握住西伯利亞軍開始衰退前的最佳心理時機，他本有良好的成功機會。莫斯科及其無與倫比的鐵路中心的掌控者，擁有一支可信賴的軍隊，其力量與威望或許是牢不可破的。然而從未有人對莫斯科發起過衝鋒；未曾對這座神祕首都進行拿破崙式的進攻；只是在遠處的薄弱戰線上徘徊，且力量愈發稀薄、衰弱和膽怯。最終，布爾什維克居於圓圈中心，對手猶豫不前且未充分集中，因此此時輪到布爾什維克進軍，他們在對方戰線上什麼都沒發現！只有無依無靠的人民或千萬順從的家庭和個人。

俄軍時常停頓且行動不定，這與協約國的政策或政策的缺失如出一轍。協約國是否在與蘇維埃俄國交戰？顯然不是；但一見蘇維埃便開火。他們在俄國領土上如同入侵者一般。他們武裝蘇維埃政府的敵對勢力，封鎖其港口並擊沉其艦船。他們策劃並熱切地期望蘇維埃政府的垮臺。然而戰爭——令人驚愕！干預——令人羞愧！他們屢次聲稱，俄國人如何決定內部事務與他們無關。然後，他們砰地關上大門，接著進行談判並試圖建立貿易關係。

讀者可能認為，五大國在1919年6月的最終決定，明確支持高爾察克，象徵著疑慮和猶豫的終結。然而，他們無法派遣軍隊，也不能投入大量資金。他們所能提供的，是剩餘的軍火、精神上的支持，以及協調的外交策略。若他們在這些限制內真誠地合作，原本可能取得良好成效。

俄國內戰爆發

然而，他們對高爾察克的支持，以及後來對鄧尼金的支持，皆不是全心全意。另一種猶豫不決的表現，是在1919年整個夏季的搖擺不定；對反布爾什維克的前景感到懷疑，對蘇維埃政府和第三國際的真實性質缺乏了解，並急於知道莫斯科的極端主義者是否會對理性和耐心的方法有所回應。

寇松勳爵於1919年8月16日撰寫的備忘錄中，以尖銳的語言批判協約國行動的無能和混亂。

「不能說過去曾實施完全一致的政策，即便在現今作為最後手段的政策所依據的原則上，某些方面仍存有爭議。有時行動是由坐在巴黎的協約國與鄰近盟國政府的代表或他們所設立的機構採取，有時則由各國政府自行決定。形勢如此複雜，要讓各方接受所做的決定，困難極大，在某些情況下，甚至可以說是要求人們承認根本不存在的政策，這並非誇大其詞。

在這種情勢下，各大國在會晤時——必須承認，採取不作為的策略以敷衍了事，這是極為常見的——往往選擇一種不確定的行動方針；財政負擔通常幾乎完全落在那些不具備最大能力或最不願意支付的國家肩上；那些與我們命運相關的獨立國家或社會群體，經常無法或始終未能充分利用所獲得的援助，並不斷呼籲更多的協助；是否承認這個或那個社群幾乎每週都成為爭論的議題；協約國派出許多代表團試圖在各地進行整頓混亂和恢復秩序的工作；對於需要追加大量物質援助的地區，我們提出的建議獲得了上級的批准，而在其他地方則被忽視……

在俄羅斯的西部戰線，波蘭以及立陶宛、拉脫維亞、愛沙尼亞等波羅的海國家正對俄羅斯蘇維埃政府展開軍事行動。對於波羅的海國家而言，他們是否繼續抵抗，主要取決於他們能獲得的物質援助的數量，以及協約國政府對他們民族意願的態度。從政治角度看，當前形勢極不理想。英國政府承認設在塔林與利耶帕亞的愛沙尼亞和拉脫維亞臨時政府，且巴黎協約國代表根據承認海軍上將高爾察克時所附的第五條宣告表示，如果在愛

沙尼亞、拉脫維亞、立陶宛以及高加索和外裏海地區與俄羅斯之間關係的解決方案未能迅速達成協定，將在國際聯盟的協商下制定解決方案。一旦解決方案達成，俄國政府應承認這些地區為自治地區，並確認該地區的實際政府與協約國及鄰近夥伴國政府的關係。然而，尚未採取進一步措施以確保與俄國接壤的國家依照協約國制定的政策進行合作，也未向駐巴黎的代表進行通報，儘管這些代表多次要求了解協約國政府的意圖。這導致了拉脫維亞、立陶宛和愛沙尼亞的不滿……

　　協約國在高加索戰線的各鄰國問題上，顯示出缺乏明確的決策……這裡如同其他地區，各協約國的政策在承認與禮貌的冷淡之間搖擺不定……一切都充滿了不確定性和模糊不清，隨著唯一的一支協約國軍隊撤退至高加索以南，預計將會出現嚴重的動亂（甚至可能惡化）。

　　「僅僅依據我前述的困難局勢便斷言這些情形主要歸因於協約國及其鄰國夥伴缺乏政治視野和協調，或許並非合理的結論。然而，將部分挫敗歸咎於某些大國，因為他們在一定程度上將可用於整個戰場的資源分散於各個戰場，未能採取有組織的政策來集中各方努力，並在政治、軍事和財政措施間進行適當協調，這樣的說法並不算不公正……」

　　同時，我肩負著一項明確且直接的責任。

　　我們的首要目標是在不造成災難且不失體面的情況下，從阿爾漢格爾斯克和莫曼斯克撤退。這是一個既複雜又敏感的軍事和政治問題。我向下議院提出了針對這個問題的以下觀點：

　　在德軍的抵抗被擊破和停戰協定簽署前，北俄羅斯海岸已進入嚴冬，阿爾漢格爾斯克港面臨冰封，或實際上已被冰封。我們的軍人被迫駐守在這個荒涼且令人沮喪的地區，在這種極度讓人焦慮的環境中度過整個冬季。顯然，布爾什維克若願意，完全可以將其大規模部隊集中至這北極圈的特定地帶發動攻擊；而我們的部隊則除少量分隊外，已與外界隔絕。因此，他們的境況令人極為擔憂。他們多數是C3級士兵，但士氣高昂，一

俄國內戰爆發

旦保證他們能在下個冬季來臨前回國,他們會全力以赴地履行職責,成功守住陣地,擊退數次嚴重的攻勢。若允許對方全面進攻,後果可能會相當嚴峻。在這段黑暗時期,局勢始終如此。即便在冬季,海岸被圍困期間,這些部隊士氣低落,且在經歷重大戰鬥勝利後出現疲憊不堪的狀態……還有其他重大挑戰,即必須向這些部隊提供數月所需的各種補給和援助。

我接著說:

……無論巴黎的協約國如何決策,我們駐紮在阿爾漢格爾斯克和莫曼斯克的部隊是彼此依賴的,他們都必須留在當地直到仲夏。既然要留駐於此,就必須獲得適當的補給支援。維護他們安全所需的補給品,應按照我所述的範圍運達部隊,並必須滿足他們所有潛在的需求。對遠征軍隊的批評毫無意義。派遣他們的原因眾所周知,他們是為了我們對德國的作戰而派出的……如今那個理由已不復存在,而根據當初的理由派出的部隊仍然滯留在荒涼的北方海岸,被無盡的冬季籠罩,我們絕不能忽視他們的安全和生活所需的任何物資……

此外,我們對於在這些地區支持我們事業的民眾,以及在對德戰爭期間主要受協約國鼓舞並為我方目的籌組的俄國軍隊,負有極大的人情債。此類問題應予以特別關注,我們始終努力對那些信任我們並因遵循我們建議而陷入險境的人履行義務,這是這個國家的作風。

為確保協約國軍隊從俄羅斯北部得以安全且有尊嚴地撤離,增援是不可或缺的。所有協約國皆渴望迅速撤離這片黯然之地,而英國因其指揮地位及英軍人數超過遠征軍一半,實際上擔負著建立後衛部隊的責任。我們駐當地的大部分部隊理應依據復員計劃返回國內。因此,需要召集一支特別志願部隊,以接替那些疲憊且不耐的徵召士兵,為這個重大任務畫上句號。1919年3月4日,戰時內閣決定加速敦促在巴黎的協約國代表,希望其同意協約國軍早日撤出北俄羅斯。為準備此舉以及應對阿爾漢格爾斯克的危險局勢,戰時內閣授權我進行任何必要的安排。

在執行這個決策時，我招募了兩個新成立的旅，每個旅包含4,000名士兵，這些士兵都是從正在復員的大部隊中自願加入的。軍官和士兵們都樂於加入，因此幾天之內名額便已滿。這些在戰爭中得以鍛鍊的優秀軍人迅速顯現出協調而一致的隊形。他們準備在港口解凍後立即被派往阿爾漢格爾斯克。因此，當其他人急於離開部隊的關鍵時刻，我們擁有了一支堅強、高效且裝備精良的軍隊。這支軍隊剛抵達駐地以接替疲憊不堪的駐軍時，俄國友軍中爆發了一場大規模的危險譁變。據說這種背叛是俄國人的特性，但其原因其實很簡單。自從我們在議會和政治壓力下宣布撤退意圖以來，每個友好的俄國人都知道自己是在面臨死刑的情況下作戰，他們認為最安全的途徑是脫離協約國，藉此與未來的主子達成妥協。這種反應無論多麼令人不快，但卻是不可避免的，因為我們必須執行這個實際上無法避免且明智的撤兵政策。

除了奧涅加地區的叛亂者全面倒戈至布爾什維克外，其餘地區的叛亂均被一支波蘭營和一個英國騎兵連的猛烈攻勢所遏止與平息。然而，隨後由協約國籌組的25,000到30,000名武裝和訓練有素的當地軍隊不再被視作可靠的援軍，反而被視為一種潛在的威脅。幸運的是，退役的志願者已不再需要執行這項他們熟悉的任務。全面崩潰得以避免，他們了解到，在所有戰鬥形式中，他們擁有技術上的優勢。他們占據著廣闊但力量大大削弱的戰線，將叛軍推至後方，同時能輕鬆擊退正面進攻。

社會主義者和自由黨反對派猛烈抨擊我們派遣新部隊前往北俄的決定，甚至一些保守黨的報紙也對此不予認同。倘若我們對這些不負責任的意見加以理會，拒絕推行不受歡迎的措施，則新軍派遣無從談起。若非新軍及時抵達，1919年7月必將面臨一場特別丟臉且規模巨大的全面崩潰與災難。正因新軍成為堅實的屏障，美國、法國、義大利和英國的徵召兵員撤出及大量物資運輸才能順利進行不輟。這代表著停戰後我們在北俄作戰的首個階段即將結束。

俄國內戰爆發

第二階段的作戰情況愈加複雜，激起了更多的爭議。在我於1919年7月29日提交給議會的報告中，所描述的局勢與第一份報告相比並無改善：

在1919年3月的第一週，戰時內閣決議，必須在下個冬季到來之前從阿爾漢格爾斯克和莫曼斯克撤出軍隊，並指示陸軍部制定相應的計畫。內閣還規定，為了確保我們軍隊安全撤離這些地區所可能需要的任何支持——無論是食物、救援物資、增援還是其他援助——均須由陸軍部提供和運輸。此外，還需適當關注我們與阿爾漢格爾斯克和莫曼斯克各階層民眾、應我方要求籌組的當地俄軍及當地俄國政府所簽署的條約中所承擔的義務……

該政策的決策已經通知俄國領導人。1919年4月30日，高爾察克海軍上將得知，所有協約國軍隊將於下個冬季前從北俄羅斯撤出。然而，我們同時希望，北俄政府和俄國軍隊能夠在協約國軍撤離後獨立支撐下去。這一點不難理解，若此方案能夠成功實施，若地方政府和軍隊能自立或與主要反布爾什維克的俄國軍隊聯合的話，那麼這些軍隊即可接管防務，我們便能極為安心地告別當地部分居民和軍隊，並為他們提供避難所和營房，進而解決那些選擇留在該海岸忠誠俄國人的一個重大難題。

身處英國的我們或許輕而易舉地說出：「清理、撤退、迅速脫手，以避免進一步損失，讓軍隊登船撤離，這是明智之舉。」然而，當地的情況卻截然不同，面對那些與你共同生活的人、共同奮鬥過的軍隊，面對在我們堅持下建立的小型政府及其所有機構和下屬部門，當我們的軍官和士兵已與當地建立深厚連繫時，要割裂這些關係並撤離，絕非易事，且充滿艱辛。我不向下議院隱瞞，我真誠希望並相信，按照正常發展，在我們撤離後，當地的北俄政府能夠獨立生存；在得到內閣或政府的完全同意後，我們嚴格遵循參謀部的建議，已準備沿北德維納河向海軍上將高爾察克提供某種程度的間接援助，希望他能抵達該地區，聯合當地俄軍以穩定局勢，並使我們在那裡的事業取得令人滿意的進展。

然而，北俄戰事進入了第三階段。當確認捷克軍不再合作且海軍上將高爾察克無力與北俄地區建立任何連繫時，撤退的最終行動便開始。我們對這次行動的困難和危險深感憂慮，因此決定派遣一位最高軍階的指揮官來負責此事。1919 年 8 月 4 日，原第 4 集團軍著名軍長羅林森勛爵將軍登船前往阿爾漢格爾斯克。他指揮 3 個加強步兵營、1 個營的海軍陸戰隊、1 個機關槍營、2 個炮兵連、1 個工兵連和 5 輛坦克。強大的海軍力量包括能夠溯行北德維納河的淺水炮艦及其他充足的船艦。北俄政府見我們的決定不可改變，決心以大部分軍隊和人員抵抗到底。他們從高爾察克那裡收到了含有此意的緊急命令。這種孤注一擲的希望與決心在英國志願軍中激起強烈的同情浪潮。羅林森嚴厲提醒部下，服從乃軍人的首要責任，以此壓抑他們慷慨激昂的性情，這是一項不愉快的任務。

撤退之際，他們計劃發起對敵人的突襲以作掩護。必須在敵方尚未反應過來之前，對其造成重大損害，確保所有英軍及要求撤離的忠誠俄國人不再駐留海岸。這場精心策劃的軍事行動由艾恩賽德將軍指揮，薩德利爾 - 傑克森志願軍旅和俄國軍隊執行。1919 年 8 月 10 日，布爾什維克在北德維納河的陣地遭受攻擊。攻勢完全成功，達成所有目標，消滅敵方 6 個營，俘獲 2,000 多名敵兵，繳獲 18 門火炮及大量機槍。攻占普恰加和博羅克兩村，距原陣地 20 英里後停止推進。紅軍的能力可從以下事實評估：我方損失不超過 120 名官兵。

與陸軍同行的海軍小艦隊在河道的最遠端布置了水雷，使敵人船隻一時無法通行。敵人被短暫癱瘓，我們得以迅速撤退，先撤至阿爾漢格爾斯克防線，然後再撤回船上。糧食與武器留給俄國的米勒將軍及其部隊。選擇離開的 6,500 名俄國人經由海路前往已解放的波羅的海國家及南俄。至 1919 年 9 月 27 日，從阿爾漢格爾斯克的撤退完成；隨後於同年 10 月 12 日進行莫曼斯克的撤離。此次撤退幾乎毫無損失，因為留下的忠誠俄軍在撤離時占據了有利地勢，甚至發起了自己的攻勢。

俄國內戰爆發

在北俄羅斯，從 1918 年春到 1919 年 10 月停戰前後，英軍因戰死、病故、負傷及失蹤的人數共計軍官 106 人，士兵 877 人。其中，陣亡的軍官有 41 人，士兵 286 人。

這次成功的撤離首先安排協約國軍隊撤出，接著是我們的軍隊和俄國難民。這項行動之所以能夠順利進行，完全是因為無視社會黨人的派系之爭、反對派的阻撓以及媒體的指責。英國人竭盡全力，為每一位希望離開的俄國男女和兒童提供了安全保障。那些選擇留下來繼續內戰的人，完全是出於自願。留在那裡無限期進行對抗俄國蘇維埃的作戰力量不足，沒有更好的解決方案。後果令人沮喪。數週後，米勒將軍的抵抗被徹底瓦解；蘇維埃政府重新在白海沿岸掌控局勢，大量人被處決（一次就有 500 名軍官），此舉熄滅了這些地區俄羅斯人追求生活與自由的最後希望。

此刻，我能看見來自阿爾漢格爾斯克的居民代表們蒼白的臉龐和呆滯的眼神，他們於 1919 年 7 月底來到陸軍部尋找我，懇求英國提供更多的保護，對於他們，我只能給出「模稜兩可的回答」。所有這些可憐的工人和店主勢必立刻面對行刑隊。挽救他們命運的責任落在那個贏得大戰卻未完成使命的強大而輝煌的國家肩上。

1919 年 6 月 12 日，與五大國的通訊結束後，高爾察克的崩潰便開始了。6 月上旬，蓋達將軍的北部軍團在格拉佐夫周圍取得了一些進展。然而，這無法掩蓋我們的代表諾克斯將軍所見的事實，即高爾察克部隊的形勢極其不利。5 月初，西伯利亞西部軍團在烏法前線遭到重創，至 6 月底，北部軍也面臨慘敗。因此，至 1919 年 6 月底，西部軍和北部軍後撤超過 150 英里，退至彼爾姆。7 月初，戰線大致延伸為：彼爾姆以東 —— 昆加爾 —— 克拉斯諾烏菲姆斯克 —— 烏辛斯克 —— 斯捷爾利塔馬克 —— 奧倫堡。7 月間，西伯利亞軍隊持續後退；到 7 月底，他們放棄了埃卡特林堡和車里雅賓斯克，失去了烏拉爾山脈的防線。8 月初，最高會議決定不再支援高爾察克，他顯然迅速失去了對局勢的掌控。諾克斯將軍對西伯利

亞軍隊的情況評論道：「士兵無精打采，懶散不堪，毫無跡象顯示軍官能夠控制他們。他們需要的不是休息，而是艱苦的訓練和工作……敵人誇口將前往鄂木斯克，目前看來無法阻止敵人。隨著軍隊的撤退，瓦解也開始了，士兵們偷偷返回村莊，或護送家屬至安全地帶。」整個8月，西伯利亞軍隊不停地後撤。9月初，儘管在人數上仍超過布爾什維克軍隊，但自5月以來的撤退使士氣低落。然而，9月初，季耶特里奇將軍發起反攻，收復近100英里土地。此一成功非常短暫，至10月30日，堪察加彼得羅巴甫洛夫斯克被布爾什維克占領。南部軍團繼續撤退，處於潰散狀態，已不再是軍事局勢中的一個參考因素。因此，布爾什維克軍隊與鄂木斯克之間無任何阻力，鄂木斯克遂於1919年11月14日撤出。11月17日，政府遷至伊爾庫次克。蓋達將軍在海參崴試圖發動政變，這似乎使伊爾庫次克政府驚醒。然而，西伯利亞的輿論對高爾察克的不滿日益增長，而布爾什維克的宣傳愈發具有吸引力。

　　在這一系列事件進行中，我竭力說服最高會議作出決策，以指引並支持高爾察克。1919年5月28日，我向諾克斯將軍發出電報，請他利用其影響力，促使這位海軍上將「強調召開制憲會議和實行民主選舉等開明原則，這些政令將確立俄國未來政府的基礎」。接到指示後，諾克斯將軍竭盡所能地將高爾察克的訴求與四大國所設的所有條件緊密結合。諾克斯充分利用了約翰・沃德上校的協助，因為沒有人能比他更好地表達「既反對專制政治又反對無政府主義的—愛國的—英國勞動人民」的情感。建議伴隨著援助。英國的貨船直到1919年10月仍然不斷抵達海參崴，那一年英國船舶運送的物資總量接近10萬噸，包括武器、彈藥、裝備和服裝。為執行議會的任務和內閣宣布的政策，沃德上校和他的米德爾塞克斯團於1919年9月8日從海參崴啟程返回英國。隨後，同年11月1日，「漢普郡」號也啟航。此後，只有英國軍事使團和鐵路使團代表英國駐在西伯利亞。

　　協約國與英國的支援已經撤回，軍隊不斷後撤，高爾察克的覆滅終於

俄國內戰爆發

降臨。1919 年 12 月 24 日伊爾庫次克爆發革命，1920 年 1 月 4 日海軍上將向捷克軍隊尋求庇護。

然而，捷克軍的狀況究竟如何？早在 1918 年 10 月，我們便觀察到他們在戰事對抗中顯露出些許疲態，並因白俄羅斯的錯誤處理而感到憤怒。隨著大戰的結束，他們原本為協約國效力的緊繃士氣開始鬆弛。此後，他們唯一且最自然的渴望便是返鄉。協約國的勝利使波希米亞獲得了解放。捷克軍不再是哈布斯堡帝國的叛徒與賣國者，而是捷克斯洛伐克勝利的戰士與先鋒。他們曾被禁止永遠返回的故土，如今閃耀著自由與榮耀的光輝。當那指引的光芒穿透遼闊的俄羅斯雪原，照耀在他們面前時，如此光亮。

1919 年初，捷克軍不再是支持的力量，而成為真正的威脅。捷克斯洛伐克國民會議由捷克軍逐步發展而成，對鄂木斯克政府進行了嚴厲的批評，這種批評無疑是有其理由的。軍隊中各團建立了各種委員會，類似於革命後導致俄國軍隊腐敗的那些組織。他們的紀律和戰鬥力顯著下降。春季時，他們從前線撤回，並被命令負責保衛鐵路的各個區段，1919 年 6 月時決定應盡快將他們遣返回國。為此，採取了適當的措施。

聖誕節前夕，高爾察克，名義上的西伯利亞總指揮，人在伊爾庫次克西方約 300 英里的火車上，該火車停在開往尼吉尼──烏金斯克的鐵軌上。伴隨他的第二節火車載有俄羅斯帝國的國庫，包括總價值 6.5 億盧布（6,500 萬英鎊）的金磚，以及大約價值 5 億盧布的貴重物品和有價證券，後者已大幅貶值。高爾察克幾乎被全體軍隊和隨行人員拋棄。儘管如此，一支對海軍上將心懷不滿的捷克軍「突擊營」仍然是他和財富的守護者。據報布爾什維克軍隊正從北方逼近，意欲奪取黃金，而捷克軍的法國指揮官雅南將軍則電令「突擊營」撤回伊爾庫次克，放任高爾察克和黃金自生自滅。接著，1920 年 1 月 2 日，高爾察克收到捷克軍通知，「將護送各級最高統治者至安全地區。如因某種原因無法護送所有級別人員，務必保護

海軍上將的安全，並護送其至遠東。」在此情況下，高爾察克於1月4日電報伊爾庫次克，表示他將向捷克軍投降。他的專用車身貼有日本、英國、法國、美國和捷克斯洛伐克的國旗，被安置在運載「突擊營」的火車車廂中；黃金則存放於後面的車廂。雖然途經傳聞中充滿敵對叛亂者的地區，捷克軍、黃金和高爾察克在旅途中未受騷擾，順利抵達伊爾庫次克。在此地的鐵路岔道處，海軍上將與寶藏停了下來。

將軍雅南的首要目標是撤出捷克軍隊，同時還需確保高爾察克的安全。若非因為黃金，這兩個任務本可輕鬆完成。在西伯利亞社會結構崩潰之際，無論是紅軍、社會民主黨人還是土匪，都想盡快讓捷克軍隊撤離，想方設法加快他們的離開。高爾察克原本可以毫無困難地與他們同行。然而，運走黃金卻是個難題，各派俄國人準備拋開政治分歧，以阻止這個令人不安的事件發生。1920年1月4日，雅南將軍接受了運輸黃金的任務，為此進行了為期10天的會談和討價還價。在此期間，布爾什維克軍隊逐漸逼近伊爾庫次克，當地社會民主黨政府每日都因緊張而拉響警報。局勢顯然變得充滿威脅。在黃金消息的刺激下，儘管紅軍能力不高，但大部隊即將抵達。西伯利亞有一些伴隨本國軍隊的協約國特派員，他們緊急發電報給雅南將軍，警告說若他繼續在伊爾庫次克逗留，他們將無法協助他撤出。即便捷克軍隊部署得當，也沒有理由相信他們的力量足以帶著海軍上將和黃金開闢一條通道衝出去。然而，空氣中瀰漫著恐慌和陰謀。1920年1月14日，雅南將軍開始與伊爾庫次克當地政府談判。達成的協定是協助捷克軍隊撤離，但黃金和海軍上將高爾察克必須留下。

海軍上將的參謀馬利諾夫斯基在日記中記錄道：「1920年1月14日下午6點，兩名捷克軍官宣布，他們剛接到雅南的命令，要將高爾察克和他的參謀交給地方當局。海軍上將始終保持鎮定，既不說話也沒有任何表情，他不讓捷克人察覺到他的懼怕。海軍上將以炯炯的眼神和苦澀的微笑說，『這就是雅南給我不受阻礙去東方的保證嗎？一個國際上的背信行

俄國內戰爆發

為。我已為任何情況做好準備！』隨後，他與總理 M. 佩佩萊耶夫一起被囚禁於伊爾庫次克的監獄。」

這些舉措令遠東哈爾濱的高級特派員們深感震驚。從他們最近要求雅南自伊爾庫次克撤退的情況來看，他們的境況也相當不妙。他們的警告如今遭到了無禮的回應。雅南將軍表示，除非他們交出海軍上將，否則捷克軍將面臨攻擊，高級特派員們的行動毫無助益，經常只會使局勢更加複雜，他不承認他們的管轄權。他說：「我認為自己應對捷克政府負責，它命令其軍隊返回捷克斯洛伐克，我同時對在巴黎的協約國會議負責，它命令我執行這次撤離任務。」

必須全面考量這位軍官面臨的各種挑戰。透過更精細的分析，可能會更清楚地揭示這些困難。

1920 年 1 月 21 日，伊爾庫次克社會民主黨政府幾乎已經完全轉向紅色，宣布與布爾什維克結盟。蘇維埃的特使進入城市，赤衛隊接管原先由粉紅色衛兵看守的高爾察克。2 月 7 日黎明前，海軍上將和他的總理在監獄中被處決，布爾什維克以其慣用的手法，用自動手槍從後腦射擊。沒有進行任何形式的審判，似乎他們也沒有遭受拷打。

大量黃金及貴重物品的命運相當神祕。這批物品毫無疑問地落入了蘇維埃政府的掌控。然而，蘇維埃政府是否獲得了全部，仍然不明確。6 個月後，弗蘭格爾將軍的政府艱難地調查了一筆據報存入舊金山某銀行、價值 100 萬美元的黃金。然而，他未能長命百歲，以致無法深入追查此事。

遺憾的是，捷克斯洛伐克軍隊的關鍵紀錄在高爾察克投降時被摧毀。看來，有段時間關於捷克軍的某些神話，與他們在真實歷史舞臺上與衣衫襤褸、道德敗壞的西伯利亞觀眾共同演出的劇目不相符。

鄧尼金的軍事行動雖然艱鉅但卻持續不斷。根據總參謀部的建議，英國援助從 1919 年 6 月開始集中向他提供。25 萬支步槍、200 門火炮、30 輛坦克以及大量彈藥和裝備經過達達尼爾海峽和黑海運往新羅斯斯克港；

此外，還派遣了幾百名英國軍官以及未授軍官銜的軍官擔任顧問、教練、司庫員，甚至包括少數飛行員，目的是在強化鄧尼金軍隊的架構。鄧尼金擁有一年前在阿列克謝耶夫和柯尼洛夫麾下為俄國事業（當時仍被視為協約國事業）奮戰的俄國志願軍核心成員和倖存者。因此，他擁有雖然數量不多但能力出眾、堅定且忠誠的軍官。如我們所見，他已經取得了顯著的成就；隨著夏天的逐漸消逝，他的戰線迅速向北推進，直至從西部大城市基輔幾乎延伸到裏海。在這場持續5個月的攻勢中（從1919年4月到10月），鄧尼金俘獲了25萬敵軍、700門火炮、1,700挺機槍和35輛裝甲列車；10月初，他抵達距莫斯科不到220英里的圖拉，其軍力幾乎與對手相當，約有23萬人。我於1919年9月22日（當時鄧尼金仍在戰場上）向內閣提交了全面情況報告：

在鄧尼金將軍部隊控制下的地區，居住著超過3,000萬的歐洲俄羅斯人，其中包括俄國的第三、第四和第五大城市。這些地區因其與英國和法國的貿易便利性，滿足了當地居民迫切的需求。當地擁有完善的鐵路網，只要有足夠的車輛，鐵路就能運作良好。居民對布爾什維克主義極為反感，部分人曾自願研究過布爾什維克主義，另一些人則曾遭受其壓迫。毋庸置疑，若這3,000萬人的意願能透過公民投票表達，他們將以壓倒性的多數反對重回列寧和托洛斯基的布爾什維克政權。此外，鄧尼金的部隊雖主要由志願者組成，但迅速擴大，目前總數肯定已經超過30萬戰鬥人員。我們的政策應繼續保持與鄧尼金的友好連繫，確保軍火供應，並在政治上提供指導，以防止他被反動勢力所利用。尤其重要的是，在已解放的廣大地區內發展貿易和信貸，使當地居民能夠將他們的生活與布爾什維克俄國的困境進行比較。值得注意的是，鄧尼金將軍從未要求派遣軍隊。在過去9個月中，僅有一名英國中尉在坦克戰鬥中輕微受傷，這是我們得知的唯一英國傷亡事件。除了剩餘軍火的價值難以估量外，幾乎無需額外的資金投入，也不需要派出軍隊，只需有限的技術人員協助組織、協調和商

俄國內戰爆發

業活動。

在西部，鄧尼金將軍遭遇的是由佩特盧拉所領導力量薄弱的烏克蘭軍隊。鄧尼金與佩特盧拉之間存在的爭論在於統一的俄國還是獨立的烏克蘭。羅馬尼亞人認為他們只能從一個衰敗的俄國手中奪取比薩拉比亞，因此自然會支持佩特盧拉。協約國的責任在於嘗試協調這兩種對立的觀點。為何認為這無法實現呢？俄國的構想是由許多自治國家在聯邦基礎上組成一個俄羅斯聯盟。在這個構想中，所有合法的願望都能被納入。這樣的俄羅斯帝國對未來世界和平的威脅比一個龐大的，中央集權的沙皇政府要小。當前，所有俄國政黨和軍隊都處於危急關頭，若協約國政策被明智地執行，可能推動局勢走向這個轉變。雖然瓜分或肢解俄國的政策可能會暫時成功，但不會帶來永久性結果，只會導致無休止的連續戰爭，最終在布爾什維克或反動的旗幟下，出現一個統一的軍國主義下的俄國。因此，所有努力應該指引局勢朝向建立聯邦化俄國的方向，而不應默認地方自治或全面統一的原則。

貝拉·庫恩在民眾的普遍憎恨中下臺，這次下臺的輕易性對布爾什維克世界革命體系的聲望造成了最沉重的打擊。其對整體局勢的影響不容低估。

在更北方，佩特盧拉的烏克蘭軍隊左翼毗鄰波蘭戰線。此戰線於過去4至5個月間持續推進，布爾什維克軍隊屢次敗於波蘭軍，損失慘重，無論是人力還是彈藥。波蘭軍隊的戰線如今在多處已深入俄國境內。波蘭人很可能向協約國提出以下兩項行動策略：

協約國需資助50萬波蘭軍隊，以便其深入俄國核心並占領莫斯科；或者，波蘭人將與布爾什維克達成和平協定。

這兩個策略目前都具有破壞性。若向宿敵俄國挺進直至莫斯科，將激發在布爾什維克國際政權統治下的俄國各地潛在的民族主義情緒。此外，這一個計劃無法獲得任何協約國在提供資金時的國內輿論支持。另一方

面，若波蘭單獨與布爾什維克達成突如其來的和平協定，駐守於波蘭戰線的布爾什維克軍隊（目前戰場上第三強大部隊）便能迅速轉移以攻擊鄧尼金；這可能從根本上威脅鄧尼金的存續。對我們而言，鼓勵波蘭尋求如此突然且單獨的和平，特別是在一切處於關鍵時刻，將使以下努力完全落空：

(a) 協約國承諾支持高爾察克海軍上將的總體政策，以及

(b) 英國針對鄧尼金實施大規模軍火運送的特別政策。

這就如同用左手去否定右手所完成的工作；若在同一戰線的不同區域執行相互對立且矛盾的政策，我們所能達成無非是延長無謂的流血衝突，並阻礙任何穩定權力機構的建立。因此，顯然我們當前的方針應該是勸說波蘭人，在接下來的幾個月內繼續他們目前的行動，即在他們選擇的有利時機和地點擊敗邊界上的布爾什維克軍隊。不要準備進行深入俄國內部的決定性行動，也不要單獨進行和談。

在波羅的海國家的政策上，我們應該仿效對波蘭的策略，不進行激烈的大規模軍事行動，以免迫使協約國承擔重大犧牲或直接責任；然而，對於當前的反布爾什維克行動，我們應在物質和精神上予以支持，並盡力協調他們的行動，避免這個戰線過早且不合時宜地瓦解。

然而，鄧尼金的危險性與其勝利的可能性一同增加。他掌控著俄國一大片領土，但卻缺乏恢復社會繁榮和滿足人民需求所需的道德、政治和物質資源。儘管民眾歡迎他的軍隊並懼怕布爾什維克，經歷恐怖歲月後，他們卻不敢公開支持他。在物質匱乏和秩序混亂的情況下，鐵路癱瘓、商業停滯，管理各大城市和省分的責任落在了這位剛剛對政治事務產生興趣的耿直勇敢的軍人身上，而他已經肩負了組織軍隊和指揮戰事的重任。他身邊的政治幕僚力量薄弱，且意見分歧。有些人鼓勵他打著帝國旗號，以沙皇的名義前進，這個舉動對布爾什維克政權來說無疑是個喜訊，這一點雙方都心知肚明。他的大多數顧問和主要軍官堅決反對這樣的決定，而另一

俄國內戰爆發

些人則勸他宣布土地應歸屬於現有的農民。他對此回應:「那麼我們還比布爾什維克好嗎?」但最大的分歧在於對從俄國分裂出去的國家和省分的政策。鄧尼金主張俄羅斯祖國應保持他所理解的完整性,因此他成為反蘇維埃戰爭中自己盟友的敵人。波羅的海國家為了生存而反對布爾什維克的武力和宣傳,但與否定其獨立權利的俄國將軍並無共同目標。波蘭人在與蘇維埃的戰鬥中提供了最大和最強的軍隊,但他們看到,在共同勝利的未來,他們仍需抵抗鄧尼金以保衛自己。烏克蘭準備為自身獨立而與布爾什維克作戰,卻引不起鄧尼金軍政府的好感。

在每一個階段,這些衝突都帶來了令人困惑的問題。該問題遠超過鄧尼金所能應對的範疇。但這難道也超出了在大戰中獲勝的協約國能力嗎?聚集在巴黎的政治家們難道無法協調履行自己的職責嗎?他們曾對高爾察克和鄧尼金表示:「除非你們與邊界國家達成協定,承認其可能的獨立或自治,否則不再提供彈藥。」既然已經向俄國領導人提出了這樣的強制性前提條件,聚集在巴黎的政治家難道不能運用他們的全部影響力使所有與蘇維埃俄國作戰的國家聯合起來嗎?如果不能,那麼在更早階段對各種事態聽之、任之不是更好嗎?如果五大國打算在 1919 年 5 月分對高爾察克發表宣言或要使宣言切實生效,協約國的俄國委員會肯定是一個有效的機構,設立這個機構是我於 1919 年 2 月分在巴黎提議的,當時迫切需要立刻提出建議。然而每件事都是不完整的、脫節的、三心二意的、不協調的,有時甚至是相互矛盾的。

我運用我所有的影響力來制止過激行為並推動統一的行動。1919 年 9 月 18 日:「鄧尼金將軍在解放區不僅竭力阻止對猶太人的屠殺,還公布了反對反猶主義的公告,這具有極其重要的意義。」9 月 20 日:「改善烏克蘭與鄧尼金之間的關係至關重要⋯⋯必須避免讓他繼續用軍隊對抗佩特盧拉的局面⋯⋯來自莫斯科的報告指出,綠衛隊在數量上有所增加,並在全國多地建立了組織,如果不懼怕白軍的報復,他們可能會輕易地利用這些

力量來反對布爾什維克。鄧尼金是否完全理解這一點？」10月9日，我向鄧尼金發電報，敦促他「加倍努力遏制反猶情緒，以此舉證明志願軍的榮譽」。11月7日，我又表示：「我支持一個強大的俄國和英、俄聯盟的發展，希望藉此在鄧尼金戰線後方促進貿易和信貸的發展。」

俄羅斯反布爾什維克的行動在1919年9月達到高潮。高爾察克在西伯利亞建立了一條戰線，甚至取得了一些進展。尤登尼奇指揮的西北俄軍以雷瓦爾為基地，實際上在爭奪聖彼得堡。全面動員的芬蘭只需大國的一點鼓勵便會向該市進軍。英國封鎖波羅的海的海軍中隊的汽艇小分隊，勇敢地闖入喀琅施塔得港口，憑藉無比大膽的英勇行為，再加上海軍部的創意和授權，擊沉了兩艘俄國戰艦。鄧尼金的戰線覆蓋了整個南俄，並穩定地向北推進。然而，他與烏克蘭的爭端處理方式，以及波蘭對俄國的堅定壓力，或許成為決定性因素。所有的努力成為泡影。高爾察克精疲力竭。芬蘭人在協約國的冷淡和阻礙下保持中立。尤登尼奇因缺乏支援而失敗。波蘭一直未能發揮作用。鄧尼金與佩特盧拉發生衝突，鄧尼金的軍隊剛剛全面擊敗這位烏克蘭領導人，但此時其膨脹的戰線被布爾什維克的反攻突破。這支疲憊、分裂、猶豫和混亂的軍隊，面對蘇維埃俄國及其盟國的壓力，無能為力。到1919年11月，鄧尼金的軍隊崩潰，他的整個戰線以驚人的速度消失。這些災難及其原因，我已在9月15日的備忘錄中詳述，這裡不再贅述。

在一年內，協約國投入了大量資金和相當規模的軍力來對抗布爾什維克。英國的花費接近1億英鎊，而法國則在3,000萬到4,000萬之間。美國在西伯利亞依然保持著超過8,000名士兵的駐軍，日本在西伯利亞東部駐紮著3萬到4萬名士兵，並不斷進行增援。高爾察克的部隊主要依賴英國的武器裝備，截至1919年5月總數已達近30萬人。鄧尼金將軍的部隊目前總數約為25萬，此外還有可能投入戰鬥的10萬芬蘭士兵。此外，愛沙尼亞人、拉脫維亞人和立陶宛人從波羅的海到波蘭各自維持著完整的戰

線。最後，還有強大的波蘭軍隊，以及羅馬尼亞和在較小程度上從塞爾維亞和捷克斯洛伐克獲得的援助。

從上述內容來看，很顯然，若現有力量能夠結合運用，成功原本是唾手可得的。然而，由於完全缺乏合作，成功化為泡影，這種情況的根源在於協約國之間完全沒有清晰或堅定的政策。一些國家傾向於和平，另一些則主張戰爭，結果他們既不和解也不開戰。如果他們在一處前線作戰，便會急於在另一處前線談和。如果他們支持高爾察克與鄧尼金，提供資金和軍隊援助，他們卻沒有支持芬蘭、波羅的海國家和波蘭。每次提出建立統一機構以指揮和監督對布爾什維克的抵抗之建議皆被否決。1919年6月分，五位全權代表口頭承諾繼續以物資支持高爾察克，但自從那日起便不斷撤回對他的所有支持。這一年中，芬蘭有兩個時期計劃進軍，與尤登尼奇和愛沙尼亞的軍隊聯合占領聖彼得堡。在如此壯舉中，協約國未給予芬蘭任何支持或鼓勵。波蘭準備對布爾什維克保持強大壓力，但事實上卻受到阻撓。至於一些小國，他們被告知可以自行決定是否講和，但無論如何都得不到任何援助。

所有這些舉措完全符合和平政策或堅持中立的方針，但絕不符合戰爭策略，而這類策略實際上正在除了包圍布爾什維克俄國的廣大北極圈之外的其他區域實施。與此同時，布爾什維克逐漸成功地擴展了他們的軍隊。這些軍隊比潛在的敵對力量要強大得多；然而，當鄧尼金崛起時，高爾察克已被擊敗並瓦解。在過去5個月中，鄧尼金的力量穩步增長，他的軍隊取得了重大勝利，但由於高爾察克的失利和整個西（歐洲）戰線的巨大壓力實際上暫緩，反對鄧尼金的力量在逐漸累積增強。在最近3個月中，布爾什維克能從高爾察克、波蘭人和波羅的海國家前線調集大量人力，實際上還能將整個後備力量投入南部即鄧尼金戰線，因此他們在人數上對鄧尼金形成了巨大優勢。鄧尼金的軍隊雖然是最優秀的，但由於分布在超過1,200英里的戰線上，事實上是一線展開，那些具有人數優勢的部隊現

已四面逼近。儘管仍有戰鬥要進行，即使他的軍隊抵抗力仍然頗強，但作為有效的軍事力量，他們可能會被壓制和導致崩潰。協約國已公開宣布撤回支持，由於缺乏任何精神上的支持或有力的統一行動，鄧尼金的軍隊感到被協約國拋棄，這很容易引發一些嚴重的局勢，這種局勢可能導致全軍的徹底毀滅或消失。高爾察克的軍隊和政府的毀滅幾乎是完全的，整個西伯利亞的廣大地區一直到貝加爾湖，到處都是布爾什維克的軍隊或處於絕對的無政府狀態，貝加爾湖以東則由日本人有效控制。突厥斯坦和中亞各省，已遭受布爾什維克蹂躪，他們已經威脅波斯，並正在與阿富汗勾結。儘管協約國協調一致的努力本可輕易支撐高爾察克，幫助鄧尼金取得成功，使尤登尼奇能與愛沙尼亞人和芬蘭人合作占領聖彼得堡，但布爾什維克如今在他們活躍的各條戰線上都接近全面的軍事勝利了。

當前我們所面臨的局勢正是由這些事實所塑造的，波蘭人的靜默不動使得布爾什維克能專心對付鄧尼金；若鄧尼金被擊潰，布爾什維克若有意便可將力量轉向波蘭。由於鄧尼金軍力的增強及其部隊的奮鬥，波羅的海諸國所承受的壓力有所減輕，芬蘭依然能夠安然無恙地存在。鄧尼金的狀況已經對波羅的海地區帶來了重大變化。布爾什維克的談判代表徹底改變了對小國的語氣，隨著軍事形勢的轉變，他們似乎所作所為皆有其正當性。愛沙尼亞人、拉脫維亞人和立陶宛人的恐懼愈加顯著，隨著鄧尼金的運氣和力量的衰退，這種恐懼將愈發明顯。根據最近的電報報告，芬蘭現在已動員 10 萬軍隊作為防禦，而這個數目的半數若在兩個月前與尤登尼奇的努力結合，便足以攻克聖彼得堡。鄧尼金的失敗將使布爾什維克得以掌控裏海，進而與恩維爾帕夏和穆斯塔法・凱末爾領導的土耳其民族主義者建立緊密且有效的連繫。若此情勢成真，波斯所承受的壓力及阿富汗境內的危險將立即顯現出直接且可怕的狀態。

人們常說，預測未來或沉迷於預言毫無意義。然而，隨著鄧尼金的倒臺，一些即將發生的事件確實需要提前仔細考慮，因為這些事件是確定且

俄國內戰爆發

不久之後就會發生的。到目前為止，嘲笑鄧尼金的努力以及完全沉浸於悲觀主義和冷漠的小聰明是一種低劣的行為。協約國迄今主要依靠俄國軍隊對抗布爾什維克主義。一旦這些俄國軍隊瓦解，局勢將如何演變？根據最新的無線電報告，季諾維也夫使用了非常意味深長的措辭，這些言辭清楚地表明布爾什維克已經取得了軍事上的勝利，其領導人的思維受到了極大的鼓舞。據報導，他曾說：「俄國必須獲得和平，不是因為社會主義需要和平，而是因為資產階級需要和平。」布爾什維克現在對愛沙尼亞提出的要求，芬蘭已經察覺到的威脅，以及中亞和朝印度邊界方向出現的局勢，正是這句話意義的初步例證。

原本只需採取適當的協調措施，而不必大幅增加人力和資金，我們便能建立一個親協約國的反布爾什維克現代化俄國，但如今我們卻幾乎接近於促成一個布爾什維克的俄國。這是一個徹底軍國主義化的國家，完全依賴軍國主義生存，對協約國極端仇視，隨時準備與德國合作，其大部分結構已由德國建立。認為波蘭能夠阻止此種危險的想法是幻想。認為波蘭會在東方堅持防守，直到其他反布爾什維克力量被逐一消滅後，仍能在西方對德國保持強硬態度，這種看法同樣毫無依據。謀求由協約國提供資金和軍火加強波蘭，同時目睹鄧尼金的覆滅，以及隨後布爾什維克軍隊的主力意外壯大，以至於如今波蘭必須面對的敵人兵力達到原來的 3 至 4 倍，這是明智的政策嗎？一方面承認每個國家應有獨立和安全，甚至在某種程度上保證擺脫俄羅斯帝國束縛的每個國家都有獨立和安全；另一方面卻拒絕承認和援助鄧尼金將軍的軍力 —— 這支力量無疑是反對布爾什維克的，並覆蓋著俄羅斯一部分廣大領土和人口 —— 這樣做難道是公正和符合邏輯的嗎？

有些人誤以為這一年我們一直在為反布爾什維克的俄國人奮戰；實際上，情況正好相反，是他們一直在替我們作戰。自從他們被消滅，布爾什維克軍隊控制了俄羅斯帝國的廣大地區，這個事實便顯得愈加清晰，令人

痛苦。

隨著鄧尼金的潰敗愈發顯而易見，各大國對他的斷斷續續支援迅速撤回。1920年2月3日，我受命告知霍爾曼將軍，要直言不諱地向俄國領導人陳述事實。「我無法提供任何希望，讓你以為英國政府會在最後一攬子計劃之外提供更多援助。英國政府也不會利用其影響力，在波蘭、波羅的海國家和芬蘭等地與鄧尼金之間建立反對蘇維埃俄國的聯盟。其理由為，英國自身不具備足以完成並成功推動這樣事業的人力或財力資源，也不願鼓勵他人，因為英國無力支援他人……英國政府在與法國政府達成共識後，若與俄國接壤的國家遭蘇維埃政府攻擊，將給予一定程度的支持……爭論這政策是否明智或正確毫無意義。這是我認為即將發生的事。有人稱，與俄國接壤的國家僅為獨立而戰，而鄧尼金則為控制俄國而戰。我們不能承諾為支持後一個目標而做更多努力，儘管我們對此目標表示同情……我們當前必須面對的問題是如何從這艘失事的沉船中拯救盡可能多的生命。」

我現在將希望寄託於為那些南逃以躲避紅色政權報復的難民找到庇護所，即便是暫時性的庇護所也好。頓河和庫班河流域的哥薩克地區，因當地人強烈反對布爾什維克，或許可以組成一個獨立或自治的地區。如果這裡不行，還有克里米亞半島。鄧尼金軍隊的散兵殘部和數10萬流離失所的平民難民湧入這片富饒的半島，很快會擁擠不堪，陷入困境與貧乏。當弗蘭格爾將軍接替鄧尼金的位置後，他們的防線堅持了幾個月，這位新指揮官擁有非凡的精力與品格，但他到達白俄決策機構的最高職位時已為時已晚。英國艦隊以號炮形式提供道義支持，並參與救濟工作，阻止布爾什維克軍從海路入侵克里米亞。然而，到了1920年7月，沼澤防線乾涸，陸地防線崩潰，克里米亞被侵入並遭受蹂躪，隨之而來的是大量難民湧入君士坦丁堡。所有的船隻仍不足以運載一半驚慌失措的人群。野蠻的敵人得意地擊潰了這最後一批絕望的防禦者。天花與斑疹、傷寒與戰爭和饑荒

結成了新的聯盟。滿載著身無分文且感染疫病人們的船隻——有時他們已經死亡或奄奄一息——不斷抵達這座已擁擠不堪、貧困而匱乏的土耳其首都。這最後階段的恐怖尚未被外界所知。英國的陸軍部隊和水兵以及在君士坦丁堡的一些英國和美國的慈善機構，幾乎竭盡全力提供救助，而「協約國和毗鄰夥伴國」卻轉移視線，充耳不聞。他們不願知道太多，如同拿破崙在貝雷西納所言，「請您別打擾我的安寧。」畢竟死亡是仁慈的，死神肯定忙得不可開交。

這便是戰勝國對俄國事宜所能提出的解決方案。

維斯圖拉河的奇蹟

「我們邁向全球勝利的下一步是殲滅波蘭。」

—— 托洛斯基

全球正開啟一扇通往新危險的門扉。

波蘭在《凡爾賽和約》中扮演了關鍵角色。這個古老的國家曾被奧地利、普魯士和俄羅斯瓜分，但最終從壓迫者的控制中獲得了解放，在150年的奴役和分裂後恢復了統一。監獄的大門已被打破，瞭望塔和有槍眼的防禦牆在動亂中被推倒，這個18世紀的囚犯從廢墟中重生，長期未見陽光和空氣，四肢因酷刑而脫臼，但其天賦的本性和自豪的心態仍然存在，依舊昂首挺立。苦難未能摧毀波蘭的精神；苦難是否讓他更加聰慧？

然而，為了公平地看待波蘭，必須要求人們公正地了解他所經歷的非凡苦難。當他仍在為新獲得的自由而感到目眩時，在他能夠振奮精神適應當下時代環境之前，一系列的危機、迷惑和困境便向他襲來，這是即便最有智慧和穩固的政府也難以應對的。在他的西邊，德國正處於顫抖的狀態，雖然被打得近乎半昏迷，無法動彈，但仍保有巨大的潛力與特質，憑藉這些條件，他幾乎能單槍匹馬對抗大半個世界，進行頑強的戰鬥。波蘭位於這兩個遭受磨難的帝國之間，持續受到他們不幸的影響，他相對弱小，毫無經驗，缺乏組織與結構，糧食短缺，武器不足，資金匱乏，只能炫耀他無可辯駁且最近再次確認的自由與獨立的所有權證書。合理理解波蘭的困難，是正確評估波蘭危險處境所不可或缺的。

起草《凡爾賽和約》的人們本意是要在波蘭建立一個充滿活力、光明、生機勃勃的政治實體，該實體應在德國與俄國之間，以及俄國布爾什維克主義與其他歐洲國家之間，形成一道有效的屏障。波蘭的瓦解和併入

維斯圖拉河的奇蹟

俄國政治集團將使這個屏障消失，進而使俄國與德國直接接觸。布爾什維克若侵入波蘭，或透過宣傳和陰謀推翻波蘭政權，必定會對法國的利益構成嚴重乃至是致命的打擊。當前，法國面對這種令人憂慮的局面只能怪自己。他們曾輕視鄧尼金的努力，並未在民族主義俄國與波蘭及其他邊境國家之間做出妥善安排。他們不願主導（儘管其利益要求如此）推動所有反布爾什維克勢力和國家的明確協同行動。他們的懈怠使我們自身未盡全力的嘗試變得徒勞。他們一貫冷漠，顯然是因為不理解鄧尼金的失敗和俄軍正穩步對波蘭集結，他們只是旁觀者。他們未曾努力促成芬蘭、愛沙尼亞、拉脫維亞和立陶宛聯合起來抵禦共同威脅。相反地，如同英國人一樣，他們鼓勵這些國家達成零星和約，而非全面和平，令波蘭事實上陷入孤立，甚至慫恿其投入戰爭。

針對這一系列新的威脅，我在 1920 年 5 月 21 日提出如下見解：

波蘭面臨的挑戰與俄國蘇維埃政府相似，其嚴峻性不可小覷。任何與布爾什維克俄國直接接觸的國家都曾遭遇類似的困難。這些國家從未能在任何情況下與蘇維埃俄國達成令人滿意的和平。布爾什維克不僅進行軍事行動，還在其鄰國領土上採取各種宣傳手段，與軍事活動互相配合或交替地進行。他們鼓動士兵反叛長官，挑動窮人對抗資產階級，激發工人反對僱主，煽動農民對抗地主，並透過總罷工使國家癱瘓，全面破壞現存的社會制度與政府形式。因此，所謂的和平狀態，實際上可能只是暫時停火，意味著以更加複雜和危險的方式進行戰爭，即不是透過士兵攻擊邊界，而是從內部瓦解國家，摧毀其所有機構。對於像波蘭這樣的新生國家（經歷了一個多世紀的外國統治後才重獲自由，艱難地站穩腳跟，其財政混亂，資源在可怕的戰爭中耗盡），這種形式的進攻尤為危險。

然而，儘管布爾什維克聲稱渴望和平，自去年年底便開始策劃進攻波蘭前線。

除了不斷向波蘭前線增派部隊外，還有多項跡象顯示布爾什維克即將

發起攻勢。布爾什維克在西線的軍力，從1920年1月的81,200人增至3月初的99,200人，並在4月中旬達到133,600人。這些數字涵蓋步兵和騎兵，也就是直接的戰鬥力量。鄧尼金的倒臺釋放了大量兵力。布爾什維克的領導層曾多次宣告，他們打算以對付鄧尼金和高爾察克的方式對付波蘭，波蘭在冬季感到極度不安：若遭此攻擊，波蘭的命運將會如何？

毫無疑問，無論布爾什維克的宣傳及其前線增援是否有效，他們都有能力擊敗波蘭軍隊並推翻其背後的政府，若真如此，情勢將極為艱難。反動的德國人自然樂見波蘭落入布爾什維克之手，因為他們明白，一個強大的波蘭位於俄德之間，將阻礙他們重建帝國和復仇的計畫。

大約在兩個月前（1920年3月5日），布爾什維克發起了對波蘭的攻勢，這次行動的主要焦點集中在普里佩特沼澤到聶斯特河之間的250英里戰線上。然而，當時的情勢顯示，儘管波蘭軍隊供應短缺、衣著破舊，但愛國熱情高漲。即便布爾什維克在該月的後期多次發動攻擊，他們的行動始終未能取得實質進展。因此，布爾什維克提出展開和平談判的建議，並請求波蘭政府確定談判的時間與地點。

波蘭方面建議選擇距離他們前線不遠的鮑里索夫作為會談地點，並提出1920年4月10日為合適日期，同時表示願意在該戰線區域暫時停止敵對行動。他們還承諾在談判期間不會展開反攻。然而，布爾什維克拒絕了波蘭的提議，要求在整個戰線實施停火，並希望將談判地點設在波蘭內地、中立國或協約國之一。

同時，布爾什維克的新部隊正集結於波蘭戰線，多方跡象顯示他們即將對波蘭人發起新一輪攻勢。因此，波蘭人自然認為蘇維埃政府只是在爭取時間，試圖利用宣傳手段削弱波蘭軍隊和民眾的士氣，同時準備新一輪攻擊。

在過去曾反對沙皇制度的革命家畢蘇斯基元帥所領導下，波蘭政府顯然對俄國的政治局勢瞭如指掌，並顯示出他們對如何穩定其暫時治理的俄

維斯圖拉河的奇蹟

國領土有著清晰的思路。據稱，他們的目標是在他們與布爾什維克俄國之間，尤其是在他們的戰線某一部分，建立某種形式的緩衝地帶。這樣的緩衝地帶將由一個獨立的烏克蘭來擔任。

1920 年 4 月 27 日，波蘭外交部公布公告，內容是波蘭確認烏克蘭的獨立權，並承認佩特盧拉政府。同日，畢蘇斯基元帥發表宣告，表示波蘭軍隊願意與烏克蘭軍隊合作，他們在烏克蘭領土的駐留期限取決於烏克蘭政府的成立。他表示，一旦政府成立，波蘭軍隊將立即撤出。

佩特盧拉當日亦發表宣言，呼籲烏克蘭人民竭盡所能促進波蘭軍隊與烏克蘭軍隊的合作。

鄧尼金將軍堅決反對建立一個強大的波蘭或獨立的烏克蘭。他始終堅持的理念是保持戰前國界不變，維持一個統一的俄國。他雖然願意接受一個波蘭國家的存在，但主張其邊界應透過談判決定並需經議會批准。在他勢力消退之際，佩特盧拉領導下的烏克蘭人已成功將布爾什維克驅逐出大部分領土，並致力於建立一個不受布爾什維克影響的獨立烏克蘭。與此同時，波蘭與烏克蘭的合作取得了進展，烏克蘭發生了大規模民眾起義反對布爾什維克，並有跡象顯示解放部隊受到了歡迎。值得一提的是，一支烏克蘭 —— 加利西亞師團（由布爾什維克徵募以支援紅軍）選擇放下武器，拒絕與波蘭 —— 烏克蘭聯軍作戰。

在中歐的饑荒地區，重建和平的烏克蘭，並允許經濟與商業發展，無疑是最大的利好。烏克蘭，而非在布爾什維克統治下赤貧的俄國飢餓地區，可能有望提升糧食供應。

目前難以確定最終結果會如何。毫無疑問，布爾什維克將竭力控制波蘭人，他們肯定會從反動的德國人那裡獲得非正式的支持。烏克蘭人在其國內建立秩序將是一個艱巨的任務。然而，如果佩特盧拉政府成功建立並維持一個獨立且文明的政權，他將能夠解放烏克蘭的糧食生產地區，而波蘭的強大庇護與支持將促進這個解放，因此，在今年夏天於東部實現全面

和平是有可能的。反之,如果波蘭在布爾什維克的進攻下屈服,而烏克蘭遭受蹂躪,那麼建立蘇維埃政權所帶來的無政府狀態和混亂將摧毀所有生產力,這將阻礙烏克蘭有效地出口糧食。此外,波蘭的崩潰將直接影響法國的重大利益,並在較小程度上影響英國的利益;此外,這將大大助長帝國主義路線的重建企圖,這是德國反動分子所期待的。

1920年6月26日,波蘭人自基輔撤退後,布爾什維克對波蘭的侵略再度顯示出其迫在眉睫。

倘若波蘭徹底崩潰,而布爾什維克軍隊橫行於波蘭,或波蘭政府因內部布爾什維克暴動而被推翻,那我們需審視未來,並決定採取哪些行動。面對這樣的局勢(可預見的未來已非常接近),英國政府的立場會是袖手旁觀嗎?若果真如此,法國政府的應對措施又會是什麼?假使波蘭崩潰,這對德國的地位將產生何種影響?若德國的東部邊界與布爾什維克化的地區接壤,顯然不能解除其武裝……無論如何,我們必須預先考慮我們的行動方針。

至1920年6月30日,局勢變得極具威脅,以致波蘭成立了國防委員會,賦予其決定戰爭與和平所有問題的權力;波蘭總理向國會宣布整個國家處於危急情勢,須承擔其責任。7月初,布爾什維克主力開始向波蘭邊界北段推進。7月4日,他們越過貝雷西納河,5日占領布科夫諾。6日,波蘭政府致信當時在斯帕召開的最高會議,呼籲援助處境危急的波蘭。波蘭表示願接受基於全體人民自決原則的波蘭與俄國和平,並警告協約國,若波蘭軍隊屈服於蘇維埃軍隊將帶來的後果。14日,布爾什維克占領維爾納。17日,契切林拒絕英國政府介入其與波蘭的談判。19日,我們據報得知,「目前在華沙與布爾什維克軍隊之間只有無秩序的暴民,若布爾什維克軍隊以當前速度推進,10天內將抵達華沙城下。」23日,波蘭人請求停戰。

這些局勢令最高會議感到震驚。法國人意識到,整場大戰的結果令東

維斯圖拉河的奇蹟

歐陷入危機。1920 年 8 月 4 日，勞合‧喬治先生警告加米涅夫和克拉辛，「若蘇維埃軍隊繼續進攻波蘭，與協約國的關係將無法修復。」

在這個著名的週年紀念日，我們坐在內閣會議室中商討這封意義重大的書信，我的思緒緩緩回到了我們經歷的那段充滿屠殺與恐懼的 6 年。難道真的沒有結束？難道即便是最終的勝利也無法奠定正義與持久和平的基礎？不知為何，前方似乎只有無盡的磨難與危險。又是 8 月 4 日，而這次我們卻束手無策。英國和法國的輿論一片消極沮喪。所有形式的軍事干預都已不可能，剩下的只有言辭和姿態。

紅軍席捲了波蘭的廣大地區。在撤退的波蘭防線後方，每個城鎮中的共產主義細胞和組織紛紛從隱蔽中浮現，預備迎接新蘇維埃共和國的誕生。波蘭似乎剛剛從長達 150 年的三個軍事帝國瓜分的歷史中解脫出來，又陷入共產主義政權的掌控。厄運籠罩著這個新獲自由的國家。1920 年 8 月 13 日，紅軍的刺刀直指華沙的大門，紅色的宣傳在城內翻湧。社會崩解的浪潮究竟會在哪裡止步？

波蘭與協約國對停戰與和平的熱切追求同時展開。布爾什維克接受了這些要求，承諾願意談判，但在確定會談地點上多次推遲。最終選定明斯克。1920 年 8 月 10 日，加米涅夫向勞合‧喬治先生提交了俄國和平條件的預告，其中要求削減波蘭軍隊至幾乎無防禦能力的程度，但給予他合理的邊界。加米涅夫暗示還有其他附加條款。英國工黨強烈反對英國向波蘭提供任何援助。在共產主義的影響下，英國許多地方成立了行動委員會。沒有一個地方的公眾對波蘭垮臺後可能帶來的災難有任何認識，在這種壓力下，勞合‧喬治先生被迫勸告波蘭政府，俄國的條件「不會損害波蘭作為一個獨立國家的種族邊界」，如果他們拒絕接受，英國政府將無法採取行動反對俄國。另一方面，法國持相反立場，與英國分道揚鑣，告知波蘭政府這些條件完全不可接受。在此情況下，波蘭人繼續集結兵力保衛華沙，同時嘗試在明斯克啟動停戰程序；布爾什維克則一邊進軍，一邊拖延

談判。

直到 8 月 17 日，會議才得以召開。蘇維埃代表依據先前給予的指示，提出了他們的條件。他們承認波蘭共和國的獨立，不要求任何賠償，並同意波蘭的邊界應遵循寇松勛爵於 7 月 11 日通知中所確定的界線。這些條件無可挑剔。然而，根據第 4 款：「波蘭將復員其軍隊至 5 萬人，並組織公民工人民兵以維持秩序。」第 7 款：「禁止在波蘭境內製造武器和戰爭物資。」第 12 款：「波蘭將負責為在戰爭中犧牲、受傷或致殘的公民家庭分配土地。」如此一來，俄國在紙面上做出了看似公正的讓步，承認獨立、無賠償並確認邊界，但蘇維埃的真正目的是在解除武裝的波蘭推行布爾什維克革命。這種設計的意圖對於全球所有反共產主義者和共產主義者來說，都是顯而易見的。建立工人民兵隊，並為戰爭中犧牲或受傷的波蘭公民家庭分配土地，意味著在共產黨指導下，由赤衛隊推行土地國有化政策。內部的火種即將被點燃，從此波蘭將迎來蘇維埃政權，並被共產主義征服。

然而，隨之而來的是一場轉折——突如其來、神祕莫測且具有決定性。這一個變化在人們心中留下的印象，幾乎與 6 年前馬恩河戰役的影響如出一轍。俄軍再次以無法抵擋的勢頭向前推進，帶著無法估量的悲劇與毀滅的可能性。然而，他們再次因某種不明原因停滯不前，步履蹣跚，難以站穩，俄軍陣列紛亂，秩序崩解，並在似乎同樣不可抗拒的力量驅使下開始撤退。正如巴黎得以倖免，華沙也得到了拯救。沉重的天平調整至新的平衡點。波蘭人，如同巴黎，不再面臨危機，而是迎向生存。歐洲，他的自由與榮耀不會屈服於德國皇帝的專制或共產主義。1920 年 8 月 13 日，對華沙的攻擊在距離不到 15 英里的拉濟明展開，4 天後，布爾什維克軍隊全面撤退，留下 7 萬名倖存的俘虜在波蘭人手中。維斯圖拉河以不同的形式重現了馬恩河的奇蹟。

究竟發生了何事？其過程是怎樣的？答案顯然存在。在福煦元帥的

維斯圖拉河的奇蹟

「家兵」中，領頭的是一位誠懇、謙遜、思維縝密且具軍事才華的將領魏剛。他抵達了華沙。法國在無法提供物資援助波蘭的情況下，派遣了這位軍人。看來這已經足夠。在協約國使團團長、前英國駐柏林大使達伯農勛爵的影響力和權威下，實際的軍事指揮權落到了魏剛手中。他重整撤退的波蘭軍隊，將他們的撤退轉變為有組織的反擊。被長期壓迫的波蘭民族精神爆發出為國家求存的最後、最大努力。布爾什維克無法承受任何堅決的反擊，立刻屈服於新的意志力量，幾乎未展開戰鬥。那個自信地向前進軍，試圖將世界革命帶向西方的使者，突然且迅速地撤回波蘭邊境；與此同時，受到畢蘇斯基有力公告的激勵，波蘭農民用鐮刀和棍棒武裝自己，殲滅掉隊者，清理他們的土地。

另一種解釋是，這一切都是在畢蘇斯基元帥和總統的嚴苛性格支持下，由波蘭參謀部精心策劃的計畫之一。波蘭軍隊故意撤退，就像霞飛在馬恩河前的策略一樣，等待時機成熟，再進行180度的大轉折。他們讓入侵者隨意擴張，奪取他們的供應，從假裝薄弱的防線中獲得虛假的信心，然後以加列尼式的果敢予以反擊。如今，他們因能夠親眼見到魏剛將軍如此敏銳的軍事判斷與他們成功的協同行動而感到欣喜。

英國的觀察家認為，這個成果應歸因於魏剛。然而，魏剛在任何場合，不論公開或私下，總是堅持地表示：這項工作是波蘭軍隊完成的。讀者可以選擇接受這兩種解釋中的一種，也可以同時接受。關於馬恩河的真相，愈是企圖揭示清楚，真相與其巨大後果之間的差距就愈加明顯。因此，現今在這場雜亂無章、組織不當、士氣低落且疲憊不堪的小戰爭中，必須深入探討究竟發生了什麼，這不禁讓人發問：為什麼？

然而，無論如何，一切已成過去。我曾經預見並擔憂的危險終究發生，但結果卻被成功避開。應歸因於猶豫不決和優柔寡斷的可怕損失，在即將發生的那一刻得以倖免。和平條約於1920年10月12日在里加簽署，該條約確保了波蘭的獨立及其對抗俄國入侵或顛覆的自衛手段。共產主義

退回俄國，幾百萬人死於戰爭和迫害，而未來幾年內更多的人將死於饑荒。亞洲的邊界和黑暗時代的氛圍從烏拉爾山脈推進到普里佩特沼澤。然而，那裡寫著：「到此為止，不准再往前。」

或許值得花點時間來總結這段俄羅斯的故事。對於另一個國家事務的失敗干預被普遍視為一種錯誤；因此，在俄國革命和停戰後，協約國在俄羅斯的所有努力受到廣泛譴責。然而，協約國在布爾什維克革命後若要在大戰中取勝，必須在俄羅斯展開干預。在1917年底及1918年的大部分時間裡，協約國無法預見德國在西線的突然崩潰。即使到了1918年9月，協約國仍謹慎地預期德軍可能撤退至默茲河或萊茵河，並緊張地為1919年的大戰做準備。在此背景下，若不在東方努力重建反德戰線，俄羅斯的糧食和燃料資源將落入同盟國手中，這將是嚴重的失誤。因此，協約國承諾支持正在與布爾什維克抗爭的民族主義俄國政府和軍隊，後者聲稱對戰爭的原始目標保持不屈不撓的信念。

在戰爭期間，對於在俄國取得決定性成果的努力顯得微不足道。日本或美國如果投入實質性的軍事行動，使用那些從未踏上歐洲戰場的部隊，1918年本可能獲得成功。然而，現實是，大量外國軍隊進入俄國會引發明顯的反對聲浪，無法有效擊潰當時的蘇維埃政權結構。當我們回顧捷克軍的驚人成就，似乎可以確信，如果有一支小規模但可靠的美國或日本部隊果斷行動，甚至在德國突然崩潰之前，民族主義俄軍與協約國軍隊本可能占領莫斯科。由於協約國內部意見不一和相互矛盾，加上美國對日本的不信任以及威爾遜總統的個人反對，協約國在戰爭期間對俄國的干預確實達到了弊大於利的地步。因此，在停戰時毫無成果，協約國在俄國多地陷入了無效的行動。與協約國並肩作戰的是一些忠誠的俄國組織，它們獲得了協約國提供的精神支持，這比物質支援更為重要。若戰爭延續至1919年，干預的力量不斷累積，必然會在軍事上取得成功。停戰事實上成了俄國民族主義事業的死刑執行令。只要這個事業與代表27個協約國的世界

維斯圖拉河的奇蹟

目標緊密相連，勝利是可以預期的。然而，當戰爭突然結束，戰勝國急於關注自身問題且各政府精疲力竭時，原本支持忠誠俄國人的潮流迅速退去，讓他們孤立無援地面對困境。

然而，似乎仍有一絲可能性，這些俄國民族主義軍隊或許能依靠自身力量挽救自己和國家，儘管這機會並不大。據稱，福煦以其卓越的判斷力曾指出：「高爾察克和鄧尼金的軍隊難以持久，因為缺乏文官政府的支持。」在大戰結束後，即便可能，在俄國部署英、法或美軍總是不正當的。那些已駐紮在俄國的軍隊應盡速撤離。停戰後的對俄干涉應僅限於金錢、物資、軍火、技術指導、精神支持和協調一致的外交手段。然而，即便是這些有限的援助，只要在適當時機中巧妙且忠誠地運用，也能提供相當大的成功機會。然而，這些資源卻因懷疑和矛盾的信念以及支離破碎、不合邏輯的行動而逐漸被浪費。策略的二元性，如前所述，對任何和平或戰爭計畫的成功都是毀滅性的。如果要支持包圍蘇維埃俄國的反布爾什維克力量，這個政策應明確執行；而和平應在一定條件下與布爾什維克談判，這些條件應保證忠誠的俄國人能夠擁有生活和自由的希望，他們在戰爭中與協約國並肩作戰，我們對他們負有道義責任。然而，協約國既未認真嘗試這個，也未認真嘗試那個。三心二意的宣傳努力伴隨著心不在焉的軍事行動。這種矛盾持續下去，因此沒有真正和平或勝利的可能。民族主義的俄國人取得的成就雖不充分，但超出了協約國政治家或將軍的預期。然而，由於缺乏國際道義支持，以及他們的民族目標與鄰國波蘭和羅馬尼亞相悖，他們最終一一被擊敗和消滅。

我曾提及自己在這些事件中所扮演的角色，既不負責最初的介入，也不負責因此而生的承諾與義務。至於在停戰後決定介入是否應該繼續或終止，這方面我亦無責任。我的任務是盡力完成英國所參與的工作，並盡量保護在協約國與俄國共同事業中牽涉的人，儘管我的地位次要，但職位卻十分重要。想到我們的國家是最後一個不履行義務或任由不幸的夥伴被命

運左右的國家時，我感到一絲慰藉。對於像在阿爾漢格爾斯克與莫曼斯克撤退時所面臨的困難與艱辛，我們可以聲稱已經妥善而得體地處理了我們的事務。在西伯利亞，我們的影響一直不大。然而，我們給予鄧尼金相當大的支持，向他提供了足夠裝備約 25 萬人的武器。此項費用被模糊地稱為 1 億英鎊；但這是荒誕的誇大。實際費用不到這個數字的十分之一，軍火本身雖然生產成本高昂，但它們僅是無法出售的一戰剩餘物資，無法確定其貨幣價值。如果將它們留存至腐壞，只會增加我們的保存、維護和管理成本。

儘管干預未果，但兩個結果卻留下了深遠的影響。首先是道德層面，無論如何，我們可以說，忠於協約國的俄軍並非毫無自衛之力。他們手握武器，假如他們是一個高素養的軍事群體，能更容易理解自己的使命和同胞，這些武器足以讓他們贏得勝利。在這方面，捷克軍的成就提供了一個在俄國當時可能實現的標準。至少可以說，民族主義的俄國人之所以失敗，不是因為缺乏武器，而是因為缺乏團結、意志力和堅韌不拔的精神。個人並不缺乏勇氣和奉獻精神，也不缺乏堅定的決心；但能讓數萬人即使在孤立無援的情況下仍能團結一致，為共同目標而奮鬥的素養，在沙皇帝國的遺骸中無法找到。克倫威爾鐵甲軍在馬斯頓沼地的衝鋒、護衛拿破崙從厄爾巴島歸來的擲彈兵、加利波利的紅衫黨人及墨索里尼的黑衫黨，都受制於截然不同的道德與精神力量，這些力量本身都燃燒著熊熊烈火，但在俄國只是一粒火星。

干涉另有一個更具效力的結果。布爾什維克在整個 1919 年專注於與高爾察克和鄧尼金的戰鬥，他們的精力集中於國內的軍事行動。這為俄國西部邊界周圍新獲自由的國家提供了極其重要的喘息之機。高爾察克和鄧尼金與其追隨者在這過程中被消滅或驅逐。接下來俄國陷入了無盡的冬季。然而，芬蘭、愛沙尼亞、拉脫維亞、立陶宛，尤其是波蘭，得以在 1919 年建立起文明國家的架構並籌組愛國軍隊。至 1920 年底，保護歐

洲免受布爾什維克影響的「防疫地帶」已由自身充滿活力的民族有機體形成，這些民族有機體對政治病毒持敵視態度，並透過與危害的抗爭累積了免疫力。在這段時期，法國、英國和義大利的社會主義者中首次出現了理想的幻滅，這種情緒逐漸演變為對現狀的強烈厭惡。

愛爾蘭的幽靈

啊！兄弟們血流不止！

唉！何時方能痊癒創傷！

時光冷酷無情！

我們的仇恨何時才能結束？

吾輩的良心，豈能逃避罪惡？

克制貪婪掠奪，實因懼怕神靈，

那還有什麼神聖之處呢？

有哪座聖壇能夠提供寬恕？

賀拉斯，《頌詩》第一卷第35首
—— 英譯者康寧頓

一個完整的社會如同一個生命體，受自我進化本能的驅動。這個原則經過道德、邏輯或情感的辯論而獲得了權威性的教義地位，並在每一代人身上展現。父母將此類教義傳授給孩子，認為這些曾令自己受益的教義可能在孩子成長後仍有用。因此，儘管這些信仰的需求已過時，信仰本身卻持續存在。雖然當下未必發揮作用，但實際上在每個階段，人們不斷汲取依賴武器和過去戰爭之中得到的教訓。潛在的需求總是以不均衡的速度和不斷變化的週期持續發展，有時還會受到巨大的外來衝擊，迫使人們修正需求內容與調整期望比例。

不列顛與愛爾蘭的關係，是在數個世紀中因愛爾蘭期望獨立，而此將對不列顛的生存構成威脅並從此懷有敵意開始的背景下形成的。較為強大的英格蘭島所採取的每個政策與措施皆基於此一基本事實。然而，20世紀

時，情況已不再如此。擁有 1,200 萬人口的不列顛，夾在一邊是 2,000 萬人口的法國——這是 1,000 年來英國的宿敵及潛在入侵者——另一邊是 700 萬人口且懷有敵意的愛爾蘭之間。此時，這 1,200 萬人內心感到不安是可以理解的，他們最終所採取的措施亦屬於意料之中。然而，當法國在人口數量上被統一的德國——法國數世紀的宿敵——遠遠超越；而另一方面，當愛爾蘭人口減少至 425 萬，不包括北愛爾蘭則只有 300 萬時；當不列顛人口——不含其帝國其他領地的人口——已增至 4,300 萬時，局勢便發生了改變。

然而，與此同時，擁有嚴格結構、利益、偏見和強烈情感的各方，仍然如同其前輩一樣，堅持舊有的準則，並據此做出判斷與相互爭鬥。世界大戰的爆發與衝擊，促使人們對變化中的統計數字有了新的理解。

此外，兩個實質性因素亦在發揮影響。首先是財政因素。戰前多年，愛爾蘭繳納的稅款遠少於聯合王國財政部在愛爾蘭的公共開支。愛爾蘭一直是從聯合王國財政部獲得資金的受益者。然而，戰爭的巨大開銷超乎預期，債務累積超出預想。在此背景下，儘管用於大英帝國的稅收增長，但已不再與愛爾蘭地方政府的支出相關，聯合王國財政部的公共開支不再流向這些規模更小且更加貧困的島嶼。

第二個新因素的重要性不遜於第一個因素。依據《統一法案》，愛爾蘭有權派遣 103 名議員到大英帝國議會。在 19 世紀，人口的顯著變化並未對此配額產生影響。愛爾蘭人對這個立法固定的數字感到滿意，而英國則在接受這個要求的同時，不斷抱怨。因此，在大英帝國政府的核心，始終有至少 80 名議員在抱怨，他們直言不諱地表示，愛爾蘭對不列顛及其制度毫無興趣；英國的困境成為愛爾蘭的機會；愛爾蘭人將透過議會施壓獲得他們所能勒索的一切卻不付出任何回報；他們將機械地將其掌控的力量投入國內的各種顛覆運動和國外的每一個敵對勢力。這類聲稱指出，愛爾蘭民族主義黨——至少從帕內爾時代到第一次世界大戰——在愛爾蘭

實際上保持了對叛亂和暗殺武裝力量的控制。

然而，議會制度與民主制度的潤滑作用實際上促成了愛爾蘭民族主義黨對反英教義的顯著轉變。儘管他們以阻撓和擾亂議事的方式破壞了下院古老而自由的議事程序，但他們確實讓下院的辯論更加生動活潑，也提升了其吸引力。雖然他們自稱為不列顛制度的死敵，但在許多改革的適時實施中，他們明顯地扮演了促進角色，這些改革對於提升不列顛社會生活品質至關重要，並且透過改革，不列顛制度自身保持了長久的活力。愛爾蘭民族主義者一方面譴責南非戰爭的侵略性質，另一方面卻對愛爾蘭團隊的英勇表現感到振奮。愛爾蘭男子自由參軍，而愛爾蘭的領袖們則以這樣的想法安慰自己：這不過是一場小規模戰爭，士兵們可以盡情地參與而不會危及整個事業的安全。

一場大規模的戰爭爆發，消除了所有次要的辯護和小規模的行動。1914年8月4日，一種崇高的情感深深觸動了絕大多數愛爾蘭人民。儘管愛爾蘭的心並未與不列顛的心同步跳動，但在道德與理智上，兩地的決策卻是一致的。不列顛的國民應該永遠記住，歷史也將深刻地記錄這一點：德國入侵比利時和英國宣戰的消息在廣大愛爾蘭民眾中激起了與不列顛帝國及協約國相同的憤怒。約翰·雷德蒙先生爭取到民族主義黨全黨的支持，並以該黨的名義以高雅雄辯的言辭保證愛爾蘭支持戰爭。愛爾蘭的議員們對戰爭及其所需的徵稅投了信任票。在一致對外的大前提下，北部和南部的爭端暫時停歇，整個愛爾蘭的天主教徒和新教徒紛紛趕往徵兵處報名入伍。

此刻正是把握時機的關鍵時刻，是時候賦予愛爾蘭他長久以來渴望的依憲自治。在北愛爾蘭設立一個獨立而又附屬的議會，這已經成為可能，僅僅作為在廣泛承諾的莊嚴忠誠中附帶的一個小專案，獲得帝國全體人民的支持，因為他們首次形成了一個統一的戰線。這樣的嘗試未經政府允許，我們也無法聲稱它是可行的。很少有人預見到，前方還有危機四伏

的漫長歲月。所有目光都聚焦於戰場。自由黨政府堅持將《愛爾蘭自治法案》納入《法令條例全書》，但直到戰爭結束，一項懸而未決的條款仍然阻礙其實施。儘管後來一些政治家對此法案表示不滿，《愛爾蘭協定》仍在極不利的條件下於1921年簽署。

在愛爾蘭軍隊的建立過程中，某些關鍵機遇被忽視了。愛爾蘭民族主義者試圖在迅速形成的營和旅中強調愛爾蘭的獨特性，這自然是合乎情理的。在愛爾蘭南部，富有民族意義的旗幟、徽章、制服和口號成為人們追求的目標，對此願望應予以更大膽的支持，這本可助於徵募新兵，並增強友好的情感。然而，基奇納勳爵從不同的視角看待這些現象，無人能反駁他錯誤的理由。1798年的歷史擺在他面前，即便他出生於愛爾蘭，他仍然相信，一支為某一目的而建立的愛爾蘭軍隊無法保證不被用於其他目的。在他的影響下，陸軍部依然採取僵化的常規，許多當地人的熱情受到打擊，甚至感到失望。戰爭艱難進行，激情慢慢消退，舊有的誤解和不完整的同情恢復了它們的影響。在愛爾蘭，仇恨的勢力重新掌控民族思想；與此交織的是年輕人為目標奮鬥和承受苦難的渴望。接踵而來的是1916年復活節週的悲劇：試圖獲得德國援助的暴動、迅速鎮壓和嚴厲的死刑，雖然數量有限，但具有侵蝕作用。常言道，「青草能迅速在戰場上生長，但永遠不會在絞刑臺上生長。」愛爾蘭議會黨的地位遭受致命打擊。解決愛爾蘭問題的鑰匙已經傳到那些心中對英國懷有仇恨的人手中，並且這是他們唯一關注的。

直到陷入如此悲慘的境地，愛爾蘭的民族主義領袖、愛德華·卡森爵士、英國政府以及隨後的聯合政府才開始認真努力，試圖在愛爾蘭的兩個部分之間以及愛爾蘭與大不列顛之間達成協定。會議的失敗或許不應過分歸因於此種局勢。整個戰爭時期中，無論指揮官將愛爾蘭師團派往何處，他們都一貫的英勇作戰。志願募兵制無法彌補他們的損失。戰爭愈加激烈殘酷。隨著交戰國每年增加賭注，整個大不列顛的志願役逐漸被義務徵兵

所取代。加拿大和紐西蘭通過了《強制徵兵法》。後期加入戰爭的美國則試圖嚴格立法，徵召所有符合服役條件的人員。最終在大不列顛，18歲的男孩、45至50歲的男子、有家室的父親和寡婦的獨生子均被徵召服役。人們不禁嚴厲地質疑：「為何愛爾蘭，這個不乏適齡男子的地方，應該受到優待？」

1918年，我們以這種方式處理愛爾蘭的徵兵問題，結果在兩方面都遭遇了最糟糕的後果：既引發了反對徵兵的民怨，又導致了既無法可依又無法獲得兵員的狀況。英國在愛爾蘭推行強制兵役制度的需求引發了愛爾蘭人民的強烈不滿。6萬名愛爾蘭士兵在前線服役，但同時有6萬名英國士兵駐紮在愛爾蘭，收支相抵，我們的兵力並未增加。

南愛爾蘭的勝利未能帶來如願的歡欣。愛爾蘭人民現今將焦點完全轉向內部事務。在1918年的選舉中，所有支持協約國目標的候選人均告落選。19世紀60年代末代表愛爾蘭民主事業的民族主義黨，瞬間消聲匿跡。取而代之的是80名新芬黨議員，他們對民族同化的程序全然無視，拒絕接受其影響；這些過程在和平時期以言辭和投票支持對抗，實際上創造了大量潛在的同情者與理解者。如今呈現的是一種回歸早期的古老仇恨，仍未得到宣洩的機會。這是一群只顧本地利益的人，他們不會理智地考慮這樣做會對自身或爭取更大利益的努力產生何種後果。這80名下院議員充分展現了復活節叛亂的精神。戰前在歐洲某些國家的議會曾出現過此類可怕的少數派衝突，這種情況今日在某些國家的議會可能依然存在。

在1919年1月召開的那屆議會，我們了解到，保守黨黨員占據了壓倒性的多數。80名敵對者的壓力可能會干擾議會的辯論，甚至可能引發會議廳內的暴力行為，但這並不能阻止或改變事情的程序。然而，其他歷屆議會已經為我們提供了先例。任何有遠見的人必然會想到以往的英國議會：有時，各黨派相互制衡，但有時也會因為某個拒絕妥協的少數派打破平衡，進而損害國家的安寧與幸福。選舉權幾乎已經擴展到了最廣泛的範

圍。當初不理智的、被選舉人煽動到極端的反德情緒迅速消退。在這個過程中，所有目的是在顛覆國家和毀滅文明的力量都在蠢蠢欲動。實際上，4 年一屆的議會即將改選，屆時 80 名新芬黨議員幾乎會讓一個不成熟、組織鬆散、缺乏修養的社會黨獲得絕對多數。長期以來，在我們的議會生活和政黨競選活動中，帝國最為關鍵的部分總要經歷折磨，由一群無教養的仇恨者將幾代人甚至幾個世紀未曾經歷的惡毒情感帶入英國的公共生活。

感謝上蒼，新芬黨的成員終於赦免了我們，讓我們得以免於那些卑劣而悲慘的經歷。他們對愛爾蘭民族認同的見解，使他們看不起那些讓大不列顛王國感到煩惱的討厭事物。新芬黨的成員毫不猶豫地效仿馬扎爾人，宣布放棄在下議院的所有代表權。他們從未考慮或評估他們在不列顛帝國重大事務上可能施加的影響和作用——不論是好是壞。「新芬黨」和「只有我們」，這成為他們當時的口號，他們選擇了一種自我犧牲的方式（即使這種方式出於仇恨，仍然引人注目），永遠切斷了他們在下議院的繼承權。這個行動雖然引發不滿，但從全球意義來看，卻非常珍貴。愛爾蘭曾為不列顛做出兩大貢獻，其一是：在第一次世界大戰爆發時加入協約國，其二是在大戰結束時退出下議院。

在獲得了這些概括性的——然而並非詳盡無遺的——了解後，讀者現在應該將注意力再次聚焦於當前的事件。

1919 年 1 月 15 日，新芬黨在都柏林召開代表大會，並在會上宣讀了《獨立宣言》。1 月 22 日，共和主義者在都柏林大廈舉行議會會議，選出了一個內閣。2 月 4 日，威斯特敏斯特的新下院開會，幾乎沒有愛爾蘭代表出席，僅有少數來自北愛爾蘭。當時全球正處於動盪之中，我們的內部事務也讓人窒息，致使某些抗議行動的重要性幾乎未被注意。軍隊正準備返回，和平時期的工業需要重建，和平會議即將召開，最終的《停戰協定》需簽訂，歐洲面臨巨大的混亂，這些問題占據了新政府的思考和精力。只有當世界歷史的程序顯著放緩，變得緩慢而漸進時，英國人才會重新想起

愛爾蘭問題依然存在的事實。直到全球的混亂在反覆中逐漸平息，人們才聽到南愛爾蘭以一種奇異的聲音大聲疾呼——按現在的理解，這話的意思就是：「要麼獨立，要麼謀殺」。

在 1919 年夏秋之際，英國政府派駐愛爾蘭的低階官員開始遭遇偶爾但由黨派策劃的謀殺。到了該年年底，針對地方行政官、零星警察和士兵的有組織暗殺運動在南愛爾蘭的三個省逐漸興起。新芬黨議會並不反對這種無辜殺戮的政策，但實際行動由被稱為「愛爾蘭共和軍」和「愛爾蘭共和兄弟會」的祕密組織執行。這種恐怖謀殺形式令人厭惡。巡邏中的警察可能會被問到「現在幾點鐘」這樣的隨意問題，當他掏出懷錶時，便遭槍擊身亡。儘管謀殺者被數 10 名路過行人目擊，卻無人願意作證指認。英國士兵做完彌撒返回軍營時，可能會突然遭到來自樹叢後的槍擊，當場有 3、4 人中彈身亡。這一年，這類謀殺事件隨著時間推移在數量和規模上不斷增加。1919 年 12 月 19 日，針對弗倫奇勳爵的刺殺事件使這類案件達到了高潮。這位總督的汽車被一群槍手攔截，遭遇了一陣手槍火力。弗倫奇勳爵本人並未受傷；1 名刺客被擊斃，一名保鏢受傷。然而，這一切仍屬小規模事件。在 1919 年 5 月至 12 月間，共發生約 1,500 起政治性違法事件，其中包括 18 起謀殺和 77 起武裝襲擊。

在這些事件的壓力下，都柏林總督府於 1919 年 8 月宣布取締新芬黨，並於 9 月查禁新芬黨議會。12 月，新芬黨的一些領導人被逮捕和流放，《自由民雜誌》（*Freeman's Journal*）也被查封。伴隨著這些溫和的反制措施而來的只有不斷增加的動亂。長期以來，軍隊和警察以一種堪稱楷模的耐心承受著由暗殺行為造成的極度緊張，當然，幾乎沒有任何人由於這些暗殺行為而被送交法律制裁。然而到了最後，他們的不幸和憤慨促使他們將法律執行手段掌握到自己的手中。一些士兵目睹自己的同志慘遭謀殺，於是搗毀了犯罪活動鄰近地區的店鋪和住宅，警察也開始在各處對可疑分子進行未經批准的報復。在英國，許多人——他們本身並未受到任何危

愛爾蘭的幽靈

險——被如此缺乏紀律的行為所深深震動。然而要說服一群有武裝的男子長期以冷酷的幽默感忍受襲擊並一個接一個地遭受殺害，總是非常困難的。增援的士兵被派往了愛爾蘭，並且武裝警察也大大增加了。未經批准的報復隨著日益增加的挑釁而在增加。

此時，1919年9月，英國內閣決定推出一項《愛爾蘭自治法案》。這項法案目的是在替代已獲英王御准但被無限期擱置的《愛爾蘭自治法》。1920年的《愛爾蘭政府法案》是重要的一步，授予愛爾蘭自治政府實質性的權力。該法案賦予由保守黨和統一黨占多數的政府和議會以權威地位。這項法案由沃特爾·朗提出，他是長期反對愛爾蘭自治的聯合政府內閣大臣。之所以能如此，是因為法案建議南、北愛爾蘭各自建立立法機構，並將無爭議的問題交由愛爾蘭議會處理，進而大大減少了愛爾蘭在威斯特敏斯特代表制的影響。

經過長時間的激烈辯論後，此法案於1920年12月獲得了英王御准。它是在北愛爾蘭新教徒的強烈抗議中被接受的。新教徒遵從了帝國議會的決策，他們選擇退出都柏林議會的協定，並依據該法案的條款建立了自己的立法機關。若是南愛爾蘭的統治者能以理性和友善的態度接受和運用這個法案授予的權力，則愛爾蘭民族主義的不滿將基本得到緩解，愛爾蘭必然會避免一場長期的苦難，如今也會更加繁榮、影響力更大且更加和睦。自1886年以來，若由保守黨政府提出如此的議案，無疑有很多機會被善意接受。然而在1920年，主導的辛恩·費恩組織對此法案毫不在意。他們拒絕在南愛爾蘭實施該法案，於是混亂和有組織的謀殺運動愈加猖獗。

然而，1920年的立法對這兩個島嶼的歷史而言是一個決定性的轉捩點。經過120年的摩擦，此法案從某些重要方面來說等同於廢止了《統一法》，這對統一黨產生了深遠的影響，因為該黨的名稱因此失去了意義。除此之外，它還帶有一層更為實際且不可更改的重要性。北愛爾蘭，或更準確地說，愛爾蘭6個新教徒占優勢的郡，成為一個擁有憲法外衣的獨立

實體，擁有政府和行政部門的所有機構，包括為內部秩序服務的警察和自衛力量。從這一刻起，北愛爾蘭的地位變得毋庸置疑。人們再也不能說，北愛爾蘭的新教徒在抵制其南部同胞的強烈願望。恰恰相反，他們因接受帝國議會的決定而面臨來自南愛爾蘭統一黨人的尖銳譴責，這是因為他們默認了自己的基本原則而引發的巨大混亂。從此，民族自決的每一個證據都對北愛爾蘭人有利。任何英國政黨都不能再試圖對他們施壓，要求他們放棄他們已經勉強接受的憲法。他們是自己議會的主人，儘管規模可能較小，但在道德和邏輯上，它建立在堅實的基礎上。1920 年的法案宣告了愛爾蘭問題這個階段的永久終結。

1920 年，愛爾蘭的謀殺活動持續增長，並廣泛蔓延。暴力事件的規模與日俱增。在一次伏擊行動中，17 名後備警察中有 15 人被殺。1920 年 11 月的一個清晨，14 名官員在住所被槍擊，叛亂者認為他們從事情報工作，實際上這些人都是非武裝的，其中幾人還與妻子同住。這類事件令人髮指，我不願在本書中詳述。

在同一時期，不列顛政府採取了嚴厲措施，向愛爾蘭派遣大量增援部隊。裝甲車輛和有裝甲的汽車、警察及軍事力量被大規模組織起來，並成立了一支完全由前警官和參戰軍人組成的特殊警察部隊。這支特殊警察部隊最終達到 7,000 人，由於他們佩戴黑色軍帽，身著棕色卡其布制服，因此有了「黑色和棕色」的諢名。愛爾蘭人常對「黑色和棕色」肆意辱罵，視他們為受僱於人的打手，但恐怖分子因此在愛爾蘭的攻擊行動有所減少。這支「黑色和棕色」部隊實際上是從大量申請者中根據智力、品德及戰爭表現所挑選出來的。最初，他們計劃用於增援承受巨大壓力的皇家愛爾蘭警察，但在與謀殺犯搏鬥中，他們自身練就了一套強大的反恐技能。他們在行動中享有與芝加哥或紐約警察對付武裝團夥時相等的自由。當任何一名同伴或軍警遇害時，他們便「掃蕩」不滿分子或懷疑對象的巢穴，並在武力威逼下嚴厲盤問可疑人員。這樣的行為顯然無法辯護，除非是對某種

襲擊的反應。

　　自由黨人一貫支持愛爾蘭自治運動，當他們強調不實行自治運動可能帶來的後果時，總是言之鑿鑿。他們的觀點得到另一種思潮的支持，這種思潮實際上更缺乏公正或邏輯。許多高層托利黨人一方面頑固反對對愛爾蘭民族主義者的任何實際讓步，另一方面卻又強烈譴責「黑色和棕色」。他們要求政府透過正當法律程序嚴格維持秩序，並要求嚴懲略微偏離文明國家和平時期標準程序的執法官，不論其面臨多大挑釁。他們大聲疾呼：「維護統一，絕不濫用暴力，堅持慎重對待國家法律。查出並逮捕罪犯，將其送上法庭接受法律制裁。」然而，這些說法容易，但實施起來幾乎不可能。因為在愛爾蘭，沒有證人願意提供證據，否則將面臨生命危險；陪審團也不願宣判有罪，因此正常的法律程序根本不存在。

　　軍事當局從另一個角度提出了無效的建議。由帝國總參謀長亨利‧威爾遜爵士領導的軍方，要求在南愛爾蘭持續實施全面的軍事管制。他們從未解釋這項措施如何能夠解決問題。這些軍方人士堅決拒絕任何反恐建議。他們含糊地堅持認為，將叛亂的愛爾蘭置於軍事管制之下「將顯示政府的堅定立場」。在我於陸軍部任職期間，從未從這些部門收到任何實際或有用的意見。我的軍事顧問們自然對部隊所承受的負擔不斷抱怨——許多人是戰後徵募的新兵，卻不得不月復一月地生活在隨時可能被貌似無害的普通市民謀殺的恐懼之中。無論是在我的任期內，還是在我的繼任者拉明‧沃辛頓-埃文斯爵士的任期內，軍事顧問們都堅持要增援駐愛爾蘭的部隊並同時解散大部分現有的衛戍部隊。托利黨保守派的意見與軍方要求軍事管制的立場（軍事管制並非法律）神祕地自然融合，促使議會公布一項決定，即「授權進行報復」（這種情況在交戰地區經常出現），並且只有這種報復才被允許。對於警察或特種警察來說，所有未經授權的行為都將受到嚴格限制。

　　這個決定讓愛爾蘭的祕密組織大大鬆了一口氣。公平地說，他們幾乎

是全球唯一對「黑色和棕色」行為感到震驚的人。他們認為因自己的行為受到懲罰是合理的。到 1920 年底，他們已深刻感受到「黑色和棕色」行動帶來的巨大壓力，這些行動正利用不斷增長的情報和日益冷酷的手段來打擊暗中犯罪者。1920 年 11 月 9 日，勞合・喬治先生在倫敦市政廳的宴會上甚至表示，「我們已經扼住了謀殺者的咽喉。」

「獲准報復」政策自 1921 年元旦起實施。然而，事實很快證明，它的效力不及特種警察的粗暴行為。一場暴行發生後次日，部隊匆忙前往焚毀一座鄉村小屋；當夜，新芬黨人暗中行動，焚燒了一座鄉村別墅。

同時，英國軍隊的實際能力讓他們能隨心所欲地行動，從未遇到過太大的阻力。騎兵與機動部隊在寬達 30 到 40 英里的範圍之中正面進行掃蕩，對進入包圍圈的每位男子進行詳細盤問，卻常常未能發現嫌疑犯。或許在白天仔細搜查過的地點，夜間便會發生一樁膽大妄為的謀殺案。顯然，到 1921 年初夏，不列顛正面臨著重大決策的時刻。只需採取殘酷手段，便能輕而易舉地鎮壓這場令人厭惡且可恥的戰爭，而我們正深陷其間而無法自拔。大批逮捕被警察認為同情叛亂者的人，每當一名政府官員被殺便處決 4 或 5 名人質（其中許多人可能是無辜的），這或許是一種既有效又令人沮喪的辦法。如果讓不列顛人民表達意見，他們絕不會同意這樣的行為。即便是對我們執法者所設想的不完整措施，輿論也會做出憤怒的反應。如今，我們面臨的選擇已經十分明確：「要麼以強硬且不受限制的武力壓制他們，要麼嘗試給予他們所要求的東西。」這是僅有的兩個選項，儘管每一個選項都有熱情的支持者，但大多數人卻對兩者都不願接受。

這無疑是愛爾蘭的幽靈 —— 既驚駭人心，又無法驅除的幽靈！

在當代歷史中，英國政府政策的轉變從未如此徹底和突然。1921 年 5 月，國家的全部力量和聯合政府的影響力集中於「追捕謀殺團夥」；到了 6 月，目標卻轉為「與愛爾蘭人民永久和解。」這兩種截然不同的立場，乍看之下似乎是一則尷尬的笑話。然而，事實上，選擇只有兩種：極端暴力

的戰爭或極端容忍的和平。這兩者各有其充分的理由,但理性或仁慈在此無法尋找到哪怕是一絲絲的妥協。在一般的國內政治事務中,這種非此即彼的選擇常常行不通;然而當劍已出鞘、槍已瞄準、鮮血已流、家園已荒蕪時,應該在這兩者之間做出明確的選擇。

有一種傳言逐漸獲得了一定的可信度,即政策的這種截然相反的改變,乃是由於首相的權威日漸削弱所致。例如,內維爾·麥克里迪爵士在其新出版的回憶錄中提到,他察覺勞合·喬治先生對其個人安危感到非常擔憂。這種隱含的批評與事實不符。直到1921年夏天,沒有人比勞合·喬治先生更堅決或準備更無情地鎮壓愛爾蘭的叛亂。他必須不斷權衡英國的政治局勢。作為任何形式愛爾蘭自治的先決條件,首先是要求北愛爾蘭的安全得到保障,其次是必須能夠徹底制伏武裝暴徒。1920年法案使第一個條件基本得到了滿足,而第二個條件顯然尚未實現。那麼究竟是什麼原因和理由促使勞合·喬治先生在鎮壓政策見效之前就放棄了呢?從我的觀點來看,當時的情況,我認為不存在任何原因和理由。

截至1921年4月,愛爾蘭問題已成為政府的首要關切議題。首相明顯傾向於不惜一切代價以武力解決此問題,並依賴「保守黨長久以來的忠誠」來達成此目的。內閣在這一點上與他一致,然而在方法上卻存在兩種不同的觀點。所有大臣深知,必須在當年剩餘時間內以非凡的努力恢復愛爾蘭秩序。須增添10萬名新的特種部隊和警察;須為數千輛汽車配備裝甲和武器;愛爾蘭南部的3個省必須以碉堡和鐵絲網構成封鎖線緊密連結;必須有計畫地對每個人進行搜查和盤問。為了制止僅數千名的少數叛亂分子活動,必要時須要求全體居民說明自己每小時的行蹤。完成這一切並無任何障礙。這是一個人力和財力的問題,要求按憲法規定尚有3年任期的議會提供大量人力和財力。這就是上述策略的本質,現已明確擺在人們面前。

有些大臣——我也是其中一員——雖然準備承擔與執行這項政策相

關的責任,並願意共同努力,但他們認為,在採取嚴厲措施的同時,應該向南愛爾蘭提出最廣泛的自治方案。他們表示:「讓我們消除一切障礙;讓我們清楚地表明,愛爾蘭人民在新芬黨的壓迫下,並不是為了自治而奮鬥,而是為了分離;他們不是為了在王國政府下建立愛爾蘭議會而鬥爭,而是為了建立一個革命的共和國。」內閣在這個問題上爆發了一場令人難忘的爭論。就我個人而言,我希望看到愛爾蘭人一方面面臨著實現他們所要求的一切以及格拉德斯通為之奮鬥的一切機會,另一方面也面臨著鐵腕力量無情鎮壓的現實可能性。因此,我支持將猛烈的攻擊與最公平的給予結合起來的立場。可以合理地說,支持兩種意見的人數幾乎相等,但若撇開人數而論人物影響力,則贊成雙重政策的一方占優勢。首相對於如此多保守黨成員支持這個複雜行動方針感到驚訝,甚至震驚。我能看出,政策的論證以及背後的權威人物給他留下了極其深刻的印象。當有人問:「那麼你將允許都柏林議會如同其他任何主權體一樣,對不列顛的貨物徵收關稅嗎?」首相激烈地回答:「怎麼能用這種瑣碎小事來反對我們正在準備的,極其重要的行動呢?」如往常一樣,在一個能夠就主要問題達成共識的內閣中,當出現深刻而坦率的分歧時,並不要求成員當場做出決定,每個人可以回家反覆思考。我必須記錄下我當時的看法:勞合·喬治先生得出了這樣的結論 —— 即便在保守黨成員中,對愛爾蘭實施絕對鎮壓的政策也不能獲得毫無保留的支持。

首相曾在多個場合中以內閣名義建議,若愛爾蘭反叛分子願意承認王國政府及帝國地位,我們準備為達成協定進行談判。如今,我們再次努力與愛爾蘭建立連繫。1921年5月,菲茨艾倫勳爵,作為英國天主教領袖之一,接替弗倫奇勳爵擔任總督。憑藉對公務的獻身精神,他接受了這項艱巨的任務。3天後,應勞合·喬治先生的要求,北愛爾蘭總理詹姆斯·克雷格爵士在德·瓦勒拉先生的藏身處會見了他。此次會晤曾是前次談判的重要議題,確實是一個引人注目的事件。這位北愛爾蘭領導人 —— 全體

愛爾蘭的幽靈

反對愛爾蘭自治運動者的代表——在新芬黨槍手的引導下，經過漫長而曲折的祕密路線，抵達愛爾蘭叛亂領袖的總部。詹姆斯‧克雷格爵士憑藉堅定信念和對帝國繁榮安寧的責任感，將個人生命或政治風險置之度外，接受了這個使命。他與新芬黨領導人的會談失敗了。4小時結束時，德‧瓦勒拉先生才將話題從愛爾蘭的苦情轉向亨利七世時代《波寧斯法》的罪孽。這時，已有足夠理由結束這場冗長的訓話。詹姆斯‧克雷格爵士再次由兩名嚮導帶領，乘車迂迴曲折地返回都柏林。3人共乘一輛小汽車，在保養不佳的道路上顛簸行進；兩名新芬黨人後來可能與橙色團北愛爾蘭總理一樣遇險。突然，一輛載滿「黑色和棕色」人的裝甲車從後面追上來。雖然詹姆斯‧克雷格爵士的兩名嚮導不特別擔心被檢查，但為謹慎起見，他們讓裝甲車超過。那輛裝甲車在小汽車不到一英呎處駛過。小汽車等候了一會，最終繼續顛簸行進，3名處境不同的愛爾蘭人交換了一下理解的目光。

儘管克雷格與德‧瓦勒拉的談話未能實際奏效，但一條溝通的橋梁已經跨越雙方的分歧。自此，不列顛政府派駐愛爾蘭的總督偶爾會透過不同的方式與新芬黨總部連繫。

1921年5月末，內維爾‧麥克里迪爵士提交了一份對愛爾蘭局勢悲觀的報告。他寫道：「雖然我相信在當前情況下，目前駐紮在愛爾蘭的部隊可以繼續盡職到今夏，但我深信，除非能達成和平解決，否則到了10月，要求部隊在去年冬天的條件下再駐守一個冬天是不明智的。不僅因為士氣和訓練的緣故，應該讓士兵們脫離『愛爾蘭氣氛』，在我看來，若不讓軍官們有較長時間的休假，屆時將有許多軍官完全不適合繼續在愛爾蘭服役——即便他們可能不承認這一點……就駐紮在那裡的部隊而言，愛爾蘭的局勢必須在1921年10月前解決，除非我的判斷完全錯誤，否則就必須採取措施讓整個部隊及大部分指揮官和其參謀人員換班回國休整。」亨利‧威爾遜爵士對此報告表示贊同。將報告的內容付諸實施顯然不成問

題。這些絕望的忠告，無法被事實證明為正確；且在任何情況下，都不存在部隊換班的可能性。顯然正確的措施不是調換部隊，而是大規模提供增援——為原駐軍增添新的力量；這個措施雖耗費財力且十分棘手，但卻切實可行。儘管內閣未接受報告的建議，他們仍有義務慎重考慮愛爾蘭總司令這些危言聳聽的關鍵意見，因為這些意見已獲得帝國總參謀長的支持。

儘管這些壓力和趨勢可能仍藏於潛意識中，但只需要一個契機便能引發巨大的變革。1921年6月22日，英王將親自主持北愛爾蘭首屆議會的開幕典禮。一些大臣常常不合時宜地談論君權至上，因為這些言論對北愛爾蘭的民眾具有感召力。眾所周知，英王的行動不僅契合憲法的字面含義，也符合其精神，並急切地表達了希望所使用的語言能對全體愛爾蘭臣民產生影響，不分南北愛爾蘭，也不分宗教信仰。君權至上的觀點應被提升至超越黨派鬥爭、種族和宗教衝突以及地區性分歧的層次，必然且自然地包含了整個帝國的普遍利益，而非狹隘的個別利益。因此，首相和主要大臣們肩負起他們獨有的責任，於英王的演講稿中加入了一份真誠的呼籲，促請大家共同努力，終結這場可憎且災難性的衝突。

英王懷著熱情地表示：「今日，整個帝國的注意力都聚焦於愛爾蘭。在這個帝國中，眾多民族和種族拋開了他們古老的仇恨，走到了一起。在這個帝國中，今天在場最年輕者，在其一生中，將能見證一些新民族國家的誕生。在這種思想的激勵下，我的視野超越了最近模糊我對愛爾蘭事務見解的情況，進而消除了由此引起的悲傷和不安。我祈禱，我今日到愛爾蘭將證明是邁向結束人民之間衝突的第一步，無論種族和宗教信仰如何，我是懷著愛心說這番話的。」

「懷著這份希望，我呼籲所有愛爾蘭人停止紛爭，展現寬容與和解，寬恕並拋開過去，共同為他們深愛的國家創造一個和平、滿足和友善的新時代。我衷心期盼，在不久的將來，南愛爾蘭也能出現如今正在這個會議

廳內發生的情況;類似的集會將會召開,類似的儀式將會舉行。」

「為了實現這個目標,聯合王國的議會已經在最理想的狀況下賦予了各種權力;為了實現這個目標,北愛爾蘭的議會正在指引方向。未來掌握在我的愛爾蘭人民自己手中。願今天這個歷史性聚會成為那一天的開端,到那時,愛爾蘭人民將不分南北,在一個或兩個議會的指導下 —— 這將由議會自己決定 —— 在對愛爾蘭的共同熱愛中,在公平對待和相互尊重的堅固基礎上攜手共進。」

在負責撰寫英王演講稿的團隊中,無人曾深入考量即將引發的後果。然而,在此類宣言中,一切皆依賴於媒體的傳播。英王 —— 這位共同傳統的象徵 —— 冒著生命危險履行其憲法職責的事實,已經如警鐘般響亮,並引發迴響,所有人都在專心聆聽。兩個島嶼的大眾輿論對英王的呼籲迅速做出了深刻而廣泛的反應,並且從此刻起,事態以不間斷的步伐朝著建立愛爾蘭自由邦的方向推進。1921年6月24日,勞合・喬治先生邀請詹姆斯・克雷格爵士和德・瓦勒拉先生前往倫敦會談。同年7月11日,雙方均接受了邀請,並達成一項停戰協定(具體條款在7月9日即已確定)。

在我所參與的不列顛國家政策的法案中,沒有任何一項比愛爾蘭停戰協定更能引發強烈的反對情緒。對於像不列顛帝國這樣一個龐大且多樣化的人道政府體系而言,與一個在愛爾蘭崛起的特殊公開叛亂組織達成協定,無疑是一件重大的事件,這可能會從根本上動搖政府的權威,而這權威正是數億個族群和社群的和平與秩序的基石。王國政府的公務員在忠誠履行職責時遭到殘酷謀殺,這正是這種深思熟慮後所採取戰爭策略的特徵。對於那些負責這些行為的人,最多只能說他們並非出於自私或貪婪,他們願意獻出生命,且大體上獲得同胞的情感支持。在談判桌上接待這些人的領袖並試圖透過他們來籌組一個文明國家的政府,這種做法必須被視為一個處於權勢頂峰的偉大帝國從未嘗試過的最具挑戰性和風險的實驗之一。

另一方面，愛爾蘭的歷史可以看作是兄弟之邦與鄰國之間代代相傳的紛爭與傷害。大不列顛渴望結束這種令人厭惡的宿怨。到了 19 世紀，英國與愛爾蘭以比過去黑暗時代優越得多的方式重新審視彼此的問題。英國已經在愛爾蘭慷慨地實施了多種補救和安撫措施，而愛爾蘭則大體上透過憲法上的行動來支持他的訴求。1886 年，我們本有可能在某種基礎上達成協定，這個基礎無論對愛爾蘭還是大不列顛來說，其潛在危險性與我們目前可能最終達成協定的基礎相比，幾乎微不足道。在《愛爾蘭自治法案》的重大分歧前，格拉德斯通在下議院表示：「愛爾蘭正站在下議院的門外，充滿期望，滿懷希望，幾乎是在懇求。愛爾蘭的聲音是誠實的，符合現實的。他祈求能愉快地忘卻過去，而對於忘卻過去，我們甚至比他有更大的興趣……我懇請你們，在否決這個法案之前，應該仔細、智慧地考慮，不僅僅是針對當下的問題，而是為未來的時代著想。」

我們終究是史上最偉大戰爭的勝利者。我們並不索求超出合理範圍的東西，尤其在愛爾蘭的物質層面上，這一點顯得無關緊要，卻在心理上滿足了我們。舉例來說，當所有敵對勢力，包括數百萬士兵組成的軍隊，已經不復存在，當德國艦隊沉沒於斯卡珀灣海底，並且每一個武裝對手都被征服時，沒有人能說大英帝國的生存正面臨危險。沒有人能說我們是怯懦或衰退的民族。這些想法或許缺乏邏輯相關性，但它們為國家的決策提供了重要因素。那麼，另一種情況又是什麼呢？大英帝國的一個小角落被投入嚴酷的鎮壓之中 —— 若無謀殺與反謀殺、恐怖與反恐怖的攪局，這種鎮壓無法實現。只有當民族生存受到威脅時，這樣的政策才有理由推行，現今沒有人能理性地聲稱，民族生存已到了危急時刻。

然而，事已至此，停戰協定已然簽署。武裝分子從隱蔽處走出，猶如一個與英國同樣歷史悠久且值得驕傲的國家領袖般，昂首步行於都柏林的街道。昨日還被鼓舞著去殲滅凶手團夥的軍隊、警察以及「黑色和棕色」，如今卻悠然自得地站在那裡，儘管有關平等條件的談判仍在緊鑼密

鼓的進行中。絕不能再次陷入這種戰爭的泥淖！絕不能再為無盡的爭吵、仇恨和蔑視情緒火上澆油！我們還有其他方案可作為最終的解決手段。港口和城市是能夠保住的；都柏林是能夠保住的；北愛爾蘭是能夠得到保護的；新芬黨愛爾蘭通往外界的所有交通連繫是能被切斷的；兩個島嶼之間的所有貿易──即除了北愛爾蘭之外的整個愛爾蘭的貿易──是能夠被中止的，然而執行這一切要付出昂貴的代價。但是從停戰協定簽署的那一刻起，依靠大英帝國議會的權威來統治南愛爾蘭的嘗試已經結束。

本書在簡要介紹後，並不打算花費太多篇幅敘述談判的過程或詳列相關文件和紀錄。然而，談判正式開始時的場景卻值得一提。1921年7月14日，在唐寧街10號首相官邸，德·瓦勒拉先生與勞合·喬治先生的首次會談正式舉行。德·瓦勒拉在「愛爾蘭共和國駐倫敦代表」阿爾特·奧布賴恩先生的陪同下，於儀式中自我介紹。首相以熱情的方式接待這位愛爾蘭領袖，彷若凱爾特兄弟──沒有藝術家能在此重要會晤的第一刻表現得比首相更出色。德·瓦勒拉顯得十分謹慎，並呈交了一份長篇的愛爾蘭語文件，隨後提供了英語譯本。文件的標題「Saorstat Eireann」引發了首相的文字興趣。他詢問，「Saorstat」一詞聽來不像愛爾蘭語，字面意思是什麼？稍作停頓後，德·瓦勒拉答道，字面意思是「自由邦」。「我明白了，」首相說，「Saorstat 是自由邦，那麼在愛爾蘭語中，表示 Republic（共和）的詞是什麼呢？」當兩位愛爾蘭人用英語商議如何回答這個無惡意的問題時，首相轉向內閣祕書湯瑪斯·瓊斯教授，用威爾士語交談，這令兩位新芬黨的英語來訪者頗為尷尬。最後，德·瓦勒拉僅重申 Saorstat 的意思是自由邦，未作進一步解釋，首相遂問：「我們是否必須承認凱爾特人從未擁護共和制，且沒有表達此概念的本土詞彙？」接下來是一段長時間的尷尬沉默。這便是後來持續多小時對話的起始情況，直到全面探討了愛爾蘭的古代和中世紀歷史後，情勢才明朗：唯有不列顛政府將其建議攤開，談判才可能取得進展。

這些提議於 1921 年 7 月 20 日提交給德‧瓦勒拉先生，作為英國聯邦自治領愛爾蘭自治的完整計畫，包括獨立的財政、稅收管理權，以及警察和軍隊的控制權。該方案附有 6 項條件，4 項涉及海軍和軍事事務；一項關於兩島之間的保護性關稅；最後一項涉及愛爾蘭應承擔的共同國債的公平份額。這些建議遭到德‧瓦勒拉先生的拒絕，他宣告支持完全獨立的原則，並宣布與王國政府斷絕關係。首相在回覆中明確表示，不列顛政府無法考慮任何愛爾蘭拒絕在一位君主下的英國聯邦內建立自由、平等和忠誠夥伴關係的方案。通訊往來延宕，分歧仍然存在。內閣成員在各地休假期間於 9 月 7 日在因弗內斯會面。似乎有兩種選擇：邀請德‧瓦勒拉先生在承認王國政府的前提下參加會談，或與其他愛爾蘭代表恢復無條件談判。最終的回覆是詢問德‧瓦勒拉先生是否願意參加會議，深入探討「如何將愛爾蘭與不列顛帝國這一個多民族共同體統一，以最大程度地協調愛爾蘭的民族願望」。若答覆肯定，則建議於 9 月 20 日在因弗內斯舉行會議。

9 月 12 日，德‧瓦勒拉先生回覆表示接受該邀請，但在信中他提到：

我們的民族已經正式宣布獨立，並自視為已經獲得主權國家的地位。唯有作為此國的代表以及被選出的監護者，我們才擁有代表人民行事的任何權威或權力。

對於此事，首相拒絕了兩位前來首相休假地蓋爾洛契傳遞消息的愛爾蘭使者，並取消了為這場會議所做的準備。

然而，有一種基於充分事實的感覺，即沒有一方希望談判完全破裂，信件和電報仍在不斷地來回交流。德‧瓦勒拉先生無疑在不斷地思索各種重要的理論問題，而不考慮最終可能給其同胞帶來的悲慘後果和重大的物質損失。與此同時，在愛爾蘭自由邦眾議院緊閉的大門後，在都柏林幾乎不間斷的會議中，在新芬黨極端分子的祕密集會上，一種明確而堅決的反德‧瓦勒拉傾向正在形成。徹底且不斷惡化的無政府狀態隨時可能蔓延至南愛爾蘭。然而，愛爾蘭民族天賦中的冷靜和實際性格使得一些人從混亂

中脫穎而出，這些人雖然信義可疑，但追求的畢竟是明智的目標，因此他們的言辭對他們具有約束力。他們決心不讓已獲得的東西失去。新芬黨內部的這些分歧對外仍嚴格保密，滴水不漏。然而，德·瓦勒拉先生對首相取消會議的回應相當寬容。最終，他解釋說，他和他的朋友們不準備要求不列顛政府承諾任何條件作為會議的前提。他們不能放棄自己的民族立場，也不期望不列顛政府做出類似讓步。他指出，在大不列顛與愛爾蘭之間達成協定，將永遠結束爭吵，並使兩國在共同關心的事務中，以自由和友好的合作一起工作。他要求首相闡明，不列顛政府是否要求新芬黨在立場上做出讓步以作為會議的前提，還是同意會議可以在沒有任何前提條件的情況下召開。鑑於這種情況，1921年9月21日，內閣委員會在蓋爾洛契召開會議，重申其基本立場後，起草了一份邀請書，邀請參加將於10月11日在倫敦舉行的會議（於9月19日發出），內閣委員會希望屆時能與新芬黨的代表會晤，「以期深入討論如何將愛爾蘭與稱作不列顛帝國的多民族共同體聯合為一體」。這份性質模糊的邀請書被對方接受，在指定日期，首相、張伯倫先生、伯肯黑德勳爵、拉明·沃爾辛頓-埃文斯爵士、哈馬爾·格林沃德爵士和我，在唐寧街首相府與愛爾蘭的代表格里費茲先生、麥可·科林斯先生、巴爾頓先生、加萬·德菲先生和達根先生舉行了會談。德·瓦勒拉先生留在愛爾蘭，這一點耐人尋味。

要衡量這些事件在統一黨內部所引發的緊張關係殊為不易。即便每位政黨成員在全球事件的風暴中可能動搖其政治立場；即便全人類的命運仍在湍流中無法確定，人們對當前發生的一切感到挫折、困惑與疲憊，然而，在如此不名譽的境地中背棄終生的堅定信仰，幾乎是不可接受的。於是憤怒日益深化，因為最具洞察力的國家支柱們深知他們無能為力。北愛爾蘭仍在劇烈動盪中，拒絕與愛爾蘭政府合併。南愛爾蘭的30萬自治反對者孤立無援地奮鬥，並在談判中發出悲傷的呼聲。

在這個階段，局勢在相當程度上依賴於大臣們的個人行動。對自由黨

人及愛爾蘭自治運動的支持者而言,支持以最廣泛形式建立愛爾蘭自治並非難事,但對於那些將整個政治生涯投入到反對愛爾蘭自治運動中的人來說,他們面臨一項艱鉅且風險重重的任務。主要責任落在統一黨領袖奧斯汀‧張伯倫先生的肩上。他一直與首相緊密合作,是那種做事有始有終、勇於面對任何結局的人。

當一位領導人推行一項明顯偏離其政黨傳統及本質的政策時,往往會為另一位傑出人物創造機會,使其獲得巨大且可能主導性的政治權力。沒有人能懷疑後者的動機;他僅是以一種直截了當、簡單且一貫的方式行動。這樣的人物將發現自己會贏得眾多正直人士的支持。他的行動雖然有助於實現他的野心,但表面上看來似乎是出於責任感和堅定信念的驅動。因此,伯肯黑德勳爵(當時任大法官)在這個關鍵時刻的立場至關重要。他與抵制愛爾蘭自治運動有著明顯的特殊關係,與愛德華‧卡森爵士志同道合;他曾充分利用內戰的威脅,並在1914年階段的愛爾蘭衝突中扮演了重要角色。沒有人會因為反對愛爾蘭協定而獲得更大的個人利益;也沒有人會因為支持愛爾蘭協定而遭受更多責難。他不顧自己的過去和未來,表現得如同對協定持最積極態度的保守黨支持者。愛爾蘭自由邦的支持者們總覺得應向他表達感激——他們的感受絲毫不錯。在此關鍵時刻,統一黨領袖及其最強而有力的陸軍中尉具備獨立且無懼的判斷力,在歷史上發揮了重要作用。在某種程度上,政治體制可透過以下檢驗而獲得恰當評價,即其重要代表是否能基於事實真相針對重大問題做出決策,並能否不顧自身利益以及往往是其最親密朋友的利益而做出決策。

經歷多次延誤和各種策略折衝後,愛爾蘭代表依照計畫抵達唐寧街。那些內閣大臣,無論是因為職責還是個性,被認為應在談判中擔任關鍵角色,與那些曾被斥為「謀殺犯團夥」的人進行了會談。這些愛爾蘭代表不久前還在監獄中或剛解除通緝,有些人仍與暴力犯罪有關聯。雙方的交鋒過程驚心動魄,幾週內,最嚴格的規範被突顯出來。討論因其模糊和不確

愛爾蘭的幽靈

定性受阻,更因錯綜複雜的內容和敏感細節而困難重重。談判——包括祕密和公開的——持續了兩個月。談判各階段受到保守黨內部壓力及愛爾蘭自由邦眾議院重組的影響。貝爾法斯特發生動亂。北愛爾蘭政府聲稱遭到背叛,拒絕參加會議,抱怨甚至沒人徵求他們的意見。政治緊張幾乎與戰前一樣嚴重,但卻對災難性事件無計可施。事情毫無進展,僅僅被拖延;愛爾蘭人對任何問題既不肯定也不否定。愛爾蘭情勢惡化,保守黨在下院擁有三分之二席位,對此深感憤怒和憂慮。

儘管在這段關於愛爾蘭問題的時期,我僅僅擔任後排議員,未能完全體會到所有壓力,但作為內閣委員會成員,我獲得了一個明確的印象。我們必須徹底解決此事,堅持到我們不再執政、達成協定、或以新方式重新開始與南愛爾蘭的對抗。我強烈敦促大臣們不要透過辭職來逃避困境。到1921年11月初,許多人對解脫內閣職務的渴望已經達到如此普遍的程度,以至於沒有人確信自己是否能在翌日保住職位。在接下來的日子裡,這場危機的嚴重性或許可以透過以下這封不帶特殊推論的信件來衡量——它可能與其他任何評估方法一樣有效。

邱吉爾先生致首相的信

1921年11月9日

1、辭職的大臣們已經卸下了他們的責任,這一點必須受到譴責。尤其是當他們的理由是「我們的正義感不允許我們強迫北愛爾蘭,而我們的信仰又不允許我們強迫南愛爾蘭」時,更應該受到批評。有人可能會說,「這些人是有原則地團結在一起的,他們明白應該做什麼,也清楚國家的利益需要什麼,他們擁有議會的絕對多數支持(包括自己黨內的多數),然而在議會並未撤銷委員會的情況下,他們卻聲稱自己在任何方面都無能為力。」

無論驅使他們採取此行動的理由多麼高尚,我對此策略可能帶來的後

果深感憂慮。

2、在他們的辭呈獲得批准後，博納・勞先生將被邀請來籌組政府。為什麼他不應該辭職呢？如果現任政府成員已經聲稱他們在各方面都受到限制而無法行動，博納・勞必然會感到有道德責任去接替他們。為什麼他不能成功呢？在當前的危機中，保守黨必定會團結起來支持某個人。顯然，他們將支持一位保守黨領袖，籌組一個保守黨政府，這個黨已經自願填補因聯合政府的自殺政策而造成的空白；它還將被授予權力以實施這個原則，以便在即將到來的大選中擊敗工黨，並接受前大臣們（他們已經認輸）謹慎的建議。無法籌組一個可替代政府的錯覺長期存在。張伯倫先生認為，亨利・坎貝爾－班納曼爵士將被「噓聲趕下臺」。阿斯奎斯先生則堅信，你不能籌組一個政府。然而，在這兩種情況下，即將卸任的政府都沒有透過宣布自己在道德上有責任去做形勢所需的工作，而在各方面限制自己。

根據這些觀點，一次公開的徹底失敗可能緊隨而來，一個極端保守的保守黨政府可能在這種情況下開始準備與工黨競選，而身為英國主體的英格蘭和蘇格蘭民眾將繼續面臨缺乏領導或無法發揮決定性影響的狀況。

3、我希望正式記錄我的以下陳述：我相信我們的責任在於推行我們堅信的愛爾蘭政策，除非我們在下議院遭到挫敗，這樣我們才能心安理得地向王國政府免除我們的責任……

從一開始就有一個至關重要的點：讓那些被視為愛爾蘭領袖的人相信，大英帝國政府的誠意和善意是毋庸置疑的。從交易與協商的角度來看，這一點的重要性無論如何強調都是適當的。自始至終，我們明確表示準備盡一切努力，但在任何情況下，我們都不會再進一步。我們也明確指出，如果我們的提議被接受，我們將毫不遲疑地落實執行，無論這可能給政府或其主要成員帶來任何政治風險。漫長而關鍵的談判正是基於這樣的基礎和精神進行的。

愛爾蘭的幽靈

在談判的早期階段，我們發現自己不僅面對愛爾蘭極端祕密組織的不切實際且充滿幻想的狂熱與浪漫，還遭遇著幾個世紀以來在兩國之間不斷湧動的不信任與仇恨浪潮。黃色炸藥和其他烈性炸藥的一個主要成分是某種強酸。這些精心配製的緩慢而恐怖的液體與純碳化合物混合，會產生一種從受壓抑和濃縮中猛烈爆發的強大力量，足以摧毀建築和奪取生命。仇恨在政府中扮演的角色如同強酸在化學品中的角色。而愛爾蘭人心中充滿的正是仇恨，正如吉卜林先生所言，「他們如同吞下秤砣般心意已決」，幸運的是，這種仇恨在大不列顛的存在時間還不到一個世紀。而這一切都是我們必須克服的。

格里費茲先生是一位作家，對歐洲歷史和各國政體進行過深入研究，他堅定而正直，是個不尋常的人物。這位沉默寡言的愛爾蘭人，總是少言寡語。然而在我的經驗中，凡是他說過的話，他從不收回。麥可·科林斯在教育方面，未能享有與這位年長同事同樣優越的條件。但是他擁有的基本品德和天資，使他在許多方面都引人注目。他遠比他的領袖更熱衷於在鬥爭中採取恐怖手段。因此，他在愛爾蘭極端社團中的威信和影響力遠超他人，而他內心的情感困難以及與同伴的相處問題，也比其他人大得多。與這兩位領袖相比，其他代表顯得黯然失色。然而，達根先生是一位具備冷靜頭腦和堅強意志的人。雖然厄斯金·蔡爾德斯先生並非代表，但他在幕後竭力推行各項極端計劃。

最終，經歷了兩個月毫無成果的會議和冗長的空談後，疲憊不堪的大臣們因愛爾蘭破壞停戰協定的暴行而震驚，陷入了真正的絕望。他們面對這樣的愛爾蘭代表，清楚意識到，死亡已經逼近。在 1921 年 12 月 5 日下午的會議中，首相明言，我們再無退讓的空間，因此不再需要進一步討論。他們現在必須做出決定；要麼在經過數週達成的停戰協定上簽字，要麼就此離去；此外，任何一方今後有權恢復任何能夠用以反對另一方的戰爭行動。這是一份已經發出的最後通牒，不是透過外交途徑，而是當面呈

遞,所有在場者都清楚且理解,已無其他選擇。儘管我們之間的個人關係不佳,但雙方負責人之間卻存在著相互尊重並深刻理解彼此困境的情況。

愛爾蘭人面無表情地接受了最後通牒。格里費茲先生用他那溫和的聲音和謙遜的語氣說:「我願在今晚9點提出愛爾蘭代表團的答覆;不過首相先生,我個人是願意簽署這個協定並願意將其推薦給我的同胞的。」勞合·喬治說,「我是否可以這樣理解,格里費茲先生,即便所有其他人都拒絕,你仍然將同意簽署?」格里費茲回答,「是的,是這個意思,首相先生。」這位有著偉大抱負的沉默小個子男人答道。麥可·科林斯站了起來,神情如同準備朝某人開槍,更像是準備自我了結。在我一生中,我從未見過有人如此強烈地壓抑內心的情感和痛苦。

隨後,我們離開了會議室,重複討論會議的尾聲。大家享用了一些點心,抽了菸,並商議行動計劃。沒有人期望除了格里費茲先生之外,其他人會贊成我們的提議,而單靠格里費茲先生一人的簽名又能有多少法律效力?至於我們,我們已經損害了朋友和支持者對我們的忠誠。

英國代表團在晚上9點準時抵達會議室,而愛爾蘭代表團則在午夜過後才姍姍來遲。正如以往,他們表面上依然保持鎮定,毫無波動的跡象。經過一段似乎漫長的停頓後,格里費茲先生發言道:「首相先生,我們代表團願意在協定上簽字,不過有幾處措辭可能需要現在討論一下,這將是明智之舉。」於是,他以最從容的姿態將整個議題引入次要細節,結果每個人都將過多的注意力放在這些細節上,反而使主要問題被忽略了。

我們迅速進入了一場關於技術細節和文字修訂的熱烈討論,並堅持遵循這些細節,以避免更糟糕的情況。然而,在這層保護性的喋喋不休之下,談判的精神和氛圍已經發生了深刻的變化。我們已經成為了一個共同事業的盟友和夥伴——捍衛愛爾蘭協定,維護兩個民族和兩個島嶼之間的和平。我們在將近凌晨3點時才結束會議,而所有人都在協定上簽了字。當愛爾蘭代表起身離開時,英國的官員們在強烈的衝動下,逐一上前

與他們握手，這是雙方的第一次握手。在接下來的章節中，我們將看到推進愛爾蘭協定的過程中遇到的重重困難，雙方將經歷多少失望和焦慮。然而，這是一個不會被輕易遺忘的時刻，這是一個分水嶺，命運之河流入了新的溪谷，奔向新的大海。

對於首相而言，這次事件無疑是災難性的，導致他在短短一年內便失去了職位。其他諸多因素——其中至少有一些是可以避免的——也促成了他的下臺；保守黨內最頑固的成員始終無法原諒愛爾蘭協定及其締結儀式。即使在那些堅定支持該協定的人中，也有人表示，「如果發生了那類攻擊事件，這項協定是必需的，但引發攻擊事件的人將會倒楣。」然而，就勞合‧喬治在政治上的不幸與愛爾蘭事件的關聯而言，他或許會感到某種安慰。因愛爾蘭問題而在政治上遭遇挫折的人之中，喬治先生可與埃塞克斯、斯特拉福德、皮特和格拉德斯通等人同病相憐；而在英國 700 年的歷史中，他也可以在歷屆君主和大大小小的政治家中找到一些能使自己感到安慰的人。不過，勞合‧喬治的下臺與上述人物的下臺有一個重要的區別，即儘管他們曾經做出過巨大的努力和犧牲，留給後人的只是問題，而勞合‧喬治卻找到了——我們難道不能這樣期望嗎——一個解決問題的方法。

愛爾蘭協議

　　社會大眾對於愛爾蘭協定的簽署顯然感到寬慰，猶如從一場噩夢中甦醒。整個帝國洋溢著喜悅，國際間也顯露出讚許的微笑——或許夾雜著些許譏諷。英國國王採取了非同尋常且史無前例的舉措，清晨在白金漢宮接見相關大臣，並與他們合影。愛爾蘭貧困的普通民眾無疑是最為高興的，他們長期受到雙方的傷害，渴望和平與安寧。然而，在相當長的時間內，他們仍無法獲得和平與安寧。

　　新芬黨的代表一回到都柏林，便立即向德·瓦勒拉先生和愛爾蘭自由邦眾議院匯報他們此行的談判結果。人們不難推斷，從邏輯上來看，德·瓦勒拉對他先前的宣言是有承擔義務的，該宣言雖然在形式上與此次簽署的協定並不完全相同，但在原則和範圍上則一致。此外，愛爾蘭的代表們是全權代表，而德·瓦勒拉是他們的領導者。他們是以他的代表身分前往倫敦的。在整個談判過程中，他們隨時向他報告進展。他們已經在實質上——即便不是理論上——獲得了他們所追求的一切，其內容遠超過以往任何愛爾蘭領袖所要求的。因此，普遍預期德·瓦勒拉將支持他的同僚，理解他們的困難，即便在某些理論問題上不完全滿意，他仍會與他們同一立場。畢竟，南愛爾蘭已經獲得了作為英國聯邦自治領的完整憲法地位，也就是說，在王國政府下的獨立，並享有大不列顛的一切良好服務。

　　然而，我們很快了解到，德·瓦勒拉先生仍在不斷地提及《波依寧法》，他對英愛關係及愛爾蘭悲劇的看法仍然停留在 16 世紀以前。他憤怒地決定重新激化衝突，自認為是愛爾蘭唯一合法政府的領導者，拒絕承認那些曾與他共謀的談判代表的行為。儘管他指責這些人背叛了他們的事業和祕密社團的誓言，但人們很快發現，即使在激進派中，他們也擁有強大

愛爾蘭協議

且獨立的影響力。在協定上簽字的五位愛爾蘭人中，有兩人最終支持了德·瓦勒拉，但得到達根支持的格里費茲仍然充滿信心地積極活動，而掌握主要武裝力量和愛爾蘭共和兄弟會多數核心的麥可·科林斯則獲得了友人的支持。

儘管境內依然紛亂不堪，愛爾蘭自由邦眾議院仍耗費數週對協定展開辯論。最終，聖誕節即將來臨，議員們不得不休會度假。當他們於 1922 年 1 月復會時，出現了兩大陣營的分裂。在 1 月 8 日的投票中，協定以微弱的 7 票優勢——64 票對 57 票——獲得通過。德·瓦勒拉辭去主席職務並離開會議廳，所有北愛爾蘭共和主義者也隨之退場。隨後，亞瑟·格里費茲先生被選為愛爾蘭自由邦眾議院主席，會議隨即宣告休會。

協定簽署不久後，我被任命為處理英國——愛爾蘭事務的負責人。1921 年 1 月，首相將我從陸軍部調往殖民地部，以解決我們在巴勒斯坦和美索不達米亞的問題。這項工作如今已接近完成。費薩爾國王在巴格達即位，平息了阿拉伯人和勞倫斯上校的憤怒；駐美索不達米亞的英軍——每年耗費 3,000 萬英鎊——已撤回國內；在特倫查德的成功領導下，英國皇家空軍已經維護了完全的穩定。擺脫了日常工作後，我變得相當空閒。根據憲法規定，作為英國聯邦自治領的南愛爾蘭事務應由殖民地部負責。我從祕書長哈馬爾·格林沃德爵士手中接管了這項工作。他在最艱難的時期展現了極大的勇氣，並始終抱有達成政治解決方案的希望。進入內閣擔任國務大臣後，我成為內閣愛爾蘭事務委員會的主席。每當我需要幫助時，同事們都慷慨地支持我，而在其他時間則給予我廣泛的行動自由。自那時起，我一直負責與愛爾蘭領袖，包括南、北愛爾蘭的談判，同時處理下議院隨時出現的議會挑戰。

在普遍的混亂和不確定中，兩個目標清晰地浮現出來。首要目標是在南愛爾蘭建立一個有活力且負責任的政府機構。為實現此目標，臨時政府——我們即將承認的——必須舉行普選以獲得授權。自協定公布以

來，愛爾蘭人民透過各種手段表達了希望在該協定基礎上與英國建立良好和平關係的急切願望。因此，我們促使臨時政府了解到舉行普選的重要性和迫切性，唯有如此，他們才能獲得國家行政機關的地位，並以正當權力管理國家事務。格里費茲和科林斯已經對此深信不疑，但困難重重。德·瓦勒拉先生知道自己處於少數，並且如事態所示，處於明顯的少數，因而運用一切手段來阻礙、拖延，甚至阻止選舉。他還為此目的求助於愛爾蘭共和軍。這支所謂的軍隊自成立以來，目標就是組織武裝力量對抗王國政府，不擇手段地從謀殺個人到伏擊。愛爾蘭共和軍從未嚴格遵循戰爭規則。它吸納了一批人，他們抱著視死如歸的精神，隨時準備為所謂的事業受刑或犧牲。與愛爾蘭自由邦眾議院相似，愛爾蘭共和軍內部也存在兩種意見，且持不同意見的人數比例可能相似。然而，它是臨時政府在維護其權威時唯一可用的組織。因此，在控制共和軍及選舉的日期方面，臨時政府被迫做出一系列軟弱且不令人滿意的妥協。

臨時政府很快被說服將選舉推遲3個月，作為與德·瓦勒拉先生達成和解的條件。此舉的基礎是德·瓦勒拉的保證，他聲稱屆時選舉將能夠自由進行，共和軍將在臨時政府的指揮下統一行動，不會干擾選舉或以武力反對選舉產生的任何政府。然而，德·瓦勒拉先生剛剛向其同胞作出承諾，卻立刻背棄了自己的承諾。他和他的盟友竭盡所能地削弱和詆毀臨時政府；在全國各地製造混亂，並引發南愛爾蘭與北愛爾蘭之間的衝突。為此目的，共和軍中反對自由邦的成員總是可被利用的；而在這些人周圍，聚集了一群掠奪成性的犯罪分子——每個社會中都或多或少存在這樣的人——反自由邦的成員聲稱一旦革命爆發，他們將現身要求領導權。簽署協定的英國人和愛爾蘭人正努力克服這些困難，朝著舉行自由選舉和建立愛爾蘭民族委任管理的目標邁進。

我們的另一個關鍵目標是支持北愛爾蘭政府行使其不可剝奪的權利。兩支自稱為愛爾蘭共和軍的部隊駐紮在北愛爾蘭，無視停火協定、《愛爾

愛爾蘭協議

蘭協定》和英國陸軍從南愛爾蘭有序撤退的現實，積極進行祕密活動。因此，北愛爾蘭政府必須與這些策劃顛覆其獨立治理的行為作對抗；同時，邊界另一側的不斷襲擊和懷有敵意的武裝力量集結的威脅持續存在。

北愛爾蘭面臨的這些威脅，不論是內部還是外部的，都遭到了奧林區會中新教徒分子以同等激烈和爭鬥的態度回應。每當愛爾蘭共和軍或天主教徒犯下暴行時，隨之而來的便是更為殘酷的血腥報復。這種報復與反報復的行動迅速創下驚人的紀錄；整個夏天，天主教徒的傷亡人數是新教徒的兩倍。毫無疑問，當新芬黨的極端分子看到他們攻擊英國當局的成功後，自然會想繼續使用這種策略，以摧毀規模更小且顯然更脆弱的北愛爾蘭政府。他們認為，既然能夠羞辱並打擊強大的不列顛帝國，迫使其讓步，那麼摧毀北愛爾蘭獨立政府的設想就不過是小事一樁。他們透過槍擊公職人員、焚燒公共建築來製造恐怖氣氛，希望這會使北愛爾蘭的政府和民眾感到厭倦和疲憊，最終屈服於新芬黨的統治以換取安寧的生活。

後來，我在下議院發言時表示：「在北愛爾蘭，絕大多數民眾堅決反對新芬黨。他們熱切地表達了對國家、君主制、憲法以及帝國的忠誠與熱愛。即便他們被英國拋棄，他們也會為捍衛自由而奮戰到底。然而，英國不會拋棄他們；相反，必要時他們將獲得資金、武器和人力的支持與增援，以協助他們維護自己的議會和政治權利，並保衛自身。」

以上即是驅動我行為的兩個不同目標。然而，這兩個目標在英國各政黨的支持度上卻大相逕庭。保守黨內最堅定的成員始終如一地支持北愛爾蘭，即使在以厭惡和輕蔑的情感承認並接受《愛爾蘭協定》時，這種支持從未動搖。反觀，自由黨和工黨則以關懷的態度關注愛爾蘭自由邦的命運，對北愛爾蘭政府則除了因報復事件（奧林區會成員以報復回應新芬黨的每次謀殺）進行指責外，對其安寧幾乎漠不關心。若我們的政策取得無可爭議的成功，那麼我們以同樣的熱情追求這兩個不同且在多方面對立的目標的方法是恰當的。單一追求一個目標意味著毀滅，而同時追求兩個目

標則能帶來安全與和平。

在某些方面促進雙方合作，而在其他方面則需謹慎限制，這是一項微妙且易於誤解的任務。要做到公平對待，口頭上並不困難；然而，當人們實際上正在彼此殘殺，當恐怖行為在大地上蔓延、無政府狀態在新生政權周圍加劇時，當你與雙方領袖保持親密正直的關係，並知悉他們的諸多祕密時，任何對一方的行動都可能招致另一方的憤怒或懷疑，這使得制定一條公正的路線比實施它要容易得多。對愛爾蘭而言，幸運的是，在這個艱難時期，他並不缺乏具有高尚和堅毅品格的領袖。人們發現，亞瑟·格里費茲和麥可·科林斯，以及最近崛起的理查·馬爾卡希和凱文·奧希金斯，皆為一流的現實主義者；他們敬畏上帝，熱愛祖國，並信守承諾。在北愛爾蘭，詹姆斯·克雷格爵士堅如磐石地穩守其位。他沉著冷靜，思維敏銳，超然於仇恨與憤怒之外，卻不乏熱情；他穩重堅定，待人誠懇，工作不屈不撓；他最終將其人民從無法形容的苦難和困境中帶回到光明大道和文明社會。

在對背景和當事人有了基本認識之後，我們應該依靠當代文獻，以選擇性的方式來敘述這段過程，而非使用概括性的陳述方法。

我懷著高度自信地著手執行我的任務，並致力於彙整現行的實施方案以引導相關部門的運作。

1921 年 12 月 21 日

首相委託我負責一個內閣委員會，目的是為在都柏林設立臨時政府的細節進行籌備，前提是愛爾蘭自由邦眾議院通過該措施，我將提出若干具體步驟供審議。

如果愛爾蘭自由邦眾議院通過該措施，首要之務是邀請包括格里費茲先生和科林斯先生在內的愛爾蘭代表團盡快前來。隨後，我們應向他們表示，希望他們立即著手籌組一個臨時政府。這個在周詳安排下成立的政府，應迅速承擔起南愛爾蘭的內部和平與秩序責任，並接管國家的行政管

理。我們不願再承擔哪怕一天的責任，除非迫不得已。我認為，如果他們同意，可以將明年元旦定為雙方權力交接之日。

在確立基礎後，總督應在都柏林與他認為合適的政黨領袖及政治人物進行協商，以邀請某些具備身分的人士組成政府。總督或許會邀請亞瑟·格里費茲先生，屆時我們將得知他是否會接受此任務以及會在何種條件下接受。格里費茲先生將隨後籌組他的內閣，部長們將在《愛爾蘭協定》規定的宣言上簽署，並立即開始履行其職責。

在一般情況下，除非迫不得已，我們不應試圖改變現有的機構，而應將其移交給新上任的部長。如果需要一個法律認可的權威機構來公布指令，而一時找不到這樣的機構，則應邀請目前擁有此權力的不列顛當局根據指示行使此功能；不列顛當局不承擔任何個人責任，除非是執行相關的命令。

以下是一些特定的問題：

（1）警察。所有皇家愛爾蘭警察的成員，不論其國籍，均受帝國政府的遣散條例保障。辭職與否完全由個人決定。至於經費在大不列顛與愛爾蘭自由邦之間的分配，必須依據今年內將簽署的《總財政協定書》的原則予以考量，因此，這只是結算的問題。那些未選擇辭職的皇家愛爾蘭警察成員將被要求繼續留任。

軍中輔助師將利用帝國政府的資金立即解散，並遵循先前為巴勒斯坦招募警察時所制定的決議。

（2）陸軍。我們應該宣布的基本原則是，駐紮在南愛爾蘭的所有軍事力量應盡快撤出。第一步是要求臨時政府派遣其正式軍隊接管總督府和政府所在地的警衛工作。接待英王代表的禮儀、儀仗隊等事項，需與新芬黨領袖們事先妥善協商。我認為，駐紮在都柏林以外的正規愛爾蘭守備部隊應予保留，直至能為他們找到其他營房，自由邦政府應做好不再召喚這些部隊的準備。然後，應著手準備大規模撤離工作。很可能在2、3個月內

會有人堅決要求讓某些部隊留下。除非是極為短暫的期限，作為對新政府的暫時措施，否則我們不能答應這種要求。任何在和平時期未駐紮於永久性營房的補充部隊，都應儘早撤離。留在愛爾蘭的所有部隊，自臨時政府宣誓就職之日起，只能按照與相關部長達成的協定，遷出營房和當前駐地。只有在收到相關部長親筆簽署的請求書後，部隊才能為支持文職政權而行動。根據《地區軍事力量法》的授權，臨時政府在過渡期間必要時應能徵募武裝力量。沒有人會認為，他們需等到地位鞏固後才會按照規定募足士兵數量。然而，儘早建立一支著裝正規、紀律嚴明、能夠支持政府權力的愛爾蘭武裝力量，至關重要。

（3）司法。新芬黨法院的需求可能已經不再存在，因為所有法院將會在最短的時間內轉型為自由邦的法院。然而，在此過渡期間，現有法院仍會繼續運作，愛爾蘭自由邦的總理或內政部長正提議總督行使其特權。人們期望總檢察長能闡明司法在過渡時期應如何運作。

（4）財政。現階段，國家在稅收和國內公共服務開支方面均無變化。自然，最近採取的稅款截留措施應立即中止，愛爾蘭國內行政管理的資金總量是完全有保障的……

同時需要撥出專項資金，專門用於招募愛爾蘭自由邦的武裝部隊，以確保秩序的維持。

（5）教育、農業及一般國內後勤服務行業。應當及早讓自由邦的一位部長全面負責這些領域。

（6）與賠償和大赦相關的措施（必須做好準備）。

上述說明均基於愛爾蘭自由邦眾議院通過《愛爾蘭協定》的假設。然而，即使協定獲得批准，但若多數優勢不明顯，協定的穩固基礎仍可能不足。在此情況下，應籌組新政府，並向總督提出解散議會或舉行全民公決的請求。解散議會應優先考量，因其可促成更負責任的愛爾蘭自由邦眾議院。總督將依據部長的建議行事；若部長建議舉行全民公決，愛爾蘭各部

愛爾蘭協議

門需建立必要機構,經議會批准,由財政部提供資金。在全國發起此呼籲期間,軍隊和警察應堅守職位,否則程序將如前述,但形式將有變。

第三種可能性是愛爾蘭自由邦眾議院否決了《愛爾蘭協定》。若發生這種情況,人們普遍預測,南愛爾蘭議會將隨即舉行新一屆愛爾蘭自由邦眾議院的選舉。然而,在選舉結果揭曉之前,我們應與現任眾議院中支持《愛爾蘭協定》的政黨領袖連繫,以了解他們的意圖。通常認為,新一屆眾議院開會時,該協定將會被立即重新提交審議。

1922年1月11日,我驚訝且高興地收到詹姆斯・克雷格爵士的來信,他已經有相當長的一段時間未與英國政府有所連繫。他表示,每當北愛爾蘭的利益受到威脅時,他總想到要與我會面。他還提到:「我已經準備好參加一次關於你與南愛爾蘭代表的會議……實際上,我希望不久後能有機會與格里菲斯先生或任何負責臨時政府行政事務的人會面,以便徹底弄清南愛爾蘭的政策究竟是和平的,還是準備繼續施壓北愛爾蘭的政策。」

我立即開始安排克雷格與麥可・科林斯的會談。1922年1月21日,他們在殖民地部我的辦公室見了面。儘管房間寬敞,燈光仍顯得過於明亮。兩人神情肅穆,寒暄幾句後,我找了個理由離開,讓他們單獨交談。我不清楚這兩位愛爾蘭人——在宗教、情感及行為上有著巨大差異——究竟談了什麼。會談持續了很長時間,我不想干擾他們,因此約在1點鐘時,巧妙地將羊排等食物送進去。到了4點,私人祕書告知會談似乎已轉向全愛爾蘭陣線的話題,我便冒昧地進入辦公室察看情況。他們告訴我,協定的討論已進入權衡具體措辭的階段。雙方將在各方面互相支持,透過私人討論解決未決問題,並在反對一切破壞和平行動的範圍內採取一致立場。我們三人於是共同保證攜手合作,「力求使協定生效」。

唉!這真是難以實現的事。僅僅過去10多天,克雷格便再次需要向北愛爾蘭人民提供承諾,而科林斯在返回都柏林後,便在那種氛圍中立即對北愛爾蘭的邊界問題發表了激昂的演說;已於1922年1月24日被「取

消」的南愛爾蘭對貝爾法斯特的抵制，很快又全面恢復。2月初，新芬黨在北愛爾蘭邊界進行入侵，而同時，貝爾法斯特也發生了多起騷亂，僅一夜之間，貝爾法斯特的街道上便有30名死者和70名傷者。

　　局勢極為令人失望，迫使我在1922年2月16日提交《愛爾蘭自由邦法案》，作為《愛爾蘭協定》的補充。北愛爾蘭議會的所有成員利用其在保守黨內的強大影響力，公開表達了他們的反對意見。在再次觀察這場辯論後，我了解到行事需要多麼謹慎。普遍的情緒是，《愛爾蘭協定》雖然必不可少，但是否能夠切實執行？我們是否被誤導，或者可能是在與不負責任的人談判？我們已經付出了一切應有的代價，換來的卻只是輕蔑的回應嗎？另一方面，目前是否還有其他需要採取的行動呢？我必須依賴信念、希望和法律。

　　若是你渴望愛爾蘭陷入無序的混亂，那就推遲這項法案。若想在北愛爾蘭邊界見證越來越多的流血事件，那就推遲這項法案。若你期望下議院依然背負著維持南愛爾蘭和平的責任卻無法履行，並將這些災難性的狀況強加於愛爾蘭臨時政府，那就推遲這項法案。若你希望讓那些暗中策劃仇恨的極端分子破壞一個努力履行承諾的政府，那就推遲這項法案。若你想讓全世界一週又一週地看到大英帝國在無法無天的狀態下生存，那就推遲這項法案。然若你希望給議會已承諾的政策一個公正的機會，並給愛爾蘭的部長們公平的待遇和信任，若你想看到愛爾蘭回歸法治，並使我們承諾的政策具有前後一致的效果，那麼絕不應該阻礙此法案的通過，哪怕只是一週的延遲。

　　我們是否應該對已經簽署的協定感到後悔？……

　　讓我們來對比一下當前的狀況。在我看來，情勢似乎已經產生變化。如今，愛爾蘭——而非不列顛——正在全球的注視下接受審視。6個月前，我們需要為各種攻擊形式進行自我辯護。而現今，愛爾蘭人民——在經歷了7個世紀的壓迫後，如他們所言——終於有機會向世人證明，

愛爾蘭協議

他們能夠為自己的國家選擇政府的形式,並在國際社會中占有一席之地。依我看來,過去6個月中,情況已經顯著改善。讓我們觀察北愛爾蘭的情形。北愛爾蘭擁有強大且不可動搖的力量,不僅在物質層面,亦包括精神層面。眾所周知,曾有一段時間,我和一些與我有連繫的人認為,北愛爾蘭並非在捍衛自己的地位,而是試圖封鎖通往愛爾蘭其他地區的通道以取得他所需要的東西。那段時期已成過去。透過英勇的犧牲與奮鬥,北愛爾蘭已清楚地脫離了愛爾蘭其他地區的發展路線,他所追求的僅是自己的自由與安全,他堅守自己的權利,並在必要時,已獲得且將繼續獲得不列顛帝國全部力量和全力的支持;因此,我可以說,北愛爾蘭目前正處於擁有強大精神和物質力量的狀態。

帝國政府的情況已經取得了顯著改善。不列顛帝國的複雜國務應逐漸與愛爾蘭持久的內部紛爭這個嚴重問題脫鉤,維護帝國政府的尊嚴,保持更加中立的立場,這一點極為重要。……

北愛爾蘭不滿的核心在於《愛爾蘭協定》中有關未來管理南、北愛爾蘭邊界的條款。

確實,弗馬納郡與泰隆郡的邊界問題是一個複雜的議題。我記得在第一次世界大戰前夕,白金漢宮會議失敗後,我們在唐寧街召開了一次內閣會議,耗費了相當長的時間——大約一小時或一個半小時——討論這個邊界問題。兩大政黨爭論激烈,辯論中不時提及內戰。與會者竭盡所能試圖解決此問題,並尋求共識。努力將分歧縮小到不僅涉及弗馬納郡和泰隆郡,而是進一步縮小至兩郡內的行政區和族群居住區。然而,即使如此,問題依然如故,難以解決,雙方無法達成任何結論。隨後,第一次世界大戰爆發……全球幾乎所有的社會制度遭到破壞,若干龐大的帝國被推翻,整個歐洲的版圖被改變。一些國家的地位發生了劇烈變動。人們的行為方式、思想、對事物的看法、政黨結構,這一切在暴風雨中遭受了猛烈的衝擊。然而,當風暴平息,洪水消退,我們再次見到弗馬納郡和泰隆郡這兩

個令人沮喪的問題浮現。爭論依舊如故，是在這次席捲全球的大災難中，極少數未被觸動的問題之一。這在相當程度上解釋了為何對立的愛爾蘭人能夠堅持不懈地持續爭論，也解釋了為何愛爾蘭，包括民族主義黨和奧林區會，能夠影響不列顛的生活和政治命脈，並在一年又一年、一代又一代中掌控和震撼這個強大國家的政治。

關於這些爭論，我的結論是：

北愛爾蘭需要大不列顛的支持和保護。愛爾蘭必須擁有《愛爾蘭協定》，擁有自主選舉和自己的憲法。解決複雜邊界問題的其他更佳機會將出現……數代以來，我們一直在泥濘中奮鬥，但最終我們意識到，《愛爾蘭協定》已經讓我們踏上了一條不算寬的路，但這條路同時也將成為一條大道，是通向未來的堅實之路。讓我們不要失去勇氣和信心，堅定而謹慎地沿著這條大道前行。如果大不列顛能繼續沿著這條道路前進，那麼這一天終將到來，也許遙遠，但可能不如我們所想的那樣遙遠，屆時，回首過去，大不列顛將發現站在他身旁的是一個和睦的愛爾蘭，一個國家亦是一位朋友。

針對此議題，下述言論尤為深刻，值得注意。這是內維爾·張伯倫先生所發表的，充分反映了普遍的看法：

以我為例，我不會因暴行而感到憤怒，也不會因此改變我應當遵循的正確觀點。我認為，在這些艱難時期，我們的任務是保持冷靜，不要因一時激動而走上將來會令我們終生懊悔的道路，而是應該賦予臨時政府一切必要權力，以確保其履行應有的責任。唯有如此，我們才能為自己保留避免內戰的唯一希望。

該法案以壓倒性的多數通過——302票對60票。然而，贊成票的多數人都顯露出痛苦的神情，而投反對票的所有人則全部陷入憤怒。

該法案的通過耗時超過一個月。期間，殘酷與背叛的行為，以及愛爾蘭政府顯而易見的軟弱無能，激起了議會和大眾的憤慨與憂慮。

1922年2月初，局勢愈加惡化，北愛爾蘭邊界的襲擊事件加劇，導致當地居民遭到劫持。貝爾法斯特派遣一支警隊增援恩尼斯基倫，然而，他們不慎忽略了新的邊界界線。他們選擇經過自由邦境內的克隆斯，而非較長但更安全的北愛爾蘭境內路線。一抵達克隆斯，這19人便被當作入侵者遭到伏擊。未經警告或驗證身分，4人被射殺，8人受傷，其餘7人被俘。

同時，科林斯先生不斷向我抱怨貝爾法斯特夜間發生的族群仇殺及其報復行動。

這類殘酷事件將邊界地區轉變為野蠻之地。愛爾蘭各地也發生了其他多起暴行；若非整個南愛爾蘭，包括親英分子和絕大多數居民在恐怖活動中陷入絕望和無助的平靜，恐怕會有更多暴行。在貝爾法斯特，兩個宗教的極端分子仍在進行殘酷的戰爭。

夜色雖然冗長，但最終我們無疑迎來了黎明前的曙光。

邱吉爾先生致科普先生的信

1922年3月7日

個人機密函件

許多人向我詢問有關利默里克郡和蒂珀雷里郡的狀況，你需要告訴我臨時政府究竟採取了哪些行動，並說明這些消息是否需要保密。他們是計劃鎮壓利默里克郡的叛亂，還是僅僅打算談判而對反抗置之不理？根據報紙的報導，愛爾蘭軍隊已經從都柏林調往一個未公開的地點。這消息可靠嗎？有多少部隊？他們值得信任嗎？科克郡的情勢似乎依然惡劣，據稱一名已被逮捕的臭名昭彰罪犯現在已經逃脫。你認為自由邦政府還有鬥志嗎？是否還有人願意為其付出生命或為其奮戰？請告訴我你的看法，而非你的願望。

邱吉爾先生致科林斯先生的信

1922 年 3 月 14 日

私人函件

（1）我以關注的心情閱讀了您關於 1920 至 1921 年間貝爾法斯特暴行的信件。我注意到您還將寄來一份有關貝爾法斯特近期事件的詳細說明。隨信附上詹姆斯·克雷格爵士撰寫的報告，這是他對您上次投訴信件的回應。貝爾法斯特局勢的演變令人遺憾。那裡存在著一個深仇大恨的底層社會，只有在雙方領導人共同付出最堅定和認真的努力，並輔以強大的軍事和警察力量的情況下，才能實現全愛爾蘭所需的穩定。

（2）在詹姆斯·克雷格爵士返回北愛爾蘭前，我與他進行了深入對話，我相信他將竭盡全力公正地維護秩序。至今，他堅決拒絕考慮與你的政府進行進一步會談，原因在於，只要你非法扣留他的人於克隆斯作為人質，他便無法與你會晤。因此，我們目前陷入僵局。我必須指出，詹姆斯·克雷格爵士給我的印象是，他非常渴望能夠消除障礙與你展開進一步談判。我完全理解你的困難，但我堅信不疑，儘管有這些挑戰，你應該採取正確行動，要麼釋放這些人，要麼在合法組成的法庭上，按照正規程序並依據確鑿證據對他們進行審判。若他們能獲得公正審判並受到合法處理，詹姆斯·克雷格爵士會非常滿意。這是臨時政府領導人能夠採取的唯一途徑。或許你認為需要等到《愛爾蘭自由邦法案》通過並正式授予你合法權力後，才能進行上述行動。若果真如此，那麼在此期間，我們只能無奈等待，但應盡量保持事態平靜，避免暴力行為。在巴爾幹半島各國，人質扣押的行為屢見不鮮，但在愛爾蘭不應予以效仿，我們越早樹立法治觀念越好。

（3）我非常感激你已經加速了將必要人員調派至北愛爾蘭的過程；而且根據約翰·安德森爵士的說法，你的政府每週都在提高行政管理的效率，臨時政府的部長們對局勢的理解正在加深，他們正在任命有能力的人作為助手，尤其是在財政系統方面——這一系統的穩健性已在實踐中得

到證明——有才幹的人才正在被重用。

（4）我十分欣喜地得知你今日將與南愛爾蘭統一黨的米德爾頓勳爵會面；我期望你能夠化解他在土地購買上的顧慮。若自由邦要求我們在此事上面採取行動，我們承諾會全力以赴，所有因此而獲得的利益將完全屬於愛爾蘭，作為對那個不幸島嶼的交換。

（5）根據一個相當獨立的消息來源，我了解到，臨時政府在全國的接受度正在上升，並且德·瓦勒拉的一名主要支持者已經表達了這樣的觀點，即如果在新一屆議會中能獲得40個席位，他們將會採取明智的行動。我希望情況如是。

（6）你似乎正以某種方式應對利默里克的局勢。毫無疑問，你最了解自己的責任，感謝上帝，必須努力完成這項職責的是你而不是我們。然而，在當前這個關鍵時刻，如果由（所謂的）愛爾蘭共和軍按照慣例做出一項有害的決策，那將是一件非常嚴重的事件。我相信你一定非常有把握防止這種危險。

（7）我懷著濃厚的興趣閱讀了萊弗李維人寄來有關你在都柏林發表的演講全文。我希望這篇演講已經在英國報章上得到廣泛刊登。我已經將其呈交給錢塞勒勳爵，他對文章的語氣和權威意見表示讚賞，本週他可能會在為《愛爾蘭自由邦法案》辯護時引用其中的某些段落。

（8）你即將訪問科克郡並預計受到愛爾蘭退役軍人——我深表同情的人群——的歡迎，這個事實令我非常感興趣。我會竭力推動當地造船廠的進一步擴建，因為我最關心的是確保科克郡的狀況能夠得到令人滿意的自我調整。

邱吉爾先生致信科林斯先生與格里費茲先生

1922年3月21日

邊界地區的整體局勢顯然正日益惡化。若衝突全面爆發，將是毀滅性

的災難,即便目前的緊張局勢持續,邊界線極可能演變為老舊的軍事對峙狀態,這是大家最不願見到的。我無法想像從北向南發起突襲的任何跡象。若真有此類突襲,肇事者必須承擔全部責任,而英國政府將在其許可權內採取一切必要措施。我相信你們無需為此擔憂。即便發生此類事件,損失也僅限於那些應負責的人,正如蒙納根的人質劫持事件對南愛爾蘭的損害一樣。據悉,愛爾蘭共和軍正在邊界地區集結,兵力不斷增加。這顯然是多餘的。報紙還報導,自由邦的軍隊正被部署至不同地點。請告知我具體情況。

你們必須知悉,我亦向詹姆斯·克雷格爵士發出最嚴正的呼籲,要求其制止其陣營民眾的挑釁行動。

1922年4月13日,羅里·奧康納這位理想高尚的熱忱者,帶領一群支持者和許多同情者占據了都柏林的4所法院。在這座宏偉而莊嚴的建築中,他和他的同伴們宣布成立全愛爾蘭的共和國政府。3天後,麥可·科林斯在都柏林遭遇暗殺企圖。他幸運逃過一劫,但在當月的剩餘時間裡,針對自由邦軍隊和警察的謀殺事件層出不窮,並且還爆發了鐵路總罷工。

在這些壓力之下,飽受煎熬的政府及其僱員多少有些凝聚力;其軍隊開始反擊,即便這微弱的抵抗也令敵人感到震驚。

邱吉爾先生致科林斯先生的信

1922年4月12日

總體來說,我感受到愛爾蘭的大眾輿論正逐漸凝聚力量,以維護自身利益。在你捍衛公正與合法立場的過程中,將獲得全國範圍內強而有力的支持。我在下議院的演說中已經表達了這個觀點。我希望到復活節時,事實不會印證我的預測是錯誤的。

內閣指示我向你發出正式信函,以表達他們對26個郡中動亂蔓延日益加劇的憂慮。然而,我的看法並不完全一致,這封信是我以私人信函的

形式寫給你的。許多愛爾蘭居民寫信給英國，描述各種恐嚇、動亂、偷竊和搶劫事件。毫無疑問，資本正在外流、信貸正在下降、鐵路正在怠工、工商業已遭受到影響。愛爾蘭的財富正可悲地不斷縮小。事態發展到一定程度時，這些事實必然將激發所有階層奮起保護其自身的物質利益，而德·瓦勒拉先生也將逐漸成為一場災難的象徵，而非一項事業。我們目前尚無法做出準確判斷，但顯然，從長遠來看，無論臨時政府多麼有耐心，也必須維護自身的立場及權力，否則將被其他管理形式取代。這樣的時刻必定到來，屆時，人們將不囿於某個派系、宗教或部分，而是訴諸整體的愛爾蘭國家。他們無疑具備這樣的權利，期待你引領他們走出困境，此機遇至關重要，失去它，歷史將不會寬恕。難道你不應該將所有全心擁護《愛爾蘭協定》的人以及與協定命運相連的簽署者團結在初創的自由邦周圍嗎？難道你未發現建立在此基礎上的後援力量，遠比你目前擁有的更為強大嗎？難道你不應該召喚你的「分布廣泛的民族」來助你一臂之力嗎？在美國、澳洲、加拿大和紐西蘭，必然有數以千計關心祖國幸福與自由的愛爾蘭人，他們希望大選公正地舉行並確保人民能自由投票。

　　我對愛爾蘭人民展現的非凡勇氣深感震撼，他們無畏於種種威脅，積極參與公共集會以表達他們的觀點。我彷彿已經感受到那股支持你且不斷壯大的民族力量，當機會成熟時，它將為你們的事業而非其他的事項奉獻力量。

　　我將著手處理有關調查協定簽訂後於貝爾法斯特發生的多起暴力事件的問題。我會與詹姆斯·克雷格爵士進行交流，並將結果通知你。目前，無論是在貝爾法斯特還是邊界地區，情勢都有所緩和，毫無疑問，北愛爾蘭政府正竭力促使局勢穩定。你們釋放幾名拘留在克隆斯的人，將大大有助於北愛爾蘭政府的工作，我非常高興地看到你在這方面已取得了進展。

　　我欣喜地得知你已安排與德·瓦勒拉進行會談；然而，我希望你能理解，我們已無法在任何方面進一步妥協。根據我們與你達成的協定，我們

已經承擔所有風險，並全力以赴地履行每一項條款。對我們而言，這已是極限，我們每一位將竭盡所能，利用所有可支配的影響力，抵制任何形式對共和國或對《愛爾蘭協定》體系的侵犯。

在我看來，允許他人迫使你同意進一步延遲大選是極其危險的。只要這種不確定性持續存在，愛爾蘭日益加劇的貧困化狀況將無法結束。若一國面臨內戰威脅或其共和政體即將與不列顛帝國交戰的危機，則無人會在愛爾蘭進行投資或制定生產計劃。我堅信愛爾蘭人民會在今年5月底或最遲於6月的第一週完成大選投票。我們確實擁有道義上的權利要求了解我們的建議是被接受還是被拒絕，這種不確定性不應被無限期拖延……

邱吉爾先生致科林斯先生的信

1922年4月29日

自從我上次寫信給你以來，已經過去3個星期了，我們在這段時間裡所做的事情值得反思。首先，我要向你和格里費茲先生表示祝賀，讚揚你們在面對那些反對自由言論和公正行動的對手時所展現的毅力和個人勇氣。我堅信，愛爾蘭臨時政府的領導層及支持《愛爾蘭協定》的政黨領袖中，堅定、勇敢且富有浪漫氣質的個性將在整體局勢中發揮實際作用。我也相信，愛爾蘭的大眾輿論正在逐漸轉向支持自由邦和《愛爾蘭協定》及其擁護者；並且有充分的理由認為，許多民眾將準備在選舉中維護他們的政治權利。因此，選舉的推遲所帶來的後果，與英國原先擔心可能出現的不良結果相比，已顯得相對樂觀。你們並未失去對大眾輿論的掌控，反而有所加強。由於德·瓦勒拉派的激進行動及其對愛爾蘭造成的困擾和貧困，人們的抱怨已更多地指向反對臨時政府的人，而非臨時政府本身。

我以極大的興致在愛爾蘭的報紙上讀到出色的論證手法，以及愛爾蘭媒體在捍衛社會自由的核心時所展現的勇敢和充滿活力的方法。

復活節已順利度過。你的部隊正在擴大規模，紀律性似乎已有所提

升，能夠遵從上級的指示……

　　整體而言，我觀察到許多能激勵人心且切合實際的理由。然而，這也讓我更加難以理解，為何你在與詹姆斯・克雷格爵士交涉時，顯得如此嚴肅冷酷且無情？我相信他已付出極大努力，試圖從字面與精神上履行協定，並且他正在努力，將繼續朝此方向前進。當然，沒人期待一切會立刻得到改善，沒人期待那些在愛爾蘭激增的可怕情感所導致羞辱愛爾蘭及其人民的暴行。你對克雷格心生怨懟的理由有很多，這其實是再自然不過的。同樣，克雷格對我也吐露了滿腹的牢騷與不滿，新教徒在近期的動亂中也蒙受了重大損失。貝爾法斯特價值數百萬英鎊的財產被破壞，應收帳款被非法扣押，我確信抵制運動實際上造成的損害比以往任何時候都要大。我始終認為，愛爾蘭的領導者們（無論是北愛爾蘭還是南愛爾蘭）應該能夠領悟到，取代這種暴力相互報復的最好方法，是坐下來共同協商，仔細評估當前的局勢，記錄已完成的事項，指出在實施最近協定時的不足之處，並確定改善協定執行的新步驟。

　　如同我常常提到的，你們對手（無論是北愛爾蘭還是南愛爾蘭的，新教徒或天主教徒）的利益在於，在愛爾蘭的兩部分之間激起最強烈的敵意。他們對任何可能引發兩個政府間明確戰爭的行動或事件都充滿期待。在北愛爾蘭，你們的對手希望南愛爾蘭建立一個共和國，因為這將引發內戰，而他們知道在這場內戰中，不列顛帝國將全力支持他們。在南愛爾蘭，你們的對手試圖利用對北愛爾蘭的敵意，以奪取臨時政府的權力，或讓臨時政府的領導者陷入一系列悲劇性事件，直到在極端壓力下崩潰。雙方的阻撓者都對愛爾蘭統一的前景感到恐懼，視其為摧毀他們陰謀的致命打擊。對我而言，這一切顯而易見，我相信，民眾也會以策略的眼光正確判斷這些問題。我不明白的是，你為何還要讓自己捲入爭端。我知道克雷格希望與你公平且坦誠地交往，我認為在整個北愛爾蘭，你找不到另一個像他這樣的人；然而，我看到你在公開演講中對他採取了極為激烈、甚

至咄咄逼人的態度，這確實讓我困惑。或許，透過堅持反對北愛爾蘭的立場，你可能暫時獲得某些政治收益，但這些微不足道的短暫利益都是從愛爾蘭聯合的寶庫中取走並摧毀的。不論情況多麼惱人，我堅信，你的利益和你所奮鬥的事業利益要求你在與北愛爾蘭的關係中保持耐心和謙遜。他們都是你的同胞，值得你給予關注和體面的對待，至少像你對待南愛爾蘭那些挑釁你的極端分子一樣。此外，他們處於極其強大的地位，事實上是不可戰勝的，他們掌握著實現愛爾蘭統一的手段。

當你對在貝爾法斯特發生的某種可怕事件感到憤怒時，不妨稍微體會一下我們大不列顛人的感受：我們得知無助且非武裝的皇家愛爾蘭警察遭到謀殺，並且在科克郡及其周邊，新教徒遭遇了幾近屠殺的暴行。自《愛爾蘭協定》簽訂以來，已有20名警察喪生，40人受傷，另有6至7名士兵傷亡，目前仍有8名新教徒平民被你的政府扣押。這些人都應受到愛爾蘭國家的保護，且在道義上應得到《愛爾蘭協定》的絕對庇護。他們的鮮血在大聲呼喚正義，這種呼喚不會隨著時間的流逝而減弱。據我所知，至今尚無一人因這些殘忍行為被捕，更遑論受到懲罰。

然而，就我們這一方而言，我們已經著手逐步履行該協定，全力以赴地以各種方式協助你的政府。此外，對於那些與我們共同簽署協定的人，我們依然保持著對他們良好信念和願望的信心。然而，不要以為聖喬治海峽兩岸的英格蘭和愛爾蘭沒有同時激起強烈的情感。我們在國際上絕非可被輕視的民族。閱讀英國歷史的人會意識到，某些問題可能輕易演變為極其嚴重的事件。政治家的責任是不讓自己被這些深厚且自然的情感不當地左右，而是要穩握舵柄，讓船隻盡可能避開危險的急流，平穩地航向預定的港口。

無論何時，只要你覺得與詹姆斯・克雷格爵士再度會面能夠對事情有所助益，我都會竭盡全力促成。當我與他談起上週的話題時，他表現出不想深入討論，但我清楚他真心希望找到一個和平、妥當且展現基督精神的解決方案。

愛爾蘭協議

愛爾蘭自由邦的興起

　　直到 1922 年 4 月底,我們似乎一直在艱難前行,但顯然已經克服了所有障礙。自由邦政府的運作雖然不穩定,但逐漸改善,而在英國,政黨和議會的局勢已經穩定。我們所有的希望和目標都集中在愛爾蘭人民對代表大會的自由選舉上。所有跡象都明確無誤地顯示,他們將以壓倒性多數支持《愛爾蘭協定》和自由邦政府。

　　接近 5 月底,一種令我極為尷尬的新情況浮現。5 月 19 日,格里費茲先生在愛爾蘭自由邦眾議院中對北愛爾蘭的共和主義者指出,他們的暴力行為無法代表百分之二的愛爾蘭民眾,「他們的行動方針使自己成為愛爾蘭的叛徒,罪大惡極,正是他們的行為導致英國軍隊不可避免地返回。」翌日,一件使所有人震驚的事件發生了,德·瓦勒拉和麥可·科林斯達成了一項協定。協定的內容涉及即將到來的大選,包含了一項雙方一致同意的決策,即反對《愛爾蘭協定》的北愛爾蘭共和主義者將在新議會中擁有 57 個席位,而支持協定者將獲得 64 個席位。後者在臨時政府中頂多面臨 57 票反對。換句話說,關於接受或拒絕《愛爾蘭協定》的現狀在新議會中將保持不變,且不會被新芬黨內部的任何爭論所打破。此外,該協定規定在這次所謂的大選後,應成立一個聯合政府,由 5 名支持《愛爾蘭協定》的部長、4 名反對協定的部長,加上代表大會的主席和陸軍總部部長組成。基於此,兩派新芬黨(支持和反對《愛爾蘭協定》)將共享代表權並有權向每位持不同意見的候選人提出挑戰。

　　在謠言四起的幾日前,我已經獲悉此事,隨即給麥可·科林斯寫了一封信。

愛爾蘭自由邦的興起

邱吉爾先生致科林斯先生的信

1922 年 5 月 15 日

我收到一份情報,這讓我相信,你與非法政黨,即北愛爾蘭共和黨,正在討論一項建議:應舉行「一致同意的大選」。這意味著選舉結果將毫無爭議,但選舉會給德·瓦勒拉先生 40 個席位,臨時政府 80 個席位。我認為有必要立即告訴你,任何這樣的安排都將被全世界嘲笑和譴責。如果少數持有致命武器的人透過私下協定出賣選民的政治權利,那麼這根本不會是一場選舉,而僅僅是一場鬧劇。這樣的行為不會賦予臨時政府代表愛爾蘭的任何資格,將是對民主原則的粗暴踐踏,並將遭到全球的一致譴責。你的政府會很快發現,它將被視為一個暴虐的陰謀集團,試圖在以暴力執政後,透過否認憲法賦予的權利來維護自身地位。愛爾蘭的敵人習慣說,愛爾蘭人民對代議制不感興趣,這與他們的天性不符,他們一有機會就會回到某種專制或寡頭統治。如果你允許自己陷入這種安排,這個行為將立即被嘲諷,證實這種惡意預言的準確性。至於我們英國的立場,我們絕不會將這樣的安排作為未來協商的基礎。

我真心期盼,你能讓我否定這些極不公正報導的真實性。議會隨時可能討論此事。我已經注意到《紀事日報》(*Daily Chronicle*)在社論中提及此事。

我懇請您將此信轉呈予《愛爾蘭協定》的共同簽署者格里費茲先生和達根先生,以便他們閱覽,我有責任向他們表達我的看法。

因此,我們似乎最終將失去一切立足點。在整個愛爾蘭,人民的主要渴望是接受《愛爾蘭協定》,忠實地執行該協定,並在其指引下恢復愛爾蘭的尊嚴與繁榮 —— 這是北愛爾蘭共和主義者與自由邦支持者、愛爾蘭共和軍中合法者與非法者、天主教徒與新教徒、地主與佃農、統一黨與民族主義黨之間的共同基礎。然而,他們無法表達自己的觀點。正如幾年前的俄羅斯人民,愛爾蘭民眾無權對自己的未來發聲。他們如同牲畜般被少數人牽引,這些少數人彼此之間進行不道德的交易,瓜分這片土地。這

種情況比任何襲擊和暴行的破壞更嚴重，使整個局勢面臨一種無意義的混亂。

然而在這個問題上，我們緊握著民主的旗幟。在你還未滑出斜坡一定距離之前，民主旗幟還是很能發揮作用的。我們邀請自由邦的領導人前來倫敦，他們立刻就來了。格里費茲明確表示他堅決反對當前的做法；而科林斯的態度則是一半目空一切，另一半顯然是局促不安。他說這樣做是對的；我們不知道他們有何難處。這些話簡直令人驚訝和難以形容。他們正坐在火山口上。一場競爭性大選實際上已不可能舉行。它將意味著全面的內戰；將沒有人敢去投票；他們沒有力量維持哪怕是外表上的安定。不過科林斯聲稱，整體而言，在堅持《愛爾蘭協定》的意向方面，他並沒有改變初衷。看來任何符合科學原理的治療方法，對愛爾蘭的創傷似乎都不發揮作用，而只有聽任傷口的結痂脫落於屈辱之中。

這些事件迅速在北愛爾蘭激起了迴響。新教徒的北愛爾蘭堅信南愛爾蘭將會陷入動盪，他們唯一的考量就是建立一道屏障以自我保護。他們不斷要求增加軍隊部署和裝備。詹姆斯·克雷格爵士發表宣告，堅決不會在邊界問題上讓步。

邱吉爾先生致詹姆斯·克雷格爵士的信

1922 年 5 月 24 日

倫敦的德里勳爵將向你通報，他與陸軍部商討的結果，以及我們為向你提供大量物資所做的安排。然而，我必須指出，我不認為你的行動 —— 即在未向不列顛政府報告的情況下，宣稱無論如何你都不會接受任何邊界變動或任何邊界線劃分委員會（該委員會是《愛爾蘭協定》中規定的）—— 與要求大量財政和軍事援助相吻合。當我努力爭取我同事們同意你的要求時，你卻作出這樣的宣告，實際上你的宣告中不乏表現出對你正在尋求援助的帝國政府之輕蔑態度。今天早上，我的幾位同事對你的

愛爾蘭自由邦的興起

宣告表示強烈不滿，尤其是當前愛爾蘭事務正處於如此關鍵時刻，而你正請求並期待得到我們的援助。我只能回答說，德·瓦勒拉和科林斯昨天在愛爾蘭自由邦眾議院發表了同樣令人感到不滿意的宣告。你的宣告後果是，帝國政府在提供你所需要的援助時增加了許多困難，帝國政府的大臣們——他們將會晤臨時政府的代表——無法就科林斯先生輕蔑地談論《愛爾蘭協定》一事對他進行有效指責。你的宣告已使英國許多報紙——在最壞情況下，我們需要它們的支持——在報導整個愛爾蘭形勢時，將雙方視作半斤八兩。毫無疑問，有人將極力鼓吹一種英國完全不再干涉愛爾蘭事務的政策，讓他們「自作自受，透過內鬥找到解決方案」。你已發表的宣告使得與這種對你極為不利論調的駁斥更加困難。

我相信你不會因為我的坦率而見怪，因為我正努力以法律允許的所有方式支持你。即便你提到科林斯—德·瓦勒拉協定使你與南愛爾蘭之間的一切合作成為不可能，我們也不必抱怨。雖然我對此表示遺憾，但你有權發表這樣的宣告。然而，在任何情況下，你都無權一方面宣告不遵守不列顛政府簽署的《愛爾蘭協定》，另一方面又要求不列顛政府承擔你的防務支出。我不明白，為什麼在發表這樣的宣告之前，你沒有先與我溝通。我原以為你完全有可能在當前這樣的關鍵時刻，對你的人民發表一個令人滿意的宣告，而不是採取這樣的立場，讓人覺得如果科林斯或德·瓦勒拉採取了不如你意的行動，你會如同他們一樣向帝國政府提出挑戰。你不應該在發給我們一封尋求最大可能援助的電報同一天，宣告有意向帝國議會挑戰。

附筆：我剛剛接到你的電報，得知這些消息讓我非常高興，我已為你爭取到幾項決議，你可以稍微放輕鬆了。

儘管從未失去希望，但我認為為議會設定一個較為靈活的議程是恰當的；針對聖靈降臨週的休會提案討論同時，我向下議院詳細闡述了事件的完整背景，我重申了科林斯先生所提供的最具說服力的解釋。

倘若北愛爾蘭共和黨的少數派以激進和暴力的方式挑戰，臨時政府或許無法確保生命與財產的安全。

這個北愛爾蘭共和黨的少數派，主要由相對人數較少的武裝分子組成，他們採用暴力手段，狂暴成性，但在許多情況下，他們的動機卻是公正且無私的。然而，在幕後支持他們並使其力量增長的，卻是人數較多且粗暴而卑鄙的一群流氓和土匪，這些人為了一己私利或個人復仇而進行搶劫、謀殺和掠奪，或者純粹因喜愛騷亂和混亂而不斷製造恐怖事端。這些強盜——他們實在稱不上其他——在所謂共和國的旗幟下竭盡破壞之能事，並與一些真正共和政體的幻想家糾纏不清。

臨時政府宣稱，他們一方面無法應對這群強盜，另一方面卻必須與頑固的北愛爾蘭共和主義者展開武裝衝突。他們表示已與北愛爾蘭共和主義者達成協定，將孤立這群強盜並對其進行打擊和壓制，更大的自由和安全將迅速恢復，而這些條件是愛爾蘭人民長久以來渴望的，也是自由表達其政治意願所必需的。他們還指出，在愛爾蘭激進少數派的操控下，這群強盜透過暗殺不列顛士兵、退役軍人、退役的皇家愛爾蘭警察、新教徒或擾亂北愛爾蘭來製造一連串事件，若任由此局勢持續，必將摧毀大不列顛與愛爾蘭的關係，使《愛爾蘭協定》的執行變得極為困難。

我強烈呼籲下議院不要輕視這項論證，並附上了這樣的警示。

愛爾蘭的繁榮正遭受嚴重打擊。銀行業與商業正在萎縮，工業與農業的活力逐漸消失，收入持續下降……愛爾蘭的生產陷入停滯與枯竭，某些較貧困地區已被無法逃避的饑荒陰影籠罩。難道不能及時從中吸取教訓，並在為時未晚之前採取補救措施嗎？愛爾蘭是否注定在世人的冷漠與無情中……

……因為這種情況不可避免地會發生——偏離正途而陷入已經吞噬了偉大俄羅斯人民的深淵嗎？這正是未來數個月之中需要解答的問題。

我竭力對抗那令人沉默的懷疑傾向。

愛爾蘭自由邦的興起

我不認為臨時政府的成員在進行欺詐行為。正如我多次重申，我不相信他們與北愛爾蘭共和黨的對手勾結，試圖透過不誠實的手段損害不列顛的信任和愛爾蘭的名譽。我確信他們沒有這樣做。他們可能沒有選擇最明智、最有力或最有效的行動路線，但我真誠地相信，他們以及愛爾蘭自由邦眾議院中支持他們和《愛爾蘭協定》的多數人，受到一種真誠的願望驅動，決心實現《愛爾蘭協定》。不僅僅是格里費茲先生和科林斯先生（正是基於對這兩位領袖的信任，我們才開始推行這個新的重要政策），還有臨時政府的其他一些部長（如科斯格雷夫先生、凱文·奧希金斯先生等），他們都反覆宣告他們支持《愛爾蘭協定》，並在與我們會談時以最堅定的方式重申了他們的個人保證。他們熱情地證明，他們所採取的政策——在英國人看來似乎不可信且引發懷疑，因為它幾乎經得起任何人的審視——是最可靠的途徑，事實上也是唯一可行的途徑，使《愛爾蘭協定》得以永久實施。他們的政策和策略是否正確，可能值得懷疑。他們能否成功，也無法確定。然而，他們仍在竭盡全力，繼續在我們堅信唯一能拯救愛爾蘭免於災難的道路上前行。這裡有些人可能認為我們錯了，有些人可能認為我們被欺騙，被矇蔽，並透過自身的錯誤誤導他人。

如果我們錯了，如果我們受騙了，維護帝國地位的根本力量將不會受到任何影響，而愛爾蘭的聲譽和名聲卻會遭受致命的損害。

無論您當前是信任還是不信任，時間仍然在您這一邊。我們已經履行了我們的責任，並以最大的誠意在全球面前繼續履行。我們已經解散了警察部隊，撤回了軍隊，並釋放了囚犯。（此時議會中有人發出噓聲）。沒錯，我要這麼說，並且為能說這些話而感到驕傲！我們已經將管理權和愛爾蘭的全部收入移交給了對愛爾蘭議會負責的愛爾蘭內閣。我們是在堅定信賴《愛爾蘭協定》的基礎上完成這一切的，這份協定由愛爾蘭國家正式委派的全權代表莊重簽署，他們被委派的任務就是為此目的，隨後該協定在愛爾蘭議會中獲得多數票通過。我相信，愛爾蘭人民絕不會讓這項代表

他們信念 —— 為建立更強大國家 —— 的偉大法案成為譏笑的對象。即使發生這種情況，帝國的力量不會因對方的失信而受到損害，但愛爾蘭的名聲卻難以迅速從這次恥辱中恢復。

阿斯奎斯先生 —— 我之前的上司 —— 同樣超越了黨派利益與感情用事，將其權威的所有影響力傾注於政府一側。隨後，下院在一片陰鬱的氛圍中休會。

然而，就在同一天，一起新的暴力事件發生了，我立即向下議院報告。佩蒂戈和貝爾利克兩個鎮遭到了愛爾蘭共和軍的占領。佩蒂戈位於分界線的兩側，而貝爾利克則完全位於北愛爾蘭境內。這次軍事挑釁促使我啟動了雙重政策的另一面。這讓我有機會再次向北愛爾蘭保證，我們不會僅僅道歉後就默默離去，而是無論發生何種破壞，他們的領土完整將得到保障。國防大臣以及內閣委員會的其他同事在這一點上的意見與我完全一致。

不久之後，在那場辯論結束後，麥可・科林斯來到了我的辦公室，他已經得知此事。我冷靜地告知他，若愛爾蘭共和軍的任何一部分 —— 無論是支持《愛爾蘭協定》的還是反對的 —— 侵犯北愛爾蘭的領土，我們將驅逐他們。他對此表現得相當冷漠，似乎對之前的辯論更感興趣。他說：「我很高興看到這場辯論以及其中各方的意見。我不反對你的發言；我們必須履行承諾，否則便會遭遇失敗。」我們稍微爭論了一下有關佩蒂戈和貝爾利克兩鎮的侵擾以及貝爾法斯特的暴行。離開前，他說：「我不會活太久；我的生命已被奪去，但我會盡力而為。在我走後，其他人會輕鬆些。你會發現他們能做的比我更多。」我引用了布蘭德主席在《德蘭士瓦省憲法法案》時代的一句話：「一切都會好起來的」。此後，我再也沒有見過他。

在此，我想分享我對麥可・科林斯的印象。他是一位愛爾蘭的愛國者，品行端正且無所畏懼。他早年的生活和所受的有限教育，使他對英國

愛爾蘭自由邦的興起

懷有強烈的敵意。他曾積極參與早期的恐怖行動，多次被我們通緝，數次險些被捕但終究逃脫。然而，如今他對英國已不再懷有憎恨。對愛爾蘭的熱愛仍然深植於他的心中，但他現在擁有了一種更寬廣的視野。在《愛爾蘭協定》的談判中，他開始與一些他欣賞的人交往；雙方在共同同意的規則下互動；他已經承諾以新的信念公平地對待他們。猶如格里費茲特別信任奧斯汀·張伯倫一樣，伯肯黑德爵士的品格給麥可·科林斯留下了深刻印象。任何仔細研究科林斯言論的人都會注意到他的同情心正在逐漸轉變。如果說他從前只有一個忠誠的對象，現在他則增加了一個。他對兩者都忠誠，並勇於為此付出。未來，當愛爾蘭自由邦不僅成為繁榮和幸福的文化與美德之地，還成為英國聯邦內一個充滿活力、強大且堅定的成員時，各階層的人們將會愈加尊敬他的生平事蹟，並為他的逝世表示哀悼。

大批部隊攜帶各種作戰裝備，已經開始向北愛爾蘭邊界移動。約7,000名士兵，配備大炮和武裝汽艇，正進軍佩蒂戈和貝爾利克兩鎮。這支勢不可擋的軍隊進行了一次示威，支持不可廢除的權利。一個擁有向王國政府請求保護權利的英國小鎮，已經被愛爾蘭共和軍非法占領了10多天。當然，也發生了一些情況：100名不滿的武裝人員被命令驅逐一名衣冠不整者。

首相對於事態的進展感到焦慮。他擔心我們正被雙方的極端勢力引向一場毫無意義的衝突。「如果自由邦的支持者堅持一部與王國政府及帝國脫離關係的憲法，並真正建立了一個共和國，那麼不論我們做出何種決定，全世界都會站在我們這一邊；然而在北愛爾蘭戰鬥的問題上，即使在英國國內也難以獲得一致支持，更遑論全球的支持。」他接著寫道，「我知道我們正在向貝爾利克的一座廢棄軍營進軍，這座軍營由一位友好的鐵匠及其少數夥伴駐守……這位鐵匠名叫麥基翁，是《愛爾蘭協定》的堅定支持者，曾公開譴責德·瓦勒拉及其與科林斯達成的協定。如果麥基翁在貝爾利克遇害，那將是與愛爾蘭民族和解事業的一場災難……

「誠然，若我們試圖以這些事實強力化解問題，最終只會被絕望所擊垮。即便在短期內，一些具影響力的頑固派可能會站出來大聲辯護，我們仍無法獲得輿論的支持，因此無法將這場耗費巨大且不能承受的戰爭持續下去。讓我們繼續立足於《愛爾蘭協定》、王國政府、帝國等這些更高層次的基準吧！唯有如此，我們才能立於不敗之地。然而，若你們從這些高度降至厄納湖群中作戰，則必定會被擊敗。你們已經投入了大量心血與耐心進行談判，我懇請你們不要因為這突如其來的行動——無論其前景多麼誘人——而浪費掉已經取得的成果。」

邱吉爾先生致首相的信

　　收到您的信後，隨即發生了若干事件，如今我正在火車上回覆您。貝爾利克鎮及其要塞今日已被我軍強勢攻下。根據命令，我們先派遣一輛裝甲車前去偵察該鎮，並在偵察遭遇火力攻擊之前，部隊已從北愛爾蘭的多個據點推進。裝甲車大約發射了20發炮彈和400發子彈。一枚炮彈在要塞附近爆炸，40名守軍逃出但並無損傷。據格里費茲先生所述，你提到的那位鐵匠尚未離開都柏林。據我們所知，這場「戰爭」幾乎是沒有流血的。一名士兵輕傷，未發現敵方有傷亡或被俘虜。我正在公布一份公告，說明軍事行動已經結束，我們的軍隊將不再推進，除非受到攻擊，不會再有進一步的戰鬥。此消息正傳至臨時政府，表明我們在邊界建立的和平條件，一旦確認不會有進一步的侵犯，英國軍隊將全數撤回北愛爾蘭的邊界內。

　　人們常常在應對一個微小但緊迫的地方事件時，難以不危及更大的普遍性問題。然而，我不認為所採取的行動會導致不良結果。我確實希望它可能帶來正面的影響，並且我完全相信，我們不能在星期一的下議院會議上宣稱對英國某個小鎮正在發生的事情一無所知，也不敢親自去那裡了解真相。

　　這次軍事行動的結果剛好能避開悲劇與笑柄，實在是一件有利之事。北愛爾蘭相信，如果他遭遇真正的入侵，他們必定會獲得保護。愛爾蘭共

愛爾蘭自由邦的興起

和軍明白，我們會毫不猶豫地展開公開戰爭；而自由邦政府則明瞭，有些界線是絕不能踰越的。我們所接觸的自由邦領袖們並未流露出任何敵意。相反地，他們似乎更增強了面對隨後嚴重危機的勇氣。

與此同時，臨時政府正在都柏林起草愛爾蘭憲法的細節。相關人士提出了許多建議（公開的和隱蔽的），認為憲法不應受《愛爾蘭協定》限制。愛爾蘭的激進分子樂見其成，視之為破壞協定的機會。在英國，人們已忍無可忍，憤怒不已。幸運的是，儘管有偏見和爭執，最終達成了一份雙方皆能接受的協定，令暴力煽動者再次失望。1922年6月15日，《愛爾蘭自由邦憲法》文字頒布，南愛爾蘭選民次日即前往投票。即便科林斯與德·瓦勒拉的協定荒謬，比例代表制不合理，支持《愛爾蘭協定》者仍占多數。具體數目為：新芬黨58人，北愛爾蘭共和黨36人，工黨17人，農民黨7人，獨立黨6人，統一黨4人。就明確問題和自由投票而言，反對《愛爾蘭協定》者幾乎未獲成果。但選舉結果被協定掩蓋，未能建立穩固基礎。然而，自由邦領袖一致同意的憲法形式，阻止了德·瓦勒拉先生及其追隨者參與政府，避免了行政當局出現雙重的不利結果。

數日之後，一樁駭人聽聞的罪案爆發。亨利·威爾遜爵士在結束帝國總參謀長的職務後，已被選為北愛爾蘭選區的議會議員。報章公開報導他將擔任北愛爾蘭武裝部隊的軍事顧問，然而他實際上並未參與任何北愛爾蘭的行政管理。兩名居住於倫敦的愛爾蘭人，其中一人為某政府機構的通訊員，認定他是敵軍的指揮官，應對貝爾法斯特謀殺事件負責，於是於1922年6月22日下午3時在伊頓廣場亨利·威爾遜爵士的住宅階梯上伏擊，使用手槍將他射殺。他剛從陣亡將士紀念碑揭幕儀式返回，仍穿著陸軍元帥的卡其布制服，倒在住宅的階梯上，身體滿是彈孔。謀殺者開槍後試圖逃跑，但在場的每一個人雖手無寸鐵，卻自發性的追捕兩人。謀殺者逃跑一段距離後，邊跑邊向人群開槍，然而無路可逃。民眾從四面八方湧向他們，兩人被抓獲並迅速送入監獄，等待英國法律明確而迅速的判決。

在倫敦市中心對一位享譽歐洲的策略家及下院成員進行這樣的謀殺,影響深遠。據目前所知,兩名謀殺者似乎未受任何愛爾蘭組織指使,他們是獨立行動的;然而大不列顛對此事的迅速憤怒反應,如同近40年前菲尼克斯公園謀殺事件後的反應。在隨後的星期一,以最高軍事禮節向已故的陸軍元帥致敬,將其送往墓地。通往聖·保羅大教堂的道路擠滿人群。我當天下午需要面對下院對我的質詢。

我對我即將提出的論點進行了縝密的考量;儘管情緒高昂,我獲准充分闡述。我以極其直率的方式闡明了愛爾蘭局勢中的優缺點。我讚賞了亨利·威爾遜爵士的品格(該材料收錄於本書第三卷)。我描繪了北愛爾蘭政府日益增長的實力,以及我們的計畫:在愛爾蘭設定由帝國軍隊組成的完整警戒線,以分隔北愛爾蘭與南愛爾蘭。我強調了愛爾蘭人民透過選舉所表達的意願。然而,若無以下幾段發言,這一切都將失去意義:

如若我在下議院的表述使得人們誤以為只需寬容與自制便可,那麼是我未能忠實且透澈地闡明這個主題。不,先生!為了和平的利益,堅定與寬容同樣重要。我們已經見證,已公布的憲法與《愛爾蘭協定》和諧一致。該憲法現已獲得愛爾蘭議會的批准。它並未因包含帝國憲法的條款而有所削弱,但這還不夠。僅僅在文字上確認,無論其重要性多麼顯著,若不付出有效行動使其生效,那將是永遠不夠的。單單譴責謀殺,不論多麼真誠,若不逮捕任何一個謀殺犯,這是不可接受的。目前在愛爾蘭自由邦內,共和國政府的整個機構——在雙重性基礎上統合——正處於向二元化變化的過程,這既不符合愛爾蘭人民的期望,亦不符合《愛爾蘭協定》的規定,也不符合維持兩國良好關係的願望。英國政府可動用的資源多樣且強大,其中包括軍事、經濟和金融制裁的手段——借用一句我們在歐洲事務中常聽到的老話——也包括各種現成且令人畏懼的制裁手段。我們已經對其進行詳細研究,且研究越是周密,越能清晰地看到,隨著愛爾蘭政府和國家更為完善和穩固地組織,這些措施將愈加有效……

愛爾蘭自由邦的興起

而今，我們一面對著一個民意薄弱的政府，其薄弱源於與民眾缺乏連繫。我們一直以未能展現愛爾蘭民意而感到不安。然而，如今這個臨時政府的力量已顯著增強，得到了愛爾蘭選民明確表示的支持，並將獲得有效的議會之中多數的擁護。它的責任在於使《愛爾蘭協定》在實質面和精神面上可以得到全面的實施，並毫不遲疑地推行。未來需要以更嚴謹的態度處理一切，例如，自由邦軍隊與所謂愛爾蘭共和軍混雜的模糊地位，這是對《愛爾蘭協定》的故意冒犯。在都柏林，一群自稱共和國最高行政機構的人強行占據法庭，這是對《愛爾蘭協定》的粗暴違反和蔑視。這一個混亂和叛逆的中心，不僅對不列顛政府，也對愛爾蘭人民構成威脅，不僅在南愛爾蘭的26個郡內，甚至在北愛爾蘭政府的管轄區域內，還可能跨越聖喬治海峽進入大不列顛，助長和鼓勵暴力行徑。無論如何，這一個中心持續存在的組織在北愛爾蘭、蘇格蘭和英格蘭均有分支，公然宣稱其目的是以最邪惡的手段破壞《愛爾蘭協定》。如今，我們終於可以明確地向這個實力增強的愛爾蘭政府和新一屆愛爾蘭議會提出要求：必須制止這類行為。若因軟弱、缺乏勇氣或其他難以接受的原因而未能立即制止，我有責任宣告，為了不列顛政府的利益，我們將視其行為是對《愛爾蘭協定》的正式破壞，並將不再採取任何措施來實施或合法化其下一階段。我們將恢復充分的自主，採取任何我們認為適當的行動，以維護我們所受託照管的利益。

隨後的辯論以博納·勞先生的參與為顯著特點。勞先生於1921年4月退出了政府和保守黨的領導職位，如今他的健康已經恢復，他的政治影響力成為了一個關鍵因素。勞先生表示：

在我看來，殖民地大臣在演講結尾時指出，他已經完成了英國政府或者當今任何一個政府所能做到的一切。他的注意力被四所法院的事務所吸引。任何讀過從那裡傳來信件的人都無法不感受到和殖民地大臣相同的厭惡。然而，還有更讓我們厭惡的事情。在亨利·威爾遜爵士遇害事件中，

他們聲稱不是他們所為，這顯然意味著他們認為自己在此事上沒有過錯。只需考慮以下情況即可。在都柏林，一個組織強占了四所法院——這些法院是愛爾蘭的司法中心，使事件更具戲劇性——毫無疑問，他們從這四所法院派出密探，企圖在北愛爾蘭實行他們認為在南愛爾蘭行之有效的策略，並在各方面煽動謀殺。這能被容忍片刻嗎？請委員會思考這件事意味著什麼。設想我們發現巴黎有個機構，公開用金錢收買刺客來我國行刺並顛覆我們的政府。隨後會發生什麼？難道我們不應該派代表到巴黎詢問他們是否批准這些行為？我們應該說：「你們必須停止，否則將引發戰爭。」對於我認為我們英國聯邦自治領的地區，我們應該採取不同立場嗎？我不認為在本下院還有哪個人未意識到，若我們再次試圖用這種方法來維持南愛爾蘭的秩序，將會多麼可怕。現在，形勢已經明朗。借用殖民地大臣的話：在這些重大問題遭受考驗前，時間所剩無幾。我贊同政府打算結束這種局面的說法，但若他們不這樣做，我將反對他們，我希望下院也能反對他們。

就在那天傍晚稍晚的時候，首相與我在休息室中接見了博納·勞先生。儘管他極力壓抑自己的情緒，仍不免流露出強烈的情感波動。據我所記，他是這樣表述的：「今天你已經使我們失去武裝。如果你能實現你所承諾的，並且成效顯著，那也無妨，但若不能……！」他顯然在此刻竭力停住話頭，隨即匆匆離去。

獲得下議院支持的內閣作出決定，無論情況如何，羅里·奧康納必須撤出四法院。唯一的疑問是何時及如何執行這個撤離；這個問題需要迅速的解決。實際上，命令已下達給麥克里迪將軍。然而，這位將軍謹慎地——最終被證明為不幸地——建議推遲行動；不過在愛爾蘭這個最黑暗的時期，終於見到了黎明的曙光。1922年6月27日，羅里·奧康納的團夥在都柏林的街道上歡呼雀躍，他們綁架了自由邦陸軍總司令奧康內爾將軍。在此事件的壓力下，麥可·科林斯顯然已經意識到，若不採取行

愛爾蘭自由邦的興起

動，我們將在黎明時攻擊四法院。都柏林的一切當權者都在顫抖，然而他在愛爾蘭共和軍中擁有自己的支持者。他向麥克里迪借用了兩門可發射 18 磅炮彈的火炮——根據倫敦指示，這兩門火炮被准許借用。他的手下有一位名叫達爾頓的能幹而堅定的軍官，曾在法國經歷過多場戰役。這位軍官從英國兵營中選擇了兩門火炮，帶領 6 名未經訓練的人員，親自操作，於 1922 年 6 月 28 日凌晨 4 時發射了第一發炮彈。隨後爆發了一場帶有自由邦內戰色彩的悲喜劇衝突。雙方曾經視對方為親密戰友，相互愛護和尊重；但若有需求，雙方都準備赴死；然而在使用軍火上，雙方顯得更為慷慨。在呼喚人類更高良知的規勸下，步槍子彈慷慨地射向建築物的牆壁。達爾頓指揮官手下的 6 名炮手已有半數受傷，他繼續將炮彈投入四法院內，這場炮轟實際上已成為慶祝愛爾蘭自由邦成立的禮炮。

午後，經過申請又添置了兩門火炮，到黃昏時，被適度限制的 200 發炮彈已全部耗盡。令人驚訝的是，素來以良好判斷力和理解力著稱的麥克里迪將軍，在這次危機中竟承認他無法再提供更多資源。臨時政府被告知，他們必須等待從卡里克弗格斯出發的運載高爆炮彈的驅逐艦到達。得知此訊，他們的士氣幾乎崩潰。整夜，急切的要求和威脅不斷透過電話傳來，所有資源都被投入加緊供應。然而，總司令似乎不願讓其他人使用他戒備森嚴的營房中充足的軍需品，哪怕只是極小的一部分。只需 2、3 百發炮彈就足夠了。他的 16 個炮兵連擁有近 1 萬發各種炮彈，其中一半是高爆炮彈。

在 1922 年 6 月 30 號，自由邦的支持者謹慎地在四座法院中建立了據點。隨後，羅里·奧康納縱火焚燒法院，隨著一場爆炸的發生——造成人員傷亡——他帶領追隨者投降。大量具有歷史價值的重要法律文件，包括一些可追溯至 13 世紀的文件，化為灰燼，而法院建築的穹頂也變成了瓦礫。薩克維爾街區的戰鬥持續了數日，且逐漸激化；然而，到了 7 月 5 日，所有真正以武力反抗臨時政府的叛亂分子都已投降。

這一週的戰鬥在愛爾蘭自由邦的誕生過程中扮演了關鍵角色。這個剛剛成立的實體在生死存亡之際做出了怯懦但又強烈的反應，每一次努力都為其注入了新的活力。朋友與敵人的界線如今已經清晰，不共戴天的仇恨也轉移了目標。面臨暗殺威脅的臨時政府領袖們在墨利昂廣場受到忠誠衛隊的嚴密保護。他們連續數週住在一起，無暇回家。多年後，凱文·奧希金斯先生告訴我，他們當中有一些人為了呼吸新鮮空氣，曾在屋頂陽臺的一角待了一晚；他因粗心點燃香菸而超出陽臺護牆，這時一顆子彈從附近房屋射來，擊滅了他手中的香菸。儘管心中不安，他們仍然充滿豪情與熱血；即便面臨絕境，生命危在旦夕，他們仍視事業重於生命，因而以追求自由的原始勇氣進行反擊。1922 年 7 月 12 日，他們發表宣告，威脅對所有謀殺企圖進行嚴厲報復；他們任命麥可·科林斯領導的國防會議，開始對愛爾蘭境內的敵人展開主動進攻。自由邦的內戰由此拉開序幕。這是一場由彼此十分了解的少數人之間進行的獨特戰爭；他們知道應該去哪裡尋找對手，清楚在特定情況下對手可能的行動。科林斯及其追隨者開始追捕並消滅那些策劃謀害他們的人。在這場游擊戰中，多數著名的槍手都命喪黃泉。

邱吉爾先生致科林斯先生的信

1922 年 7 月 7 日

私人函件

　　在這段充滿焦慮的時期，我並未打擾你，而此函也僅限於你的實際需求。依我之見，自從你向四所法院發起行動以來，發生的許多事件似乎孕育著在愛爾蘭實現和平與最終統一的巨大希望。對於與你共同簽署《愛爾蘭協定》的英國人而言，這兩個目標都極為珍貴。考慮到過去的一切，我認為這對你和你的同事們是一場嚴峻的考驗。然而，我相信，你們以如此堅定的決心和冷靜的勇氣所採取的行動，對於拯救愛爾蘭免於混亂以及保

愛爾蘭自由邦的興起

護《愛爾蘭協定》免遭破壞是不可或缺的。在愛爾蘭走投無路之際，我們也面臨著窘境。我無法在下議院再次承受有關舊政策的辯論，也無法相信不列顛的現行政策不會帶來毀滅性的後果，更無法承受《愛爾蘭協定》隨此類辯論而告終。現在一切都已不同。愛爾蘭人將成為自己土地的主宰，而我們也能處於這樣的地位，能有效保護《愛爾蘭協定》賦予你們的權利並進一步維護你們的合法利益。

一旦你在愛爾蘭自由邦的所有 26 個郡中成功建立行政管理機構（我深信你將在不久的將來達成此目標），並確保你和你的同事們穩固地處於領導愛爾蘭人民的地位，一個比我們至今所經歷更具希望的新階段將會開始。這個階段的目標必須是愛爾蘭的統一。我尚不確定何時及如何能實現這一目標，但它無疑是所有人必須堅持不懈追求的目標。我們將面臨巨大的挑戰、令人沮喪的事件和挫折，並且毫無疑問，過於樂觀的期望會導致失望。然而，我強烈感受到，我們已然抵達山巔，未來的道路將比過去更為平坦。我們必須充分利用新的力量和優勢，以獲得廣泛的解決方案。不能讓次要的煩惱——即便其理由充足——阻礙我們的前進或使我們偏離正軌。克雷格和倫敦德里勳爵將於 7 月 13 日抵達此地。我並未向他們提及你在 6 月 28 日信中所提到的各種抱怨——其中有一些無疑是合理的。北愛爾蘭的總督因獲得御准而暫緩了廢除比例代表制法案的發表，這讓我們有時間深入討論此事。除此之外，我希望保持一片淨土，以便在適當的時機全面回歸科林斯－克雷格協定的精神。你可能記得，格里費茲先生如何在我的辦公室中將這些寫在墨漬斑斑的記事簿上。形成新局面的關鍵時刻即將來臨。我們必須等待合適的時機，避免在尚未成熟的情況下浪費不斷增長的優勢。在我再次見到克雷格與倫敦德里後，我會給你寫信。我認為，在友好交談中討論你的各種抱怨，比在公函中反覆指責會更為有效。

在此同時，於應對叛亂和革命的間隙中，我覺得你應該仔細思索一個問題，那就是南愛爾蘭在與北愛爾蘭合作中能貢獻什麼最大價值。從帝國

的角度來看，最理想的情況莫過於北愛爾蘭和南愛爾蘭能在一個全愛爾蘭的議會中攜手合作，並且不損害彼此現有的權利。雖然這種想法目前在很多地方會遭到激烈的批評，但在一些國家的歷史中，事情有時會突然出現轉變。例如，南非聯邦就是在一時的衝動中達成共識的。這種獎賞是非常巨大的，因此其他一切應該以獲得這個獎賞為重。大多數人民需要一個緩慢的過程來接受正在發生的事情，而偏見往往根深蒂固。要給民眾時間，讓他們逐漸接受現實、調整思維並適應已發生的一切。這個過程甚至可能需要一、兩個月的時間，公眾的看法才會有大的改變。

如您願意，請將此信轉呈格里費茲先生一閱，並代我傳達誠摯的祝福。

附筆：我希望你謹慎地照料自己和你的同事。目前正值非常危險的時期。

邱吉爾致詹姆斯·克雷格爵士的信

1922 年 7 月 7 日

私人函件

自從我們上次會面以來，南愛爾蘭發生了許多重大的變故，我相信你已經仔細思考了這些事件的影響。一部令人滿意的愛爾蘭自由邦憲法正在起草中；儘管面臨許多困難，愛爾蘭人民在大選中依然清楚地表達了自己的願望；相關各方已經下定決心在都柏林對北愛爾蘭共和黨進行武裝鎮壓，同時在全國範圍內——尤其是在多尼戈爾地區——展開了清除北愛爾蘭共和黨的行動；政府還向愛爾蘭民眾發出呼籲，要求他們支持政府；所有這些都奠定了使局勢向有利方向發展的基礎，這種逐漸有利的局勢是我們在幾週前幾乎無法想像的。

我深信你與查利將堅守立場，密切觀察如何將這些有利事件轉化為對愛爾蘭及帝國的長遠利益。我們需要穩定與時間，以便讓新局勢深入人

心，使現已成為可能的更優解決方案，自然而然地被廣泛接受。

我理解你在分界線委員會中所遇到的各種挑戰，並且如你所知，我們曾兩次成功說服科林斯在計劃上考慮其他方案。很可能他在南愛爾蘭取得戰事勝利後，將能夠在更多方面對你作出讓步，這樣一來，就不再需要對分界線委員會進行干涉，並且能確保北愛爾蘭的天主教菁英能夠與你的政府有效合作。與此同時，我相信你不必再提及分界線委員會的問題，因為這可能會引發你與帝國政府之間的爭論。我們確實需要共同解決這些問題，我日益相信，我們將會取得成功。

我並無意催促你匆忙行動，我們必須理智地觀察南愛爾蘭這場戰事的結果。它可能促使臨時政府迅速成長。一旦其地位得到公正評估，並且其目標明確、原則堅定的武裝力量得到加強，人們的觀念將會發生重大變革：他們會徹底改變過去的看法。我始終懷有希望，未來我們能重新討論你提出的克雷格－科林斯協定建議，大家齊心協力，根據協定解決所有未決問題。在我看來，這一切現在似乎更有可能實現，在北愛爾蘭，你對局勢的掌控似乎日益增強，而科林斯現在也明確向敵對分子宣戰。

我不想在信中以次要問題困擾你，雖然仍有一些未解決的憂慮。這些可以等我們見面時再談，但我認為，我們必須全力把握當前機遇，以比過往更具開闊的思維來應對局勢。

死神迅速奪去了《愛爾蘭協定》兩位簽署者的生命。據確認，亞瑟‧格里費茲於 1922 年 8 月 13 日因心臟病去世，而科林斯則在全國各地的每次突擊行動中勇敢領先出擊，最終於 1922 年 8 月 22 日遭遇敵方伏擊而陣亡。事實上，他早已強烈預感到自己的死亡，多次在謀殺的陷阱中死裡逃生。他透過一位友人傳遞了一句令我感激的告別訊息：「告訴溫斯頓，沒有他我們將一事無成。」羅馬天主教會為他舉行了莊重的葬禮，社會各界在悲痛中向他默哀。然而，他已盡到了自己的責任。作為災難性遺產的繼承者，他在紛爭不斷的嚴峻環境中逐漸成長，歷經無數艱難險阻，沒有他

的行為準則和品德，愛爾蘭的國家地位就無法重新確立。

格里費茲與科林斯的去世所遺留下的權力空白，很快便由一位穩重且具影響力的科斯格雷夫填補。他像格里費茲一樣，面對來自叛亂領袖的威脅，但之前並未參與格里費茲和科林斯的所有活動。愛爾蘭人民在科斯格雷夫身上發現了一位超越以往任何領袖的傑出人物。他不僅具備科林斯的勇氣，還擁有格里費茲的務實精神，以及獨有的行政管理和政策制定知識。與他並肩而立的是年輕的凱文·奧希金斯，一位彷彿來自青銅時代的古老人物。

這些人採用了古老的方法恢復了愛爾蘭的秩序，避免了大規模的流血衝突。經歷了動盪、混亂和不幸的民眾，體會到了寧靜、熱忱與堅定意志所帶來的甜美。試圖透過個別暗殺議員來破壞愛爾蘭自由邦眾議院的計畫遭到了激烈的反擊。因為兩名眾議員在議會大廈的臺階上被槍殺，羅里·奧康納及其三名主要同夥於 1922 年 12 月的一個早晨被喚醒，未經審判即遭槍決。自從在四法庭事件中投降後，他們一直被羈押在蒙特喬伊監獄，但監管並不嚴格。命運的結局遠超他們的預期，但他們仍以堅毅的精神面對死亡。僅在一年前，羅里·奧康納還是凱文·奧希金斯婚禮上最受歡迎的賓客。顯然，未來的人們在評價這些事件時，必須理解此動亂時期的緊張因素與奇特條件。

邱吉爾先生致科普先生的信

8 月 23 日

以下段落涉及科斯格雷夫、達根與臨時政府：

在愛爾蘭正遭遇悲劇、臨時政府面臨巨大挑戰的時刻，我想立即向各位保證，英國政府堅信，《愛爾蘭協定》的地位將會得到忠實而堅定的維護。雖然兩位重要簽署者已逝世，另一位簽署者已退休，還有一位簽署者放棄了責任，但這些都不會影響我們與愛爾蘭國家全權代表所達成協定的

愛爾蘭自由邦的興起

有效性及約束力。相反,我們堅信,臨時政府和愛爾蘭人民將更加堅定地認為,實現該協定以促進兩個島國之間的和解,是他們的神聖職責,這也是已故愛爾蘭領袖的畢生追求,他們的名字將因與此理想的連繫而永垂不朽。從我們的立場來看,英國已批准的條文是不可侵犯的。我們應該依據協定約束自己的行為,以良好的信念回應良好的信念,以良好的願望回應良好的願望。作為臨時政府代理主席的您,以及您的文職同事和高級軍事將領,在任何必要的情況下,都可以指望我們的全力合作與支持。

厄斯金・柴德斯,《沙岸之謎》(*The Riddle of the Sands*) 的作者,也是一位傑出的、能幹且勇敢的人,成為犧牲者。他於 1915 年元旦在庫克斯港,以非凡的勇氣和激情抵抗德國人的搜捕,展現出超越愛爾蘭人對英國人勢不兩立的精神,捍衛愛爾蘭的事業。他因反叛自由邦而被處決。凱文・奧希金斯曾嚴肅地在公開場合表示:「如果英國人來愛爾蘭是為了尋求刺激,那他們確實如願了。」數年後,凱文・奧希金斯本人也遇刺身亡。

在這些最終悲劇尚未結束之前,我已經不再負責英國與愛爾蘭的事務。然而,當聯合政府於 1922 年 10 月底辭職時,愛爾蘭自由邦的武力與權力已經在《愛爾蘭協定》的基礎上得到穩固建立。博納・勞先生內閣的首要決策之一,即是確保《愛爾蘭協定》在字義和精神上得到充分實施;這後來成為歷屆英國政府的指導原則。誰能預測未來呢?不列顛享有自由,而愛爾蘭則處於荒涼之中。愛爾蘭貧困,而不列顛仍在努力克服大戰帶來的嚴峻後果。作為英國聯邦一自治領,愛爾蘭能夠與鄰國互通有無。沒有人期待存在了數世紀的仇恨與偏見在我們短暫的一生中得以消除。然而,仇恨與偏見將在漫長時光的流逝與人性恢復的成果中逐漸消融——這似乎是一個美好且可能實現的願景。50 年的和平交往及新的發展,必然會使共同利益的考量日益突出。格拉頓曾說過一句不朽的名言:「海峽阻止聯合;海洋阻止分離。」這兩個古老的民族,在相當程度上是大英帝國和美國的締造者,並已在世界各地以無數方式融合,隨著舊日爭端的消

散,他們必然會逐漸傾向於互助而非互害。這可能是所有人共同的企盼:愛爾蘭在內部達成共融並與大不列顛取得和解,愛爾蘭將在某種莊嚴的場合宣布其前進的方向,並向大英帝國(或許是整個英語世界)提供解決問題的方法,而這些問題原本是我們無能為力的。

愛爾蘭自由邦的興起

土耳其仍活著

「你想支持什麼就支持什麼吧！然而有一群無辜的人，他們願意在見到理想結果前，傾盡最後一滴血。」

—— 奧利弗・克倫威爾

沒有任何國家像土耳其那樣固執地參與第一次世界大戰。1914 年時，鄂圖曼帝國已經走向衰落。義大利於 1909 年動用海軍力量侵略並占領了的黎波里，1912 年當巴爾幹半島各國向他們的古老征服者和壓迫者開戰時，的黎波里省的內陸仍然持續著間歇性的戰爭。戰敗的鄂圖曼帝國依《倫敦條約》割讓了一些重要省分和許多島嶼，而巴爾幹半島戰勝國之間的利益分配不均，已經成為彼此之間新一波流血衝突的根源。土耳其的歐洲部分仍然具有吸引力，足以激發羅馬尼亞、保加利亞、塞爾維亞和希臘的野心，或滿足它們的要求；君士坦丁堡始終是眾人垂涎的最高目標。儘管巴爾幹半島各國的復仇和野心對鄂圖曼帝國構成的威脅日益逼近，但在土耳其人心中，對俄國的恐懼仍無可替代。俄國沿著 1,000 英里邊界線，從黑海西岸到裏海，與土耳其接壤。英國、法國、義大利（撒丁王國）在克里米亞戰爭中的努力，以及 1878 年在迪斯雷利首相領導下英國的非凡能力，保護了鄂圖曼帝國，使其免於崩潰，並保護君士坦丁堡免遭攻占。儘管在巴爾幹半島各同盟國內部發生爭執之前，保加利亞人已經從西邊逼近君士坦丁堡的大門，但在土耳其人的心中，對來自北方的威脅意識仍然占據主導地位。

在這種危機意識之上，還需考慮葉門、漢志、巴勒斯坦、敘利亞、摩蘇爾和伊拉克等地阿拉伯民族的敵對情緒。庫德人和遍布各地的亞美尼亞人則是土耳其的疏離者。鄂圖曼帝國各領地中，那些長期反對鄂圖曼統治

土耳其仍活著

或被土耳其人控制已有5、600年之久的民族和種族,將充滿仇恨與飢餓的目光投向這個他們已經忍受太多和太久的垂死帝國。懲罰與清算的時刻即將來臨;唯一的變數在於,那紛繁交織的歐洲外交網路,尤其是英國的外交策略,能將這最終的清算推遲多久。正如奧地利帝國的逐步衰落,鄂圖曼帝國日益逼近的崩潰是由超出人類掌控的力量所驅動,這些力量已經使東歐和東南歐的整個基礎動搖。一種猛烈、巨大、不可預測但又無法抗拒的變革,正籠罩著1.2億人民的家庭和社會結構。

正是在這樣的時機與背景下,德國經由比利時對法國展開了進攻,所有其他爭端都必須服從於這場至高無上的戰鬥並重新調整自身。在這場社會巨變中,那令人厭惡、瀕臨崩潰且貧困的土耳其又會發生什麼變故呢?

土耳其接受了一項在英國人眼中似乎史無前例的優惠提議。他僅需保持中立,便能確保其領土的完整無損。這個承諾不僅由友邦法國和英國提供保證,連敵對的俄國也加入其中。法國與英國的保證將使土耳其免受巴爾幹國家,尤其是希臘的攻擊;而俄國的承諾則消除了來自北方的持續威脅。不列顛的影響力足以平息並延緩阿拉伯人的反抗。協約國認為,從未曾向一個脆弱且陷入危機的國家提出如此公正的提議。

然而,事情還有另一個面向。在鄂圖曼帝國日漸崩潰的內部結構及其政治事務的表面之下,無論在軍隊中還是人們的思想中,都有一些殘酷而居心叵測的勢力在暗中策劃。第一次巴爾幹戰爭的災難利用適合的環境點燃了一種緩慢燃燒的隱火,其非凡的爆發強度尚未被伊斯坦堡海峽兩岸幾乎所有大使館所察覺,唯有一個例外。1915年,一位洞察力強的土耳其人寫道:「在這段時期(即第一次世界大戰前的歲月),土耳其人民未來的每一細微之處都將受到各種委員會的審視。」

泛突厥主義委員會將1907年的英、俄條約視為兩國之間的明確結盟,其中一方曾是土耳其最強大且公正的支持者與朋友,而另一方則為其長久以來的無情對手。因此,在其堅信即將到來的全歐戰爭中,它需要尋

求其他援助。這項計畫（1913年看似不切實際的幻想）基於重新建立以僅講突厥語的人——安納托力亞的突厥語農民——為基礎的土耳其。該構想提出了一個民族理想：將高加索的穆斯林地區、亞塞拜然波斯省以及俄國境內講突厥語的外裏海諸省（突厥族起源地）的突厥人與安納托力亞半島的突厥人聯合；並將土耳其疆土擴展至裏海盆地。計畫內容包括拒絕承認理論上的政府，徹底改變教會與國家的關係，將「天賦神權」向國家世俗轉移及嚴格控制神職人員。計畫還包括令人驚訝的經濟、社會和文化變革，這些變革最近在土耳其取得成果。穆斯塔法·凱末爾實際上是在執行一個制定於15年前的計畫，他很可能是計畫制定者之一。所有泛突厥主義計畫的核心是利用德國的力量將土耳其從俄國的威脅中解救出來。多年來，擔任德國駐君士坦丁堡大使的馬歇爾·馮·比伯斯坦一直用他的巧手培育這些隱祕之火。

若非在關鍵時刻有一位活動家幾乎攀上土耳其的最高領導位置，泛突厥主義的計畫或許仍然只停留在幻想中。這位血液中流淌著戰士勇氣的人自稱土耳其的拿破崙，他的意志、自負與謀略，注定要將鄂圖曼帝國推向一場最為大膽的冒險。恩維爾帕夏，一位受德國訓練但充滿土耳其決心的陸軍中尉，以「把帽子甩出籬笆牆」（他的原話）作為1909年青年土耳其黨革命的訊號。他與幾位青年土耳其黨內的夥伴組成了一個聯合與進步委員會，向所有集結的敵人發出挑戰。當義大利人圍攻的黎波里時，是恩維爾帕夏在那裡的沙漠中奮戰；當巴爾幹半島同盟國的軍隊逼近安塔利亞各條戰線時，是恩維爾帕夏表現了堅定的決心。1912年，時任英國首相的阿斯奎斯曾斷言：「哈德里亞諾波利斯將永遠不會歸還土耳其。」然而，恩維爾帕夏在一個月內便進入了哈德里亞諾波利斯，至今此地仍在土耳其手中。第一次世界大戰的爆發，使得恩維爾帕夏及其同夥塔拉特帕夏以及富有經驗與廉潔的財政部長查維德掌控了土耳其政局。雖然名義上還有作為象徵擺設的蘇丹和首相，但恩維爾帕夏及其追隨者的實際權力無可置疑，

土耳其仍活著

而在他們之中，恩維爾帕夏更是最高領袖。

土耳其的領導者們對於俄國準備迎接全面戰爭艱難的決心，遠不及西方協約國對沙皇的預期。土耳其的領導者相信德國聯盟將贏得陸戰，俄國會遭受嚴重打擊，隨之而來的是一場國內革命。如果德國獲勝，土耳其將在高加索地區獲得領土和人口的增益，這樣的結果至少在幾代人之內有助於抵擋來自俄國的威脅。在德國與土耳其長期的前置談判中，德國承諾若東面進攻取得勝利，土耳其對高加索的領土要求將得到滿足。這個承諾對土耳其政策的形成具有決定性影響。

土耳其的泛突厥主義政策和領土野心在一個清晰的戰爭計劃中得以展現。計劃的核心是要求土耳其掌控黑海。無論何時戰爭爆發（他們堅信戰爭必然會到來），俄國將被德國和奧地利夾擊，而泛突厥主義者將趁機入侵並征服高加索地區。控制從君士坦丁堡到特拉布宗的海上航線對於進軍艾斯倫至關重要。因此，土耳其需要擁有海軍。1911 年和 1912 年，整個安納托力亞，甚至是整個伊斯蘭世界的民眾積極捐款，為在英國建造兩艘土耳其無畏級戰艦籌集資金。至少有一艘戰艦能抵達君士坦丁堡，這是土耳其戰爭計劃的關鍵。1914 年 7 月，土耳其領導人關注的核心問題是：兩艘戰艦能否按時到達？時間顯然非常緊迫。第 1 艘土耳其無畏級戰艦「雷夏迪」號在 7 月如期建成；第 2 艘在幾週後完工。土耳其特務在俄國境內活躍，在奧爾蒂、阿爾達漢和卡爾斯等地區策動講突厥語的穆斯林農民（他們在當地占多數）儲備糧食，以便土耳其軍隊可以向前推進，進而威脅俄國後方的厄爾布魯士山谷。1914 年 7 月 27 日，土耳其提議與德國建立反俄祕密攻守同盟，德國立即接受，並於 8 月 2 日正式簽署。7 月 31 日，土耳其政府向軍隊下達了動員令。

然而，突如其來的事件爆發了。英國毫不含糊地表現出對德國的抵制。大不列顛的艦隊在海上展開了戰鬥姿態。1914 年 7 月 28 日，我徵用了兩艘土耳其的無畏級戰艦以充實皇家海軍。一艘載有 500 名土耳其水兵的運

輸艦停靠於泰恩河,準備接收第一艘無畏級戰艦。土耳其艦長要求交付該艦,威脅要登艦並升起土耳其國旗。在這些緊張的日子裡(7月31日),我自行頒布命令,要求阻止此類情況,抵制土耳其奪艦的任何企圖,若必要可動用武力。我採取這個行動的原因僅是為了提升不列顛海軍的實力。將這兩艘土耳其無畏級戰艦納入不列顛艦隊,對於國家安全顯得至關重要。在英國海軍部,甚至整個英國,當時並無人了解土耳其的計畫或這兩艘戰艦在其中的角色。我們的行動結果超出了預期。在該年晚些時候,由於徵用土耳其戰艦一事,我在某些部門受到批評,據說這引發了土耳其的憤怒與失望,可能改變力量對比,並刺激土耳其與我們為敵。如今,我們已經了解了這個失望結果的詳情。徵用這些戰艦,不僅未使土耳其成為敵人,反而差點使其加入協約國。

然而對於土耳其人而言,仍有一絲希望:戰鬥巡洋艦「格本」號。這艘德國的快速戰鬥巡洋艦正在西地中海巡航,根據和平時期的命令,他將前往亞得里亞海的普拉港進行維修。他的效能足以壓制俄國海軍中隊。德國會命令「格本」號返回君士坦丁堡嗎?他能成功返航嗎?就在此時,英國向德國發出最後通牒,並警告如果遭拒絕,將立即宣戰的消息傳到了君士坦丁堡。土耳其的現實主義者完全沒有料到會有如此變故。這改變了地中海的海軍局勢。「格本」號能否突破英國眾多小艦隊和巡洋艦中隊,以及速度雖然較慢但火力更強的英國戰鬥巡洋艦的封鎖?當恩維爾帕夏在1914年8月3日晚間得知,「格本」號已被命令沿亞得里亞海北上逃往普拉港時,他的焦慮達到了極點。他立刻找到俄國武官列昂節夫將軍,將先前的一切計劃(包括一天前與德國簽訂的協定)全都拋諸腦後,向這名驚訝的官員提議土耳其與俄國結成聯盟,並提出包括土耳其在西色雷斯的賠償等多方面條件。不知是因為德國人意識到除非「格本」號需要努力抵達君士坦丁堡,否則他們永遠不會得到泛突厥主義者的原諒,還是因為這本來就是他們戰爭計劃的一部分,海軍上將提爾皮茨在1914年8月3日發出

土耳其仍活著

新的命令，要求當時正在墨西拿補充煤炭的「格本」號前往君士坦丁堡；經過一系列眾所周知的事件後，「格本」號於 1914 年 8 月 10 日抵達達達尼爾海峽，經過某些談判後，他被允許駛往馬爾馬拉海。

恩維爾帕夏的信心如今得以恢復，因為黑海的掌控或許依賴於土耳其。然而，鑑於英國海軍的無上地位和達達尼爾海峽的不設防狀態，與英國產生敵對關係是個嚴峻的問題。再者，義大利已意外地退出了三方同盟。因此，土耳其可能需要謹慎觀望，等待即將在陸地上，尤其是在俄國前線爆發的幾場戰役的進展。同時，土耳其的軍事動員可以低調進行，合理地解釋為預防性措施。隨後便是土耳其長達 3 個月的猶豫和拖延期，他巧妙地玩弄兩面策略，達到了預期效果。但根據我的記憶，在政策制定的所有重要方面，英國政府獲得的情報比土耳其政府更全面。根據我們的現有資料，這段期間，我們在解讀從君士坦丁堡收到的電報時，總感到不可思議。協約國時而因土耳其首相及無能但友好的內閣部門所談及的保證而振奮，時而因其拒絕扣押並解除「格本」號武裝而憤怒，電報因多種矛盾聲音而令人困惑，普遍認為土耳其沒有固定策略，他有可能被拉攏過來，也有可能倒向敵方。然而，當恩維爾帕夏在 1914 年 11 月以泛突厥主義武裝力量代理人身分行動，「格本」號和土耳其艦隊對俄國黑海沿岸港口發動無端攻擊時，這段時期便結束了，土耳其冷酷地投入了戰爭。

在 4 年的戰爭期間，土耳其得到了德國在軍事和情報方面的激勵、指導與支援。他在高加索地區與俄羅斯的較量中取得了不同程度的成功，然而不列顛帝國成為他最強大的對手。土耳其的主力部隊在加里波利半島上被不列顛和澳洲軍隊擊敗。雖然土耳其也贏得了一些重要的勝利，但不列顛對美索不達米亞的戰略行動實際上不斷向北推進至底格里斯河。勞倫斯喚起並領導了沙漠中的阿拉伯人反叛。艾倫比率領一支由駐印度英軍所組成的 25 萬人部隊攻克巴勒斯坦，並進入敘利亞。儘管塞薩洛尼基戰線由法國指揮，並由一位法國將軍領導向君士坦丁堡的西面推進，但在後來簽

訂停戰協定時，土耳其認為他們是被英國打敗的。事實上，在第一次世界大戰中陣亡的土耳其士兵中，有四分之三死於不列顛帝國的槍炮和刺刀之下；他們清楚地了解到，對這位曾是盟友但被錯誤評估的敵人所進行的攻擊，並未削弱其反擊的力量。

當興登堡防線和德國崩潰之時，土耳其人的所有抵抗也被完全瓦解。土耳其俯身於地，仰望天空，鬆了一口氣，發現征服者竟是英國。「我們犯了大錯；我們選擇了錯誤的同盟；是恩維爾帕夏和塔拉特帕夏迫使我們這麼做的，但他們現在已經逃亡。我們對所發生的一切深感懊悔。我們怎麼可能知道美國會對德國宣戰呢？我們又怎麼會預見英國會成為一流的軍事強國呢？這些奇蹟超出了人類的預測。沒有人應該責怪我們追隨了錯誤的領導者。當然，我們必須受到懲罰，但讓我們的英國老朋友來懲罰我們吧。」這便是1918年10月30日穆茲羅斯停戰後不久土耳其人的心情；穆茲羅斯停戰代表第一次世界大戰東線戰事的結束。

寇松爵士表示：

在和談召開之際，協約國已經占領了君士坦丁堡，土耳其政府即便未被完全震懾，也顯然已經屈從。我們部署在土耳其亞洲地區的軍隊，足以確保我們可以執行的不僅是停戰協定中商定的條款，還包括任何我們認為必要的補充條款。英國牢牢控制著美索不達米亞，甚至包括摩蘇爾⋯⋯英國在波斯的地位，無論在軍事上還是政治上都極其穩固。自從戰爭結束以來，我們仍駐紮於裏海，但正考慮立即撤回。裏海在我們掌控下，成為反擊布爾什維克軍事力量的海軍基地。英國若干師團占領了從黑海到裏海的整個高加索，並為各個對抗壓迫的民族 —— 喬治亞人、亞美尼亞人、韃靼人、塔吉斯坦人和俄羅斯人 —— 提供了唯一的和平保障⋯⋯在小亞細亞（英國軍事占領區以外）尚未見協約國的軍事力量。亞美尼亞的命運未卜，絕大多數的亞美尼亞人如今成為流離失所的難民。除了亞美尼亞（可能還有西利西亞），瓜分小亞細亞的問題尚未被考慮。在敘利亞，形勢更

土耳其仍活著

為複雜，因為調和法國人的強烈願望與阿拉伯事態的現實非常困難，法國人堅持按字面意義解釋不幸的賽克斯－皮科協定。在巴勒斯坦，阿拉伯民族與猶太移民的利益似乎可以和諧共存，大不列顛認為，關鍵在於在雙方同意下儘早實行託管。埃及仍然保持沉默。

在此情境下，必須迅速而果斷地做出廣泛而明確的決策。在這些結構脆弱且危機重重的社會中，每多一天的拖延都會加劇其崩潰的危險性。在這片曾是古代文明和財富搖籃的廣袤土地上，如今充斥著多數已武裝起來的好鬥和狂熱的民族，人人都在問：「發生了什麼事？我們該怎麼辦？」然而，巴黎的戰勝國政治家仍未給出答案。他們必須開始認真對待彼此，並相互理解。他們需要向美國解釋歐洲正在發生的事情。他們必須面對法國要求的強烈立場，法國表示在此問題上絕不讓步。他們必須對德國施以法國認為公正的懲罰和審判，並保持軍隊的戒備以執行可能的任務。在他們周圍，混亂的洪流不斷蔓延。

威爾遜總統及其隨行的美國議和代表團對於那些祕密協定深感震撼，他認為美國擁有最大的立場優勢在於其並不屬於任何協定的一方。在中東，他們確實是「唯一的公正大國」。這個事實無疑有助於清除大多數祕密協定，正如之前所提及的，那些協定多是在戰爭的艱難時期簽署的。威爾遜總統及美國的影響力未受損害，且最具分量，這正是能夠進行有效且實際評估並達成解決方案所需的要素。然而，威爾遜總統在行動中未能更緊密地掌握現實，這無疑是一個悲劇。他提供了重要的貢獻，但考慮到他的地位和權力，他的貢獻本應是價值無限的。

因此，總統威爾遜如此表示：

美國的立場是，對於英國和法國向各民族提出的要求並不感興趣，除非那些民族自身需要這些要求。美國堅持的一項基本原則是同意託管，這個觀念已經深深植根於美國的思想之中。因此，美國希望了解敘利亞人是否願意接受法國的託管。同樣地，美國也希望知道，英國是否會被美索不

達米亞的居民欣然接受。這或許並非英、法兩國的直接事務，但若是在和會之前這個問題已經成為事實，成為英、法兩國需要面對的問題，那麼解決這種情況的唯一方法就是理解當地居民的意願。

「因此，他提議在土耳其設立一個調查委員會，並提出了該委員會應執行的任務。」

他們的目標應是闡明意見的實質內容以及描述受託代管國將前往工作的該國情況。若有必要，他們將被召回並向和會報告他們對該問題的所知……這將……向全球證實，和會正在努力尋找最科學的基礎來制定解決問題的方案……該調查委員會應由法國、英國、義大利和美國等國的代表組成。他們將被派出進行全權調查並報告他們所發現的各種事實。

貝克爾先生表示：「總統以極大的熱忱和緊迫感全力推動這項倡議。」

目前，沒有任何解決方案能比這個做法更加合理。事實上，我們也明白，在國內政治中，當面對複雜的問題和不斷增長的民眾怒氣時，通常的解決方法就是設立一個委員會或皇家委員會。而且，這種方法往往相當有效。儘管問題並不是由委員會來解決，儘管委員會的解決能力可能不如負責的部長們，但在絕大多數情況下，症狀明顯且治療延誤已久的問題，往往會以不那麼尖銳的方式被提出。威爾遜總統提出這個策略再自然不過，而各懷心思的列強不得不勉強接受。實際上，這樣的結果將是最終沒有人會受到指責。

然而，各相關國家不願在權力不穩定的狀況下拖延過久，而在所有可能激發其情緒的過程中，最具刺激性的莫過於參與調查委員會的工作。來自各大國的成員們，一手持筆記本，另一手夾著點燃的香菸，穿梭於猶如火藥庫的中東地區，以期能掌握第一手的真實情況。任何人都能看出，威爾遜總統的建議在美國或大不列顛的政治麻煩中是多麼明智和切合實際。然而，在當前的情況和氛圍中，他的建議只是一種引發爆炸的手段。政治家與戰爭中陸海軍的將軍一樣，在危機中常常需要在缺乏了解大量必不可

少事實的情況下，做出至關重要的決策。儘管這很困難，有決策總比完全不作決策要好。在毫無組織且情緒激昂的各民族中斡旋，詢問他們的想法與需求，無疑是一種會引發衝突的方法。當一個人對自己並不理解且沒興趣關注的事務提供幫助意見時，他的思想容易被一種嚴肅而虛幻的公正情緒所支配。「在我們做出自己的決策前，讓我們掌握一切已被披露的事實吧。讓我們知道我們身處何地吧。讓我們搞清楚民眾的意願吧。」這一切聽起來是多麼合理正確！然而在調查委員會——最終只剩下美國代表——完成其全部調查工作的三分之一以前，幾乎所有相關民族都開始參與武裝叛亂，各協約國的軍隊幾乎已全部撤回本國。

自調查委員會被指派之日起，整個中東地區便陷入一種猶豫不決和不明確下一步的狀態。當地每天都有10幾個嚴重問題（多為不同民族之間的槍擊事件）提交給委員會的相關部門，官員們只能記錄下這句話：「問題需等到協約國委員會完成調查後才可處理。」因此，友善者只能記錄事件時間和問題，而不友善者則為步槍裝彈，策劃進一步行動。

然而，即使採取一種積極且果敢的行動（即便從治理國家的標準來看是不正確的），所有這些情況原本都能夠被平息並重新掌控。義大利對鄂圖曼帝國的要求和野心，超出了最狂妄的設想。義大利毫不猶豫地以行動證明其達成目標的決心，令巴黎和會感到震驚。派遣一個包括義大利的調查委員會前往東部的決定基本上未能實施，因為義大利藉口當地發生騷亂而占領了阿達利亞，並同時正式譴責希臘準備襲擊士麥那。希臘則強烈抗議，稱義大利在阿達利亞的舉動僅是侵犯希臘勢力範圍的開端。接近1919年4月底時，有報導指出，義大利已派遣少量部隊在巴德倫姆、馬克利和阿拉亞登陸。與此同時，美、英、法三國領導小組在希臘首相韋尼澤洛斯的人格魅力和影響下，傾向於提議將士麥那及艾丁省劃歸希臘。數千年來，希臘人在士麥那及其沿海地區繁衍生息。該地區的繁榮主要歸功於希臘人的智慧和工業、農業。早在1915年，阿斯奎斯領導的英國政府已決定，在重

新劃分土耳其領土時，如果希臘參戰，應將士麥那歸給希臘。巴黎和會希臘領土委員會最近以多數票（包括英國、法國和美國代表）作出有利於希臘的決定。威爾遜總統明確接受了這個結論。然而，這個意圖的傳聞引發了士麥那歐洲僑民的抗議，士麥那的美國傳教士和英國駐君士坦丁堡的高級特派員同時發出警告，指出此舉可能引發的危險。

威爾遜總統與義大利代表團的談判徹底失敗，導致義大利暫時退出和會。與維托里奧·奧蘭多的衝突後，威爾遜自然地支持希臘。在此問題上，英國首相是他唯一的熱情支持者。為了萊茵河和法國未來而煩惱的克里蒙梭，此時對義大利和美國保持友好態度。然而，突如其來的事件加速了行動。關於義大利將強行占有士麥那的報導，加上土耳其虐待希臘人的傳聞，促使他們採取決定性行動。1919年5月5日，三方領導小組考慮一項方案，允許希臘人立即占領士麥那，以保護他們的同胞。勞合·喬治先生建議透過決議，授權韋尼澤洛斯派遣軍隊前往士麥那待命，準備在必要時登陸。威爾遜總統詢問，為何不讓希臘軍立即登陸，因為部隊在船上無法保持良好狀態。勞合·喬治先生對此不持異議。

1919年5月10日再次探討了這個議題。然而，登陸的基本原則已被確立，討論的僅是若干技術性細節。亨利·威爾遜爵士參加了兩次會議，但僅限於技術安排的討論。5月12日召開了第三次會議。此時，維托里奧·奧蘭多已返回和會。他獲得保證，士麥那的未來不會因希臘的占領而遭受不公待遇。這只是為保護希臘人的緊急措施。根據停戰協定，需以書面形式通知土耳其，要求士麥那要塞的駐軍向英國、法國和義大利的特遣隊投降。經過深思熟慮後，維托里奧·奧蘭多在原則上不反對希臘登陸，但強烈要求英、法、義的特遣隊不應撤離，應根據最終解決方案再做決定。四國會議的決定是，一旦希臘軍隊準備就緒，應從卡瓦拉出發，義大利特遣隊應參與協約國軍隊的軍事行動。

韋尼澤洛斯受命前往士麥那時，是以四大列強代管國的身分，根據國

土耳其仍活著

際聯盟的委託進行行動的。就如鴨入水中般，韋尼澤洛斯急切地啟程了。他深知無論四大國，或者更準確地說是三方領導小組，肩負何種責任，四大國終究只是支援性的軍事力量，唯有他自己掌握著具體的軍力。只有他擁有實際行動的能力。在這樣的任務中，除了派遣象徵性的特遣隊之外，由英國、法國或美國出兵從未在考量之中。然而，希臘師團卻能快速部署，並已經迫不及待地準備行動。1919年5月15日，儘管英國外交部和陸軍部嚴重警告與抗議，2萬名希臘士兵在戰艦炮火的掩護下登陸士麥那，他們屠殺了大量土耳其人，占領了該市，並沿著士麥那——艾丁鐵路迅速北上，與土耳其正規軍、非正規軍及艾丁的土著武裝展開激烈戰鬥，開創了他們入侵和征服小亞細亞的先例。

我清晰地回想起，那是在巴黎一個宜人的午後，我得知這件至關重要的事件時，感到困惑且驚恐不已。這起事件在不列顛總參謀部引發的震驚，無疑地影響了我個人的看法。即使沒有理由讓不列顛軍方對土耳其持親近態度，也不能容忍這種肆意妄為的暴行——尤其是在我們的資源已經捉襟見肘的時刻，它卻引發了如此多的新危機。我們在陸軍部很快就意識到了它的影響。根據停戰協定，我們的官員正在整個小亞細亞地區分散地監督軍隊的投降和武器的集中。他們可以自由地從一個地方移動到另一個地方，無需武裝護衛，只需簡單地指示該如何行事。土耳其人幾乎像機械般地服從。步槍、機槍、大炮和炮彈正被順從地在各個重要的「臨時存放處」堆積起來；土耳其正處於戰敗——並且是罪有應得的戰敗——的陰影下。「讓我們的老朋友英國來懲罰我們吧。」因此，作為接受戰敗和簽署國際公約的結果，武器被整齊地堆放，大炮被整齊地排列，炮彈也被有序地集中。

然而，巴黎和會似乎忽略了土耳其民族的存在，這個民族驚覺自己必須忍受和暫時屈從的對象，不是大英帝國的艾倫比或印度，而是希臘。希臘是他們世代仇視和鄙夷的敵人，是他們眼中的叛亂省分，一個徹底的失

敗者。因此，士麥納的事件使得土耳其變得難以掌控。最初，負責監督停戰條款執行情況的不列顛官員被忽視，接著遭受侮辱，然後面臨生命威脅或被投入難以忍受的監禁。大量軍事裝備的「臨時存放處」在一週之內從英國人手中轉移到了土耳其人手中。穆斯塔法・凱末爾——我們在1915年4月和8月的加利波利篇章中已經熟知的這位捍衛正義的英雄，當時他是反對君士坦丁堡土耳其政府的叛逆者——被賦予了起義領導者的權力，因為他已經具備了這方面的才能。

然而，比奪回武器與軍火更重要的是，為自己的事業爭取道義上的優勢。我們在前面已經指出，在第一次世界大戰中，土耳其的政策是多麼冷酷和惡毒，協約國對他的義憤是有充分根據的。何況亞美尼亞人可怕的遭遇尚需調查公布。然而巴黎和會對待土耳其人的態度是如此殘酷，以致使公理現在轉向了土方陣營。正義——這個逃離征服者俱樂部的永恆亡命者——已經倒向了土耳其一方。土耳其人認為，失敗是必須接受的，並且其後果也是必須承擔的；然而就在土耳其被解除武裝的這個時刻，希臘軍隊卻被放縱而進入了小亞細亞，這預示著土耳其民族的毀滅與死亡，以及在世界民族之中，土耳其民族遭受到莫大的壓制與屈辱。為了拯救土耳其，1919年6月9日在靠近阿馬西亞的小鎮卡拉斯，穆斯塔法・凱末爾公開地鼓吹了他的計畫。已經形同半熄滅的泛突厥主義之火開始再次燃燒起來。每一個土耳其人都堅決地認為，希臘人征服土耳其人絕不是命運之神的旨意。頭腦裡裝滿糊塗的念頭、背負著被罪行玷汙的名聲、因受到不公正待遇而自暴自棄、在戰爭中遭受嚴重破壞、因長期的災難性戰爭而筋疲力盡，所有這一切使土耳其帝國分崩離析，然而土耳其人還仍然活著。在他們的胸膛中跳動著這樣一個民族的心臟，這個民族曾對整個世界發出過挑戰，多少世紀以來所有來犯者都在他們面前敗退而去。如今，他們手中再次有了一支現代化軍隊，指揮這支軍隊的是吸取了以往所有經驗教訓的統帥，而在統帥身邊有4、5位草莽英雄式的傑出人物輔佐他。在巴黎，

土耳其仍活著

裝飾著花毯的金碧輝煌會議廳裡，世界各國的立法專家們正聚集在一起開會。而在君士坦丁堡，在協約國艦隊的大炮下，土耳其的一個傀儡政府正在行使職權。然而在安納托力亞「土耳其人故鄉」的崇山峻嶺中，流落著一群可憐的人……他們不希望看到事情這樣解決；此刻在篝火旁，一位代表著公正無私的、莊嚴精神的逃亡者正坐在帳篷內。

直至今日，我依然無法明白，為何像威爾遜、勞合‧喬治、克里蒙梭和韋尼澤洛斯這樣一群當時在巴黎的傑出政治家——他們的智慧、深遠的洞察力以及言談舉止，使他們即使在最嚴峻的考驗下仍能超越同時代人——竟然會被誤導，踏出如此魯莽且致命的一步。

我將希臘依據協約國的指令侵入士麥那的事件置於如此顯著的位置，可能會令許多人驚訝。在本書的各卷中，我始終致力於揭示命運的一些關鍵時刻。我力圖從煩雜而混亂的暴力、趣味事實及其組合中辨別出真正重要的內容。如此，我們便能在中東歷史上迎來一個全新的轉捩點。

當時，公眾對士麥那事件的意義理解不甚清楚。因為當時有非常多值得討論的議題，有許多激動人心且重要的事情需要處理，還有大量混亂和不愉快的事件需要記錄，以及許多崇高理想值得追求，以至於僅僅派遣2、3個希臘師團登陸士麥那並向幾百名土耳其人開火，似乎顯得微不足道，未能在主要協約國的大眾輿論中留下深刻印象。500名特別能幹的記者和專欄作家圍繞和會活動，每晚傳送8萬字的報導。在一些發行量最大的報紙中，總有各式各樣的大標題，當然也包括「希臘師團在士麥那登陸：土耳其人的抵抗被制伏」這類標題。然而，次日便換上了新的內容。每天都需要有新的大標題。這不是報紙或社會大眾的錯，因為他們都在追求轟動效應，而社會大眾雖然閱讀報紙，但主要仍忙於自身的家務和生計。他們完全有理由「因緊迫的私人事務而忽略無視」。

此時，我們必須以編年史的方式來記述幾件重大事件。青年土耳其黨的領袖們——他們在1910年革命後至第一次世界大戰結束期間掌控著土

耳其——曾經四處流亡,有的甚至遭到放逐。恩維爾帕夏在突厥斯坦冒險一搏後,陣亡於戰場。塔拉特帕夏在柏林被一名亞美尼亞人刺殺,後者確實是在報仇雪恨。查維德於1926年被勝利者穆斯塔法・凱末爾判處絞刑,他在絞刑臺上「高聲吟誦著古代土耳其詩人的詩句」。土耳其政壇上出現了一位曇花一現的新人物:費里特帕夏於1919年3月4日上臺,他實行一種卑躬屈膝的政策並與蘇丹緊密聯盟。在君士坦丁堡,他被協約國的戰艦和刺刀環繞。聯合與進步委員會的倖存者和普通士兵懷著沮喪與半叛逆的態度隱藏於小亞細亞的山嶺中,他們如今群龍無首。費里特帕夏在這兩股力量之間小心翼翼地維持平衡。他向協約國屈服並接受其建議,同時又與民族主義者保持友好接觸。他在反對占領士麥那的抗議聲中辭職,又在當天重回執政。1919年6月7日,他率領一個議和代表團前往巴黎,請求對土耳其寬大處理,但和會的回應卻極為嚴厲。1919年7月1日,他任命穆斯塔法・凱末爾為北小亞細亞總督察員。在同年8月和9月,穆斯塔法在厄爾澤羅姆和希瓦斯召集了東部代表的會議。9月11日,希瓦斯代表大會發表了一份土耳其權利的宣言,後來形成了「國家公約」或新土耳其的莊嚴盟約。到1919年9月底,君士坦丁堡的控制範圍已經縮減至伊斯坦堡海峽和馬爾馬拉海。即使是距馬爾馬拉海岸僅一小時火車車程的布魯薩,也在1919年10月脫離了安哥拉(今安卡拉)政府。費里特帕夏再次辭職,讓位給一個處於協約國控制的蘇丹與穆斯塔法・凱末爾及其在安卡拉的「國家公約」支持者之間的過渡政府。

　　同一時間,我們的軍隊正在迅速撤回英國。到1919年1月,陸軍部仍有近300萬人在海外駐紮。到了3月,這個數字減少到200萬,並且這部分軍隊正處於加速復員的階段。至1919年夏季,除了萊茵河附近的駐軍外,我們在海外的軍隊幾乎已經完全撤離。徵召的士兵和戰時入伍者必須被遣返回國;新的常備軍正在籌組,而職業軍人的志願者還在逐步招募。停戰一年後,我們在海外僅剩數個由5、600人組成的營,之前可調

土耳其仍活著

遣的則是裝備齊全、規模達 1.5 至 2 萬人的數個師團。看到我們的軍事力量大幅縮減，而全球的危險與敵意卻日益增加，這確實令人費解。1919 年 1 月，我向內閣發送了一份總參謀部的備忘錄，闡述我們的軍事力量已經被削減到何種程度，並強調我們的政策與實力不符。

自 1918 年 10 月 31 日土耳其停戰以來，無論是陛下政府的軍事資源，還是戰前鄂圖曼帝國內部的政治局勢，都已經有了顯著變化，這一點似乎不需多言。除了巴勒斯坦和美索不達米亞的軍事力量外，目前可用於執行和平條款的不列顛軍事實力如下：

一個師團和野戰軍部隊（其中包含巴統防衛部隊），總共包括：

13,000 名英國人與 18,000 名印度人，共計 31,000 名戰鬥人員。

這支部隊的攻擊能力實際上僅限於鐵路系統。總參謀部在此願意指出，若不透過徵兵或其他方式增加兵力，不列顛將無法提供土耳其的增援部隊。

隨後，總參謀部期望：

首先，這些條款需經過陛下政府的仔細審議，以確保其與現有資源或預計用於執行條款的資源相符。

在不考慮細節或各種問題的政治利弊之情況下，總參謀部願意列出以下措施及其理由，但根據情報，執行這些措施可能需要調動盟國兵力，或在不列顛進一步招募兵員以增強黑海的軍事力量：

（1）建構一個更大範圍的亞美尼亞，將西利西亞與埃裡溫共和國相互連結。

（2）建立一個自主的庫德斯坦。

（3）希臘取得了本都的一部分（原文如此）。

（4）希臘對艾丁省的部分地區擁有永久主權。

（5）義大利永久占領南安納托力亞或康尼亞的某些區域，雖然尚不確

定這樣的行動是否會像之前提到的做法一樣激怒土耳其人。

除了上述需立即增強軍事力量的舉措外，若採取以下任一措施，則需要在一段難以預測的期間內，維持一支常備野戰軍。這兩項措施是：

（6）希臘取得東色雷斯。

（7）將土耳其人逐出君士坦丁堡。

然而，儘管距離做出任何決策尚有一段期限，各協約國卻在保留分歧的情況下，任由時間悄然流逝。當美國的調查委員會不安地在中東各地穿梭之際，一些人卻懷著最荒誕不經的瓜分土耳其計畫。發生併吞之類的事情是不可能的，不過幾個大國將被授予「託管地」，這將使他們為獲取控制權而找到藉口。法國將取得敘利亞和西利西亞；義大利愉快地承擔了占領整個高加索以及位於小亞細亞海角的阿達利亞省的任務；英國似乎急於接管已被我們軍隊控制的美索不達米亞和巴勒斯坦；人們強烈地預期，美國將會在亞美尼亞接受一塊託管地。1920 年 1 月，承受著長時間的財政、軍事和政治不確定性衝擊的希臘，開始顯示出了承受不住的跡象。

在這些迷人的幻象中，1919 年悄然流逝。隨著不斷的辯論和詳實的論證，中東的未來逐漸在巴黎和會上被勾勒出來，並且針對土耳其的和約草案也已經草擬完成。一些爭議性的議題正等待各國政府下決策。1919 年 12 月和 1920 年 1 月，英國內閣面臨著需要對以下重大問題做出決定：蘇丹是否像哈里發一樣受到諸多權力限制，並被允許留在君士坦丁堡；或者，土耳其人是否應該撤出歐洲。另一個次要問題是，聖索菲亞的清真寺是否應該重新被基督教化為教堂。在這些爭論中，外交部的寇松爵士全力反對埃德溫‧蒙塔古先生的立場，後者的論點基於印度的大眾意見、伊斯蘭世界的敏感性、保守黨的親土耳其傾向以及印度事務部的冗長備忘錄。

這場衝突的兩方勢均力敵。根據蒙塔古先生的觀點，在英國的支持或默許下，將土耳其人和哈里發逐出君士坦丁堡，可能會對居住在印度次大

土耳其仍活著

陸的數百萬人和宗教教派逐漸減弱的忠誠造成致命的打擊。然而，寇松爵士則認為，他們對此毫不在意。有些人甚至會感到欣喜；大多數人將保持冷漠；而穆斯林——他們是唯一關心此事的人——則會充滿熱情和勇氣地在不同的戰場上與上述哈里發的軍隊英勇作戰。關於聖索菲亞重新聖化的問題，蒙塔古先生強調，它是一座具有深厚神聖感情的伊斯蘭教清真寺，其歷史可追溯至西元 469 年以前。我們全都被此提示深深打動，直到寇松爵士反駁說，它原本是一座已有 915 年歷史的基督教教堂。於是，辯論雙方似乎達到了非常詭異的平衡，使這個問題成為一個長度超過原條款兩倍的實質性現代命題！這將變成一種無解的難題，在幾乎任何國家的大學生中間，都可能要就其正反兩方進行辯論。

在君士坦丁堡這個關鍵議題上，勞合·喬治先生毫不猶豫地站在寇松爵士一邊。實際上，針對這個問題，他自己就是一個主要的倡議者。陸軍部以其悲觀的觀點參與討論，陸軍元帥威爾遜和我指出，我們已經沒有多餘的士兵，而沒有士兵，你如何能驅逐土耳其人並維持這種狀態呢？我們在印度事務部之後，一再呼籲達成一個真正的、最終的，並且首先是迅速的土耳其和平。只要達達尼爾海峽能對所有國家的船隻（包括戰艦）保持自由通航，我們就會滿意。為了確保這一點，需要在海峽兩岸由國際武裝力量實施永久駐紮，而在我們有限的軍事力量範圍內，我們有能力承擔分配給我們的責任。這樣的安排在若干年後很可能只會成為一種無爭議的例行公事。

正如《寇松爵士生平》一書所準確描述的，這些問題在不列顛內閣中透過激烈爭論才得以解決的情況，已經被完全公開，因而沒有必要在此再詳加論述了。1919 年聖誕節，在倫敦外交部的辦公室舉行了一次英、法會議，以求解決兩國政府在土耳其和阿拉伯問題上面臨的棘手性困難。勞合·喬治先生是一位耐心且性情和善的領導者，他習慣在問題上先與同僚進行討論，以便促成對他有利的多數意見。在這些討論中，一方面是針對

問題提出解決方案，另一方面則是商議對該方案的補充部分。這種做法或許不合憲法，然而在時間緊迫且議題繁多的情況下，這可能是唯一的解決途徑。然而，當 1920 年 1 月 9 日一項完整的解決方案提交內閣時，每位大臣均有即興做出最後決定的權利，在下院進行了一場遠比往常更生動激烈的辯論以後，大臣們以壓倒性多數決定，土耳其人應該留在君士坦丁堡。首相心悅誠服地接受了同事們的抉擇，並於第二天在一篇充滿說服力的演說中向議會宣布了這個決定。

因此，《色佛爾條約》規定，君士坦丁堡將繼續作為土耳其的首都。條約的其他條款包括：伊斯坦堡海峽、馬爾馬拉海和達達尼爾海峽應在國際監督下保持對所有船隻開放。此外，西色雷斯與東色雷斯的邊界劃分幾乎延伸至北方的安塔利亞分界線，希臘應獲得加里波利半島及大部分愛琴海諸島，並管理士麥那及其周邊地區，直至能在該地舉行公民投票。土耳其必須重新確認投降條約，並接受協約國對其軍備和財政的嚴密監控。土耳其應加強對不同信仰少數民族的常規保護。法國將控制當時情緒高漲的敘利亞；英國將負責管理耗資鉅大且棘手的巴勒斯坦和美索不達米亞的某些託管地；而亞美尼亞則留給美國作為託管地。在簽署《色佛爾條約》並有條件地批准其正式生效的同時，英國、法國和義大利簽署了一項三方協定，明確將在賽克斯-皮科協定中及聖讓德莫里耶訥會議上已經分配給三大國的那些領土作為勢力範圍。

在這些法令尚未公布之前，我們有必要審視一下事態的發展。在石塊鋪成的小徑上，在荊棘叢生和懸崖峭壁的山澗小道上，在被烈日炙烤的橙黃色沙漠中，疲憊的旅行隊艱難而頑強地緩慢行進。讓我們回頭對這些情況稍作觀察。

1920 年 1 月 12 日，土耳其新選出的議會代表在君士坦丁堡集會。由於協約國堅持代議制政體的原則，因此土耳其人進行了選舉。不幸的是，投票的結果幾乎全數偏向錯誤的方向。民族主義者，或稱凱末爾主義者，

在新議會中占據壓倒性多數。這情況極為尷尬，於是協約國於 1 月 21 日要求土耳其的國防部長和總參謀長辭職，以作為日常安全的實際預防措施。1 月 28 日，新議會通過並簽署了「國家公約」。在君士坦丁堡可能爆發叛亂乃至大屠殺的驚人情勢下，協約國被迫採取聯合行動。英、法、義三國軍隊於 1920 年 3 月 16 日占領了君士坦丁堡。弗里德再次被指名籌組他長期計畫中最不受歡迎的政府。1920 年 4 月底，土耳其國家議會在遠離協約國艦隊和陸軍影響的安卡拉召開。5 月 13 日（被視為不吉利的一天），韋尼澤洛斯在雅典公布了《色佛爾條約》的內容。6 月，英國橫貫伊茲密特半島的警戒部隊遭到凱末爾主義者武裝力量的襲擊。雖然襲擊結果並不嚴重，部隊接到命令可以毫不猶豫地還擊；海軍從馬爾馬拉海施以炮火，襲擊者遂撤至炮火射程之外。然而，他們仍駐留當地，我們再度面臨在敵人面前兵力單薄的情況。與此同時，法國人在大馬士革推翻了埃米爾費薩爾的王位後，在西利西亞遭遇了激烈戰鬥（同一天在雅典公布了《色佛爾條約》的有利條款），法國人非常希望向當地的土耳其人提出停戰。

韋尼澤洛斯此刻試圖將自己塑造成救世仙女。希臘軍隊願意提供援助。在駐紮於士麥那的 5 個師中，2 個師可以向北出發，穿越馬爾馬拉海東部的艱難地區（他們聲稱熟悉這個區域），攻擊威脅伊茲密特半島的土耳其軍隊並將其驅逐。隨著福煦元帥攜帶英國總參謀部的意見，他聲稱此軍事行動具危險性，且可能失敗。然而，勞合·喬治先生接受了該建議，希臘人於 1920 年 6 月 2 日開始行動，並立即取得成功。希臘軍隊的縱隊沿著困難的道路前進，順利穿過多個險要的隘道。面對希臘軍隊的逼近，土耳其人在強而有力且精明的領導下撤退至安納托力亞的腹地。至 7 月初，另一支希臘軍隊迅速穿越東色雷斯，擊潰土耳其軍隊的薄弱抵抗，並占領了伊茲密爾。

協約國的領袖們對於希臘軍隊的卓越軍事實力和出乎意料的表現表示讚賞；協約國的軍方指揮官們也對希臘軍隊的能力另眼相看；勞合·喬治

先生顯得心情愉悅。看來，他的判斷再次證明正確，而軍方人士則如同往常一樣，再次失策了 —— 參見《大決戰的敘述》。

這些事件決定了《色佛爾條約》。費里特帕夏順從地籌組了一個傀儡政府，1920年8月10日，土耳其的和平條約在應有的莊嚴氣氛中於色佛爾簽署。這份條約經過18個月的商討準備，在正式簽署前已顯得過時。其所有主要條款能否生效，現在僅取決於一個因素：希臘軍隊。若韋尼澤洛斯願意使局勢明朗，並以法律和秩序控制穆斯塔法·凱末爾，則一切將順利進行。若非如此，則需想出另一套更符合現實的措辭。最終，對土耳其的和約終於發表，但正式批准它意味著對土耳其發動戰爭！然而在協約國列強看來，這場戰爭應由代理人進行。因此，當大國如此處理條約及準備進行戰爭時，對於代理人而言，這常常是非常危險的。

儘管本章著重於土耳其事務，但必須將其置於歐洲整體局勢中來分析。重新刊登我在啟程前往法國度過短暫復活節假期時寫給勞合·喬治先生的信，或許能更好地實現此目標。

邱吉爾先生致首相的信

1920 年 3 月 24 日

我在橫渡英吉利海峽時寫下這封信，目的在於告知你我此刻的思緒。自停戰以來，我的政策一貫是「與德國人民維持和平，而對布爾什維克政權則不惜動武」。無論是出於自願還是形勢所迫，你的方針似乎與此相反。我明白局勢的艱難，也了解你的才智與魅力遠超於我，因此我對你的政策和行動的評價並不是認為我或其他人能做得更好。然而，我們如今面臨事態發展的各種後果，這些後果極其嚴峻。我們可能正處於歐洲和亞洲即將崩潰和混亂的前夕。俄國已近崩潰，其遺留的資產已落入那些掌權的卑劣小人手中。然而，德國或許仍有救。在德國問題上，我們仍能協調一致，這讓我感到欣慰：你傾向於拯救德國，使其擺脫悲慘的命運，因為如

果德國被擊垮，其他國家也會受到波及。如果我們真有此打算，時間已經不多，行動必須果斷。你應該告知法國，如果——並且只有——他徹底改變對待德國的態度，並忠實接受一向支持並友好對待德國的英國政策，我們將與法國結成反德聯盟。接下來，你應派遣重要人物前往柏林，協助反斯巴達克同盟和反魯道夫同盟籌組一個強大的中左派集團。為此，你可以採用兩種施壓手段：首先是提供食品和貸款，雖然我們自身也面臨困難，但這項工作必須慷慨地進行（否則德國的情況將更加惡化）；其次是召開會議提前修訂和約，新德國應作為重建歐洲行動中的平等夥伴被邀請參加。利用這些手段，應能團結德國內部一切優秀且穩定的力量，以達到自救乃至拯救歐洲的目標。我祈禱我們不至於「為時已晚」。

毫無疑問，這是一項比我們國內黨派聯盟更值得你用政治生命去冒險的事業，儘管該聯盟亦具重要性。毫無疑問，這是一項一旦啟動便會在國內外影響全球形勢的事業。我建議英國在你的領導下採取公開且果斷的行動，必要時甚至單獨行動；在這樣的行動中，我願意與你共同承擔政治上的風險。然而，我相信不會有任何風險，並且數月後，不列顛將在政治上繼續引領歐洲。

作為此政策的一環，我將建議在最有利的條件下與蘇俄簽訂和平協定，以在保護我們免受其影響的同時，緩解整體局勢。當然，我並不認為布爾什維克主義與現代文明之間能夠真正和諧共處。然而，鑑於現實情況，停止戰爭並促進經濟繁榮是不可或缺的，我們必須依賴和平的影響來促使這種極壞的暴政和危險消失。

與德國相較，俄國只是次要的困擾；而與俄國相比，土耳其更是微不足道。然而，我仍對你在土耳其的政策感到憂慮。內閣已將軍事資源削減至極度脆弱的地步，而我們正帶領協約國在土耳其推動和平，這項任務需要大量強大的軍隊以及長期且昂貴的軍事行動和地區占領。在這個被衝突撕裂的世界中，我憂心你對希臘軍隊的放任態度——無論從何種利益角

度（包括希臘自身的利益）來看，希臘軍隊是你唯一有效的戰鬥力量。如果小亞細亞的鐵路被切斷，供應品無法抵達，你將如何為君士坦丁堡提供食物？誰將承擔此責任？食物將從哪個已經枯竭的市場來？我擔心你會讓這座龐大的城市無助地躺在你的掌控中，而周圍環繞著游擊隊和封鎖線。因此，我再次建議謹慎行事，採取安撫策略。我們應努力確立一個真正代議制的土耳其政府並與之達成協定。因為在當前的狀態下，土耳其和約意味著無盡的混亂。

土耳其仍活著

希臘的悲劇

　　這段敘述將我們帶回至古典時代。命運女神讓機會成為他的貼身侍女，這無疑是一場道地的希臘悲劇。希臘人無論經歷了多大的變革，似乎自阿爾西比亞德斯時代以來，他們的本性未曾改變。正如古代，他們對宗派鬥爭的熱衷超過其他任何愛好，且在危機時刻總有一位偉大人物引領他們。希臘人對黨派政治的熱愛，結合韋尼澤洛斯對他們的影響，共同構成了這齣戲的劇情；場景和燈光則是這場大戰；主題則是「希臘如何意外獲得他夢想中的帝國，卻在醒來時失去了它」。戲劇的開場必須以回顧往事作為序幕。

　　1908 年，希臘王國面臨著極度困難的局勢。自 1897 年國王與王子領導了對土耳其的失敗之戰後，他們的地位一直岌岌可危。希臘軍隊的軍官猛烈的批評他們，激起了強烈的反君主制運動。有人建議，如果巴爾幹國家與土耳其開戰，國王和王子不應擁有軍事指揮權。許多類似的侮辱性言論接踵而至。然而，克里特島上誕生了一位完全符合古典英雄形象的傑出人物。這位傑出人物在大國的支持下發動起義，將克里特島從土耳其的統治下解放出來。藉由他的才幹和大國的幫助，克里特島擺脫了土耳其的束縛，進而成為重新合併希臘的基石，並在希臘王子統治下獲得自治地位。1909 年，韋尼澤洛斯從克里特島前往希臘，並於 1910 年成為首相。他對政府各部門進行了整頓和改革，重組了由英國人指導的海軍和由法國人訓練的陸軍，恢復了國王作為軍隊統帥的地位。

　　國王擁有一位卓越的總管輔佐，他迅速贏得了民眾的愛戴。在數年之間，希臘享有卓越的政治氛圍，尤其是對一個小國而言，實行君主立憲制，並擁有一位全國性的領袖；人人在各自的領域中努力工作，彼此間充

希臘的悲劇

滿忠誠與尊敬。韋尼澤洛斯籌組了巴爾幹同盟，籌劃並促成與土耳其的戰爭。1912年，戰爭爆發。希臘人、塞爾維亞人和保加利亞人從先前的戰爭中汲取了豐富的經驗，戰勝了土耳其，占領了愛第尼和塞薩洛尼基，幾乎攻下君士坦丁堡。這些盟國的版圖因此大幅擴張。保加利亞的貪得無厭和爭鬥不休使其面對盟友和羅馬尼亞的雙重夾擊。很快，他們被新的聯合勢力壓倒，不僅失去了所有奪得的土地，甚至本土的多布羅加省也被奪走。在短短兩年內，希臘王國的領土和人口幾乎翻倍。克里特島重新歸入祖國，不僅塞薩洛尼基，卡瓦拉也納入了希臘版圖。康斯坦丁親眼目睹他和他的王國朝著希臘帝國的夢想邁進。然而，就在此時，善惡的巨大對決展開了。

前幾卷中概要地描繪了希臘在大戰期間的立場。我們可以斷言，韋尼澤洛斯主張對協約國保持忠誠。康斯坦丁因為娶了德皇的妹妹而對德國的軍事力量和效率產生了深刻印象，堅信德國將會勝利。他的信念得到了希臘參謀部的支持。然而，韋尼澤洛斯則依據不同的標準進行判斷。他宣稱正義在協約國一方，並預見協約國最終將會取得勝利。他在形勢不利時表示：「英國在所有戰爭中總是贏得最後一戰——最後的一仗！」他依照這些觀點行動。至今，他不斷勸說康斯坦丁及其他將領，直到1914年8月下旬，法軍在邊境戰役失利後和馬恩河勝利之前，當時形勢顯示德軍似乎將勢不可擋地攻下巴黎。在這關鍵時刻，他將希臘的海、陸軍在英國認為適合參戰時提供給了協約國。面對保加利亞因之前巴爾幹戰爭而產生無法化解的仇恨，他在土耳其攻擊協約國之前就採取了這個步驟。這位經驗豐且富有名聲的政治家，能在險象環生的關頭經過深思熟慮做出如此正確的決定，證明了他擁有無與倫比的預見能力。

達達尼爾海峽的衝突揭示了韋尼澤洛斯早已準備從陸地和海上對加里波利半島發起精心策劃的攻擊。受到俄國恐懼心理的某些影響，英國外交部在上一個秋季拒絕了希臘的援助提議，除非康斯坦丁能夠堅定地承諾加

入對德國的戰爭，否則希臘政府似乎不可能成為我們計劃的一部分。達達尼爾海峽戰事的悲劇性發展及其暴露的無能，並未削弱韋尼澤洛斯對協約國的忠誠。當 1915 年夏季塞爾維亞受到保加利亞入侵的威脅日益迫近時，他援引希臘必須幫助塞爾維亞的條約，主張應該參加大戰。康斯坦丁拒絕了這個提案，韋尼澤洛斯因此辭職。但在 1915 年 6 月大選之後，他於 8 月 23 日重返權力舞臺，並獲得國會授權進行全面動員。康斯坦丁此時卻不願再前進一步，明確拒絕參戰。對於國王否定他這位最新獲得授權的首相，韋尼澤洛斯表示：「我認為，當涉及內政問題時，我必須遵從公眾的判斷；但當涉及外交問題時，我的觀點是，只要我認為某事是對或錯，就必須堅持它應該或不應該做，因為我覺得我在上帝面前負有責任。」這番話似乎是一種奇特的憲法理論，而上帝是否對內政與外交有如此區分也值得懷疑。在國王拒絕後，韋尼澤洛斯提出辭職，但在國王的壓力下又撤回了辭呈，同時邀請協約國派遣軍隊通過塞薩洛尼基援助塞爾維亞。此後韋尼澤洛斯堅稱康斯坦丁已經同意此事，但康斯坦丁卻矢口否認。協約國軍隊抵達塞薩洛尼基，韋尼澤洛斯在與國王的抗爭下被迫反對協約國軍的登陸。然而，他同時在議會之中發表演講，首次公開宣告希臘與塞爾維亞的條約明確規定希臘有義務對保加利亞和土耳其作戰。儘管他仍獲得議會多數支持，但最終仍被國王免職。

國王與首相間的爭執進入第三階段，演變為武裝起義。1916 年 9 月，韋尼澤洛斯離開希臘前往克里特島，並在當地成立了一個臨時政府。隨後，他突然造訪已經建立革命政府的塞薩洛尼基，在此招募希臘部隊以支持協約國。美國的加入對希臘民眾的觀感產生了重大影響，甚至保皇派也不再擔心假設戰事結束後會被留在戰敗的英國陣營，而面對勝利且無情的德國及心懷復仇的保加利亞。至 1917 年 6 月，各方激烈鬥爭，希臘局勢逐漸改善，法軍在英國的默許下占領雅典，迫使康斯坦丁流亡海外。從此，韋尼澤洛斯再次掌握希臘的命運，並與協約國結盟。希臘的幾個師在

希臘的悲劇

塞薩洛尼基前線作戰，希臘戰艦加入協約國艦隊，協約國的軍火和貸款在戰爭期間源源不斷地流入希臘。韋尼澤洛斯帶領他的國家在停戰後的戰勝國理事會中獲得了席位。他的個人特質、聲望及對協約國的卓越貢獻使他幾乎與主要戰勝國的領袖們比肩；因為他的成就，使國家達到了令人眩目的高度，俯瞰廣闊的地平線。

同時，康斯坦丁在流亡中情緒低落，若希臘的政治領袖依照國王的計畫行事，國家不僅無法獲得勝利，甚至可能面臨失敗，這時，他應該是憂鬱地等待報復的時機。

在巴黎，英國、法國和美國的政策似乎確實致力於增強希臘的影響力和地位。他們無疑在考慮是否要利用希臘當其馬前卒。我們已經看到希臘軍隊如何被召集，伴隨法國軍隊不光彩地入侵烏克蘭；希臘軍隊如何被授權和鼓勵侵入並占領色雷斯；尤其是他們為何投入決定性的士麥那突襲戰。韋尼澤洛斯在執行這些高層命令時展現了非凡的敏捷。希臘軍隊幾乎連續10年處於動員狀態，這時期他們似乎是唯一願意趕赴任何地方並執行任務的軍隊。因此，到了1919年夏季，希臘軍隊已廣泛散布並深入土耳其領土。韋尼澤洛斯於1919年12月返回雅典，受到熱烈歡迎；然而，這個人口不多的小國在國內的社會、軍事和經濟方面的極度緊張跡象已經明顯顯現。

1920年，《色佛爾條約》初次提出時，亨利·威爾遜爵士向我闡述了英國對希臘局勢的軍事觀點，並受首相之命，要求我們親赴韋尼澤洛斯處，向他傳達我們的憂慮。我們誠摯地執行了這個任務，並向他提出若干關鍵性問題：每天為此耗費多少？希臘士兵已離家多久？與土耳其達成真正和平的可能性如何？等等。我們指出，即便希臘軍隊能在目前條件下擊敗土軍，這也不意味著他們能擺脫自身的危險。信奉凱末爾主義的土耳其人，那些衣衫襤褸，並在惡劣條件下持續奮戰的戰士，能夠迫使跨足海外作戰，組織嚴密的軍隊為自身存在而無限期的承受沉重負擔。「這種情形

對他們無損,但你能支撐多久呢?」韋尼澤洛斯回答道,希臘軍隊是應勞合・喬治、克里蒙梭和威爾遜總統的要求駐紮於此。他承認條件不平等,但表示有信心在三大國的支持下,達成令人滿意的最終結果。幾乎就在這次交談後,他占領了色雷斯,殲滅或擊潰仍停留在該省的兩個羸弱土耳其師,進入愛第尼。事態如此發展令我們驚喜交集,但這絲毫未能緩解我們對全域性的憂慮。不久之後,《色佛爾條約》簽署。

希臘軍隊在自士麥那省向北推進的過程中也取得了迅速的勝利,他們成功驅逐了騷擾法、英軍隊橫跨伊茲密特半島防線的土耳其軍隊。儘管福煦與威爾遜曾經忠告希臘軍不要這樣行動,但這次的軍事行動由兩個希臘師團輕鬆迅速地完成,結果令英、法、美的政治領袖極為滿意。無疑,這些事件增強了勞合・喬治對希臘軍事實力的信任,這與他一貫的傾向相符。然而,這個結果使希臘軍隊分散在廣大地區,增加了他們的責任。只要希臘根據三個大國願意和能夠提供的支持程度,按照他們的非正式指示行動,那麼希臘的背後便有堅實且(如有需求)充分的支持。然而,就在此時,那些不可預見的陰影浮現,否則,這場希臘悲劇本不應就此上演。

《色佛爾條約》在 1920 年 8 月 10 日簽署。到了 9 月,韋尼澤洛斯抵達雅典,這是他職業生涯中第四次帶來戰爭和政策的重大勝利。幾週前,他在巴黎火車站遭遇刺殺,但幸運地逃過一劫,這進一步激發了迎接人群對他的讚美。他讓他的國家無意中達到自現代以來未曾企及的高峰。雖然巨大的勝負尚未明朗,希臘的軍隊和財政仍被繁重的義務所束縛,但在擁有最強大國家及著名領袖的支持下,沒有理由認為未來的挑戰會比韋尼澤洛斯過去克服的那些更為艱鉅。

1917 年 6 月,在法國海軍陸戰隊和協約國海軍的支援下,法國軍事高級專員 M. 若納爾霸氣地一揮手,康斯坦丁國王被迫離開國土,開始流亡,而他的次子亞歷山大則繼承了王位。這位和藹的年輕人,執政超過 3 年,卻成為命運和政策的犧牲者。在世界風暴將他推上王座之前,他曾

希臘的悲劇

與一位美麗的女子姆萊・瑪諾絲相戀；他是宮廷小官員的女兒，其家族在王室標準下並不顯赫。亞歷山大國王在愛情與王位之間毫不猶豫地選擇了愛情。自 1919 年 11 月他與姆萊・瑪諾絲締結這段身分地位有極大差距的婚姻以來，韋尼澤洛斯因此面臨一系列微妙且惱人的政治問題。然而，這位政治家對年輕的國王夫婦深表同情。他在情緒激動中辛勤的制定條約，儘管希臘軍事前線仍有烏雲，但他仍然花費心思為這對夫婦作出巧妙的安排。韋尼澤洛斯以高超的手段調整憲法的細節，使年輕的國王回國時，新希臘帝國的廣闊疆域似乎已足以接納這位有浪漫史的國王。

1920 年 10 月 20 日，亞歷山大國王在花園中牽著長毛小狗散步，當他停下來觀看王宮內飼養的一對正在打鬧的猴子時，長毛犬突然襲擊了雌猴，而公猴則報復性地攻擊國王，咬傷了他的腿。儘管傷口不特別疼痛，醫生的診斷也顯示並無大礙。然而，傷口卻開始化膿和發炎，情況變得相當嚴重，之後還出現更危險的症狀。經過 3 週的劇烈痛苦後，亞歷山大國王在即將成為他王后的新娘懷中去世。

我們已知，一艘關鍵的敵艦「格本」號的逃脫，對整個東南歐及小亞細亞造成了無法估量的破壞。或許毫不誇大地說，這艘艦如同那隻猴子咬死了國王一樣，最終導致了 25 萬人的生命損失。

希臘憲法並未明確指示國王逝世後必須舉行選舉，但繼承問題卻令人頭痛。韋尼澤洛斯似乎未曾認真考慮讓姆萊・瑪諾絲的嬰兒登上王位以及隨之而來的長期攝政。然而，他最終決定讓希臘王子保羅繼位。保羅居住在他流亡的父親於瑞士的住所中。毫無疑問，有人建議他表態，只有在希臘人民透過選舉明確拒絕他的父親和哥哥喬治王子的繼位後，他才會接受推舉。這個情勢迫使希臘必須舉行大選。

韋尼澤洛斯無法迴避這個問題。他因為自認為受到公眾的支持而感到振奮，堅信他可以得到希臘人民的信賴，所以願意將問題直接交由選民決定：他們是否支持康斯坦丁復位？自從他做出這個決定後，前國王的所有

支持者都從流亡地或隱居地迅速返回，積極參與大選。國際形勢的發展已證明康斯坦丁的遲鈍無能，而韋尼澤洛斯的決策正確無誤，此時，公眾對於「康斯坦丁 V.S 韋尼澤洛斯」的選擇結果似乎無需懷疑。然而這位驕傲的克里特人未充分考慮到，他的國家曾陷入極度緊張，協約國透過封鎖迫使希臘參戰，種下了深刻的怨恨，長期的戰爭狀態引發了諸多不滿，他領導的多個政府部門採取了壓迫人民的手段，他的政治對手被允許全面參與黨派政治，並懷著入閣掌權和進行報復的強烈意圖。在他被迫長期滯留巴黎和倫敦期間，希臘人民無法感受得到他的個人魅力與對群眾的鼓舞，只能體會到其下屬的粗暴作風。原本的形勢，讓希臘國內外的權威人士毫不懷疑韋尼澤洛斯會在議會中獲得絕對多數。然而，1920 年 11 月 14 日晚上的選舉結果讓所有人都大為震驚。韋尼澤洛斯本人落選，他的支持者在議會中僅獲得 114 個席位，而反對派卻贏得了 250 席。希臘的新一波政治鬥爭以高調展開新頁。韋尼澤洛斯立即宣布他將辭職並離開本國；尖酸刻薄的評論譏諷他面對責難時臨陣脫逃，任憑他的朋友遭受攻擊，但這無法改變他的決定。他宣稱自己在國內只會成為動盪和混亂的根源。他將辭呈親手交給老朋友海軍上將孔祖里奧蒂斯，指定了接班人，並於 1920 年 11 月 17 日乘友人的遊艇離開希臘前往義大利。希臘人民在面對最大希望和最大恐懼的時刻輕易地失去了他們的領袖——是他創造了當前的局面，也只有他能將這個局面推向成功。

當我收到希臘選舉結果和韋尼澤洛斯決定離去的電報時，恰與勞合·喬治先生在內閣會議室。他不僅感到意外，還大惑不解。然而，他天生樂觀，又因為我們在大戰中歷經種種考驗，他微笑著說：「現在只剩下我一個人了。」

要分析韋尼澤洛斯下臺所引發的反應，必須對整個事件的來龍去脈進行深入研究。儘管希臘是一個被重重困難和敵人包圍的小國，但它卻常常沉溺於具有雙重性質的危險狀態。韋尼澤洛斯所代表親協約國的希臘與康

斯坦丁所代表親德國的希臘並存。所有忠於協約國的人始終支持韋尼澤洛斯的希臘，他們將所有的憎恨集中在康斯坦丁的希臘身上。在英國人和法國人眼中，前國王是僅次於德皇的討厭人物，屬於協約國眼中和「狡猾的」保加利亞之斐迪南一樣的人。如我們所見，這位君主違背人民的願望和利益，出於個人和家庭的原因，試圖將他的國家投入敵方，即最終戰敗的一方。要求英國或法國的民主政府為這樣一個民族做出犧牲和努力是荒謬的，因為這個民族在選擇康斯坦丁時已經顯露其真正的精神。因此，康斯坦丁的回歸消除了協約國對希臘的忠誠，終止了除法律義務以外的一切關係。在英國，這種感情不是憎恨，而是同情和興趣的完全消失。在法國，其他實際的考量加劇了本已強烈的不滿。我們曾經見過法國人捲入敘利亞阿拉伯人和奇里乞亞土耳其人的種種麻煩。為了韋尼澤洛斯，他們必須忍受許多不便，但為了康斯坦丁，什麼都不會做。實際上，最初的震驚過去後，統治圈子裡明顯出現了如釋重負的氣氛。現在不再需要採取反土耳其政策。相反，與土耳其的良好關係對法國利益最有幫助。黎凡特的局勢令人寬慰，同時還出現了其他積極的有利條件。若希臘自由，則人人自由。希臘事實上成為了解放者。正當他的需求達到最高峰、他的承諾於己於人都最為惱人的時刻，他由於自己的自由意志而抹去了過去的良好紀錄。道德上如此樂於助人的人並不常見。

寇松勳爵表達了外交部冷酷無情的立場，建議在特定條件下支持希臘，甚至承認康斯坦丁的地位；然而，1920 年 12 月 3 日在巴黎舉行的協約國大會否決了這個提議。三大國通知希臘政府，「儘管他們不願干涉希臘的內政，然而，在大戰期間曾對協約國不忠並採取敵對行動的國王竟然復位，這令他們感到深深的不解，他們只能視此舉為希臘正式承認國王敵對行為的一種表態」，「這個行動將使希臘與協約國的關係陷入新的不利局勢」，「三國政府保留針對由此事件造成的局面採取行動的完全自由」。次日，三國政府發出第二份通告，表示：「若康斯坦丁重登王位，希臘將無

法獲得協約國進一步的財政支持」。

由於這個宣告的刺激，希臘人在勝利的保皇黨人威脅之下，以壓倒性的公民投票支持召回康斯坦丁。1920 年 12 月底，國王康斯坦丁與王后索菲及其子女，在不久前同樣迎接韋尼澤洛斯的全體民眾真情流露的歡悅中，再次步入雅典。與此同時，新政府忙於從各種機構的公職中清除所有韋尼澤洛斯派系的官員——從主教、法官、大學教授、中學校長甚至國家機關的女清潔工，無一倖免。留在雅典的協約國公使接到指示與政府保持正常關係，但不理會國王、王室和宮廷。從此以後，希臘內部四分五裂，只能獨自面對眼前的危險了。

驅逐韋尼澤洛斯的唯一合理目的，以及由此產生的唯一明智政策，便是迅速果斷地減輕希臘在小亞細亞的負擔。這位偉大的克里特領袖過度加重了國家的承擔，這在連續勝利的過程中似乎是合理的。然而，現在失去了英國的支持，面對義大利的對抗，並即將遭遇法國的明顯敵意，康斯坦丁和其隨行人員面前僅有一條出路：即在最佳條件下與土耳其締結和平，迅速撤出小亞細亞的所有據點，召回並遣散軍隊，並實行嚴格的財政緊縮政策。這些都是希臘人民被要求並已經做出決定的必然結果。然而，這些卻是新政權最不願接受的選擇。從本性上來說，他們比韋尼澤洛斯更具擴張野心。聚集在宮廷周圍的軍政人物充滿了雄心壯志。他們企圖讓希臘相信，國家的成功與韋尼澤洛斯無關。放棄他們過去所取得驚人成就的想法，是他們的自尊心無法接受的，因為這會嚴重削弱他們在民眾中的聲望。相反，他們主張擴大希臘在小亞細亞的領土，甚至超越韋尼澤洛斯所認為可能的界限。他們喊出「進軍君士坦丁堡」的口號，以顯示其終極目標。因此，當 1921 年 2 月 21 日協約國在巴黎會議上粗略地修改《色佛爾條約》，特別是修改士麥那和色雷斯的相關部分時，希臘新政府反對協約國的建議，並宣稱希臘不需要外界援助就能維持條約所賦予的領土。此時，希臘在小亞細亞駐紮了 20 萬軍隊，每週的軍費至少達到 25 萬英鎊。

土耳其與法國進行友好談判，並在與莫斯科簽訂條約後，軍隊數量和戰鬥力迅速增強。

我們必須對於處於這個歷史時刻的眾多希臘人民表示同情。他們承擔了超出自身能力的重任，被要求解答他們無法解決的問題，並且不確定他們所做的決定會帶來何種不可避免且無法承受的結果。他們所遭受的戰爭、動員和戰時控制的壓力，持續時間超過了捲入戰爭的其他任何民族。他們深受黨派鬥爭的困擾和折磨；在這個疲憊不堪的小國，竟然同時存在著兩種相互敵對的國民；即便在如此艱難的條件下，他們的軍隊仍能長期保持嚴格的紀律和堅定的信念。現在他們將展開比我們曾描述過，更加雄心勃勃且更加孤立的冒險行動。

希臘悲劇的第三幕必須以描述英國政壇幾位名流的立場作為開端。我與勞合·喬治先生雖然對於土耳其與希臘的事務持有完全相反的看法，但彼此始終保持著一種毫無拘束的親密關係。在這些年中，我多次請求他闡述其政策的依據。他則以對待同事的平和與耐心，用以下這些或多或少的原話表達他的立場：「希臘人是東地中海的未來民族。他們具有創造力且充滿活力，代表著基督教文明，抵抗土耳其的野蠻制度。他們的軍事能力被我們的將軍嚴重低估。對於不列顛帝國而言，一個強大的希臘意味著巨大的利益；從傳統和利益的角度看，希臘人應該與我們友好。他們現在是個擁有5、600萬人口的國家，50年後，如果能守住分配給他們的領土，他們將成為一個擁有2,000萬人口的國家。他們是傑出的航海者，將會發展海上力量，占據地中海東部所有重要島嶼。這些島嶼是未來潛在的潛艇基地，位於我們經由蘇伊士運河通往印度、遠東和澳洲的航線上。希臘人是知恩圖報的民族，若我們在希臘國家擴張時成為其忠誠的朋友，他將成為英國維持主要航道的保障之一——老鼠某天可能會咬斷束縛獅子的繩索。」對於他的這番話，我在適當的時機回應道：「若如此，你打算如何行動呢？你沒有可派遣的軍隊；你一直聲稱無法節省開支；你也得不到輿論

的支持。保守黨是土耳其的傳統盟友，你的黨派多數傾向於親土耳其；你的內閣傾向於親土耳其；你的將軍們也是如此。我們是世界上最大支持伊斯蘭教的力量。任何長期的反土耳其或親希臘政策都會遭遇強烈反對。此外，土耳其人十分好鬥，不願與人交往。如果希臘人想要征服土耳其，必將面臨毀滅，況且現在康斯坦丁已經回國，你絕不會被允許去幫助希臘人。」儘管我不能謊稱這段文字完全記錄了我們的對話內容，但在我看來，它公正地表述了兩種不同的觀點。

寇松勛爵的策略基本上是對希臘人採取冷靜且審慎的支持政策，同時維持與土耳其的友好和平，但必須竭盡所能將土耳其人逐出歐洲及君士坦丁堡。蒙塔古先生則獲得了代表印度全部力量的支持，他主張以任何條件與土耳其和解，並認為英國應該成為穆斯林世界的朋友和領袖；尤其重要的是，應將君士坦丁堡歸還給土耳其人。如本書前文所述，內閣反對首相與寇松勛爵對君士坦丁堡的看法，這兩位大臣接受了內閣的決定。然而，內閣在是否支持希臘人或安撫土耳其人方面，未能達成一致的政策，只是採取了消極的立場，即不動用英國的軍隊和資金，靜觀其變。這種停滯與拖延的態度持續了將近兩年，從韋尼澤洛斯下臺一直到查納克危機。

然而，我們關注的是希臘人的命運。毫無疑問，在康斯坦丁復位後的領導下，希臘全國上下展現了積極且堅持不懈的努力。若能獲得列強的貸款、軍火及善意的支援，恐怕沒有人敢說他們不能迫使凱末爾主義的土耳其簽署一份和平條約，而該條約將確保他們掌控色雷斯及在士麥那的據點。由於未能獲得援助，他們現在只能進軍安卡拉，試圖在那裡實現媾和的目標。

引發廣泛不滿與批評的問題在於，英國首相是否曾私下支持希臘的這個冒險計劃。可以確定的是，從任何官方外交規範的角度而言，他們不會從英國政府獲得任何支持，但英國陸軍部和參謀部毫無疑問地利用一切機會，透過各種有效管道發出警告和勸阻。然而，希臘方面自然知道首相的

心在他們這邊，知道他熱切期望他們獲得勝利。勞合·喬治先生是希臘人所唯一熟知的英國人。在他們眼中，他是坎寧和格拉德斯通的繼承者。他在大戰中的成就、在歐洲的聲望、他當時對英國無可爭議的掌控力，以及他個人的智慧和意志力，還有他對政黨的效忠，所有這些條件及表現都在希臘人的心中建立了一種模糊而強烈的信任感。他們認為，這位偉人儘管未曾明確表態，未曾達成任何協定，卻是站在我們這邊的，並會在他認為合適的時候，以他獨特的方式和卓越的才能，提供我們所需要的關鍵支持。

當前的形勢已經糟糕至極。按理說，希臘人應該獲得英國政府在精神、外交與財務上的全力支持，或是遭受徹底的冷陌。然而，愛爾蘭問題以及英國的黨派紛爭等各種其他事件正在同時上演。世界如此動盪不安，困難如此之多，以至於一個小國引發的爭議，只有在事件發生時才會被臨時考慮，甚至到目前為止仍未有明確的決定。畢竟，康斯坦丁與他的政府是自行採取行動的。無論大國對他們的冒險計劃最終有何反應，他們都有權形成自己的觀點；而且，必須做出決策的只有他們自己，而首當其衝的是他們自身的安全。雖然來自傑出人物的感情支持可能帶來強烈的鼓勵，但這無法替代條約、協定或正式的外交文書。

然而，1921 年 6 月 11 日，康斯坦丁國王親自前往士麥那擔任希臘軍隊的指揮官。到了 7 月，希臘人在小亞細亞對土耳其人發起了第四次攻勢。

我認為我有權在此闡述我的觀點與行動。無論何地何時，人們總是隨意地將我描述為激進政策的提倡者，而至今，我尚未嘗試對我的行為進行詳細的解釋。為寇松勳爵撰寫傳記的那位傑出的作者，徹底查閱了官方文件並擁有充分的使用權，他毫不掩飾地指出，「狂熱分子」和「戰爭販子」這兩個標籤正好適合我。因此，我必須澄清事實真相。

首先，我必須提醒讀者，1919 年 12 月參謀部在我的授權下發表的總體政策宣言，已在本書第十七章中進行了概括性介紹；此外，請讀者注意 1920 年 3 月 24 日我致首相的信，該信位於第十七章末尾。以下是記錄了

我觀點的兩封致首相的信，一封書寫於 1921 年 2 月 22 日協約國會議修改《色佛爾條約》之時，另一封則於 1921 年 6 月 11 日希臘人開始進軍安卡拉之前撰寫：

邱吉爾先生致首相的信

1921 年 2 月 22 日

　　今日清晨，我無意再度強調關於政策的辯論。你擁有決定英國政策的權力，我只能焦慮地等待結果。在爭議問題上，應考慮以下人士的意見：印度政府與總督、孟買總督喬治・勞埃德、已獲任命但尚未上任的印度總督、艾倫比勳爵與珀西・考克斯爵士、新設中東部官員沙克布勒先生、勞倫斯上校、揚少校、參謀部各部門與代表、君士坦丁堡高級專員與哈林頓將軍、地位特殊且知識淵博的蒙塔古，以及如阿迦汗這般被證明為英國忠實朋友的人士。我還必須會見那些認為我們東方與中東事務將從與土耳其達成和平協定中受益的政界要人。重啟戰端的選擇令我深感憂慮。我敢說，希臘人或許能在鄰近邊境的戰線上擊敗土耳其民族主義者，甚至可能深入土耳其境內；然而，他們占領的範圍越廣，駐留時間越長，付出的代價亦越高。這個局勢的後果主要將落在我們的肩上，其次為法國人。這些後果皆極為不利。土耳其人將被迫投入布爾什維克的懷抱；美索不達米亞將在該地駐軍減少的關鍵時期受到騷擾；若無一支強大且昂貴的軍隊，保住摩蘇爾與巴格達或許根本不可能；穆斯林對英國的普遍疏遠將在各方面持續造成負面影響；法國人與義大利人將做出自己的解釋；我們將在各地被視為伊斯蘭的首要敵人。進一步的不幸將降臨在亞美尼亞人身上。

　　在此情形下，讓希臘人再度發起戰爭，在我眼中是一項嚴重的責任。我對未來感到憂慮，並對無法在與我職責緊密相關的事務上影響你的決策深感遺憾。我希望在我們意見一致的諸多事項上竭力協助你，我們之間有著長久的友誼，我對你的才華和成就充滿敬意，正因如此，我的苦惱愈加深重。

1921年6月初，首相在契克斯的鄉村別墅舉行會議，我們在會上原則同意對希臘和土耳其雙方施以相同的壓力，以推動協定的達成。

邱吉爾先生致首相的信

1921年6月11日

今日上午，我與韋尼澤洛斯進行了會談。我向他詳細介紹了我們在契克斯會議上的結果，他對我們的結論表示贊同。我同意你的觀點，我們應該告訴康斯坦丁：「這是我們目前認為應該向凱末爾提出的條件。如果你接受這些條件，我們將在可能的情況下與法國聯合，將其送達凱末爾。我們將告訴凱末爾，如果他拒絕這些條件，我們會盡一切努力協助希臘人，並且希臘人若獲勝，此時提出的條件將被修改，變得對凱末爾更為不利。」我們應進一步告知康斯坦丁，他應該推遲進攻行動，直至透過讓韋尼澤洛斯派遣有能力的將軍復職來重組他的軍隊。如果康斯坦丁同意我們在對土耳其的條件和軍隊重組問題上的所有要求，而凱末爾仍然頑固不化，導致我們真正實施與康斯坦丁的安排，那麼我們應毫不猶豫地承認康斯坦丁。若我們不幸必須與此人，必須與希臘合作，就沒有理由不採取一切可能的行動來確保勝利。三心二意的支持和不徹底的措施是我們以往政策的根本問題。不論對俄國還是對土耳其，自停戰以來，都是先前不當的行動使我們陷入當前的困境。

關於條件，我認為希臘軍隊撤出士麥那是必不可少的。若不包含此條件，則無法獲得法國的合作及凱末爾主義者的同意。至於由當地軍隊還是國際部隊來保障基督教徒的安全，這個問題暫時不需要做出最終決定，但我同意你的看法，必須獲得能有效防止屠殺的保證。

我相信我們已無暇可浪費。若希臘人在時機尚未成熟時再次發起攻勢，那麼一旦行動了便無法撤回，我們將既無法與土耳其達成和平協定，也會損失希臘軍隊。

為了確定行動的方向，我正在深入研究希臘與土耳其的問題。我相信你會理解，我對我們所追求的目標之信念從未動搖。這個目標過去是、未來也將是與土耳其達成和平協議，且應儘早實現真正意義上的和平。正如你所知，也如我多次書面陳述的，我完全不同意《色佛爾條約》的整體政策，並擔憂由此產生的結果，這些結果我曾勇敢地一再預言。然而，在我們當前的困境中，我正竭盡全力尋求解決方案，以免在歡欣鼓舞且失去理性的對手面前完全無計可施。

1921 年 6 月 25 日，我再次提交了一份正式備忘錄：

首相及寇松勳爵：

1921 年 6 月 25 日

　　據報導，希臘人可能會拒絕我們的調解。如果情況確實如此，我希望我們能毫不猶豫地執行我們的政策。如果他們繼續忽視英、法的願望，並在沒有任何道義支持的情況下被擊敗，或在最佳情況下雙方陷入僵局，那麼我們的事業將遭受嚴重的挫折，因為我們將面對一個完全不講道理的凱末爾。我相信勇敢的行動是最安全的。首相曾在內閣會議上表示，對於雙方，他支持不偏不倚的政策。我認為我們應該詢問法國是否願意與我們聯合告知希臘，除非他們遵循我們的建議，否則我們將明確干涉，透過封鎖希臘船隻進入士麥那港來終止戰爭。這個威脅肯定是決定性的，他們還能怎麼辦？我們的成本微不足道，因為地中海艦隊占有絕對優勢，且已駐紮於地中海。我相信這裡的每個人都支持我們制止戰爭。與此威脅相對應的承諾是，我們應明確告訴希臘人，如果他們遵循我們的建議而凱末爾依然不講理，我們願意提供有效支援，包括充分動用海軍封鎖並對付土耳其人。

　　想到希臘人可能會在沮喪中發動這次新攻勢，我不禁感到擔憂。若攻勢失敗，將帶來無法挽回的災難，這意味著在契克斯會議上達成的政策將化為烏有。我進一步考慮到，即使法國拒絕參與對希臘或土耳其的海軍封

鎖，我仍支持我們獨自承擔責任，因為我們完全具備所需的手段，能迅速實施封鎖。

然而，希臘軍隊正穩步推進，穿越了險峻的地形，展開自古以來最大規模的戰役。這個情境值得比普通敘述更為詳盡的描繪。

在最初的部署之前，希臘軍隊集結了 2 個軍團。右翼或南翼軍團由 7 個師和 1 個騎兵旅構成（32,000 名步兵和 1,000 名騎兵），集中於烏沙克附近的鐵路沿線；左翼或北翼軍團包含 4 個師（約 18,000 名步兵），集結於布魯薩。在這兩支主要部隊之間，從馬爾莫拉海岸到士麥那以南約 40 英里範圍內設定了哨兵線。土耳其軍隊同樣籌組了 2 個軍團：北翼軍團有 6 個步兵師和 3 個騎兵師（實際上是騎馬步兵），共有 23,000 名步兵，部署在埃斯基謝希爾和馬爾莫拉之間的鐵路上；南翼軍團由 10 個步兵師和 2 個騎兵師組成，共有 25,000 名步兵，大部分部署在庫塔亞周圍的鐵路上，但其影響範圍延伸至阿菲烏姆── 阿夫永卡拉希薩。希臘軍隊在兵力上略占優勢── 51,000 對 48,000。希軍還在火炮上以 3 比 2 和機槍上以 8 比 3 占優，並擁有較好的飛機與儲備供應技術。然而，土耳其軍隊還有 3 個師（8,000 名步兵）作為後備力量駐紮在安卡拉後方，另外有 2 個師（5,000 名步兵）分布於奇里乞亞東南部，還有 3 個步兵師及 2 個騎兵師（6,500 名步兵）部署在安卡拉以東 170 英里的阿馬西亞地區。

希軍的目標是摧毀土軍並奪取安卡拉。然而，戰爭中唯一能利用的鐵路線士麥那── 安卡拉鐵路，雖然原本是東西走向，但在這個地區卻大致呈南北方向，位於阿菲烏姆── 阿夫永卡拉希薩和埃斯基謝希爾土軍防線的後方。因此，首要任務是將土軍從這個防禦地段驅逐出去，若有可能則徹底消滅，隨後進軍安卡拉。軍事行動以佯攻開始。

1921 年 7 月 9 日，希軍的左翼部隊 2 個師自布魯薩向東推進，將土軍的北部兵團吸引到其防線位置。同時，其他 2 個師向東南方向的庫塔亞進攻，以配合希軍左翼的行動。3 天後，希軍右翼部隊的 3 個師對阿菲烏

姆——阿夫永卡拉希薩的土軍發起攻擊，並成功擊敗敵軍，隨後開始清掃通往埃斯基謝希爾的鐵路沿線區域。留下一個師駐守阿菲烏姆——阿夫永卡拉希薩，其餘的右翼部隊和左翼部隊的兩個師向南逼近庫塔亞，迫使土軍撤退，並於7月17日占領該城。土軍撤退至埃斯基謝希爾以南，希軍於7月20日占領該城。康斯坦丁國王於當日從雅典前往前線指揮。隔日，土軍發起全線進攻，但被希軍的反擊所阻，最終被迫後撤30英里，固守於距安卡拉50英里的薩卡里亞河陣地，以控制通往首都的要道。

希軍在策略和戰術上取得了成功，掌控了有利於進一步推進的鐵路；然而，並未摧毀土軍或其任何部分。雙方死傷人數相近，約為7,000對8,000；此外，土軍另有4,000人被俘。

接下來的短暫休戰期內，雙方軍隊進行整頓，為下一階段的戰鬥做準備。希臘方面加強了鐵路與公路交通的效率，修復鐵路車輛並增強公路運輸，集結約500輛卡車、2,000匹駱駝和3,000輛牛車。相比之下，穆斯塔法·凱末爾在運輸和補給方面不及對手，因缺乏駱駝和牛，他號召士兵的妻女承擔運輸重任。在戰鬥暫時中止的時期，來自各個村莊的土耳其婦女排成長隊，負載糧食、水等補給品，將它們集中於薩卡里亞河大拐彎處的東側，他們的民族領袖和統治者決心在此處展開頑強抵抗。

1921年8月10日，希軍在派遣第2個師至阿菲烏姆——阿夫永卡拉希薩後再次展開攻勢，當時他們的總兵力為73,000名步兵，其中50,000名可供攻擊使用。土耳其方面擁有70,000名步兵，其中44,000名駐紮在薩卡里亞河畔，但還有8,000名正在從奇里乞亞乘火車或徒步趕來。協約國對希軍在埃斯基謝希爾的勝利不為所動，並於8月14日在巴黎決定保持中立。

1921年8月24日戰鬥爆發。希軍原先打算從南側繞道進攻土軍陣地，但在最後時刻，由於土軍將兵力從右翼轉移至左翼，希軍改變策略，決定向亞潘·漢曼方向突破土軍中央防線。然而，希軍最初的重大進展出現在

南側，這使得土軍得以從中央和左側推進。在為期 10 天的戰鬥中，希軍的補給線遭到土軍襲擊，導致彈藥、食物甚至飲水短缺。希軍逐步將土軍壓退約 10 英里，但因管理混亂，原本充滿信心的勝利卻轉瞬即逝。到 9 月 4 日，希軍力竭；雙方實際上陷入僵局，雙方後備力量均已耗盡。戰鬥激烈，傷亡慘重。希軍損失 18,000 人，土軍死傷較少但再度大量被俘。雙方剩餘兵力幾乎相等，準備稍作休整後再度交戰。然而，希軍在政治策略上處於被動，未能取得決定性勝利即意味失敗；而土軍則處於只要不遭受壓倒性失敗即為勝利的境地。土軍的領導者對此情勢了然於心。

在 1921 年 9 月 9 日之前，雙方皆忙於整頓部隊；凱末爾一直懷疑希軍究竟是在休整，抑或籌備新一輪攻勢，或者計劃撤退。當日，他斷定敵方攻勢已止，遂下令全面反攻。

希軍的頑強抵抗雖獲成功，但政治策略受損嚴重，9 月 11 日晚，康斯坦丁國王決定退到薩卡里亞河以西。撤退巧妙完成，但此舉也宣告了希軍在戰役中的失敗。如今，希軍仍駐紮在從埃斯基謝希爾通往南方的鐵路線兩旁。

此時，又有了一次干預的良機。我已經分發了以下列印的備忘錄：

希臘與土耳其

1921 年 9 月 26 日

希臘軍隊在進攻安卡拉的過程中遭遇重大挫敗，這為解決東方問題的漫長機遇清單上又增添一項。如果我們現在不全力以赴地解決這個問題，將會使我們顏面盡失。東方這個區域普遍的消耗與破壞及其對全球貧困的影響，已構成足夠的干涉理由。

因此，當下是否正是介入以促成希臘或土耳其問題解決的機會？這段時間的暴力與令人失望的重燃戰火，或許能使雙方更願意和解。穆斯塔法‧凱末爾可能不再抱持在貝基爾——薩米談判中的那種頑固態度，而

希臘人則可能愈加接近崩潰,甚至爆發革命。在希臘再度發動攻勢之前,現在正是向雙方闡明我們立場的時刻。毫無疑問,提出的條件需要重新評估。我們已經確定了合理的方案,因此,我們應當對雙方施加最大壓力,包括若希臘不合作則封鎖比雷埃夫斯港,若土耳其不合作則以金錢和物資直接支持希臘。在過去3個月裡,我們似乎毫無作為,只是眼看著這場災難性戰爭蔓延,若我們繼續如此,必然會在美索不達米亞面臨可怕的侵擾。

然而在某段時間裡,事情沒有任何進展。我們進入了一個虛假的寧靜期,事態的發展陷入停滯,討論暫時中止,政策出現了空白。接下來的章節將闡述這個空白如何被填補;但在描述最終衝擊之前,無論多簡短,都應該概述與土耳其力量復甦同時發生的亞美尼亞次要悲劇。

先前已經提及,俄羅斯與土耳其之間的事件及其後續災難,對亞美尼亞人而言是毀滅性的。在大戰期間,他們遭遇了可怕的屠殺,而同時又獲得了前所未有的正義與希望。然而,這些希望卻突然被毀滅,這打擊很可能是永久性的。亞美尼亞民族長期的苦難主要源於其家鄉的地理特徵。亞美尼亞的高聳山巒,橫亙於小亞細亞半島的基部,高地上幾條大致東西向的山脈增添了地形的複雜。自古以來,這些山脈間的谷地一直是西方小亞細亞與東方波斯及中亞之間入侵及反擊的必經之路。古代的米底亞人、波斯人、羅馬人,以及基督紀元早期的波斯薩珊王朝君主和東羅馬帝國皇帝,中世紀的蒙古人和突厥人(塞爾柱人和鄂圖曼人)如浪潮般反覆侵略、征服、瓜分、放棄並重徵這些崎嶇地區,而在此地,一個命運多舛的民族為生存與獨立而不懈奮鬥。自俄羅斯崛起以來,它一直試圖將亞美尼亞地區納入其版圖,俄國、波斯與鄂圖曼帝國之間的邊界鬥爭不斷進行著。

當戰爭爆發之際,亞美尼亞被俄羅斯和土耳其瓜分,他遭受武力鎮壓和實際屠殺,人民無法自衛,只能依靠祕密社團,缺乏武器,只能訴諸密

謀和暗殺。戰爭將他們推向新的邪惡之途。巴爾幹戰爭後，泛突厥主義的倡導者拋棄了作為重建國家手段的「鄂圖曼化」和「土耳其化」。他們將鄂圖曼帝國的災難部分歸咎於國內非土耳其各族的反抗。他們用語氣生硬但含義深遠的話語得出結論，認為這些民族「不值得生存，比靠別人養活的累贅更糟，只能滅亡」。愛國的土耳其人期望重建的國家由土耳其族人單獨構成。即便此目標可行，也需經歷漫長而艱辛的路途。因此可以說，土耳其人越早以堅定的態度踏上這條道路，實現理想的速度就越快。自1912年起，土耳其人開始走上這條道路，而歐洲國家卻遲遲未能察覺。相比之下，亞美尼亞人知之甚深。他們明白若高加索的穆斯林地區併入大土耳其國家，包括俄屬亞美尼亞在內的亞美尼亞高原將落入土耳其統治，將危及整個民族的未來。戰爭的爆發使這些問題更為尖銳。土耳其政府為實現自身目標，試圖爭取亞美尼亞人，尤其是俄屬亞美尼亞人的支持，以對抗俄國。土耳其政府向亞美尼亞領袖提出嚴酷的選擇：要麼將民族力量投入俄國或土耳其，要麼任由本民族在戰場上自相殘殺。他們做出了引人注目的決定，即若戰爭降臨，他們在土耳其和俄國境內的人民應各自效忠於其政府。這些領袖認為，在雙方戰爭中同胞自相殘殺，總比將民族生存押在某一方的勝利上更好。

當土耳其向俄屬亞美尼亞發動攻擊時，沙皇政府擔憂亞美尼亞人若成功守護高加索，將點燃其民族主義的渴望。於是，將徵集的15萬亞美尼亞士兵調往波蘭和加利西亞前線，並由其他地區的俄軍負責高加索的防衛。在這15萬士兵中，能從歐洲戰役中倖存或返回高加索的人寥寥無幾。這已夠悲慘，但更糟糕的事情接踵而至。土耳其的進攻計劃失敗，1914年12月至1915年1月對高加索的攻勢被擊退，土軍憤怒地撤退，指責土國境內的亞美尼亞人在土耳其東部地區為俄國充當間諜並襲擊土軍交通線。這些指控或許有其事實根據，但無論真假，亞美尼亞人遭受了土軍的報復，而這與土耳其原本計劃的政策一致。1915年，土耳其政府開始對

小亞細亞的亞美尼亞人進行殘酷的屠殺和流放，約3、40萬人逃入俄國，另有一些逃往波斯或美索不達米亞。這次種族清洗在規模上達到了前所未有的徹底，受害的亞美尼亞人約有125萬，其中超過一半喪生。這次罪行明顯是出於政治目的策劃並實施的。清除土耳其境內的基督教民族有其內在原因，因為這個民族反對土耳其的野心，珍視自己的民族願望，而該願望的實現需要犧牲土耳其的利益，且其定居地位於土耳其與高加索的穆斯林之間。很可能是英軍在加里波利半島的攻勢激發了土耳其政府的暴行。泛突厥主義者甚至認為，即便君士坦丁堡失守，土耳其戰敗，完成這次清洗也會給土耳其的未來帶來長遠利益。

1916年初，尼古拉大公抵達高加索，並於2月成功奪取埃爾祖魯姆，征服了小亞細亞東北部的土耳其領土，這一個舉動重新燃起了亞美尼亞人的希望。隨著美國參戰，他們的希望進一步高漲。然而，俄國革命卻使這希望的火花熄滅。由於篇幅所限，我們無法詳細描述隨後喬治亞人、亞美尼亞人和韃靼人之間錯綜複雜的衝突。1918年初，俄國在高加索的部隊放棄了小亞細亞的戰線，俄軍崩潰後成為武裝暴民，爭相搭乘火車返鄉。俄國人撤離，而土耳其人尚未抵達。留下的亞美尼亞男子竭力捍衛家園。俄軍中的亞美尼亞人團結一致，並在志願者的協助下，曾一度成功阻止土耳其軍的推進。他們的15萬士兵已經陣亡或潰散，能夠召集的人數從未超過35,000人。1918年2月的《布列斯特-立陶夫斯克條約》成為土耳其軍向東推進的訊號。亞美尼亞的防線崩潰；到1918年5月，土耳其軍不僅收復了被大公占領的地區，還占據了巴統、卡爾斯和阿爾達漢，並準備向裏海推進。與此同時，協約國軍隊迅速推進，英、法、美軍擊敗了法國境內的德軍，英、印軍征服了美索不達米亞、巴勒斯坦和敘利亞。而當土耳其軍在高加索實現目標（為此他們冒著極大的風險，瘋狂地犯下屠殺和其他各種罪行）時，他們的整個國家和社會體系轟然倒塌。倖存下來的亞美尼亞人在世界各地流散，戰爭期間亞美尼亞人在多地遭到滅絕、在大屠殺

中喪生、在戰爭中陣亡，以及在強迫流放這種不費力的殺戮制度中死亡的人數至少占人口的三分之一。在一個約 250 萬人的社會中，有 75 萬男人、婦女和兒童喪生。但可以確信，這種情況已經結束。

亞美尼亞人在早期所經歷的苦難與屠殺，因著聲名顯赫且才華橫溢的格拉德斯通先生之力，得以讓英國及自由世界認識。然而，對於亞美尼亞人的觀點卻存在很大分歧，一方面強調他們的悲慘遭遇，另一方面則聚焦於他們的弱點。無論如何，整個英國與美國，與普遍漠視東方及中東民族命運的西方其他民主國家不同，他們深諳亞美尼亞人及其所受的苦難。這個引人注目的領域被宗教、仁慈與政治之光所照耀。施加於亞美尼亞人身上的暴行，激起了英語世界中純樸而正義的男女民眾的憤慨。現在是亞美尼亞人終於得到公正待遇並能在自己的家園中和平生活的時刻了。他們的壓迫者與暴君已被戰爭和革命推翻。取得勝利的幾個偉大民族是他們的朋友，他們願意看到亞美尼亞人得到補償。

五大協約國無法實現其目標似乎令人難以置信。然而，閱讀這些頁面的讀者不會對此抱有幻想。當戰勝國在巴黎開始討論亞美尼亞問題時，他們的團結瓦解了。他們的軍力消失無蹤，決心僅表現在空洞的言辭上。沒有一個大國願意接受亞美尼亞的託管。英國、義大利、美國、法國皆不願承擔責任。1920 年 3 月，最高會議建議將亞美尼亞交由國際聯盟託管。然而，由於缺乏人力與資金支持，國聯謹慎地拒絕了這個提議。然而，仍有《色佛爾條約》存在。1920 年 8 月 10 日，大國迫使君士坦丁堡政府承認尚未確定未來的亞美尼亞為自由獨立國。條約第 89 條規定，土耳其必須服從「美國總統關於確定土耳其埃爾祖魯姆、特拉布宗、凡城、位元利斯各行政區土耳其與亞美尼亞邊界問題的仲裁，並接受其決定及其對亞美尼亞出海口的規定」。直到 1920 年 12 月，威爾遜總統才完成這個崇高任務。他所劃定的亞美尼亞邊界實際上包括被俄軍占領至革命影響下自行解體的所有區域；這些區域加上埃里溫共和國，使亞美尼亞民族的家園面積接近

6萬平方英里。

　　由於在理論上如此慷慨地承認了對亞美尼亞的權利要求，實際上在這個新建立的國家之中，亞美尼亞和希臘族群的數量實際上少於穆斯林居民。權利要求在紙面上達到了公正且充分的程度。然而，這僅僅停留在理論上。早在近一年之前，即1920年1月，土耳其軍隊便攻擊了奇里乞亞的法國軍隊，將其逐出馬拉什地區，並屠殺了近5萬名亞美尼亞居民。到了1920年5月，布爾什維克軍隊入侵，征服了埃里溫共和國。同年9月，布爾什維克與土耳其人勾結，將埃里溫拱手讓給了土耳其民族主義者；而在奇里乞亞的軍事行動，亞美尼亞人再一次遭遇大規模屠殺。最後連在奇里乞亞由法國保護而建立一個小小的亞美尼亞自治省的希望也破滅了。1920年10月，經安卡拉同意，法國從奇里乞亞撤出了所有軍隊。在記錄土耳其與協約國之間最後和平條件的《洛桑條約》中，歷史將無法找到「亞美尼亞」這個詞。

希臘的悲劇

恰納卡危機

　　希臘悲劇的終章如今展開，持續已近一年。希臘軍隊無法抵達安卡拉，亦未能征服凱末爾主義的土耳其。1921 年 9 月，他們在薩卡里亞河遭遇挫敗，隨後退守到保護士麥那至艾金省的中間防線。在那裡，他們帶著憂鬱卻堅韌的心情駐紮了數月。希臘士兵經常成為被忽視與被歧視的對象，這一點需公正對待。想像一下這支 20 萬人的軍隊，由一個小國動員並投入戰場已長達 10 年，被困於小亞細亞的中心；背後是一個分裂的國家，各階層深陷黨派紛爭；他們遠離故土，缺乏有效的政治指導；他們意識到已經被歐洲列強和美國遺棄；他們食物短缺，裝備損壞，沒有茶、糖、香菸，沒有希望，甚至連絕望掙扎的計畫也都沒有；而在他們周圍隨時潛伏著強大、無情而且更為自信的敵人，準備吞噬他們。戰鬥的過程是艱難的，但所有國家的軍隊皆能承受。然而，這裡的情況是一種長期的緊張狀態，由痛苦的煎熬、空話過多、資源匱乏和無所作為所引發，令人身心俱疲。

　　波托馬克河沿岸萬籟俱寂，

　　只有偶爾漫步經過的警戒哨兵，

　　當他以自己的節奏來回走動時，

　　潛伏於灌木中的敵人開槍擊中。

　　波托馬克軍團背靠強盛的國家，清晰的全球使命照耀著他們的刺刀，食物、衣物和援軍皆十分充裕。士兵們明瞭自己的使命，並堅信能夠實現長期以來追求的目標。然而，駐紮在小亞細亞的希臘軍隊卻無形中感受到日益增長的孤獨感，交通線遭到嚴重威脅，基地逐漸崩潰，祖國陷入分

裂，週遭是一片冷漠的世界。儘管如此，他們的士氣依然高昂地維持了9個月。

穆斯塔法・凱末爾展現了他的軍事才華，其中一個證明就是他能夠耐心等待，且確實樂於等待，並具備逼使對手與他共同等待的能力。他深知時間和不間斷的騷擾將使得他目前有信心收穫的果實更加成熟。對於這個瞬息萬變的時代而言，9個月是一段漫長的時間；然而，這9個月裡，土耳其人始終在耐心等待，而希臘人則在困境中煎熬。

與此同時，英國政府竭力嘗試化解土耳其問題並促使希臘撤軍。然而，這些努力顯得不夠徹底。即便政府領導人經歷了大規模戰爭的洗禮，缺乏協力與堅定信念的情況下，所作出的決策仍顯得無足輕重。這種虛弱狀態只能如此解釋：歷經戰爭的部長們普遍感到疲憊不堪，他們的思想和情感出現分歧，注意力愈發集中於國內事務。關於這幾個理由，最後一點將留待日後討論。這一段是東方似乎處於沉睡狀態的時期，那裡似乎一切靜止不動；由於國內政治風暴愈演愈烈，看到一個地方的紛亂情勢至少有一定的停滯狀態，對公眾來說是一種慰藉。然而，面臨破產的希臘每週在小亞細亞耗費25萬英鎊，希臘的韋尼澤洛斯支持者與保皇黨人互相怒視，正處在殊死對抗中；如同英國遠征南非那樣龐大的軍隊在海外不斷萎縮和損耗。

在某些情形下，嚴厲的行動是謹慎與仁慈的唯一表現。堅定地運用英國的實力（這種實力仍然至關重要），迫使希臘讓步並要求土耳其自制，把他們的頭按到一起直至安靜下來解決問題；這是我的觀點。然而，他們問，「誰來執行這個角色呢？我們沒有多餘的軍隊可以派遣。我們不能冒險捲入國外的戰爭。」然而，這種結論不是早就可以預見的嗎？就這樣，數個月的時光悄然流逝，活力也逐漸消退。

同時，黨派政治如壁爐中的火焰般愉悅地閃爍；自由黨聲稱：「我們執政的時刻即將到來。」工黨則詢問：「失業者該如何是好？」保守黨反問：

「此刻不正是我們籌組政府的時候嗎？」所有人都表示：「那裡的問題似乎總會有解決方案，無論如何這與我們無關，我們已經夠折騰了，難道不是嗎？」

然而，法國人選擇了一條截然不同的策略。在韋尼澤洛斯離開雅典之時，他們便將希臘排除在考量之外。數月流逝，他們的使節仍駐紮於安卡拉。新興土耳其能為法國提供諸多利益，包括奇里乞亞的和平、緩解敘利亞的不安以及安納托力亞的商業機遇。從安卡拉進軍君士坦丁堡的土耳其政府，獲得法國的善意後，將擁有豐厚的回報。口才出眾、看似可信且充滿熱情和野心的 M. 富蘭克林-布永已抵達安卡拉。1921 年 10 月 20 日，他簽署了法國與民族主義土耳其之間的互惠協定。穆斯塔法·凱末爾急需軍火，而法國擁有充足的供應；他缺少大炮，而克勒索製造的大炮是無可匹敵的。至於飛機，任何現代軍隊都應該至少擁有幾架，然而他未能獲得飛機。政策分歧和個人不合，導致英、法之間此時出現了顯著的裂痕。儘管這段時期已經過去，英、法建立了新的、更加相互理解的聯盟，但當時的狀況仍值得記錄。

此時的美國位於大西洋的另一端。所有動搖英國政治的國內緊張局勢，在美國以更強烈的方式上演。1920 年的總統選舉將威爾遜及其所屬的民主黨暫時完全排除在政治舞臺之外。那些被他們不公平對待並激怒的對手如今掌握了權力。這些人的政策明確地與威爾遜總統的意圖或承諾背道而馳。因此，曾經看似願意承擔君士坦丁堡和亞美尼亞託管責任，並表達過劃定亞美尼亞邊界意願的美國政府，現在則對舊世界的紛爭和混亂局面進行道德說教，誠心感謝上帝之後，僅留下一些有用的紀念品，便置身事外，返回國內。

上述言辭或許無法被視為對三大國態度的讚美之詞，但當初，希臘人正是應這三大國的要求而進攻士麥那。然而，指責三國之中任何一國懦弱、卑鄙或冷酷都是錯誤的。現代社會的各種勢力相當強大，而領袖們個

人則顯得相對渺小，因此維持平衡可謂如履薄冰。變化頻繁，集體生活無可避免地推動著進步，以至於不應指望各大國能有足夠的活力去進行堅持不懈的努力和制定出連貫的政策。有時候，每個國家都會顯得偉大崇高，而有時所有國家又都顯得冷漠呆滯。康斯坦丁國王和他的首相古納里斯在這些國家未能履行其義務時，應當考慮這一點。

我們概述的這次軍事行動截至 1921 年 9 月，以希臘軍隊在安卡拉的進攻失敗告終，他們從薩卡里亞河撤退至埃斯基謝希爾和阿菲烏姆——阿夫永卡拉希薩以東的冬季陣地，並在此駐紮近一年。同時，古納里斯徒勞地在雅典和倫敦之間奔波，尋求資金和武器以繼續作戰，並希望獲得更多幫助以擺脫戰爭。古納里斯拜會了寇松勳爵，後者以周到的禮儀接待了他。在這些會晤中，古納里斯的主要努力的方向是將希臘的命運交到英國手中，而寇松勳爵則竭力避免承擔這個重任，同時勸說希臘接受協約國的調停。整體而言，寇松勳爵成功地讓古納里斯明白，英國不會採取行動，他們唯一的希望在於協約國的一致協助。然而，即便這樣的希望也渺茫，因為法國正熱心支持並重新武裝土耳其，而英國不願為了支持康斯坦丁的希臘而捲入紛爭。一方面是即將溺水者的絕望呼救，另一方面是岸上無意涉水者的忠告！

這種態度對寇松勳爵來說並非毫無依據，他一貫在外交部的指引下，扮演著一個不妥協、謹慎行事但影響有限的角色，自然對於為希臘人承擔個人或國家風險感到沒有責任和不情願。他的傳記作者指出，他喜愛詳細描述某一事件，但一旦事件的全貌經由他敘述或記錄下來，他便失去了興趣——這是他的缺陷。他既了解又同情希臘的困境；他討厭土耳其人，並擔心他們的壯大。法國人不僅突然拋棄了對希臘的所有義務，實際上還站到了土耳其一邊，這使他深感憤怒；然而，他往往無力採取任何實質性的行動。事實上，他很少深入探究事物的本質；然而，他能夠以流利且雄辯的言辭妥善處理外交談判。例如，他從未對古納里斯說，「立即撤出小

亞細亞，否則英國艦隊將封鎖比雷埃夫斯。」也從未對法國人說，「這樣做要顧及友好關係，否則我們將對歐洲失去興趣，從萊茵河撤回軍隊。」我們不能因為他未曾做過這些或任何其他事情而責怪他，因為他在該職位上從未做過任何能改變事態發展方向的，或好或壞的事情。

然而，首相的情況截然不同。他對希臘的成功充滿渴望，更希望希臘能夠擺脫困境；他本人堪稱勇於冒險和足智多謀的典範。然而，讓人驚訝的是，在這個問題上，他已經走得如此之遠，卻仍未能掌控自己的命運。畢竟，這是他一直在尋找的，能夠擺脫黯淡局面的機會。支持聯合政府的力量正在迅速衰退；他遭到保守黨官員的嘲弄和輕視；他的追隨者被迫與本黨斷絕關係，他們的政治生命就如同插在花瓶裡的花朵。在戰爭及其後果的猛烈壓迫下，他很快失去了所有政黨的支持和許多友誼。然而，他依然是「承受住暴風雨考驗的領航員」，這個榮譽誰也無法奪走；他依然是偉大的勞合·喬治，那位從英國鄉村小屋之中走出的最著名人物；他仍然擁有以辭職結束政府任期的選擇權。當然，他可能曾經表示，「如果對希臘與土耳其沒有可行的政策，我就離開政府。」然而，他被各種事務拖累，更糟糕的是，還要負責統帥部的日常事務和例行公事。實際上，他還曾在熱那亞與布爾什維克進行談判，卻被他們欺騙，毫無結果。那位將韋尼澤洛斯拉下臺的古納里斯結束他最後一次倫敦之行後，回到雅典，去承受他自己播下的苦果。

邱吉爾先生致寇松勳爵的信

1922 年 4 月 26 日

與你一樣，我對在熱那亞了解的情況深感憂慮。我早已預見德國與俄國可能聯手的危險，並在演講中多次提醒大家。我相信，最有效的政策是贏得法國的信任，進而在英、法、德三國間建立互助和安全的諒解，讓德國明白，與英、法合作能帶來光明的未來，而單獨與蘇維埃往來則會失去

這個前景……這個政策的基礎始終是在法國遭受侵略時提供援助的保證，我曾經相信並且現在仍然相信，只有在此基礎上獲得法國的重要信任，才可能促成英、法與德國的良好關係……然而，這些願景或許是空想，儘管解釋不難，但依循這些願景制定的政策似乎能保障我們的安全工作，不僅僅是數月，而是數年。

然而，首相卻採取了一條截然不同的路線，從我的觀點來看，外交部在他的政策中幾乎沒有機會發揮其獨特的功能。首相的政策主要目標是莫斯科，目的是在使英國成為與布爾什維克保持最密切關係的國家，進而成為歐洲的保護者與擔保者。我看不出這個政策能給英國帶來任何益處，即便是微不足道的……那裡不存在任何能在多年後結出成果的貿易利益。不論如何，我們被引導、推動或拖拽著沿著這條路穩步前行。我們對俄國的立場已使我們疏遠了美國和法國，這兩個與我們關係最密切的民主國家。在我們急於安撫布爾什維克的同時，我們損失了如此多的信任與善意，以至於現在我們幾乎無法有效地限制法國對德國採取的強硬行動。然而，這本應是我們竭力維持的重要趨勢。我相信，如果我們一貫是他們的好朋友，並保持他們對我們的善意，我們本來會處於十分有利的地位，能夠影響和改變他們的行動。但事實上，在涉及俄國利益的重大問題上，我們正面臨與法國關係破裂的危險。我不準備詳細探討此事。我擔心其結果在各方面都不利，法國和其他協約小國將以強硬和激烈的行動來捍衛其立場。德國與俄國將緊密連繫，而我們將淪為一個無所不干涉的角色，沒有朋友，也沒有明確的政策。

在土耳其問題上，我們與法國之間又出現了新的誤解，我完全理解你有諸多理由對他們在那裡的行為感到不滿。同時，加諸於我們有關土耳其的政策，不僅違背了法國的利益，也不符合英國的利益。法國人無法理解我們繼續支持希臘並敵視土耳其的立場，他們看不到這種做法涉及的英國利益，因此不停地懷疑我們有各種不尋常的動機。這使兩國間的關係更加

複雜。我非常讚賞你在巴黎為修復已受嚴重損害的局勢所做出的努力。

接下來，我們回到故事中，展開了一系列表面的外交活動。白里安在坎城會議以及1922年1月的高爾夫球賽之後辭職，由普恩加萊接掌政權。此時的普恩加萊，滿臉鬍鬚，並未被視為新興的重要人物。他是透過反對黨的勝利進入政府，專注於賠償、萊茵河和魯爾河。如果土耳其人能夠幫助法國，那對他們當然更好。康斯坦丁國王若遭遇不幸，那是他的命運。希臘人因選擇康斯坦丁國王而受苦，這不關其他人的事。讀者必須明白，所有這些都是以最得體的語言表達的，這些語言絕不會使國際聯盟感到不安，而我們的文字僅意在將其後果意涵傳遞給讀者。

英國、法國和義大利緩慢地進行與土耳其人和希臘人的雙重談判。技術上，戰爭仍在持續，但實際上，從1922年3月底至5月底，小亞細亞的武裝衝突基本停滯。最終在3月22日至26日於巴黎召開的協約國會議建議停戰，並提出讓希臘撤出小亞細亞的和平條件。希臘同意停戰，但對和平條件未予回應。而安卡拉則表示，除非希臘先行撤軍，否則拒絕停戰。這個僵局持續了一段時間。然而到了5月，關於安納托力亞的流血事件的延遲報導開始在報紙的次要版面上出現。每天都有基督徒被屠殺的報導。1920年冬季，土耳其人在高加索犯下的暴行細節（當時有5萬亞美尼亞人被屠殺）以及在1921年秋季希臘人被從特拉布宗和薩姆松驅逐流放的慘狀，首次傳到歐洲。至1922年6月，針對安納托力亞西部希臘人有計畫的滅絕行動正在全力進行。儘管法國人試圖淡化這些暴行的嚴重性，並指出希臘人也有小範圍的類似暴行，但當前的大眾輿論已經明確轉向反對土耳其人。

1922年7月，康斯坦丁與首相古納里斯在走投無路中策劃了一次精妙的突襲。他們迅速從小亞細亞調回兩個師，與駐紮在色雷斯的希臘軍隊會合，然後向協約國提出請求，允許希臘軍隊進入君士坦丁堡。沒有理由懷疑他們能夠成功占領這座城市，這一個尚未付諸行動的威脅在被廣泛知曉

恰納卡危機

時令安卡拉的土耳其人感到震驚。如果希臘獲得協約國的許可暫時占領君士坦丁堡，這可能會使希臘軍隊從小亞細亞撤出時成為和平談判中的一個體面的籌碼。毫無疑問，自從希臘軍隊在薩卡里亞戰役中失利後，只有占領君士坦丁堡才能重振希臘王室和保皇黨人的運勢。希臘至少可以向協約國主張，即便他們不協助希臘作戰，也不應該阻撓希臘的行動；如果他們出於常理必須加以阻撓，那麼至少應該全力協助希臘軍隊利用他們的艦隊撤出。然而，這個計劃再次落空。英國、法國和義大利部署了武裝力量，禁止希臘軍隊進入君士坦丁堡。儘管可以透過縝密計劃掩護希臘軍隊從安納托力亞撤出，但由此產生的持續後果只能是削弱在土耳其威脅下戰線上的希臘軍事力量。這是大災難降臨前的最後一步。

穆斯塔法‧凱末爾靜靜等待的那一刻終於來臨。他清楚希臘軍隊從他這條戰線調走了兩個師前往色雷斯，這使雙方力量達到平衡。他明白，駐守在他面前的希臘軍隊無論如何都必須撤出小亞細亞。由於至少有一個大國提供武器和戰爭物資的支持，他的裝備得到了改善，甚至在空中取得了一定優勢。他巧妙地策劃了一系列複雜的作戰行動。他威脅伊茲密特半島和布魯薩，將希軍引向北方；他派遣騎兵快速穿越梅安代爾河谷東部的艾金地區，引誘另一部分希臘師南下。他在阿菲烏姆──阿夫永卡拉希薩陣地集結了約 8 萬名步兵和騎兵及 180 門大炮，準備發動主力戰役。希軍則集結了約 75,000 名步兵和 350 門大炮。1922 年 8 月 26 日清晨，土軍以 3 個軍在阿菲烏姆──阿夫永卡拉希薩西南 15 英里的戰線上發起攻勢。至次日下午，土耳其第 1 軍成功突破希軍防線，希軍開始全面撤退。撤退迅速演變為潰敗。希軍大部隊逃往士麥那。他們迅速撤離，至 8 月 31 日已與追擊的土軍脫離接觸。新任總司令特里庫皮斯將軍及其參謀於 9 月 2 日被俘。他們曾試圖發起反攻，但早已無法有效指揮部隊，最終整個司令部落入土耳其騎兵中隊之手。儘管土軍主力在 3 日內推進了 100 英里，但在 9 月 9 日抵達士麥那之前，始終未能追上希軍。當土軍入城時，大批難

民和 4 萬希軍已經登船。然而，仍有 5 萬希軍被土軍俘虜。

希臘第三軍撤退至他們位於馬爾馬拉海的基地附近。當他們接近穆達尼亞時，追兵緊隨其後。一位法國軍官告知他們已經進入中立區，要求繳械。然而，先遣兩個團的指揮官清楚穆達尼亞並非中立區，因此拒絕繳械，成功帶領部隊翻越山路抵達潘澤爾馬。然而，部分希臘主力部隊向法國人繳械，最終被移交給凱末爾的軍隊；其餘希臘軍隊則在潘澤爾馬遺棄大炮輜重後乘船撤回希臘。在這樣的情況下，自 1922 年 8 月 26 日起的兩週內，應英、美、法要求進入安納托力亞的希臘軍隊，成為協約國反土耳其政策的基礎和陰謀的對象，最終不是被殲滅就是被驅逐出境。土耳其再次成為小亞細亞的唯一主人，穆斯塔法·凱末爾的軍隊將士麥那化為灰燼，對城內基督教居民進行屠殺以慶祝勝利，隨即充滿信心地向君士坦丁堡和達達尼爾海峽出發。

希臘的魯莽行徑，以及協約國的拖延、內部分歧和陰謀，導致了一場震撼歐洲的大災難。《色佛爾條約》簽署國一直依賴希臘這面盾牌來維持虛幻的安全感，然而如今這面盾牌已經崩潰。僅有的幾個步調不一致的英、法、義軍團陷入進退維谷，面臨著是撤回歐洲還是重新投入戰爭的艱難選擇。士麥那的大火和殘酷的屠殺預示著君士坦丁堡可能面臨的命運。新土耳其對歐洲的入侵帶來了難以預測的後果，凱末爾軍隊在君士坦丁堡的資源和人力支持下，與希臘軍在色雷斯的爭奪，將使每個巴爾幹國家陷入危險。狂野不羈的土耳其軍隊重返歐洲，帶來了對基督教徒不利的血腥氣息，這一切如果發生在大戰期間，勢必成為協約國的最大恥辱。協約國在任何地方的勝利都未曾如對土耳其的勝利那樣徹底，然而在土耳其，勝利者的力量遭到了前所未有的蔑視；最終，所有透過戰爭取得的勝利果實，在加里波利半島、巴勒斯坦和美索不達米亞的沙漠、塞薩洛尼基前線的沼澤中犧牲了無數生命，犧牲了大量輸送軍火物資的船艦所取得的所有榮譽，協約國的人力、武器、財富等各種資源在戰事需求中的消耗，這一

切的價值全在恥辱中化為烏有。對土耳其毫無疑問的絕對勝利是由軍隊放在巴黎和會的會議桌上的。4年過去了，光說不練的人把它轉變成了失敗。4年過去了，世界因漫無目的的屠殺而變得更加黑暗——不但是戰場上的屠殺，被屠殺的甚至更多的是婦女、孩子、老人、病人和手無寸鐵的人。歐洲和美國的所有堂皇託詞，這些國家的政治家所有的雄辯宏論以及忙忙碌碌的眾多委員會，把以前主宰絕對力量的人引導到了這種痛苦而不光彩的結局。

然而，此刻尚無法下定論；依然有時間，不僅能夠補救災難，還能維持協約國的尊嚴，並保護歐洲免受新一輪的戰火。實現和平的責任有著明確而嚴格的形式。君士坦丁堡周邊地區——從查塔爾雅前線到伊茲密特前線，從黑海到達達尼爾海峽——被宣告為中立區。凱末爾主義者同意尊重該區域；中立區的界限在與土耳其官員的協調下被劃定，並設有明顯的標記。就在幾個月前，我們見證了當希臘試圖進入君士坦丁堡以挽回危局時，同樣是這些協約國宣告了中立區的神聖不可侵犯，英、法、義軍隊以戰鬥姿態離開營地，展示軍旗以顯示捍衛中立區的決心。若協約國透過聯合行動解除希臘人的武裝是拯救其在小亞細亞軍隊的唯一途徑，那麼阻止土耳其軍隊經由同一個中立區進攻並殲滅色雷斯的希軍殘部，難道不是我們的責任嗎？如果英國不顧首相對希臘的同情，與法、義軍共同阻止希軍占領君士坦丁堡，法、義兩國是否也有同等義務與英國一同保護三國共同規定並承諾維持的中立區？

我們是否真心願意讓我們的軍隊被逐出君士坦丁堡，狼狽地逃上軍艦，讓蘇丹及其大臣，以及那些因聽從我們指示而停戰的人，被視為國家的叛徒而遭受懲罰？士麥那的呼喊聲仍在迴盪，三大國真的會在土耳其軍隊逼近時選擇逃逸嗎？他們真的會放棄那些親手取得並承擔直接責任的城市，讓其遭受殘酷的報復，甚至更糟——陷入無政府狀態嗎？若非如此，則必須採取比空談更實際的行動；除非一切已無可挽回，必須有人勇

敢地堅持下去。對義大利人不可抱持過高期望，他們深知希臘人是被派去小亞細亞搶先奪取他們認為理應屬於自己的權利。現在希臘軍隊已被逼入海中，希臘的夢想破滅，義大利的野心也遭受重大打擊。然而，法國這個強大的國家，協約國在善惡決戰中的領袖，福煦與克里蒙梭的法國，真的不打算履行自己的義務嗎？富蘭克林-布永所犯的那些小錯或許值得寬恕。勞合‧喬治與普恩加萊之間的情感和理解已徹底破裂，各種不滿在他們之間滋長。勞合‧喬治建立大希臘帝國的政策幾乎未顧及法國的利益，與土耳其人的長期爭端使法國在最近以武力奪得的敘利亞領土上陷入困境。實際上，首相的這項政策是英國大多數輿論所支持的，但從長遠來看，卻與英國的利益相悖。這是一項個人政策，其制定者只能有限地實施。法國人無法理解英國人追求的目標。其他分歧源於賠償與和平條約，而法軍入侵魯爾的陰影正籠罩著歐洲脆弱的復興。英、法關係正處於谷底；很難相信兩國人民經歷如此多的歷史，共同取得諸多成就，掩埋了共同事業中犧牲的無數烈士，並以良好夥伴關係從烈火中拯救彼此後，關係竟如此迅速地破裂。然而，這些只是表面上的困難，如同朋友間的無禮行為。情勢驟然變得令人恐懼。根本性問題如花崗岩般從泡沫和黏土中浮現。

我們有權期待法國履行其保持中立區的承諾；回顧君士坦丁堡法國高級司令部自然表現出的這種行為，總是令人感到安慰的。1922年9月11日，三大國的高級專員告知穆斯塔法‧凱末爾，他的部隊絕不可越過中立區。英國在伊茲密特半島和達達尼爾海峽亞洲海岸的恰納卡建立了防線，並得到了法國和義大利特遣隊的支援。若要避免衝突，三大國必須協同行動，讓穆斯塔法‧凱末爾相信，如果他停止在界線之外，他將獲得滿意的和平；但若他堅持進入中立區，將面臨與無限資源對抗的局面。如果我們三國都採取「落後者受害」的競爭心態，戰爭將會爆發，流血衝突將無法避免，恐怕沒有人能說清如何恢復和平。在人類的任何糾紛中，一旦一方

恰納卡危機

聲稱完全失去了戰鬥的意願和能力，接下來將會是無盡的災難。

我始終以個人視角將本書中的重大事件串聯起來。讀者或許相信，我竭力阻止這種可怖局勢成為現實。然而，這種局勢還是出現了。復興的土耳其人正在進軍達達尼爾海峽和君士坦丁堡，並計劃進一步進攻歐洲。我認為必須阻止他們。如果土耳其不幸重新進入歐洲，那麼應該透過條約加以限制，而不應該是對秩序的踐踏。失敗是令人厭惡的苦澀，有人試圖讓這場歷史上最偉大的戰爭之勝利者吞下這份苦澀，儘管這是不會被接受的。當一個人知道只需一個姿態就能立即恢復對局勢的全面掌控時，這當然值得一試。因此，在經過3年努力與穆斯塔法·凱末爾達成友好和平，並確保希臘軍隊撤出小亞細亞後，儘管我一直反對我這位首相朋友的政策，我現在發現自己全心全意地站在他一邊，抵制我一直譴責的政策後果。我發現自己與一小群堅定的人志同道合，其中有首相、貝爾福勳爵、奧斯汀·張伯倫先生、伯肯黑德勳爵、拉明·沃辛頓-埃文斯爵士，並得到了三位參謀長貝蒂、卡文和特倫查德的大力支持。我們有共同的目標。政府可能會瓦解，我們可能被解職。國民可能不支持我們，他們可以尋找其他人提供意見。媒體可能會大聲反對，協約國可能拒絕支持。我們決定在土耳其人進入歐洲之前迫使他們坐下來談判。我們的目標不高，我們的力量不大；過去3年中由於嚴重的誤判，國內和整個帝國的輿論不僅不支持我們，實際上可能會偏見地看待我們必須採取的那些微小而必要的措施。

那麼應該如何制止土耳其人呢？在成功阻止他們之後，又要如何讓他們心甘情願地坐下來談判呢？這的確是個問題。日子一天天流逝；一批批軍裝破舊但英勇無畏的鄂圖曼土耳其士兵——撇開他們的暴行不談，僅就他們對祖國的無比忠誠而言，他們理應獲得尊重——正不斷北上奔向君士坦丁堡和達達尼爾海峽。他們會在中立區前止步嗎？

在許多人猛然意識到危機嚴峻之時，我們似乎無法抵擋這場危機。他們的力量被荒誕地誇大了。有人聲稱，穆斯塔法·凱末爾擁有15萬裝備

精良的步兵，組成多個師，就像在大戰中擁有百萬雄兵；在這些部隊之後還有另外 15 萬士兵；在更遠處的是全世界的穆斯林。法國人和義大利人向他們出售武器，以此來博取他們的好感；因此，這兩個大國似乎不太可能給予我們太多支持。然而，若由英國單獨阻止土耳其人重返歐洲，這是否在「他的能力範圍內」呢？

此處值得我們深入探討因掌控加里波利半島及擁有無可爭辯的海上優勢所帶來的策略位置。英國的地中海艦隊駐紮在馬爾馬拉海，小艦隊則在達達尼爾海峽與伊斯坦堡海峽之間巡航。除非夜間進行零星且隱祕的行動，否則陸軍無法從亞洲進入歐洲。然而據稱，土耳其軍隊計畫將火炮運至兩個海峽的亞洲沿岸，以襲擊小艦隊和補給船。這讓人不禁要問，他們擁有何種火炮？事實上，他們甚至沒有能夠摧毀小型戰艦的火炮，而我們則擁有強大的火炮。當然，他們仍有可能攻擊我們的小艦隊。然而，貝蒂表示，海軍能承受這種干擾，並將進行回擊。只要英國艦隊維持這條歐亞深水航線，戰火就不會蔓延至色雷斯。

1922 年 9 月 15 日，英國內閣進行了長時間的會議。查爾斯·哈林頓爵士在君士坦丁堡領導協約國軍隊。他的前任指揮官普盧默勳爵抵達當地進行訪問。勳爵發來電報，表示他堅信哈林頓將軍的部署是正確且周詳的。在他看來，局勢極其嚴峻，需立即採取果斷行動。他清楚地意識到，凱末爾主義者試圖將其條件強加於協約國，必要時應使用武力威脅，若威脅無效則採取實際行動。若任局勢繼續惡化，我們在軍事和政治上將陷入困境。根據此評估及其他情報，內閣無爭議地（並非全體一致）做出嚴正決議。我被指示立即為首相起草致各自治領的電報，告知當前的緊急情況，並請求支援。電報內容為內閣決定抵抗土耳其對歐洲的侵略，特別是確保加里波利半島的控制以維持海峽航行自由。我們收到法國政府的通知，他們贊同我們的立場，並警告穆斯塔法·凱末爾不得破壞保護君士坦丁堡和海峽的中立區。義大利亦與我們協調一致。我們希望希臘、羅馬尼

恰納卡危機

亞和塞爾維亞派遣軍隊參與,保護連接歐洲和亞洲的航道,並將此意告知這些國家。我們通知各大國,一個英國師已準備就緒,將增援協約國軍總司令查爾斯・哈林頓爵士。海軍將提供最大程度的必要支持。

我撰寫的電報繼續指出,這些安排目的是在確保在與土耳其達成堅固和平之前,能安全度過一段不可預測的轉型期。我們建議在威尼斯或巴黎召開會議以實現這個目標。同時,至關重要的是,我們必須擁有足夠的力量,以在和平達成前維持我軍在海峽周圍和君士坦丁堡的防線。如果主要國家的大規模部隊共同行動並建立穩固的戰線,穆斯塔法・凱末爾的軍隊似乎不太可能發動進攻。首相的電報還提到:「這些土耳其軍隊尚未遇到喪失勇氣的希臘軍隊的真正抵抗,估計人數在 6 萬到 7 萬之間,但及時的防範措施是絕對必要的。如果協約國軍在君士坦丁堡失敗,或者可恥地撤出,這將在我們負責的印度和其他穆斯林地區引發嚴重後果……我非常希望知道各自治領政府是否願意與我們聯合行動,並以它們的名義派遣一支遠征隊……如果全體或任何一個自治領宣布願意響應,並派遣一支即使規模不大的遠征隊,其本身無疑將對局勢產生最有利的影響。」

次日上午(星期六),應首相及其核心幕僚之邀,我撰寫了一份公告,寇松勳爵除外,他現今已在其家鄉當選為議員。我們認為不應讓公眾長時間對局勢及其嚴峻性毫不知情。這則公告被批評為危言聳聽,語氣挑釁,顯然不會被重要人物所接受。我願呈現部分內容,供讀者回顧與評判。

……凱末爾的軍隊逼近君士坦丁堡和達達尼爾海峽,安卡拉政府提出了請求……若接受此請求,便等於放棄在近期戰爭中對土耳其所獲得的一切利益。這條將歐洲與亞洲分隔並連接地中海與黑海的深水海峽會對全球和歐洲的利益造成影響,尤其是對英國的利益影響最大。

英國政府認為確保海峽的永久自由通行至關重要,並願意為此全力以赴。政府欣然獲悉,法國和義大利在此問題上與英國立場一致,而其他兩個大國也對此表示出特殊的關注。

君士坦丁堡的情況略有不同。在超過兩年的時間裡，普遍共識是不應將君士坦丁堡從土耳其分離。去年1月的倫敦會議告知該市及安卡拉的土耳其政府代表，只要其他問題達成滿意的協定，協約國願意將該市歸還給土耳其。

英國內閣希望迅速在其他主要國家普遍接受的地點召開會議，會議上應做出決議並持續努力，以確保與土耳其達成穩固的和平。然而，這樣的會議不可能立即召開，成功的可能性也很低，與此同時，凱末爾派軍隊進攻中立區的問題出現，而中立區目前是保護君士坦丁堡、博斯普魯斯海峽和達達尼爾海峽的屏障。

英國和法國政府已指示駐君士坦丁堡的高級專員告知穆斯塔法·凱末爾及安卡拉政府，這些中立區是在三大國的保護下設立，必須受到尊重。

然而，考慮到凱末爾主義者的激烈情緒和過度要求，僅僅依賴外交手段將是徒勞且危險的。必須擁有足夠的軍事力量來維護兩個海峽的自由通行並保護歐亞之間的深水航道，以防止土耳其的暴力和敵對行為。若協約國軍隊被穆斯塔法·凱末爾的軍隊逐出君士坦丁堡，將是極其災難性的事件，無疑會在整個穆斯林世界引發深遠影響，不僅波及所有穆斯林國家，還會影響所有在不久前戰爭中被擊敗的國家。土耳其軍隊在不利情況下取得的非凡成功，將極大地激勵這些國家。

此外，土耳其的勝利者再度現身於歐洲海岸，這將給巴爾幹國家帶來最嚴峻的挑戰，很可能在這個已經災難頻仍的地區引發大規模流血衝突。防止這個巨大威脅並維持兩個海峽及其周邊地區的秩序與和平，是最近戰爭中協約國的責任。唯有達成這兩項目標，才能召開一次會議，莊重、審慎且有效地商討，進而提供永久性的解決方案。

陛下政府願意在此問題上承擔應有的責任，並努力尋求令人滿意的解決方案。陛下政府已向其他大國傳達此意，並計劃與之合作，以保衛君士坦丁堡和中立區。

恰納卡危機

然而顯而易見，其他位於巴爾幹半島的協約國亦深受嚴重影響。羅馬尼亞因兩個海峽遭封鎖而在大戰中失利。土耳其與保加利亞的聯盟對塞爾維亞乃至整個南斯拉夫造成了毀滅性後果。若海峽被封閉，流入黑海的多瑙河沿岸貿易活動將無法進行。這些問題與希臘的利益息息相關，無需多言。

因此，陛下政府向這三個巴爾幹國家闡述了局勢，希望它們在維護中立區的過程中發揮作用。陛下政府也已通知各自治領，請求他們派遣遠征隊，以捍衛他們已經為之做出重大犧牲的利益，並保護澳洲和紐西蘭軍團曾為之立下不朽功績並視為神聖的土地。

陛下政府的計畫是迅速（在需要時甚至大規模地）增援由查爾斯·哈林頓爵士領導的駐君士坦丁堡協約國部隊，並指示地中海的英國艦隊採取一切手段應對土耳其軍隊對中立區的任何入侵或試圖穿越歐洲海岸的行動。

首相於1922年9月15日晚間7時之前批准發給自治領的電報，而到午夜11：30，電報已經被譯成密碼後發出。隨後，電報需要傳達、解碼和遞交給各自治領政府，這個過程要到16日下午才能完成。屆時，我們的公報已經透過新聞媒體在全球曝光，實際上在加拿大和澳洲的相關部長收到政府公文急件之前，當地報社的辦公室就已經收到了消息。因此，部長們在親手接到官方文件之前，就被急於詢問的群眾和熱心的志願者圍困。這種情況讓各方感到極為困擾。沒有一位英國大臣預料到，17個小時前批准、至少12個小時前發出的官方電報竟然被報紙的消息超越，並搶先向公眾披露。然而，無論如何，公布公報是由於形勢日益嚴峻，且英國政府有責任警告公眾而獨立做出的決定。

結果是自治領的部長們感到被蒙在鼓裡，自然心生憤怒。他們對這種辦事方式提出了強烈抗議。宗主國對勞合·喬治先生親希臘政策的懷疑和普遍不滿，以及對協約國在停戰後對東方問題處理態度的不滿，全都在加

拿大和澳洲政府及人民的言行中得到反映。與英國公眾一樣，兩國公眾也未意識到希臘軍隊的保護作用，然而正是因為希臘軍隊的存在，我們得以在這3年間享受無後顧的和平。與英國公眾一樣，兩國公眾很難理解希臘軍隊的崩潰會給我們的局勢帶來怎樣的劇變。然而，所有自治領還是響應了我們的呼籲，表示如果出現緊急情況，他們願意貢獻力量，當然這需要得到本國議會的同意。1922年9月16日晚，紐西蘭政府發來電報稱，「他們希望參與正在進行的行動並願意派遣遠征隊」；9月20日又來電報說，「議會一致批准了政府的行動，已有5,000多名志願者報名參加服役。」短短幾天內，這個只有140萬人口、曾在大戰中做出巨大犧牲的地區，報名人數增至12,000人。加拿大和澳洲也出現了大批參軍的情況，這兩個自治領政府因此產生的煩惱直到實際危機過去後才得以化解。當然，我們特別重視澳洲和紐西蘭的反應，因為我們知道土耳其人，尤其是穆斯塔法‧凱末爾，曾在大戰中與澳新軍團交手。對於殘暴的土耳其人來說，再次面對來自地球另一端的可怕志願者是一種折磨，沒有比這更具威懾力的了。毫無疑問，我們精心傳遞的這個消息是最終避免戰爭的關鍵因素。

同時，英、法之間的矛盾引發了一場令人遺憾的事件。1922年9月18日，巴黎下令駐紮在恰納卡和伊茲密特半島的法國分隊撤離英國盟軍。法軍撤退之際，義大利軍隊也隨之而去，只留下英國獨自面對即將來襲的土耳其軍隊。此種法、義兩國軍隊公然撤離的行為，可能會激起土耳其人最狂妄的野心。人們或許會問：在這個問題上毫無信心，且因戰爭而疲憊不堪、重型武器已收回的英國孤軍奮戰能做什麼呢？隨後，土耳其人明白，阻擋在他們面前的只有一個大國。幸運的是，土耳其擁有一位能夠深謀遠慮的領袖。

1922年9月23日，寇松勳爵造訪巴黎，英、法之間出現了令人不齒的相互指責。我們不必對此過於苛責。那幾年是20世紀壓力重重的時代中，英、法關係最糟糕的時期，而此刻正是其中的巔峰。如今，我們總算

恰納卡危機

熬過了那段艱難時光，迎來了較為平和的日子。以下摘錄的兩段話充分展現了當時的情景：法國人表示，「我們將透過外交手段阻止土耳其軍隊」；英國人回應，「沒有我們的刺刀，你們的外交手段毫無價值。這一點毋庸置疑。」

隨後，議題轉向了軍事方面。若我們的部隊能掌控達達尼爾海峽最重要狹窄地段的兩岸，無疑將有助於掌控這兩個海峽。因此，占據亞洲海岸的恰納卡顯得極具吸引力。即便我不認為恰納卡是必不可少的外圍屏障，它仍然具有相當高的戰略價值。最初，陸軍部未曾考慮占領恰納卡，並於1922年9月11日告知哈林頓將軍，他可以自行決定撤離該地。然而，哈林頓將軍考量到該地作為加里波利半島前沿防線的策略位置，選擇不接受此建議。隨後，他被通知可以將該地視作後衛陣地進行防守。

根據這項授權，哈林頓將軍於1922年9月19日向駐守恰納卡的指揮官馬登少將下達命令：「你需動用我所能調配的部隊，盡可能長時間地堅守恰納卡。我將把這個決定告知政府。依我看，因法軍已經撤離，凱末爾可能在此地對英國政策提出挑戰。若你能在海軍支持下阻止凱末爾前進，很可能他將不再進一步行動。你的堅守可以避免更多問題的發生。」

哈林頓將軍於1922年9月20日向陸軍部發出電報：「若我們持續展現堅定態度，依我看來，英國人即便沒有法國和義大利的協助，也能達成目標，因此我認為你無需擔憂他們的動作。根據我的情報，凱末爾的部長們將於明日在士麥那聚集，顯然這場會議將決定土耳其是否會與英國及其自治領對抗。我個人認為他們不敢這樣做。」

1922年9月20日，面對法國和義大利撤退後的局勢，內閣召開會議，聆聽三軍參謀長關於軍事情勢的意見，以便做出明智的決策。內閣通知哈林頓將軍，保衛恰納卡是他的首要責任，保衛君士坦丁堡為次要任務，而守衛伊茲密特半島則是更次一級的任務。9月22日，哈林頓將軍透過駐君士坦丁堡的凱末爾代表，通知穆斯塔法・凱末爾，他已接到命令保護中立

區。9月23日，1,100名土耳其騎兵進入中立區，向埃倫——庫伊推進。駐守恰納卡的英國將軍警告土耳其指揮官，進入中立區是戰爭行為，如不撤回，他將被迫開火。土耳其指揮官做出了明智的決定，於9月24日早上撤出中立區。然而，9月25日，又有超過2,000名土耳其士兵攜帶機槍重返埃倫——庫伊。他們態度不羈且故意挑釁，雖然表現得彬彬有禮，要與英軍談判，但這顯然是故意破壞中立區的行為。

雙方均在爭取時間。土耳其軍隊擁有騎兵但缺乏大炮，而我方則急於透過海運以最快速度將大炮和飛機運抵當地以提供支援。起初，恰納卡的4英里防線僅由3個半的營團和兩個野戰炮連防守，當然，他們可以得到幾乎無限威力的艦隊炮火支援。自1915年以來，海軍對陸上陣地的火力攻擊已有顯著進步。海軍最強大的戰鬥艦沿海岸排列，周圍有眾多巡洋艦和小型艦隊提供支援。所有目標均有記錄，彈著點由無人能挑戰的空中觀察予以校正。因此，步兵始終能夠得到相當於整個軍隊，甚至更多的炮火支援。到9月28日，恰納卡已有6個營駐守，另有3個新到的榴彈炮連駐守在加里波利半島。尚在運輸途中的還有36門中口徑大炮，並有16門8英寸榴彈炮正在卸船上岸。空軍力量的增強也相當顯著。載有5架水上飛機的「佩加蘇斯」號於9月27日與載有6架水上飛機和4架戰鬥機的「阿爾古斯」號會合，9月28日又有第209中隊的13架飛機加入。按計劃，11月9日和10日還會有另外3個中隊的36架飛機抵達恰納卡。

首相指派我負責領導一個內閣委員會，目的是在有效協調海、陸、空三軍的作戰行動。1922年9月20日至28日這段時間充滿了緊張與焦慮。關於土耳其軍隊的情報仍然不明確。目前，只有騎兵部隊出現，而這種部隊對於攻擊堅固的壕溝陣地並無太大能力。然而，我們仍不清楚從士麥那向君士坦丁堡推進的步兵縱隊的先鋒部隊位置，以及他們是否會改變路線來襲擊恰納卡，也不知他們為此會配備何種火炮和彈藥。我們所知的是，我們掌握了一塊面積不大但防禦堅固、通訊良好的陣地，擁有絕對的空中

恰納卡危機

優勢和強大的炮兵火力，而土耳其軍隊既無坦克也無毒氣。然而，直到9月28日後，當我們的制空權益發明顯，榴彈炮從加里波利調至前線時，才可以確信，只有經歷一場大規模戰鬥才能將英軍逐出恰納卡。可以肯定地說，即使在1917年和1918年的西線，若無與守軍至少相當數量的火炮和空軍支援，以及2、3倍於對方的步兵進行實戰接觸，沒有人勇於嘗試攻擊這樣的防禦陣地。一切經驗顯示，除非攻擊方的火炮能壓制並摧毀守方的步兵陣地，否則僅憑大量步兵在機槍、訓練有素的狙擊手和鐵絲網的面前衝鋒，只會導致攻方堅持時間越長，損失越重。已有無數次血腥的衝突證明，即使攻方的火炮能夠壓制守方，若無坦克或毒氣，攻擊這樣的陣地依然前景黯淡。

1915年5月19日，土耳其軍首次登陸加里波利半島，被澳洲和紐西蘭軍團擊退的事件在我心中特別清晰。當時，澳、新軍團的兵力遠不及土軍，尤其缺乏空中支援，面對的是土耳其訓練有素的正規部隊，兵力是己方的3倍。即便土軍以極大的勇氣發起進攻，仍在守軍的火力網下遭受重大傷亡，數千具遺體留在敵我戰線之間的開闊地上，最終迫使加里波利戰役因衛生原因達成休戰。因此，1922年9月28日以後，似乎沒有必要對恰納卡的戰術形勢感到擔憂。

然而，真正讓我們重拾信心的是策略局勢。為何穆斯塔法·凱末爾這位機智老練的軍事指揮官，帶領他那疲憊不堪、備受煎熬的部隊，偏離原定攻向君士坦丁堡的路線，轉而進攻英軍嚴密防守的陣地？若迫使英國與他交戰，他能在政治上獲得什麼利益？犧牲士兵生命、耗費稀缺軍火來進行這樣的區域性衝突，他在戰術上能有何斬獲？推遲進軍伊茲密特半島，延遲與君士坦丁堡的支持者會合，他在策略上又能得到什麼好處？每拖延一天抵達君士坦丁堡，都對他構成潛在危險。他知道色雷斯有數量接近的希臘軍隊。小亞細亞災難後，雅典爆發軍事政變，康斯坦丁被驅逐，希臘軍事當局宣稱決心保衛東色雷斯。每天的延遲都可能讓希臘軍隊重整旗

鼓，並在查塔爾雅戰線前取得策略優勢，這對凱末爾不利。在遍布凱末爾支持者的君士坦丁堡，除了富蘭克林-布永的奉承與勸告外，一直都是一座不設防的城市。事實上，穆斯塔法‧凱末爾從未偏離既定進軍路線。他如同智者，以最快速度直撲最容易達成的主要目標，並利用側翼騎兵對駐紮在恰納卡的英軍示威，表現攻擊意圖。他的騎兵軍官們接到最嚴格的命令要求應避免衝突，土耳其的首要目的是促成友好談判。他們表現出的和善只是掩飾著極度不滿的偽裝。他們努力表現出與我們兄弟般的友誼，甚至勇於請求英軍提供營地裝置和作戰工具。駐紮在恰納卡的英軍並未遭遇任何危險，真正受到威脅的是君士坦丁堡，但其防務不應由英國單獨承擔，而是需要其他兩大國的參與。

1922年9月30日，我為我們這小群成員撰寫了一份備忘錄，現將其重現如下。

恰納卡

1922年9月30日

至今，我們一直謹慎評估在恰納卡的立場，彷彿面臨凱末爾主義者全軍壓境的威脅。然而，這種局面似乎不再可能。凱末爾主義者正與希臘交戰，他們的首要目標是進入色雷斯，擊敗當地的希臘軍隊。試圖穿越達達尼爾海峽或馬爾馬拉海對他們而言毫無意義。他們進入歐洲的唯一現實路徑是穿越伊斯坦堡海峽或可能的黑海。自士麥那陷落以來，他們似乎正穩步調整主力部隊，向伊茲密特半島出發，意圖跨越伊斯坦堡海峽。因此，在恰納卡半島的行動僅限於派遣騎兵和小部隊牽制英軍，並在占領的達達尼爾海峽兩岸部署若干火炮。

無論如何，凱末爾顯然必須在兩者之間做出選擇：一方面是通過伊斯坦堡海峽進軍色雷斯，牢牢牽制希臘軍；另一方面是試圖在恰納卡壓制英軍。若是採取不徹底的折衷辦法，對恰納卡英軍進行軟弱無力的攻擊，並

恰納卡危機

以不足的兵力對抗色雷斯的希軍，則必定會鑄成大錯。接下來，讓我們逐一分析這兩種選擇，首先是可能性較小的那一種。

若凱末爾將其部隊、大炮及有限彈藥的主力集中於攻擊恰納卡，希臘人將有充裕的時間來完全整頓他們在色雷斯的軍隊，並獲得最大程度的增援……

其次，若凱末爾選擇另一策略（這是可能的），他或許在3週內會與希臘軍隊於查塔爾雅戰線交鋒。若情勢如此，他勢必會派遣足夠兵力圍困我們於恰納卡，但不會投入嚴重或高昂代價的攻勢。他亦不會在達達尼爾亞洲海岸過度使用彈藥來攻擊穿越海峽的船隻。自1922年10月底起，他將深陷色雷斯的戰事。若我們在敵對狀態剛開始時即採取恰當行動，我們的境況將極其有利。由於我們對馬爾馬拉海的制海權，以及強大的海軍力量，我們能以最快速度將軍隊調往多個方向。這種情形難以想像，因此我們可以利用卓越的內線作戰和水上交通系統。凱末爾主義者的軍隊在色雷斯與希臘軍隊激戰，其交通線將延伸至伊茲密特半島，而一支強大堅韌的英軍潛伏在加里波利與恰納卡，準備在海軍的協助下切斷這些交通線。這樣的局勢無疑是令人畏懼的……

越深入研究局勢，越能明顯看出恰納卡與加里波利英軍陣地的策略優勢。凱末爾在這兩難境地中將倍感艱辛。他要麼全力進攻恰納卡的英軍，任由希軍逐漸壯大，要麼魯莽進入色雷斯這一個實質上的死亡陷阱……

如同許多事物的情況一樣，除了上述兩種選擇外，尚有一個第三種假設，即凱末爾若能意識到，全力攻擊駐恰納卡的英軍在長期來看是徒勞無益的，而攻擊色雷斯可能導致敵對的英軍切斷他的交通線，面對這種危險，他或許會從這兩項計劃中退卻。若果真如此，我們將能在未經激烈戰鬥的情況下達成我們當前的目標。談判將會重新展開，但這次的氛圍將與巴黎時截然不同。若談判結果允許土耳其人重返君士坦丁堡和色雷斯，則必須在我們能夠確定的、最有可能持久的和平條件下進行。我相信，只要

我們不採取不值得的行動，我們所處地位的力量將會成為現實。

1922年9月28日，恰納卡的緊張局勢達到了頂點。當日，哈林頓將軍報告稱，土耳其部隊在英軍防線周圍集結，並在鐵絲網後露出譏諷的微笑，表達他們是按命令列事。為了避免衝突，已經做了所有可能的努力，但我們期望的局面已無法實現。哈林頓還指出，恰納卡的英軍陣地「地勢優越、鐵絲網密布、固若金湯」。內閣據此指示將軍向土軍發出最後通牒，要求土軍在短期內撤出中立區並離開恰納卡，並授權他在期限屆滿後自由運用其指揮的所有兵力。然而，將軍成功化解了危機，無需動用所賦予的權力。哈林頓將軍展現了機智、冷靜與耐心的典範。巧合的是，從內閣發出強硬電報之後，土耳其的挑釁行為開始減弱。9月30日，恰納卡司令官馬登將軍報告稱，凱末爾調來的炮兵和步兵已不再可見，部隊的危險已解除。隨著時間的推移，英軍陣地越發穩固，哈林頓將軍認為不必向土軍發出最後通牒，亦無需開火。局勢的積極轉變讓內閣鬆了一口氣，10月1日，內閣致電司令官，表示對他的克制行為予以認同。

同時，經過艱苦的談判後，1922年9月23日，英國、法國和義大利聯合向穆斯塔法·凱末爾發出邀請信，邀請他參加在馬爾馬拉海岸穆達尼亞舉行的會談。邀請函的基礎是大幅犧牲希臘的利益。三國協約政府承諾，土耳其的色雷斯邊界將恢復至馬里查和愛第尼，簽署和約後，協約國軍隊將立即撤出君士坦丁堡，並支持土耳其加入國際聯盟。穆斯塔法接受邀請，會議日期定為1922年10月3日。前往穆達尼亞的還有頑固的富蘭克林-布永，他努力引導土耳其期望從英國獲得比以往更多的利益，讓土耳其相信英國無法或不願將戰爭作為最後手段。主要因為他的行動，會議迅速陷入僵局，協約國代表於10月5日返回君士坦丁堡。法國和義大利的高級專員因擔心戰爭爆發，支持無條件投降。然而，霍勒斯·朗博爾德爵士堅持1922年9月23日的提議；倫敦指示哈林頓將軍不再做出更多讓步。英國準備提出最後通牒的消息透過法國或義大利的管道傳到土耳其人

恰納卡危機

耳中。英軍的大炮和飛機不斷抵達達尼爾海峽，這一切都有目共睹。當 10 月 10 日會議在穆達尼亞重新召開時，土耳其人經過長時間商議後，願意簽署停戰協定。協定要求希臘軍隊撤至馬里查以後，希臘文官當局撤出東色雷斯。另一方面，土耳其同意承認中立區，並承諾在和約批准前不在東色雷斯招募軍隊。

恰納卡的經歷提供了多方面的啟示，展現了哈林頓將軍的卓越貢獻。他深諳恰納卡地理位置的重要性，並堅決捍衛其價值，巧妙地將冷靜靈活的外交手段與堅定不移的軍事策略相結合。英國政府及其自治領，特別是澳洲和紐西蘭的立場，無疑阻止了歐洲戰爭的重新爆發，使所有協約國在避免因內部政策的不協調而產生的不良後果的同時，仍保留了一定的尊嚴。在考慮到有限的資源、民眾的疲憊、政府的不穩定及其國內外聲望的下降後，這樣的「光榮和平」成就確實值得稱道。這為後來與土耳其在洛桑的談判奠定了基礎，最終達成了一份互相尊重的和平條約。英國的強硬立場不僅未招致土耳其人的長期敵意，反而贏得了他們的欽佩和善意，這使得我們與現代土耳其建立未來關係變得更加容易而非困難。

不久之後，《洛桑條約》簽訂。這部條約與《色佛爾條約》形成了鮮明對比。那些曾經對土耳其發號施令、強加和平與毀滅條款的列強，如今發現自己不得不在平等的基礎上進行談判。土耳其人在君士坦丁堡重建了首都，重新獲得了東色雷斯的大部分土地，所有外國的指導與控制都被徹底消除。長期以來保護在土耳其的西方商人和公民以抵制東方弊政的各類條約被廢除。重要的兩個海峽的控制權在極輕微的掩飾下被交還給土耳其。穆斯塔法‧凱末爾謹慎地將鄂圖曼帝國的阿拉伯省分交給各託管大國，而摩蘇爾的命運則交由國際聯盟決定。根據一系列非同尋常的規定，土耳其境內的所有希臘居民以及希臘境內的土耳其居民被甄別並送回各自的祖國。土耳其失去了數百年來在其經濟生活中扮演重要角色的大量公民。貧困和沮喪的希臘接受了約 125 萬難民，他們在困境中成為希臘國家力量的

新組成部分。即便是這些條件,也是在英國、法國和義大利長時間談判下才達成的。若非寇松勳爵巧妙而堅定地運用英國在恰納卡表現出的頑強態度所保持的威信,這些條件將難以實現。

古納里斯及其他幾位部長與戰敗的將軍們在雅典遭到槍決,這反映了希臘對1921年選民決策後果的失望。

恰納卡危機

世界危機的落幕

　　回顧本書的內容，可以得出結論：時間讓人更透澈地理解這些故事，每增加一年都讓人更全面地認識其中的事件。隨著時光流逝，各種事件的重要性愈加明顯，人們更容易辨識命運轉折的關鍵。

　　在之前的論述中，我總結了將歐洲推向大規模戰爭邊緣的原因。我詳述了我親眼目睹的那些先前發生並導致這場浩劫的各種事件。儘管自那時起，許多國家的解密文件披露了大量資料，但其中並無一條足以改變我所提出的結論。如果不是德國的領導者首先對俄國宣戰，隨即揮軍入侵並蹂躪法國，且在途中踐踏比利時，這場世界大戰原本不會發生。這種企圖獲得當時似乎有把握的，迅速而具決定性軍事勝利的行為完全是蓄謀已久的，驅動這個行動的衝動超越了其他所有因素。人類在判斷戰爭責任時的唯一標準是侵略，而入侵則是侵略的最明顯證據。當一個國家具備入侵鄰國的能力時，這意味著他超越了對方保衛本土的能力。歷史上許多入侵的例子實際上是為了先發制人以阻止對方的入侵。關於誰應對創造導致戰爭的條件負責的爭論可謂無休無止。然而，人類將來會變得更加明智，任何國家派出大量軍隊越過邊界將被視為衡量戰爭罪行的最高標準，並且這樣做的國家將被認定處於不可挽回的錯誤中。德軍在進犯法國的過程中對盧森堡和比利時犯下的暴行，即使再過幾個世紀，歷史也不會忘記。

　　德國的領導階層堅信，這個精心策劃的大規模戰爭計劃不僅對德國的勝利至關重要，對其安全也是必不可少的，甚至關乎其生存。因此，自俄國開始全國動員之時，德國便認為有必要執行該計劃，而俄、法聯盟的形勢更進一步驅使德國投入這場經過周密考慮的雙線戰爭，以應對雖然人數占優勢但動員遲緩的敵人。德國人的信念堅定無疑，但他們未免過於天

真。沒有人勇於攻擊同盟國。德國軍隊的實力如此雄厚,加上當時現代戰爭的條件有利於防守方,使得德國能夠 —— 事實已證明 —— 以鋼鐵般的冷靜等待任何對其邊界的攻擊。這種攻擊絕不會發生,即便發生也必定會被德軍粉碎,而此時國際輿論會反過來譴責俄國和法國。實際上,德國並不需要保護其生存權,他完全不必因俄國的全國動員而採取驚人的突然行動。我們絕不承認,一方的動員就意味著戰爭,也不承認一方的動員可以成為另一方宣戰的合理藉口。應對一國的動員,只有以對等的動員和進一步談判的方式才是合理和適當的。

這樣的期望對於一個政府、一個參謀部、一個軍事國家的道德標準而言是否過於苛刻?當俄國頒布動員令後,難道沒有人要求德國展現超乎常人的克制,不要將其戰爭計劃付諸實行嗎?答案顯而易見。要求德國這樣做,並不至超出這個強大國家和偉大民族的美德與勇氣的範疇。然而,假設動員意味著戰爭 —— 我們對此有異議 —— 以及戰爭意味著執行德國通過比利時入侵法國的計畫並帶來可怕後果 —— 我們同樣有異議 —— 在局勢尚處於外交調解可以控制的階段,難道不應謹慎行事並保持耐心嗎?德國允許奧地利對塞爾維亞為所欲為,並給予無條件支持,甚至不發出任何危及歐洲和平的警告,對此輕率態度人們能說什麼?對於德國拒絕愛德華·格雷爵士在1914年7月26日 —— 俄國開始動員之前 —— 提出的召開歐洲會議的建議,能說什麼呢?如果第二步會不可逆地使德國感到必須奮起捍衛生存權並「通過比利時開闢一條生路」(如某些人所述),那麼不採取這一步的自制不是更重要嗎?在此,召開一次歐洲會議是防止或至少延遲戰爭從外交調解領域失控的簡單而可靠的方法。

在大戰爆發前的最後10日,協約國展現出的堅韌精神令德皇驚愕且恐懼,同時也深深觸動了他的軍事顧問。這種堅毅的精神是在過去漫長歲月中培養的,當時,對德國顯示優勢的擔憂以及對其陸海侵略的恐懼,逐漸成為法國、俄國和英國的主要指導思想。自20世紀開始,這種陰影一

直籠罩著歐洲。三國絕不願意被分而治之。法國因法、俄條約受到約束。儘管英國不受任何約束，但面對德國海軍實力的增長，他在精神上承諾支持法國，擔心法國成為侵略的犧牲者。協約國不可能主動攻擊同盟國。若協約國中的任何一國膽敢進攻，他將在首次侵略行動中被擊潰；但協約國的防禦能力是真實且穩固的。若德國參加歐洲會議，奧地利與塞爾維亞的爭端定能解決。若德國不發動攻擊，就不會有戰爭。德國沒有進攻的正當理由。若德國進攻，這只會顯示出我們與這樣的鄰國相處有風險，以及我們協約國團結一致是多麼明智。

在德皇周圍，主戰派的騷動如海潮般湧起，這些力量嚴密地劃分、笨拙地結合，但多數獨立運作，危機來臨時轉化為一系列冷酷的失控行為。理智的程序已蕩然無存，國家機器不得不開始介入。在混亂中，參謀部懷著宏偉藍圖，排成有序的方陣大步前進。一切準備就緒，萬事順利——只要高層不猶豫或遲疑。基爾運河的加深工程已完成，艦隊可以在波羅的海與北海之間自由航行。1913、1914 年徵收的 5,000 萬英鎊資本稅使軍火庫滿載。從空氣中提取氮的新技術確保了炸藥的供應。德國軍隊無與倫比，史里芬計劃絕對可靠。恰巧，「格本」號此時也在地中海巡弋。

威廉二世無法承受這樣的浪潮衝擊。那些欲將他審判的人，應當感激上帝未將他們置於德皇的地位。

除了愛德華・格雷爵士在 1914 年 7 月 26 日提議召開歐洲會議之外，是否還有其他方法可以避免戰爭？人們經常提出這樣的觀點，認為如果爵士在 7 月底明確告知德國，進攻法國將等同於與英國開戰，那麼戰爭本可以完全避免。莫利勳爵去世後發表的內閣局勢分析顯示他堅信這個觀點。然而，如果當時愛德華・格雷爵士發表此類宣告，他將面臨內閣中五分之四成員以及下議院四分之三議員的全面否決。阿斯奎斯先生將因此辭職，政府將陷入分裂，在接下來的 4、5 天緊急時期，每一刻都需採取必要的預防措施，否則將導致極度混亂，而在如此情形下做出戰爭決策無疑會為

時已晚。若英國的干涉威脅無法得到國家授權的保證，只會讓德國更加堅信我們的軟弱和不明智。

為了扭轉這個危險的趨勢，必須回溯數月甚至數年的發展過程。譬如，若德國在 1911 年接受英國提出的海軍裁軍提議，許多事情可能會截然不同。在這種情況下，召開歐洲陸軍軍備與和平維護會議，可能會讓各國認為英國是一個具有同情心且願意傾聽的國家，進而使德國向其訴說對於俄國擴軍，以及用法國資金強化俄國策略鐵路等問題的不滿。歐洲被劃分為兩個武裝集團的局面或許會被更為鬆懈與和緩的態勢所取代（即便只是暫時的），然而最終，在最後的危機中，英國外交大臣也只能如他所為。在面對德國威脅時，若外交上拋棄法國和俄國，那麼未來幾年內，所有對抗日益自信的德國勢力的力量都將被削弱。以戰爭威脅德國的策略將被內閣、議會和民眾所否決。無需用英國大臣的言辭為愛德華‧格雷爵士的政策辯護。隨著時間的流逝，德軍撕毀條約，越過毫無防備的比利時邊界，向深感痛苦與絕望的法國進軍，戰爭的轟鳴遠遠超過了人類脆弱的聲音。比利時土地上大炮的首次齊射所作出的判決，並非英國所有政治家和軍人的辯解所能更改。

當我們審視戰前德國政府的特徵時──這些特徵如今已透過公開的文件和德皇宮廷的紀錄全面揭露──我們幾乎感覺可以將此問題留給德國人民自行審視。請他們務必注意：如果法國背棄俄國，不履行其條約義務，並宣告中立，那麼德國駐巴黎大使將奉命要求法國將圖勒和凡爾登的要塞交由德國駐軍，以此作為中立的保障。

屠殺與炮火！整個歐洲都在騷動！150 萬把刺刀在尋找同等數目忠誠、勇敢、可憐、迷惑的人們的胸膛！我們已進入戰鬥階段。何處有勝利之路？法國參謀部對現代戰爭的條件一無所知；法軍穿著藍紅相間的制服，迎著機關槍和連發炮的火舌瘋狂衝鋒；德國入侵者不斷推進，取得了對防禦者的絕對優勢！法國陸軍的精銳與最優秀的中級軍官在邊境戰役中

幾乎全軍覆沒！為了保衛祖國，士兵們以血肉之軀撲向入侵者的槍林彈雨——恐怕沒有比這種更悲慘的景象了！對現代戰爭一無所知已經使納塔爾的小山澗和中國滿洲的小米田裡血流成河！歷史上不會有哪位將軍能夠擁有像霞飛這樣的機會。他只是說：「讓攻擊者去進攻，讓他們明白子彈雖能殺人，但泥土能夠阻擋子彈。」在勇武的特質上，在鋼鐵般的民族求生存的一切特性上，1914年的法國軍人至少能與向他們進攻的最優秀軍隊相媲美。

此處必須特別讚揚法國陸軍的高貴與堅韌，他們在戰敗和指揮失誤面前毫不動搖，作戰時彷彿置身於拿破崙最輝煌的時代。儘管戰線上處處是血腥的失敗，撤退多達8次——顯然是徹底的計算錯誤！然而，軍中無人指責，毫無怨言，「我們絕不叛國！」這是一種為擊敗敵人而寧死不屈的堅定信念。

現在可以探討馬恩河戰役，這場戰役始終籠罩著神祕的氛圍。相比之下，我們更容易理解漢尼拔在坎尼的勝利，卻難以洞悉霞飛在馬恩河的成功。雙方並無顯著差距，通常情況下，入侵者的消耗大於補給，而防守者依賴儲備。這雖然重要，但非關鍵。實際戰鬥不多，傷亡也少，廣闊的戰場上沒有決定性的場面。即便有50種詳細的紀錄、500卷的敘述與評論，這場戰役仍然神祕莫測。究竟是什麼將撤退轉化為勝利，並給予世界拯救法國的時間？每一個能巧妙平衡諸多問題的事實或原因，都可視為決定性因素。有人認為理由在於俄國人的猛烈進攻和德國參謀部不當撤出兩個軍團；有人認為是加列尼迅速從巴黎出擊，也有人認為是霞飛的冷靜堅定。我們英國人強調約翰．弗倫奇爵士及其麾下5個師的作用。除此之外，還有許多重要觀點，難以一一列舉。然而，若允許我表達個人看法，我會選擇1914年9月8日晚和9日晨，德國參謀部的亨奇上校訪問馮．比洛和克盧克的司令部，他越權下令或濫用授權，撤回了兩個軍團，當時並無此必要。坦率地說，德軍應該採取穩步推進的策略，即使需要不斷前進，也

世界危機的落幕

應如此。當時需要的只是持續努力的意志和在已經冒險之地冒更大風險的決心。

伊瑟河的決死之戰，從風險和戰爭意義上說並不是最高層次的戰役。雙方已經筋疲力盡，卻各自得到了增援。兩個衰弱的對手長時間糾纏，殺戮之多為馬恩河戰役的 5 倍，但此處從未展現出最關鍵的問題。此時，防守者已經掌握了如何掘壕據守的技巧，他們發現，只需幾百名意志堅強、裝備精良、訓練有素的步兵或下馬騎兵便可以用子彈阻止 1 萬敵兵，並殺死其中的一半。步兵的這種新奇防守技巧，在地面掘坑，用步槍射擊的方法，正在變成全面探索戰術的一種慣性做法，但是截至 1914 年，大炮、毒氣或坦克尚沒有戰勝它的技術手段。由於我們有了塹壕戰，士兵們就有了過聖誕節和喘一口氣的空間。

此刻迎來了一段短暫的寧靜。爆炸聲消失。法國的侵略者被迫停下，而防衛者也無力發起進攻。雙方在整個戰線上陷入僵局，兩軍的計畫均告失敗。在遙遠的東線，德軍擊潰了俄軍的攻勢，而在更南方，俄軍戰勝了奧軍。此時局勢暫時平靜，這是世界崩潰前的寧靜，是全球資源耗盡前的寧靜，是各國人力資源枯竭前的寧靜！現在是 1914 年聖誕節的寧靜！這是美國初始和最佳的機會，然而無人重視。報紙與輿論紛紛喧囂。這杯苦酒必須一飲而盡。

協約國，應迅速擺脫這個局面，開拓新的戰場，利用英國的海上優勢，尋找敵方的弱點，即使需要跋涉千里也在所不惜……運用靈活多變的策略戰術，出其不意地攻擊敵人。然而，協約國士兵卻只是蹲在戰壕中與敵人徒然對峙，任何衝動離開戰壕的人都會被亂槍射殺！

然而，在世界另一個當時顯得相當平靜的地區，一件重大事件突然發生。德國戰鬥巡洋艦「格本」號抵達君士坦丁堡。我們無需多言「格本」號將獲得的機遇。由於他的存在，土耳其人對俄國海軍在黑海的控制提出反對。因此，他們加入了同盟國，得以推行他們長期策劃的高加索入侵計

畫，並試圖從俄國手中奪取該地區。如此，土耳其捲入了與俄國的衝突，參與了這場大戰！

然而，新敵人的出現雖帶來危險，卻也創造了良機，暴露了盟國的脆弱側翼。相較於負擔，機會的意義更為重大。協約國迅速作出反應。雙方龐大的陸軍仍在戰壕中對峙，強大的海軍在遙遠的港口中互懷敵意。趁著這個新興且脆弱的對手尚未強大之前，對其施以重擊，以海陸軍進攻達達尼爾海峽，占領君士坦丁堡，與俄國會合，團結巴爾幹各國，吸引義大利加入協約國陣營，隨後一舉打開通往奧地利腹地的道路。這又是一個說來容易做起來困難的計畫。

這個理念令政治家們深感吸引，而陸、海軍的指揮官們則在抱怨：「把部隊投入這種海陸聯合的政治策略，而非應對百年一遇的大戰，無疑是違背了職業道德。」會議中矛盾不斷，所制定的措施顯得三心二意，資源的調配勉強為之，所提出的計畫也僅僅是權宜之計，整體缺乏真正的控制和引導。

然而，事態終究在推進。1915 年 3 月 18 日，德·羅貝克海軍上將對達達尼爾海峽的要塞發起攻擊，試圖強行突破。我們在此處達到了改變局勢的關鍵點。土耳其人僅有少量水雷，且幾乎全部布設於水中；若能清除這些水雷，他們將無能為力。然而，幸運的是，他們將 20 顆水雷設定在意料之外的地方。英軍混亂的新掃雷艦隊未能發現這些水雷，結果有 2、3 艘軍艦被炸沉。海軍上將被這個意外嚇住，遂下令停止攻擊，也不再組織新的進攻。無論如何，他拒絕再次進入這片神祕且危險的海域。儘管兩週後他獲得了新的掃雷艦隊，這些艦隊只需數小時便可清除整個要塞水域的水雷，進而發動決定性攻擊，但他堅決不允許這些艦隊展開掃雷行動。掃雷艦隊士氣高昂，且工作有效率，卻無法施展，而整個艦隊甚至他本人亦是如此。他們全成了一場軍事悲劇的旁觀者。我們因陸軍進攻加里波利半島而受到指責。如今我們知道，那時不僅沒有更多的水雷，而且要塞中

世界危機的落幕

唯一能阻止裝甲軍艦的巨炮只剩下了數 10 顆炮彈。小艦隊一夜掃雷，再加上半天的炮轟，必能徹底摧毀敵方防線。然而，結局早已注定：艦隊拒絕任何強行穿越達達尼爾海峽的計畫；陸軍即便英勇奮戰，仍未能奪取加里波利半島的要地。側翼攻勢因此以失敗告終，我們滿懷沉重心情回到法國戰線，而那裡同時期的情況只是無謂的屠殺。

我們已然明瞭，1916 年初德國所擁有的機會何其關鍵，甚至可能具有決定性意義。若法金漢在西線採取防禦姿態，使協約國軍隊在德軍戰壕前遭受重創，並在必要時，在讓對手付出沉重代價後放棄若干已征服的領土，然後集中力量進攻俄國，他很可能會迫使羅馬尼亞倒向同盟國陣營，進而獲得從加利西亞到裏海廣袤的糧食和燃料產地。如此一來，他本可以透過征服歐洲大陸來突破海上封鎖，從大陸獲取許多因英國海軍封鎖而無法從海上獲得的資源。然而，他選擇了以備受讚譽的職業軍人精神，專注於攻擊凡爾登的鋼鐵山丘及其堅韌的防衛者。就這樣，協約國得以擺脫 1915 年愚蠢策略應得的懲罰，戰爭的均勢因此維持到了又一個流更多血的年頭。

在整個 1915 年與 1916 年期間，防守方始終占據著顯著的優勢，進攻方的損失幾乎總是防守方的 3 倍。然而，在這段時間裡，進攻方的作戰策略和資源逐步得到改善。整條戰線上布滿了大炮，而後方則充斥著鐵路和側面交通線，使得進攻方可以同時發動越來越多經過精心策劃的攻擊。偽裝技術取得了巨大進步，彈藥供應幾乎不再受限。炮兵首先開創了徐進彈幕射擊法，隨後又發展出一擊命中目標的能力，無需再像過去那樣進行試射以逐漸調整彈著點。人工煙幕的應用以及坦克的發明和大規模使用，恢復了進攻部隊進行突襲的關鍵能力。到 1917 年，「事先精心策劃的」突然攻擊開始在初期階段取得有利成果，防守方的優勢逐漸縮小的情況日益明顯。1918 年，實力更強的一方在承受較大損失後取得進展，重新獲得顯著優勢，但雙方又陷入了規模龐大且笨拙的運動戰之中。

戰爭的第三次重大高潮發生在馬恩河的勝利和達達尼爾海峽的失利之後，於 1917 年年初展開。俄國因革命而崩潰。然而，當這一個可怕事件仍是未知的祕密時，德國的將軍和海軍參謀迫使文官政府批准無限制潛艇戰，進而將美國拉入反德聯盟。我們目睹了協約國在最關鍵的時刻，以何等奇特的命運將西方的新興巨人拉到自己一邊，取代了東方的垂死巨人。俄國的抵抗不到 3 個月，德國參謀部的耐心僅維持了 3 個多月，潛艇戰僅延遲了 3 個月，否則那生死攸關的挑戰不會突然降臨。即使美國不參戰，俄國也必定退出。歷史上沒有幾個關鍵時刻能比這次更值得策略家、政治家、倫理學家或哲學家深入研究。

然而，令英國人感到驚訝和困惑的是，這種在整整 100 年前的另一個聯盟中出現的幸運，如今再次顯現。1811 年的關鍵問題在於，英國的封鎖能否在激怒美國參加反英戰爭之前，迫使拿破崙的盟友，特別是俄國，脫離拿破崙及其大陸系統。當時，經過數個月的發展，形勢終於朝著有利於英國的方向發展。這一次，俄羅斯在美國參戰前退出了協約國。而在 1812 年，拿破崙在英、美宣戰之前已經率軍進攻莫斯科。如此，英國在兩個世紀中兩度避開了最糟糕的局面。這種神祕的歷史節奏將使 3 次布匿戰爭的危機和戲劇性在後世眼中黯然失色。

美國在大戰勝利中精神和物質上的貢獻不言自明。然而，在巴黎和會上，威爾遜總統試圖扮演的角色，從歐洲的角度來看，遠遠超出了美國對歐洲事務所應獲得的貢獻比例。儘管他懷有崇高的動機，但他的行動超越了美國參議院或人民願意賦予他的權力，也超出了憲法的範疇。他試圖以個人觀點影響世界，無疑是為了美國的利益。然而，這是一種不幸；雖然他並未完全實現其宏大抱負，但歷史上從未有政治家獲得如他一般的機會。美國在解決歐洲問題中的強大影響力、超然立場和善意，是希望的重要元素。然而，這些元素在無結果的衝突和半被迫的干預中被浪費了。如果威爾遜總統一開始就與勞合·喬治和克里蒙梭協同一致，這三位偉大的領袖本可

世界危機的落幕

以在歐洲的悲劇舞臺上行使絕對且仁慈的權力。然而，他將精力耗費在爭論上，且常在爭論中落敗。他給人留下了一個對抗者和訓誡者的印象，這與被譽為親密夥伴來相比顯得相形見絀。他本可以快速順利地解決問題，但卻選擇了緩慢而繁瑣的方式。他本可以在領導力強盛時解決問題，但卻在精疲力竭和人心渙散時使用次要的妥協方式。

因而，身為船長，他與他的船隻共同沉沒。

然而，這些已成為過去。過去的事轉化為人們口中的故事，從中我們汲取未來可用的智慧與洞見。國際間的爭執和以武力解決這些爭執會帶來苦痛，兩者均會造成不成比例的傷害；付出的偉大努力僅能獲得微不足道的回報；戰爭勝利的榮光稍縱即逝；重建卻是漫長而緩慢的過程；冒險行動充滿恐懼；命運在危急時刻依賴於擲硬幣來決定。厄運依靠偶然事件來化解，這太危險了，人們應從中吸取教訓，理解如何防止再度爆發大規模戰爭是全人類的首要任務。戰爭的魅力已然消逝。不再會有亞歷山大、凱撒和拿破崙率軍迎向勝利，在戰場上與士兵共度艱險，在關鍵時刻以非凡氣勢決定帝國命運的畫面。因為未來，指揮官們將坐在司令部中，被參謀人員圍繞著，如同在政府辦公室中般的安全、平靜與沉悶，而在電話線的另一端，成千上萬的士兵正在被機械化武器屠殺或傷害。我們已見證最後一批偉大的指揮官，他們或許在下一場大戰爆發前便已不復存在。下一場戰爭可能會是一場針對婦女、兒童和平民的屠殺競賽，勝利女神將在陰暗的婚禮中嫁給組織了最大規模屠殺競賽的勤勉英雄。

人類歷史即是戰爭史。除了短暫而不穩定的停歇，世界從未真正和平；自史前時代至今，殺戮的衝突始終普遍存在，從未停止。然而，現代戰爭的演變迫使我們以更嚴謹和積極的方式來研究它。

迄今為止，人類的毀滅性技術仍未能與其殘忍程度相匹配。於石器時代，彼此之間的滅絕幾乎是不可能的。粗笨的木棒在人類手中無法造成太多傷害。而且，由於人類數量稀少且擅長隱匿，敵人很難發現他們。人類

的奔跑速度也使得他們難以被捕捉。每天行走的距離有限，即便策劃最縝密的同類毀滅計畫，每個人也只能在極其有限的範圍內活動。因此，這樣的計畫在當時無法取得實質性進展。此外，人類還需生活、狩獵以及休息。因此，總體而言，生存的力量始終穩固地超越死亡的力量，並在此基礎上逐漸形成了部落、村莊和政府。

毀滅的努力隨之進入了新階段，戰爭成為一種集體事業。道路的建設便利了大規模的人群運動。軍隊得到組織，殺人器械的改良不斷精進。金屬，特別是鋼，被用於刺穿和切割人體，開創了可預期的領域。弓箭、投石器、戰車、馬匹和大象都提供了重要的支援。然而，另一種限制力量開始顯現。各國政府尚未穩固，軍隊主要用於鎮壓內部叛亂。維持大量隨時可以動員的士兵極為困難，因此毀滅力量的效率不穩定，受制於組織的缺陷。這再次形成了生存方的有利平衡。世界繼續向前推進，人類社會進入了更廣闊、更複雜的時代。

直到 20 世紀初，戰爭才真正成為人類潛在毀滅者的領域。人類的組織發展成了龐大的國家和帝國，民族在發展過程中獲得了強烈的集體意識，因此屠殺得以計劃性地在前所未有的規模上持續進行。個體的最大能力集中起來，增強了大規模毀滅的力量。由於穩固的財政、全球信貸和貿易資源，以及大量資本儲備的累積，整個民族的力量在相當長的時期內可以被用來實現極大破壞。民主制度使數百萬人的意志得以展現。教育不僅將戰爭的程序納入普遍的理解範疇，還使每個人都能高效地服務當前的目的。報紙成為統一思想和相互鼓勵的工具。宗教雖然在根本問題上主張謹慎避免衝突，但卻以多種形式對所有參戰者一視同仁，並給予鼓勵和安慰。最後，科學面對人類的迫切需求，開啟了自身的寶庫和祕密，將幾乎決定性的能力和工具交到人類手中。

結果呈現了許多新穎的特徵。往昔，只有被圍困的城市會面臨飢餓，如今，整個國家被有序地推向由饑荒引發的衰退程序。全體國民以各種方

世界危機的落幕

式被捲入戰爭，每個人同樣成為攻擊的目標。天空成為新的戰爭路線，能將死亡與恐懼帶給遠離前線的婦女、兒童、老人和病人，而這些人在過去的戰爭中是不會受損的。鐵路、汽輪和汽車的精密組織與高度協調，使數千萬人保持不斷的運動。醫療和外科技術的近乎完美發展，使得傷員不斷被送回戰場。凡是對屠殺人類有用的事物，絲毫不被浪費，甚至臨死掙扎的精力也被用於軍事。

然而，4年的戰爭僅僅為第5年的衝突鋪平了道路。1919年的戰事將見證毀滅性力量的顯著提升。如果德國軍隊能夠維持士氣並成功撤退至萊茵河，他們將面臨協約國在1919年夏季攻勢中前所未有的強大攻擊。數千架飛機將摧毀德國城市，數萬門火炮將撕裂其防線。25萬士兵及其軍需物資將以汽車為交通工具，日行10至15英里，持續推進。僅有一種祕密面具能抵擋的極毒氣體（德軍可能無法及時獲得這種裝備）將癱瘓所有抵抗力量，使敵方戰線上的生命窒息。德國人無疑也制定了他們的計畫。然而，憤怒的時刻已然遠去，緊張局勢的緩解訊號已經發出，1919年的恐怖將永遠被埋藏在偉大敵人的歷史文件中。

戰爭的結束如同它的開始般突如其來且影響廣泛。世人抬頭凝視這片段壁殘垣的廢墟，無論是勝者還是敗者，皆尚未平復。在無數的實驗室、軍火庫、工廠和機關，人們踉蹌地重新站起，終於擺脫了曾經全心投入的任務。他們現今的工作是將那些未完成或未執行的任務擱置一旁，然而他們的知識依然保留著；他們的資料、計算程序和發現，如今被各國國防部匆忙收集並標記為「未來參考資料」。1919年的戰役並未打響；但關於這場戰役的思考卻在不斷發展。各國軍隊在表面的和平下探索、研究並不斷改進這些思想。如果再度爆發戰爭，所用的將不再是為1919年準備的武器和力量，而是那些武器和力量的發展與擴充，其恐怖性和致命性將無以倫比。

在這樣的背景下，我們進入了一個被描述為和平時代的疲憊時期。無

論如何，這段時期讓我們有機會反思整體局勢。某些嚴峻的事實已經顯現，它們如同霧中山脈的輪廓般堅固而不可改變。可以確定的是，從現在起，全國人民將全身心投入戰爭，不僅要竭盡全力，還要承受敵人的猛烈攻擊。還可以確定的是，當一個民族確信自身處於生命危險中時，將不受限制地使用任何手段來保衛生存。可以肯定的是，他們下一次將隨心所欲、大規模、無限制地使用毀滅性力量與方法，而一旦這些力量與方法被使用，可能會失去控制。

人類從未遭遇過如此情境。道德水準並未顯著提升，也未獲得更高的指導，然而，人類首次擁有了能夠徹底終結自身的工具。這裡是人類命運的終極點，所有的榮光與辛勤將人類引向此處。人類最好暫時停下，深思他們新的責任。死神正在一旁等待，滿懷期待地準備施行其職，預備奪取大量生命；若被召喚，他將摧毀文明的遺產，且無法挽回。死神在等待召喚，等待那個意志薄弱、精神恍惚者的呼喚，他長久以來一直在尋找自己的獵物，但在此刻──僅此刻──死神已成為那人的主宰。

儘管我將本章題為「世界危機的結束」，但內心並未充滿希望或缺乏自省。無疑，故事在1922年的普遍憂鬱情緒中收尾。德國未能接受並與法國簽訂保障安全的條約。中歐和南歐分裂為激進民族主義的碎片，各國因敵意和妒忌而彼此隔絕，並因排他性關稅和地方軍備而分裂。俄國仍被國際社會排擠。他的人民屈從於亞洲才有的最嚴酷專政。俄國的領導者被自然與經濟現實嘲弄，陷入由其教條政策引發的貧困與自我折磨的無盡循環中。1922年的美國拂去舊世界的塵埃，奢華地隱居在大洋彼岸，處於強烈的備戰與自我隔絕中。土耳其迅速復興，在君士坦丁堡和歐洲重建國家，擺脫了投降主義和外國干預，隨心所欲地統治基督徒和非穆斯林居民。至於國際聯盟，德國尚未加入，蘇俄對其嘲諷，大西洋彼岸的強大發起國已經拋棄了他，他築起的脆弱防波堤在烏雲密布、風暴驟起的海洋中掙扎。歐洲各國在19世紀充滿希望建立的議會，至20世紀大多已經難以

世界危機的落幕

維持。為保障世界安全而建立的民主政體，以及先輩們為保護民主而創立的自由與進步組織，逐漸消逝或被棄置一旁，因債務與稅收而屈服的英國，只能艱難前行。然而在此黑暗時刻，新的不幸降臨。我國陷入血腥混亂。法國與美國分道揚鑣，法國正調動軍隊站在魯爾區的門檻上。1922年，世界危機遠未結束！

不幸中的萬幸在於，我們的知識已超越了故事的限制，未來幾年中，為促進世界和平所進行的一系列嘗試終於帶來了希望的曙光。儘管這些嘗試仍然不夠全面，目前也顯得分散，但每一種嘗試都對這個崇高事業有所貢獻，每一種嘗試都促進了局勢的緩和。

巴黎和會提出了針對法國安全問題的解決方案；面對兩岸統一並且實力強大的德國，法國獲得英國和美國的聯合承諾，若遭遇無端侵略，他們將立即提供援助。和會在此基礎上獲得法國的同意並簽署了和約。相關的三國間協定也是基於此由各自的全權代表簽署，但須經三國議會批准。帝國議會經正當程序接受了代表所承諾的責任。然而，美國參議院否決了由威爾遜總統簽署的協定，導致聯合協定未能生效。法國同意的平衡安排因此被打破，局勢迅速緊張，憂慮與危險日益增加。1921年，澳洲和紐西蘭的總理在帝國會議上宣告，儘管美國退出，他們仍會建議本國議會與帝國政府一同履行對法國的援助承諾。此時，法國與英國在政策與情感上的分歧日益加深，問題懸而未決。與此同時，法國在與英國疏遠且被美國拋棄後愈發孤立，陷入極度恐慌，完全依賴軍事力量，信任其無可爭議的軍事優勢。我們可以認為，法軍於1923年進入魯爾區以阻止德國經濟復甦的時期，是停戰後最為黑暗的階段。

因此，迄今為止，我們尚未觸及核心議題。首要且至關重要的問題在於法國與德國之間無法調和的矛盾。法國心靈深處，驅動其政策與幾乎每項行動的，乃是對德國復仇的恐懼。德國的統治階層暗中懷抱著強烈的決心：他們不願讓國家的歷史由《凡爾賽和約》劃下終章；而德國青年，數

量龐大且迅速增加,其脈搏中跳動著希望,期待某日能見證(或在前行中犧牲)勝利再度照耀祖國的旗幟。一方面,展示的是法國的武力與組織,他的軍火庫富足,他的機械化與技術進步,他的非洲後備力量,以及他不滅的固有軍事素養,所有這些以日益減少的人口和不斷演變的毀滅性科學奇蹟為基礎;另一方面,則矗立著強大的德意志民族,6,000 萬人口對比法國的 4,000 萬,德意志擁有旺盛的生育能力,他的情感不易受創,他有實驗室、有工業,他的情報機構紀律嚴明。德國在大戰中獲得的經驗是殘酷的,但在所有教訓中,找不到一絲證據顯示他應該對未來的軍事成功感到絕望。德國軍隊幾乎獨自對抗整個世界,儘管他激勵或驅趕盟國參戰,但盟國的軟弱與低效是天生的;只有在俄國、英國和義大利竭盡全力,美國付出巨大努力後,法國才得以從德國為他設下的毀滅中解救出來。然而,這些條件會再度重現嗎?德國是否需謹慎考量全球各大國和帝國再次出兵援助宿敵的局勢?當時,萊茵河兩岸依舊是問題的根源;1923 年,無人能確信下一代不會再見到歐洲如同以往多次發生的爭端般,躺倒在塵埃與灰燼中。

　　幸運的是,英國在面對這個發展趨勢時所實施的政策,得到了國內各黨派的支持。英國的唯一目標,是全面調動其影響力和資源,長期堅持不懈地推動法國與德國在經濟、社會和文化方面的緊密交流,以防止兩國之間再度爆發衝突,並在各自追求國家繁榮和相互依存的過程中,讓這些衝突逐漸消退。英國人民的最大利益在於平息深厚的宿怨;他們沒有其他可與之相比或相對立的利益。

　　1924 年,在拉姆齊·麥克唐納先生的領導下,工黨政府通過倫敦會議與道威斯協定為 1925 年的重大事件奠定了基礎。鮑德溫先生的政府因此不僅獲得了無可爭議的權力,還確保了長期執政的穩定。在這種國力穩固的背景下,一位極具遠見和非凡勇氣的外交大臣出現了,勇於比其他任何國家的外交部長承擔更大風險。奧斯汀·張伯倫先生拋棄了英、法之間

世界危機的落幕

以抵消德國力量的雙邊安排，堅決採納赫爾·斯特雷斯曼的提議，即法、德、英簽訂互保安全的三邊條約，英國莊嚴承諾協助任何遭受無故侵略的國家。人們可能會從歷史中尋找與此類似的事例。然而，三邊條約自始便獲得了英國各階層和各黨派的堅定支持。這項雄心勃勃的計畫得到了白里安的經驗與技巧以及赫爾·斯特雷斯曼等領袖驚人勇氣的積極推動。義大利在墨索里尼的現實主義指導下，於關鍵時刻給予了全力支持。無數困難被克服了。原本可能需要10年不懈努力才能簽署的協定，經過短短幾個月的談判便達成。在此期間，許多小國提供了合作；1925年10月16日，在寧靜的湖畔，四大西方民主國家莊嚴宣誓：不論何種情況下，他們將保持和平，團結一致反對任何一國違反條約侵略兄弟國家。《羅加諾條約》最終在倫敦簽署，選擇此地是適宜的，因為倫敦是這項政策的主要推動力之源。條約迅速獲得了相關國家議會的批准，被認為完全符合國際聯盟公約。訂約結果是德國將其強大力量交予國聯大會。這是歐洲人採用過的最偉大的自我保全措施。

《羅加諾條約》可以被視為《華盛頓條約》在歐洲的對應，後者於1921年由美國、英國和日本簽訂，目的是在保證太平洋地區的和平。這兩份重要文件為文明提供了保障。它們如同兩座穩固的和平金字塔，分別矗立在太平洋兩岸，贏得了全球主要國家及其軍隊的支持。這兩項條約構成了一個核心，圍繞這個核心，國聯的廣泛理念和《凱洛格公約》的理想主義能夠為世界建設一個更加廣闊且統一的未來架構。

任務尚未完成，仍需長時間全力以赴。戰爭的威脅並未遠離人間。舊有的對抗雖暫時沉寂，新對抗的聲音卻已響徹耳際。法國的憂慮和德國的怨恨只部分得到緩解。在東歐和中歐廣闊的平原上，許多民族情感強烈的國家最近崛起，他們不忘彼得大帝與腓特烈大帝的侵略及其陰影，亦不忘昔日的戰火。俄國這個自我隔絕的國家在北極的寒夜中磨刀霍霍，他的飢餓雙唇機械地宣揚仇恨和死亡的哲學。然而，羅加諾的希望已奠下較為穩

固的基礎。恐怖戰爭所產生的憎恨將長久持續;在這幸運的間隙,各大國可以大步走向世界組織的懷抱,他們心懷的信念是:未來要克服的困難不會比已經克服的更加艱難。

世界危機的落幕

附錄

中東綏靖政策備忘錄

陛下政府對於1921年初伊拉克的局勢感到極為不滿。自大戰結束以來，英國一直實行直接統治的體制，在前一年的夏季崩潰，當時幼發拉底河沿岸的地方性反抗演變成為嚴重的叛亂，經過重重艱難才在印度增援部隊的協助下得以平息。一支高昂費用的龐大駐軍仍駐紮在伊拉克。儘管秩序已經恢復，未來的情勢卻難以預測。1920年的動亂使得伊拉克問題成為國際關注的焦點，媒體及其他輿論開始猛烈抨擊英國政府的整體政策。批評主要集中在政府對英國納稅人造成的巨大財政負擔，納稅人已經因為戰爭遺留的財政壓力而不堪重負。然而，另一些批評者則從不同的角度指出，我們的困境在於未能履行戰時許諾給予阿拉伯人獨立的承諾。

1920年叛亂平息後，我們的政策顯然需要某種轉變。該年秋季，珀西·考克斯爵士被派往巴格達擔任首任英國高級專員，他迅速成立了阿拉伯臨時政府，由受人尊敬的巴格達人士納基卜出任領袖，此人在伊拉克及整個穆斯林世界都享有盛譽。

1921年之前，在大戰期間征服的各中東地區是由陛下政府的不同部門負責管理。外交部負責巴勒斯坦和外約旦的事務，而印度部則管理伊拉克。1921年初，政府決定將這些地區統一由一個部門管理，即殖民地部，而我在不久後被任命為該部國務大臣。1921年3月1日，殖民地部正式設立了新的中東司。

我工作的首要任務是在開羅組織一次會議。這場會議由我親自主持，參加者包括所有負責中東事務的主要官員。關於伊拉克，會議的核心成果是邀請埃米爾·費薩爾前往巴格達，成為伊拉克王位的候選人。儘管他並

附錄

非出生於伊拉克,但他具備繼承王位的特殊資格。他出身於哈希姆家族,該家族是麥加聖地的守護者,在整個伊斯蘭世界享有廣泛的尊重。他的父親胡笙・本・阿里(後來曾短暫擔任漢志國王)在大戰期間組織了反抗土耳其人的起義。埃米爾・費薩爾本人曾在我方英勇作戰,並參加了與勞倫斯上校一起的多場沙漠戰役。

1921年6月,埃米爾・費薩爾啟程前往伊拉克。與此同時,我在下議院宣布,英國政府已批准他的候選人資格。埃米爾抵達後,時任大臣會議通過決議,決定就選舉國王問題舉行公民投票。公民投票在伊拉克全境按計劃進行,唯一個純庫德地區選擇不參與。投票結果顯示,96%的選民支持費薩爾,費薩爾於1921年8月23日在巴格達加冕登基。隨後,他立即委任納基卜籌組首屆內閣。

因此,英國在伊拉克的直接統治正式結束,由阿拉伯政府取而代之。這個政府雖然會考慮英國的建議,但對其自身的決策負有責任,並不依賴外來指令行事。許多英國軍官仍留在該國,但他們的角色是顧問或技術官員,隸屬於伊拉克政府。

英國政府面臨的下一步任務是使其地位合法化。在1920年4月的聖雷莫會議上,我們同意在國際聯盟名義下擔任伊拉克的託管國。1920年12月,我們向國聯提交了一份正式的「託管要求書」草案,但由於各種困難,該草案未獲正式批准。1921年10月,我們從國聯獲得了一份由國聯大會主席發出的臨時授權信,邀請我們根據託管要求書草案的精神繼續管理伊拉克,這一個地位應在合法化時終止。然而,國聯的猶豫不決並未阻止當地局勢的快速發展。在我們的指導下,伊拉克迅速向前推進。「託管」一詞在伊拉克不受歡迎,因為它隱含了需要監護的意思,而這個新國家並不認為自己需要監護。這類似於埃及「保護關係」的情況。為解決困難,我們決定與伊拉克國王簽訂一個表面上平等的條約,該條約的內容主要包含(1)詳細規範兩國之間的關係;(2)賦予英國政府履行國聯正式「託管

要求書」義務的地位。該條約於 1922 年 10 月 10 日在巴格達正式簽署。條約簽署後不久，英國聯合政府下臺，我不再擔任殖民地部大臣。1922 年 10 月的條約留下了各種細節問題，準備在後續的多項附屬協定中解決。這些附屬協定（涉及軍事、財政、司法等）最終於 1924 年 3 月締結。1924 年 9 月，條約和協定被提交國聯大會並獲得批准，同時還提出了英國政府的一些其他保證，如在伊拉克充分遵守國聯公約規定的託管原則等。透過這些措施，英國的地位最終獲得了正式的法律基礎。

在當地，憲法步驟的持續推行彰顯了伊拉克的進步。首先，舉行選舉以成立制憲會議，負責起草國家憲法。該會議於 1924 年 7 月 10 日藉由根本法宣告任務完成，隨即解散，並由 1926 年成立的首屆伊拉克議會接替其職能。

土耳其與伊拉克的邊界問題長期以來在國內外引發嚴重困擾。土耳其要求收回摩蘇爾省，該省面積約占伊拉克全國的三分之一，涵蓋大部分肥沃的土地。《洛桑條約》（1923 年）未能解決此問題，因而引發多次激烈爭論，甚至一度有與土耳其發生武裝衝突的危險。最終，該問題被提交至國聯解決，國聯劃定的邊界實際上維持了伊拉克對摩蘇爾全省的主權。土耳其接受了這個既定事實。隨後，兩國界線由一個混合委員會劃定，雙方未發生嚴重摩擦，自此兩國間的友好關係未受影響。

關於開羅會議的其他議題，或許不必多言。涉及巴勒斯坦的部分，會議僅是重申了先前已經採納並持續執行的政策。至於外約旦，情況則有了新的進展。伊拉克國王費薩爾的兄弟埃米爾阿卜杜勒獲准成為該地區的統治者。這次嘗試大致成功。儘管埃米爾的政府在初期階段表現不佳，但近年來已顯著改善，公共安全和民眾滿意度均有所提升。去年，英國與埃米爾簽訂了一項條約，其內容與與費薩爾國王簽訂的條約相似，目的是在外約旦建立一個立憲政府。該條約尚待批准。

回顧伊拉克的歷史，1922 年發生了一項至關重要的轉變。同年 10 月，

附錄

該國的軍事控制權由陸軍部移交給空軍部。可以肯定地說，這個變革被證明為一大成功。結果是駐軍成本逐漸降低，減輕了英國納稅人的負擔。1921年初，英國在伊拉克駐紮32個營，外加炮兵、工程兵等。到了1921年7月，駐軍數量減至23個營，同年10月進一步削減至12個營。至1922～1923年上半年，需供應的部隊減至9個營（加上其他輔助兵種），而下半年只剩6個營。削減兵力的過程持續到1928年，此時駐軍僅剩一個印度營和一個皇家地雷工兵連。這兩個單位也於11月1日撤出。如今，除皇家空軍外，伊拉克境內已無英國或印度的正規軍。為加速撤離帝國軍隊的程序，一支由英國人指揮、由英國財政部資助的本地徵召軍隊於1921～1922年成立。這支部隊曾有4個步兵營、3個騎兵團、1個炮兵和輔助兵分隊，但現已縮減至2個營。

在過去7年裡，英國在伊拉克駐軍的年度支出如下表顯示：

1921至1922年，金額達到20,097,684英鎊。

1922年至1923年間，金額為6,610,554英鎊。

1923年至1924年期間的金額為5,033,790英鎊。

1924年至1925年間，共計3,847,224英鎊。

1925至1926年，金額為3,314,813英鎊。

1926年至1927年間，總計達2,753,775英鎊。

1927年至1928年間，金額為1,648,038英鎊。

1928年，英國政府決意釐清陸軍部和空軍部的常規國防支出，故而排除印度軍隊、伊拉克新兵徵召及駐英國軍隊的「額外」費用；因此，無法得出1927～1928年後的資料。

1921年，英國在伊拉克的空軍設有6個中隊，次年擴增至8個中隊並配備數個裝甲車連。至1928年4月，空軍力量縮減至5個中隊和若干裝甲車小隊。

值得注意的是，在伊拉克實施大幅削減軍事力量和相應減少財政支

出的策略時，沒有遭遇任何障礙，也未引發問題。考慮到該國的自然環境，其廣闊的國土，眾多無家可歸的災民，以及難以有效控制的廣袤荒漠邊界，取得這樣的結果可謂令人驚訝。而且需要記住的是，直到 1925 年底，與土耳其的問題尚未徹底解決。早期制定的所有計畫都是基於與土耳其人將很快解決糾紛的假設，然而這個假設在近 5 年內被證明是站不住腳的。然而，這些計劃依然適當地完成，未造成混亂或不幸事件。事實上，自 1920 年叛亂以來，尚未發生過任何嚴重騷亂。只有在偏遠的庫德地區偶有麻煩，並曾發生效忠於伊本・沙特的瓦哈比部族男子發動襲擊的嚴重事件（尤其是在去年冬天）。這些情況需要時刻警惕和嚴加防範。但沒有理由認為未來會如過去般難以有效應對。

　　簡而言之，自 1921 年實施的政策延續至今。與其他政策相似，它經歷了高低起伏，亦曾遭遇挑戰與險境。此外，該政策經常面對國內激烈且肆意的批評，然而依然被堅決執行，並取得了一定程度的成就，這在 8 年前幾乎無人相信可能實現。

戰後餘波，邱吉爾眼中的全球新秩序：
從勝利狂喜到和平幻滅，揭開戰後的政治、經濟與社會動盪

作　　　者：	[英]溫斯頓・邱吉爾	
	（Winston Churchill）	
編　　　譯：	伊莉莎	
發　行　人：	黃振庭	
出　版　者：	複刻文化事業有限公司	
發　行　者：	崧燁文化事業有限公司	
E-mail：	sonbookservice@gmail.com	
粉　絲　頁：	https://www.facebook.com/sonbookss	
網　　　址：	https://sonbook.net/	
地　　　址：	台北市中正區重慶南路一段61號8樓	

8F., No.61, Sec. 1, Chongqing S. Rd., Zhongzheng Dist., Taipei City 100, Taiwan

電　　　話：	(02)2370-3310	
傳　　　真：	(02)2388-1990	
印　　　刷：	京峯數位服務有限公司	
律師顧問：	廣華律師事務所 張珮琦律師	
定　　　價：	499元	
發行日期：	2025年02月第一版	

◎本書以POD印製

國家圖書館出版品預行編目資料

戰後餘波，邱吉爾眼中的全球新秩序：從勝利狂喜到和平幻滅，揭開戰後的政治、經濟與社會動盪 / [英]溫斯頓・邱吉爾(Winston Churchill)著，伊莉莎 編譯. -- 第一版. -- 臺北市：複刻文化事業有限公司, 2025.02
面；　公分
POD版
譯自：The world crisis : the aftermath
ISBN 978-626-7671-18-4(平裝)
1.CST: 第一次世界大戰
740.272　　　　114000521

電子書購買

爽讀APP　　臉書